Scrum in der Praxis

Dipl.-Inform. Sven Röpstorff ist freiberuflicher Agiler Projektmanager und Coach mit 17 Jahren Berufserfahrung, Wandler zwischen der traditionellen und der agilen Welt mit Schwerpunkt in agilen Methoden (Scrum, Kanban). Er ist immer auf der Suche nach Verbesserungen und neuen Wegen, um Agilität einem immer größer werdenden Publikum auf interessante und spielerische Weise nahezubringen. Seiner Meinung nach kann man agile Vorgehensweisen am besten dadurch veranschaulichen, dass man sie für die Menschen sichtbar, fühlbar, erlebbar macht. Seine Erfahrungen aus vielen Jahren in unterschiedlichen Projekten teilt er als Autor, Konferenzsprecher und Blogger.

Dipl.-Kaufm. Robert Wiechmann unterstützt als festangestellter Agiler Projektmanager Scrum- und Kanban- Teams bei der Bewältigung ihrer alltäglichen Herausforderungen. Er hat Spaß daran, Teams zu einer Einheit zusammenzuschweißen, sein Wissen weiterzugeben und von seinen Teams zu lernen. Er ist laufend bestrebt, in den Austausch mit agilen Praktikern zu treten. Dies tut er unter anderem als Sprecher oder Teilnehmer auf Konferenzen oder als Blogger auf www.projekt-log.de.

Sven Röpstorff • Robert Wiechmann

Scrum in der Praxis

Erfahrungen, Problemfelder und Erfolgsfaktoren

dpunkt.verlag

Sven Röpstorff
sven@scrum-in-der-praxis.de
Robert Wiechmann
robert@scrum-in-der-praxis.de

www.scrum-in-der-praxis.de

Lektorat: Christa Preisendanz
Copy-Editing: Annette Schwarz, Ditzingen
Herstellung: Frank Heidt
Illustrationen, Coverbild: Christian Pursch, www.teml-designs.de
Umschlaggestaltung: Helmut Kraus, www.exclam.de
Druck und Bindung: M.P. Media-Print Informationstechnologie GmbH, 33100 Paderborn

Bibliografische Information der Deutschen Nationalbibliothek
Die Deutsche Nationalbibliothek verzeichnet diese Publikation in der Deutschen Nationalbibliografie; detaillierte bibliografische Daten sind im Internet über http://dnb.d-nb.de abrufbar.

ISBN 978-3-89864-792-2

5 4 3 2 1 0

»Ich kann dieses Buch nur jedem empfehlen, der sich mit agiler Softwareentwicklung und Scrum besonders in der Einführung näher beschäftigen möchte. Von Praktikern für Praktiker – großartig!«

Björn Jensen, Agile Coach

»Sie sind Scrum Master? Dieser Titel suggeriert Erfahrung, gepaart mit Wissbegierde, umfangreichen Kenntnissen und handwerklichem Geschick. Der Weg zum meisterlichen Umgang mit Scrum führt über das eigene Handeln und das Lernen. »Scrum in der Praxis« animiert zu beidem: zum Lernen aus den niedergeschriebenen Erfahrungen zweier Scrum-Meister und zum Experimentieren mit den vorgestellten Werkzeugen und Praktiken.«

Holger Koschek, Agile Coach

»Es gibt am Markt zahlreiche Bücher über Scrum, die viel über die Theorie, aber oft wenig über die Praxis zu berichten wissen. Das Buch von Sven und Robert geht hier einen anderen und erfrischenden Weg und wird damit seinem Titel voll gerecht – ein Buch für alle, die Scrum in der Praxis umsetzen wollen. Mit diesem Buch zeigen die Autoren, dass sie mit Scrum nicht auf der Marketingwelle surfen, sondern dass sie es aus ihrem eigenen Alltag wie ihre Westentasche kennen und Agile zu leben verstehen.«

Michael Leber, Agile Coach

»Dieses Buch ist ein professioneller Wegbereiter für alle, die mit Scrum unterwegs sind. Es ist spannend zu lesen, umfassend und es inspiriert selbst Erfahrene, Neues auszuprobieren. Es dient als erfrischendes Nachschlagewerk und bietet jede Menge praktischer Einblicke.«

Susanne Reppin, Agile Coach

»Das Buch vermittelt fortgeschrittene Methoden für den Scrum-Alltag. Als Besonderheit flechten die Autoren in die Beschreibung von Scrum immer wieder erzählerische Episoden ein, die plastisch darlegen, wie Scrum in der Praxis aussehen kann.«

Stefan Roock, Certified Scrum Trainer

»Endlich liegt mit ›Scrum in der Praxis‹ eine konsequente Fortsetzung des Scrum-Buchs von Roman Pichler vor. Robert und Sven ergänzen die gängige Scrum-Literatur um 300 Seiten geballtes Praxiswissen. Absolut lesenswert, auch für erfahrene Scrum-Experten.«

Ralf Wirdemann, Softwareentwickler und Agile Coach

»Dieses Buch ist anschaulich, gut verständlich und voller Praxistipps. Es stellt eine prima Grundlage dar für die weitere Beschäftigung mit Scrum in der eigenen Praxis.«

Henning Wolf, Certified Scrum Trainer

Vorwort

Wir freuen uns sehr, dass Sie dieses Buch in den Händen halten. Es handelt sich um einen praxisnahen Leitfaden, der Sie anhand von vielen praktischen Erfahrungen durch alle Stationen eines Scrum-Projekts führt. Sicherlich, es gibt eine Reihe guter Literatur zu Scrum, auf die wir in diesem Buch verweisen werden. Was uns jedoch zu diesem Buch bewegte, war die steigende Anzahl von zertifizierten Scrum Mastern, Product Ownern und Softwareentwicklern, die sich ihr Know-how mühsam in vielen Projekten erarbeiten müssen.

Wir haben in diesem Buch unsere gemeinsame Erfahrung aus vielen Jahren als Scrum Master und Agile Coaches gesammelt. Wir möchten dieses Wissen mit Ihnen teilen und geben Ihnen für viele unterschiedliche Situationen in Scrum-Projekten praxisnahe Tipps und Methoden an die Hand.

Agilität oder genauer Scrum wird allzu oft als Allheilmittel und Garant für den Projekterfolg verstanden. Fast jeder Konferenzvortrag zu diesem Thema verweist auf die Vorteile, von denen am besten auch die eigene Firma profitieren sollte. Es wird aber häufig nicht das behandelt, was wirklich zählt, nämlich der Wandel, den man als Person und auch als Unternehmen vollziehen muss.

Ein Trugschluss, der sich hartnäckig hält, ist der, dass der Einsatz von agilen Methoden wie Scrum dazu führt, dass schneller entwickelt wird. Das Ziel ist dabei aber gar nicht die schnellere Entwicklung, sondern der Wandel zum Wesentlichen – den ständigen Prozess des Lernens und des Austauschs untereinander im Scrum-Team, mit dem Auftraggeber, dem Management oder den Nutzern. Kürzere Entwicklungszeiten ergeben sich dabei als Nebeneffekt. Das bessere Verständnis darüber, was im Wege steht und welche Dinge ein Team erfolgreich machen, sind die Schlüsselkomponenten, die den Unterschied ausmachen. Dies erlangt man jedoch nicht über Nacht und ist mit schmerzlichen Erfahrungen und viel Herzblut aller Beteiligter verbunden.

Wer dieses Buch lesen sollte

Sie haben angefangen, erste Schritte mit Scrum zu machen, oder haben es vor? Sie hören viel Gutes vom Einsatz agiler Methoden wie Scrum und wollen in Ihre Organisation wieder Schwung reinbringen, um mit dem Markt mithalten zu können und für die Zukunft gewappnet zu sein? Sie haben sich schon den Scrum Guide [URL:Schwaber] oder andere Fachliteratur zu Gemüte geführt, vermissen aber die Antworten auf Ihre praktischen Fragen? Gut, dann halten Sie mit diesem Buch Ihren zukünftigen treuen Wegbegleiter in der Hand. Dies ist keine Hochglanzbroschüre, die Scrum als Mittel beschreibt, um Ihre Wunden zu heilen. Mit Hilfe des Buches lernen Sie Situationen frühzeitig einzuschätzen und gezielt darauf zu reagieren.

Als Scrum Master oder Agiler Projektmanager wird Ihnen das Buch ein guter Wegbegleiter für die Durchführung von Scrum-Projekten sein. Als Softwareentwickler, Interaction Designer, Visual Designer, Tester, Product Owner oder Linienmanager erhalten Sie wertvolle Einblicke in die agile Arbeitsweise mit Scrum.

In diesem Buch geht es nicht um technische Aspekte und Entwicklungspraktiken, sondern um hilfreiche Tipps, Werkzeuge und Erfahrungswerte, die uns bei der Aufstellung performancestarker Scrum-Teams geholfen haben. Diese Mittel sind in unsere tägliche Arbeit übergegangen.

Dieses Buch deckt nur einen kleinen Teil der Erfahrungen ab, die wir auf unserer Reise durch Unternehmen und Projekte gemacht haben. Wir hoffen jedoch, dass Sie damit einen ständigen Begleiter für Ihre Projekte gefunden haben und Ihnen die praktischen Tipps und unsere Erfahrungen helfen, Ihren eigenen Weg oder den Weg Ihrer Firma aus agiler Sicht zu meistern.

Wem wir zu Dank verpflichtet sind

Ein Buch wie dieses entsteht nicht über Nacht und verlangt eine Reihe an Unterstützung, für die wir uns bei vielen Menschen ganz herzlich bedanken.

Unser spezieller Dank gilt dem dpunkt.verlag, der das Wagnis mit uns eingegangen und unseren Ideen und Vorstellungen gefolgt ist. Besonders danken wir Christa Preisendanz und Vanessa Wittmer, die uns als Ansprechpartnerinnen und Lektorinnen immer für unsere Fragen mit Rat und Tat zur Seite standen. Wir hätten es nicht besser treffen können.

Unserem Illustrator Christian Pursch sind wir sehr verbunden und dankbar für seine Mühe und Kreativität. Wir sind immer noch erstaunt darüber, wie unkompliziert unsere Vorstellungen in den zahlreichen Illustrationen eingefangen wurden und wie harmonisch die Zusammenarbeit verlief.

Nicht weniger danken wir den vielen Unterstützern, die sich als Lektoren und Korrektoren angeboten haben und die viel Zeit geopfert haben, um sich mit dem Manuskript kritisch auseinanderzusetzen. Unser tiefer Dank gilt: Rolf Dräther, Björn Jensen, Melanie König, Holger Koschek, Patryk Peszko, Susanne Reppin, Katja Roth und Ralf Wirdemann.

Außerdem danken wir unseren Kolleginnen und Kollegen, die sich die Zeit genommen haben, unser Manuskript zu lesen und begleitende Worte dazu zu schreiben.

Zum Abschluss bedanken wir uns ganz herzlich bei unseren Familien für das Verständnis und die moralische Unterstützung während dieser turbulenten Zeit. Sie haben uns an vielen Abenden und Wochenenden den Rücken freigehalten.

Über Ihr Feedback, Ihre Anregungen oder praktischen Erfahrungen freuen wir uns via E-Mail an *info@scrum-in-der-praxis.de*. Besuchen Sie die Internetseite zum Buch mit allen wichtigen Informationen, Arbeitsmaterialien und Hinweisen unter *www.scrum-in-der-praxis.de*.

Wir wünschen Ihnen viel Erfolg für Ihre persönliche agile Reise.

Sven Röpstorff, Robert Wiechmann
Hamburg, September 2012

Inhaltsverzeichnis

1 Einleitung 1

2 Die Werte 5

2.1 Agile Werte 8

2.2 Agile Prinzipien 13

2.2.1 Häufige Probleme 19

2.2.2 Checklisten 22

3 Das Scrum-Team 23

3.1 Das Entwicklungsteam 32

3.1.1 Team-Charakteristika 33

3.1.2 Häufige Probleme 39

3.1.3 Checklisten 43

3.2 Der Scrum Master 44

3.2.1 Unterstützung des Entwicklungsteams 46

3.2.2 Unterstützung des Product Owners 52

3.2.3 Unterstützung der Organisation 54

3.2.4 Charaktereigenschaften 56

3.2.5 Häufige Probleme 60

3.2.6 Checklisten 63

3.3 Der Product Owner 64

3.3.1 Hauptaufgaben 65

3.3.2 Eigenschaften eines Product Owners 69

3.3.3 Häufige Probleme 70

3.3.4 Checklisten 72

3.4 Exkurs: Verteilte Teams ... 73
3.4.1 Ausgangssituation ... 74
3.4.2 Kulturelle Herausforderungen ... 77
3.4.3 Technische Herausforderungen ... 78
3.4.4 Organisatorische Herausforderungen ... 80
3.4.5 Häufige Probleme ... 81
3.4.6 Checklisten ... 85

4 Die Vorbereitung 87

4.1 Kick-off-Workshop ... 89
4.1.1 Projektspezifische Themen ... 93
4.1.2 Organisatorische Themen ... 95
4.1.3 Teamspezifische Themen ... 96
4.1.4 Teamdefinitionen ... 100
4.1.5 Teamprofessionalisierung ... 106
4.1.6 Häufige Probleme ... 108
4.1.7 Checklisten ... 110

4.2 Product Backlog ... 110
4.2.1 Struktur des Product Backlog ... 111
4.2.2 Anforderungsworkshops ... 114
4.2.3 User Stories ... 116
4.2.4 Story Maps ... 118
4.2.5 Zerlegung von User Stories ... 123
4.2.6 Things-that-matter-Matrix ... 132
4.2.7 Technische Backlog Items ... 135
4.2.8 Häufige Probleme ... 137
4.2.9 Checklisten ... 140

4.3 Schätzungen ... 141
4.3.1 Estimation ... 142
4.3.2 Schätzeinheiten ... 143
4.3.3 Schätzskalen ... 145
4.3.4 Initiale Schätzverfahren ... 147
4.3.5 Schätzvarianten ... 156
4.3.6 Checklisten ... 158

4.4 Releaseplanung ... 160
4.4.1 Releaseplan ... 161
4.4.2 Initiale Velocity ... 163
4.4.3 Release-Burndown-Chart ... 168
4.4.4 Häufige Probleme ... 171
4.4.5 Checklisten ... 173

4.5 Letzte Vorkehrungen ... 174
4.5.1 Sprint Zero ... 174
4.5.2 Teamraum ... 175
4.5.3 Scrum-Board ... 181
4.5.4 Häufige Probleme ... 189
4.5.5 Checklisten ... 190

5 Die Durchführung 193

5.1 Sprint Planning I ... 194
5.1.1 Teamverfügbarkeit ... 196
5.1.2 Planung ohne Story Points ... 198
5.1.3 Akzeptanzkriterien (How to demo) ... 199
5.1.4 Sprint-Ziel ... 200
5.1.5 Slack ... 201
5.1.6 Häufige Probleme ... 202
5.1.7 Checklisten ... 206

5.2 Sprint Planning II ... 207
5.2.1 Tasks ... 209
5.2.2 Story Owner ... 211
5.2.3 Sprint-Burndown-Chart ... 212
5.2.4 Häufige Probleme ... 216
5.2.5 Checklisten ... 218

5.3 Daily Scrum ... 218
5.3.1 Die vierte Frage ... 220
5.3.2 Happiness-Index ... 222
5.3.3 Häufige Probleme ... 222
5.3.4 Checklisten ... 230

5.4 Backlog Grooming ... 231
5.4.1 Ziele ... 232
5.4.2 Agenda ... 233
5.4.3 Varianten ... 234
5.4.4 Häufige Probleme ... 235
5.4.5 Checklisten ... 237

5.5 Review ... 237
5.5.1 Vorbereitung ... 241
5.5.2 Varianten ... 243
5.5.3 Häufige Probleme ... 245
5.5.4 Checklisten ... 247

5.6 Retrospektive ... 248
5.6.1 Vorbereitung ... 251
5.6.2 Struktur ... 252
5.6.3 Varianten ... 255
5.6.4 Häufige Probleme ... 276
5.6.5 Checklisten ... 278

6 Die Veröffentlichung 283

6.1 Release-Sprint ... 283
6.1.1 Häufige Probleme ... 285

6.2 Lessons Learned ... 286
6.2.1 Häufige Probleme ... 294

A Anhang 297

A.1 Literaturverzeichnis ... 297

A.2 Literaturempfehlungen ... 301
A.2.1 Kapitel 2: Die Werte ... 301
A.2.2 Kapitel 3: Scrum-Team ... 302
A.2.3 Kapitel 4: Die Vorbereitung ... 306
A.2.4 Kapitel 5: Die Durchführung ... 309
A.2.5 Kapitel 6: Die Veröffentlichung ... 312

B Glossar 315

Index 331

1 Einleitung

Wie das Buch aufgebaut ist

Wir haben das Buch so konzipiert, dass Sie an jeder Stelle des Buches zielgerichtet nachschlagen und direkt ins Thema einsteigen können.

In Kapitel 2 reflektieren wir die agilen Werte und Prinzipien, die eine Basis für ein erfolgreiches Scrum-Projekt schaffen und die es zu verinnerlichen gilt.

In Kapitel 3 erläutern wir, wie wichtig jeder Mensch aus dem Scrum-Team für den Erfolg ist. Wir beschreiben die Rollen des Entwicklungsteams, des Scrum Masters und des Product Owners und geben wertvolle Hinweise, worauf Sie bei der Besetzung der Rollen achten sollten.

In Kapitel 4 erfahren Sie, was für Vorbereitungen vor dem Start eines Scrum-Projekts getroffen werden sollten, um erfolgreich durchzustarten. Beginnend mit der Vision führen wir Sie über Schätzverfahren und den Aufbau des Product Backlog bis hin zum ersten Sprint und dem Aufbau des Scrum-Boards.

In Kapitel 5 starten wir einen Sprint-Zyklus und führen Sie durch einen Sprint. Wir beginnen mit dem Sprint Planning I und enden mit einer Retrospektive. Auf dem Weg geben wir Tipps und Hinweise für die Gestaltung der Scrum-Events und besondere Situationen.

In Kapitel 6 schließen wir das Projekt ab und bereiten die Veröffentlichung des Produkts vor. Abschließend führen wir eine Rückbetrachtung über den gesamten Projektverlauf durch.

Wovon Sie profitieren werden

Wir haben uns bei der Gestaltung des Buches vor allem die Frage gestellt, wie wir unseren Lesern übersichtlich und verständlich praktisches Wissen vermitteln und wertvolle Anregungen geben können. Ihnen stehen mit diesem Buch die folgenden Hilfsmittel zur Verfügung:

- Terminologie: Wir verwenden bewusst die bekannten englischsprachigen Scrum-Begriffe, um nicht neue Wortschöpfungen zu erschaffen und damit unnützerweise zu verwirren.
- **Scrum Guide:** Wir orientieren uns inhaltlich am aktuellen Scrum Guide und stellen explizit heraus, wenn wir davon abweichen.

- **Praxistipps:** Das Buch weist sie mit Hilfe von grau unterlegten Boxen und einem Post-it mit Ausrufezeichen auf Praxistipps hin. Hiermit geben wir gezielt Hinweise zu den behandelten Themen.

- **Checklisten:** Wir bieten Ihnen übersichtliche und nützliche Prüflisten für Ihre tägliche Arbeit. Die Checklisten finden Sie am Ende eines jeden Abschnitts, auf die Sie ein Checklisten-Icon hinweist.
- **Referenzen:** Alle Abschnitte enthalten Empfehlungen für interessante Blogartikel, weiterführende Literatur oder Internetseiten zum jeweils behandelten Thema.
- **Grafiken:** Alle Grafiken können unter Angabe des Copyrights für Ihre Präsentationen wiederverwendet werden. Die Bilddateien finden Sie unter *www.scrum-in-der-praxis.de*.
- **Glossar:** Dieses Buch verfügt über ein umfangreiches Glossar mit allen wichtigen Erläuterungen zu den verwendeten Fachtermini.
- **Verfügbarkeit:** Wie die Grafiken, so stehen Ihnen auch alle Checklisten, Referenzen sowie das Glossar unter *www.scrum-in-der-praxis.de* in digitaler Form zur Verfügung.

Wer Sie begleiten wird

Ihr ständiger Begleiter wird das Team der SidP GmbH sein. Wir möchten mit der Geschichte des SidP-Teams die einzelnen Projektphasen noch lebhafter für Sie gestalten. Die Beispiele ziehen sich wie ein roter Faden durch das Buch und veranschaulichen somit die wichtigen Stationen und typische Problemfelder in Scrum-Projekten. Nachfolgend stellen wir Ihnen die Scrum in der Praxis GmbH sowie unsere Akteure kurz vor.

Die SidP GmbH

Die SidP GmbH wurde 2001 als Spin-off der Universität Hamburg gegründet. Sie beschäftigt heute rund 70 Mitarbeiter, vorwiegend Softwareentwickler, Scrum Master, IT-Berater, Webdesigner oder Softwarearchitekten.

Das Angebotsspektrum der SidP GmbH ist groß und erstreckt sich neben der Gestaltung von Desktopanwendungen über die Pflege von Internetportalen bis hin zum Themenschwerpunkt, den Applikationen für eine Vielzahl von mobilen Endgeräten. Vom Anforderungsmanagement über die agile Abwicklung von Projekten bis hin zum Service Management deckt die SidP GmbH den gesamten Lebenszyklus einer Software ab. Seit ihrer Entstehung arbeitet die SidP GmbH mit einem breiten nationalen und internationalen Partnernetzwerk zusammen, das bei der Realisierung der Kundenwünsche unterstützt.

Die SidP GmbH entwickelt Softwareprojekte agil mit Scrum. Alle Kunden profitieren seit 2005 von einer individuellen Vertragsgestaltung und schnellen Auslieferung. Mit einer weiteren Niederlassung in Mailand ist die SidP GmbH auch international vertreten. Dies verschafft den Kunden der SidP GmbH zusätzliches Expertenwissen und die persönliche Nähe vor Ort.

Das Scrum-Projekt

Die SidP GmbH hat gerade einen neuen Auftrag erhalten, der bis Ende des Jahres fertiggestellt werden soll. In Hamburg findet im dritten Jahr eine große Konferenz zum Thema »Agile Softwareentwicklung mit Scrum« statt. Da die Konferenz weltweit einen ausgezeichneten Ruf hat, werden ca. 600 Teilnehmer aus aller Welt in der Hansestadt erwartet. Aufgrund des Feedbacks des letzten Jahres soll es diesmal eine Applikation für mobile Endgeräte geben, mit der die Teilnehmer das Konferenzprogramm, Raumpläne, Informationen zu den Sprechern und Sponsoren und vieles mehr abrufen können.

Das Scrum-Team

Herr Hold ist der Organisator des Scrum-Events. Er kümmert sich um alles, was mit dem Event zu tun hat. Für unser Scrum-Team ist er der *Auftraggeber* des Projekts. Da der Konferenztermin feststeht, benötigt er die Anwendung zu einem fixen Termin.

Casper hat bereits ein paar Jahre als Produktmanager gearbeitet. Er kennt sich gut im Markt aus und bezeichnet sich selbst als Power User seines Mobiltelefons. Casper hat bereits kleinere Projekte als *Product Owner* begleitet und freut sich auf diese neue Herausforderung.

Finn hat eine Ausbildung als traditioneller Projektmanager. Vor vier Jahren hat er von Scrum gehört und seinen Chef von der Idee überzeugen können, sich als *Scrum Master* zertifizieren zu lassen. Seitdem ist er von Scrum überzeugt und versucht es im Unternehmen zu etablieren.

Alva hat viele Jahre als Webentwicklerin gearbeitet und ist mit dem Markteintritt des ersten iPhones auf mobile Plattformen umgeschwenkt. Sie behält immer das System als Ganzes im Auge und kümmert sich im Team um die *Softwarearchitektur.*

Jordi ist der Junior im Team. Bereits während des Studiums hat er seine Praktika in der Firma absolviert und hat direkt nach seinem Abschluss bei SidP GmbH als Entwickler angefangen. Er interessiert sich besonders für die *Schnittstellenentwicklung*.

Sergio ist ein alter Hase in der *Softwareentwicklung*. Von der prozeduralen Entwicklung mit PASCAL über die objektorientierte mit C++, Java und Ruby ist er jetzt bei mobilen Anwendungen angekommen.

Mina hat einige Zeit als Entwicklerin gearbeitet, bevor sie ihre Begeisterung für *Qualitätssicherung* entdeckte. Durch die gesammelten Erfahrungen fällt es ihr leicht, Entwickler von der Notwendigkeit des Testens zu überzeugen. Im Team achtet sie vorrangig auf die Qualität der Software.

Lara ist der kreative Kopf im Team. Sie kümmert sich sowohl um das *Design* als auch um die Benutzerfreundlichkeit der Applikation. Sie sorgt dafür, dass die Features gut aussehen und einfach benutzt werden können.

2 Die Werte

Agile Methoden werden heutzutage in einer immer größer werdenden Anzahl von Projekten eingesetzt, die meisten davon in der Softwareproduktentwicklung. Die Rate an Unternehmen, die agile Methoden einsetzen oder planen einzusetzen, steigt stetig, wie eine aktuelle Umfrage bestätigt [URL:VersionOne].

Mit dieser wachsenden Anzahl erhöhen sich auch die Herausforderungen, die an die Beteiligten gestellt werden. Denn die Anwendung von agilen Methoden ist, verglichen mit der Verinnerlichung der zugrunde liegenden Wertesysteme und Grundprinzipien, einfach. Dies führt in vielen Unternehmen zu der Situation, dass man leichtgewichtige Methoden wie Scrum anzuwenden weiß, aber die nötige Grundeinstellung nicht stimmt: »Wir arbeiten agil – wir nutzen Scrum.«

Der falsche Ansatz

Wenn wir uns heute, mehr als 10 Jahre nach Veröffentlichung des Agilen Manifests *(www.agilemanifesto.org)*, in Unternehmen umsehen, dann erhalten wir ein durchwachsenes Bild. Die meisten in der Softwareentwicklungsbranche tätigen Menschen haben zumindest von Scrum oder anderen agilen Methoden gehört. Jurgen Appelo [Appelo 2010] oder auch Stephen Denning [Denning 2010] versuchen mit ihren Büchern vor allem die Managementebenen anzusprechen und davon zu überzeugen, dass die alten Werte- und Marktsysteme sowie Managementmodelle ausgedient haben.

Wenn wir uns genauer anschauen, wie der Erfolg von agilen Methoden zustande gekommen ist, dann sicherlich nicht durch radikale Veränderungen innerhalb von Organisationen. Vielmehr ist es häufig ein Versprechen gegenüber dem Management, schneller und vorhersehbarer zu entwickeln und mehr Wert bei weniger Entwicklungskosten und hohem Flexibilitätsgewinn zu liefern. Doch was hat sich in der gleichen Zeit auf Managementebene oder in den Organisationen getan? Nicht viel, wenn wir uns bei den Unternehmen umsehen, die wir über die Jahre hinweg kennengelernt und begleitet haben.

Es ist ein weit verbreitetes Missverständnis, dass sich Agilität vom Management verordnen lässt. Das Verwenden eines neuen Prozesses wird mit der Einführung von Agilität in Unternehmen gleichgesetzt, ohne die zugrunde liegenden agilen Werte auch nur ansatzweise zu betrachten. Die Frage nach der Anwendungspraxis agiler Werte ist immer auch eine Frage der Persönlichkeit, Seniorität und Unabhängigkeit des Scrum Masters (vgl. Abschnitt 3.2). Eine Aufgabe des Scrum Masters ist es unter anderem, die bestmöglichen Rahmenbedingungen für ein Projekt zu schaffen. Dies schließt mit ein, das Management und alle einer Organisation angehörigen Beschäftigten von der Bedeutung der agilen Werte zu überzeugen. Denn gerade vom Management sind ein klares Bekenntnis und uneingeschränkte Unterstützung gefragt. Erfolgt dies nicht, entstehen unterschiedlichste Konflikte, die Umsetzung bleibt inkonsequent und lückenhaft.

Eine einzelne Führungskraft kann in ihrem Verantwortungsbereich bereits eine Menge erreichen, indem sie die agilen Werte umsetzt und vorlebt. Wenn solche Bemühungen in den höheren Ebenen aber nicht unterstützt werden, kann das Unternehmen insgesamt nicht optimal von Agilität profitieren.

Der Mensch im Fokus

Praxistipp:

Suchen Sie sich Verbündete im Management, die Ihnen helfen, den agilen Gedanken zu verbreiten. Gehen Sie unkonventionelle Wege und machen Sie zum Beispiel eine Roadshow durch das Unternehmen, auf der Sie über neue Führungsmethoden wie beispielsweise »Theorie U« [Scharmer 2011] sprechen und dies mit den Vorteilen von Scrum gleichsetzen.

Den agilen Weg zu gehen, bedeutet auf der einen Seite, den Auftraggeber, Projektsponsor, Kunden und Anwender in das Zentrum aller geplanten Bemühungen zu stellen. Auf der anderen Seite stellen die agilen Werte und Prinzipien, gepaart mit neuen Modellen der Führung, auch den Umgang mit den Mitarbeitern in den Vordergrund. Genauso wie der Kunde, für den wir entwickeln, im Fokus steht, so stehen auch die Mitarbeiter eines Unternehmens im Zentrum der Aufmerksamkeit.

Heutzutage stellen gute Wissensarbeiter in Softwareunternehmen den entscheidenden Wettbewerbsvorteil gegenüber der Konkurrenz dar. Der Markt ist in einigen Segmenten spärlich gesät mit guten Programmierern. Diese verfügen häufig über ein sehr genaues Bild darüber, was möglich und was nicht möglich ist, und wollen an Entscheidungen partizipieren und diese nicht einfach nur vorgesetzt bekommen. Dies fängt bei der Auswahl guter Arbeitswerkzeuge an und reicht bis zu strategischen Entscheidungen des Managements.

Es gilt, Anerkennung und Wertschätzung zu zeigen sowie Mut und Kreativität bei den Mitarbeitern zu fördern. Dabei geht es in erster Linie darum, sich Bedürfnissen anzunehmen, mit Wünschen auseinanderzusetzen oder Mitarbeiter mit ihren Gefühlen und Emotionen ernst zu nehmen. Es geht um das Miteinander und nicht um ein Gegeneinander. Es sind individuelle Freiräume zu schaffen, um die Entwicklung von Mitarbeitern zu fördern und sie nicht zu kontrollieren [Semler 1993]. Es geht für Manager um das Verstehen, um Vertrauen in die eigenen Mitarbeiter und um das Setzen der richtigen Führungsimpulse im richtigen Augenblick.

Praxistipp:

Es ist schwierig, das Verhalten von Menschen, respektive Managern, zu ändern. Daher gilt es eher, das Verständnis für die Werte und notwendigen Veränderungen zu entwickeln. Nach und nach werden sich diese Veränderungen im Denken der Personen durchsetzen und Früchte tragen.

Agil sein beginnt im Kopf

Agilität ist eine Haltung, die jeder persönlich für sich verinnerlichen muss. Diese Haltung wird durch das tägliche Lernen in der praktischen Arbeit mit anderen Menschen gebildet. Je mehr positive Aspekte und Assoziationen mit der täglichen Arbeit einhergehen, desto mehr wird Agilität zum Selbstverständnis.

Nachfolgend stellen wir agile Werte vor, deren bewusste Einforderung sich in der Praxis besonders bewährt hat.

Praxistipp:

Anstatt die Werte nur in einer Präsentation zu vermitteln, machen Sie diese, wann immer es geht, greifbar und erlebbar. Beziehen Sie dafür Situationen aus dem Arbeitsalltag mit ein, sodass nicht nur ein »Ihr müsst Mut beweisen« auf dem Papier steht, sondern auch gleichzeitig der Kontext deutlich wird.

2.1 Agile Werte

Spielerisch wertvoll

Finn wollte das Entwicklungsteam in puncto agile Werte gerne auf einen gemeinsamen Nenner bringen. Dazu hatte er sich etwas überlegt und das gesamte Scrum-Team am Nachmittag auf einen Kaffee eingeladen. In der Einladung hatte er nur angedeutet, dass es lustig werden würde.

Finn hatte die Idee, die agilen Werte auf Basis des bekannten Memory-Spiels zu vermitteln. Dieses Spiel hat er statt der Bilderpärchen mit Bildern und Worten umgestaltet, die agile Werte umschreiben bzw. benennen. Auf den Memory-Karten standen Wörter wie »Kommunikation«, »Mut«, »Feedback«, »Respekt«, »Offenheit« und weitere. Nachdem Finn die Regeln erklärt hatte und die skeptischen Blicke auf einigen Gesichtern verflogen waren, bat er die Teilnehmer, sich in drei Gruppen aufzuteilen. Den Gewinnern der jeweiligen Gruppe stellte er einen Gewinn in Aussicht.

Alle fingen sofort an zu spielen. Finn hatte Spaß, den drei Pärchen zuzusehen, die völlig in ihr Spiel vertieft waren. Dabei flogen ständig die agilen Werte im Raum herum, wenn jemand die Karten umdrehte und vielleicht danebenlag. Als auch die Letzten ihr Spiel beendet hatten, wurden feierlich die Sieger gekürt. Finn bestimmte zunächst, dass die jeweiligen Verlierer dem Gewinner einen Wunschkaffee oder -tee zubereiten mussten. Nach einigem Gelächter kam Finn zurück auf das Spiel und stellte die Frage in die Runde: »Sagt mal, was verbirgt sich für euch hinter den Begriffen auf den Karten?« Nachdem klar war, dass es agile Werte waren, die für die Zusammenarbeit im Team wertvoll und wichtig sind, fragte Finn nach Beispielen aus der Praxis und hielt das Gespräch am Laufen. Es kamen auch Gegenfragen, die Finn, wenn niemand aus dem Team eine passende Antwort hatte, beantwortete.

Sein Plan ging vollständig auf, denn er hatte einen lockeren Weg gesucht, die Werte greifbar zu machen. Am Ende übergab er jedem aus dem Team eine Version des Spiels und eine Spielbeschreibung, auf der neben den agilen Werten auch das Agile Manifest und agile Prinzipien niedergeschrieben waren.

Spricht man mit Führungskräften über die Wichtigkeit der Werte, wird man in der Regel sofortige Zustimmung bekommen, sind die Werte doch so trivial und selbstverständlich. Kratzt man etwas an der Oberfläche, stellt man schnell fest, dass nicht alles Gold ist, was glänzt, und dass die agilen Werte doch noch etwas nachhaltiger verankert werden müssen.

Nach unserer Erfahrung hat es sich bewährt, bereits beim Projektstart intensiv auf die Werte einzugehen und alle einzeln zu benennen und zu besprechen. Hat man die Existenz und Wichtigkeit agiler Werte so hervorgehoben, dass diese in den Köpfen verankert sind, kann man bei Bedarf Bezug darauf nehmen und Situationen im Licht der agilen Werte argumentieren.

Im Laufe des Projekts kann man auf verschiedene Weise auf die agilen Werte zurückkommen. Hervorzuheben ist, wenn ein Teammitglied – bewusst oder unbewusst – nach einem agilen Wert handelt, um es für Beteiligte greifbar zu machen.

Praxistipp:

In unseren Workshops, die wir zu Beginn eines Projekts mit neuen Scrum-Teams durchführen, stellen die agilen Werte einen wichtigen Abschnitt dar. Jedes Scrum-Team hat seine eigene Interpretation der Werte, sodass wir neben der Benennung allgemeiner Beispiele das Team bitten, für sich selbst zu definieren, was es unter dem jeweiligen Wert versteht. Dieses Verständnis notieren wir und hängen es für jeden sichtbar im Teamraum (vgl. Abschnitt 4.5.2) auf.

Die verschiedenen agilen Prozesse (vgl. Glossar) benennen zum Teil unterschiedliche Werte, die aber in ihrem Zusammenwirken sehr ähnlich sind – nicht zuletzt, weil sie untereinander ein stimmiges, sich selbst regulierendes System bilden.

Commitment

Stellen wir uns ein Team vor, das Dienst nach Vorschrift macht. Teammitglieder kommen um neun Uhr, machen um zwölf Uhr eine halbe Stunde Mittag und verlassen das Büro um halb sechs. Würde man solch einem Team ein wichtiges Projekt anvertrauen? Ein gutes agiles Team brennt für sein Projekt. Da sämtliche Umgebungsparameter stimmen, sind die Teammitglieder mit Freude dabei, Funktionen umzusetzen und zu liefern. Ein Kollege hat einen Fehler gemacht – wird er die ganze Nacht daran sitzen müssen, um ihn wieder auszubügeln? Nein, alle stehen als Team zu dem Fehler, alle bleiben länger, der Scrum Master bestellt um 19 Uhr Pizza, und um 20.30 Uhr ist das Problem gelöst und alle gehen nach Hause. Bei einem derartigen Extremfall sind alle aufgefordert, die Qualität wiederherzustellen und das Problem schnellstmöglich aufzulösen, ohne die nachhaltige Entwicklungsgeschwindigkeit (engl.: Sustainable Pace, vgl. Glossar) aus den Augen zu verlieren. Das ist echtes Commitment zu dem Produkt, das entwickelt wird, zum Team, zum Projekt. Das sind die »Vibes«, die ein

Projekt braucht. Das Commitment ist dabei aber nur der Anfang und kann als agiler Wert nicht für sich allein stehen.

In früheren Versionen des Scrum Guide wurde am Ende des Sprint Planning ein Commitment des Teams zu den ausgewählten Backlog Items gefordert. So sollte sichergestellt werden, dass das Entwicklungsteam (vgl. Abschnitt 3.1) alles dafür geben würde, das Sprint-Ziel (vgl. Abschnitt 5.4.1) zu erreichen. In der aktuellen Fassung des Scrum Guide ist dieses Commitment weggefallen und wurde durch den Begriff »Prognose« ersetzt. Unserer Meinung nach wird dadurch allerdings die Verbindlichkeit der Aussage etwas aufgeweicht, daher verwenden wir in der Praxis weiterhin den Begriff »Commitment«, weisen unsere Teams allerdings auf die neue Formulierung hin.

Fokussierung (Focus)

Ein Team kann dann optimale Ergebnisse liefern, wenn es in seiner Arbeit so wenig wie möglich gestört wird und sich voll und ganz auf das Erreichen des Sprint-Ziels konzentrieren kann [Poppendieck 2003]. Häufig genug gibt es Störungen aus der Organisation, seien es Teammeetings, Arbeitsgruppen, Nachfragen, Einstellungsgespräche, Termine außerhalb des Projekts oder Ähnliches. In Scrum ist es die Aufgabe des Scrum Masters, alle störenden Außeneinflüsse vom Team fernzuhalten. Bei jedem Teammitglied gehört aber auch eine gehörige Portion Selbstdisziplin dazu, sich nicht durch andere oder interessantere Aufgaben von der eigentlichen gemeinsamen Arbeit am Produkt ablenken zu lassen.

Offenheit (Openness)

Ein Klima des offenen Austausches untereinander, in dem nichts versteckt und verheimlicht wird, ist für viele ein unerreichbares Idealbild. Aber warum sollte es unerreichbar sein? Gibt es nicht irgendwo ein Team, das nichts zu verheimlichen hat, das zu seinen Fehlern steht (vgl. *Mut*), das offen und transparent kommuniziert und dann auch noch erfolgreich und mit Spaß bei der Sache ist?

Teams in einem von agilen Werten geprägten Umfeld, zu dem eine fehlertolerante Kultur zählt, erleben genau das. Wenn es keine Angstkultur gibt, man keine Angst vor Bestrafungen für Fehler haben muss, dann geht man viel offener an Themen heran und steht auch zu seinen Fehlern. Fehler sind menschlich, und ein offen kommunizierter Fehler tritt wahrscheinlich nicht wieder auf.

Auch Kritik ist eng mit dem Begriff Offenheit verbunden. Konstruktive Kritik ist erwünscht (vgl. *Feedback*) und hilft, sich weiterzuentwickeln. Und je offener man mit Kritik an sich selbst umgehen kann, desto einfacher fällt es einem auch, konstruktive Kritik an anderen zu üben.

Respekt (Respect)

Mit diesem Begriff ist ein Anspruch verbunden, der alle hier genannten Werte betrifft und beeinflusst. Es geht dabei um die uneingeschränkte Anerkennung des Werts jeder beteiligten Person und ihrer Arbeit. Selbst wenn ein Mensch Schwächen erkennen lässt und Fehler entstehen. Eine Herabwürdigung Einzelner darf es nicht geben, weder im Team noch vom Management. Menschen streben in der Regel nach Erfolg und Anerkennung, niemand wird absichtlich irgendetwas falsch machen. Die Anerkennung dessen, was ein Mensch zu leisten imstande ist, und die Unterstützung des Umfelds im Bestreben, immer besser zu werden, sollten heutzutage für jeden Arbeitnehmer unabhängig von seiner Hierarchiestufe oder Rolle selbstverständlich sein.

Mut (Courage)

Mut gedeiht, wo die Arbeit im Team von *Offenheit* und *Respekt* geprägt ist. Es geht um den Mut, die Wahrheit zu sagen, Fehler zu riskieren und auch unbequeme Wege zu gehen. Unangenehme Gespräche zu führen und konstruktive Kritik an Kollegen oder der Organisation zu üben gehören dazu. Offenheit und Feedback als weitere agile Werte sorgen dafür, dass der Mut nicht in seine negative Seite ausschlägt und in Übermut und Selbstüberschätzung ausartet. Der Scrum Master kümmert sich dabei um die nötige Balance. Auch der Mut, in entsprechenden Situationen »Nein« zu sagen, muss aktiv gefordert und gefördert werden. »Ich muss dich mal kurz sprechen« könnte eine Aufforderung eines Vorgesetzten sein, die aber eventuell den Arbeitsfluss eines Entwicklers stört. Derjenige sollte dann den Mut haben, offen zu sagen, dass es aktuell unpassend ist und er diese Arbeit beenden wird, statt sie zu unterbrechen und später neu damit zu beginnen (vgl. *Fokussierung*). Mit einer Antwort wie zum Beispiel: »Ich benötige noch 20 Minuten, die Sache hier fertigzustellen, ich bin dann gleich bei dir«, ist dann häufig beiden geholfen.

Einfachheit (Simplicity)

Softwareentwickler neigen manchmal dazu, später geplante Funktionalitäten bereits jetzt zu berücksichtigen und z.B. die architektonischen Voraussetzungen dafür zu schaffen. Dabei kann es geschehen, dass eine dieser Funktionalitäten später doch nicht mehr oder in abgewandelter Form benötigt wird. Dann hat man jetzt Zeit damit verschwendet, unnütze Dinge zu durchdenken und umzusetzen, und später verwendet man noch einmal Zeit darauf, den Code wieder zu entfernen oder erneut anzupassen. Kent Beck fordert daher zur Einfachheit auf, indem er seine Teams fragt: »*What is the simplest thing that could possibly work?*« [Beck 2004]. Sollten sich später Ergänzungen ergeben, werden diese dann erst behandelt. In diesen Kontext gehört auch der Begriff der »Emergent Architecture«, der besagt, dass Systemarchitekturen nicht von vornherein feststehen müssen, sondern sich im Laufe der Zeit mit dem Produkt entwickeln – so wie bei der iterativen Entwicklung mit Scrum.

Kommunikation

Kommunikation ist Trumpf in Scrum – sowohl innerhalb des Teams als auch im Unternehmen und unter Einbeziehung der Stakeholder. Hierarchische Schranken darf es nicht geben, im Gegenteil: Sollte ein Teammitglied den Vorstandsvorsitzenden im Fahrstuhl treffen, darf sehr wohl ein angeregtes Gespräch über das Projekt geführt werden (vgl. *Offenheit*). Kommunikation erfolgt direkt zwischen Menschen, nicht über die Hierarchie auf der einen Seite nach oben und auf der anderen Seite wieder herunter. Der Scrum Master hat die Aufgabe, unterschiedlichste Formate, Kanäle und Gelegenheiten zu schaffen, in denen die Kommunikation gedeihen kann.

Feedback

Feedback ist das A und O agilen Vorgehens – es sollte andauernd und auf allen Ebenen erfolgen. Teammitglieder geben sich während des Sprints und in der Retrospektive (vgl. Abschnitt 5.6) untereinander Feedback, der Product Owner (vgl. Abschnitt 3.3) gibt dem Entwicklungsteam permanent Feedback zu den Backlog Items, die Stakeholder erhalten und geben Feedback während des Reviews (vgl. Abschnitt 5.5), das Unternehmen bekommt durch die Benennung organisatorischer Hindernisse Feedback vom Scrum-Team (vgl. Kap. 3) und so weiter.

Die engen Feedbackschleifen mit dem Product Owner erfordern aber auch, dass der Product Owner während des Sprints dauerhaft für das Team verfügbar ist, nicht nur während des Reviews am Ende. Nur so ist es zu vertreten, dass Projektanforderungen nicht schon zu Beginn bis ins kleinste Detail ausformuliert sind. Das ständige Feedback sichert die Möglichkeit, frühzeitig und schnell auf unvorhergesehene

Situationen zu reagieren – der Schlüssel zu der enormen Flexibilität, für die Scrum und all die anderen agilen Methoden bekannt sind.

Neben den agilen Werten möchten wir die Wichtigkeit der agilen Prinzipien für die richtige Adoption von Scrum noch einmal explizit betonen. Denn werfen wir einen genaueren Blick hinter die 12 wesentlichen agilen Prinzipien, die im ersten Augenblick so eindringlich wie einfach klingen, merken wir, dass sie es in sich haben. Nachfolgend beleuchten wir die agilen Prinzipien und arbeiten die darin enthaltenen agilen Werte, Schlüsselbegriffe sowie Artefakte und Scrum-Events heraus.

2.2 Agile Prinzipien

Das Agile Manifest (*www.agilemanifesto.org*) wird von 12 wesentlichen agilen Prinzipien begleitet. Im Zentrum dieser Prinzipien steht der Mensch, sei es das Scrum-Team oder der Kunde. Nicht nur [Leffingwell 2007] betont, dass ein Verständnis dieser Prinzipien essenziell ist, um die Philosophie dahinter zu verstehen. Laurie Williams stellt durch die Ergebnisse ihrer Umfrage heraus, dass die Prinzipien eine wesentliche Orientierungshilfe für erfolgreiche agile Projekte sind und auch nach mehr als 10 Jahren des Bestehens des Agilen Manifests uneingeschränkt gültig sind [Williams 2012]. Finden wir heraus, was in den knappen Handlungsanweisungen für wertvolle Informationen und Inspirationen stecken.

Den Kunden zufriedenstellen

> *Unsere höchste Priorität ist es, den Kunden durch frühe und kontinuierliche Auslieferung wertvoller Software zufriedenzustellen.*

Für die Entwicklung von wertvoller Software ist ein Entwicklungsteam zusammenzustellen, das alle erforderlichen Aufgaben eigenständig bewerkstelligen kann. Um der höchsten Priorität volle Aufmerksamkeit widmen zu können, ist für stabile Rahmenbedingungen zu sorgen und Störungen sind vom Team fernzuhalten. Um den Kunden, in der Regel vertreten durch den Product Owner, zufriedenzustellen, bestimmen Akzeptanzkriterien die Vereinbarung und legen die Rahmenbedingungen fest, die das Entwicklungsteam bei der Entwicklung zu beachten hat. Frühe Auslieferung bedeutet, dass die Software so schnell wie möglich dem Kunden präsentiert werden sollte, um zügig Feedback zu erhalten und neues Wissen in die Entwicklung einfließen zu lassen. Das iterative Vorgehen bei Scrum sorgt für die kontinuierliche Lieferung und Abstimmung von Resultaten in kurzen Zyklen. Was wertvolle Software ist, bestimmt ebenso der Product Owner, der die Backlog Items nach ihrem Wert im Product Backlog (vgl. Abschnitt 4.2) sortiert.

Es fällt nun auf, wie viel in diesem prägnanten Satz steckt, der die wichtigsten Rollen beinhaltet, einen iterativen Ansatz nutzt und den Kunden in das Zentrum der Aufmerksamkeit rückt.

- **Agile Werte:** Kommunikation, Fokussierung, Commitment, Feedback, Respekt
- **Wichtige Schlüsselbegriffe:** Empowerment, Inkrementelle Auslieferung, Geschäftswert, Potentially Shippable Code
- **Artefakte:** Product Backlog, Definition of Done, Akzeptanzkriterien
- **Events:** Review

Änderungen willkommen heißen

> *Wichtige Anforderungsänderungen, selbst spät in der Entwicklung, sind willkommen. Agile Prozesse nutzen Veränderungen zum Wettbewerbsvorteil des Kunden.*

Die positive Ausdrucksweise dieses Prinzips spiegelt den offenen Umgang mit möglichen Änderungen wider. Die Rahmenbedingungen für die Entwicklung eines Softwareprodukts sind vielfältig und einem laufenden Wechsel unterworfen. So wie sich der Markt ändern kann oder der Bedarf an einem Produkt, so agil sollte man auch mit diesen Änderungen umgehen, um nah am Marktgeschehen zu bleiben. Diese Änderungen sind für die Kundenzentrierung bedeutend, denn sie können von großem Vorteil für den Kunden sein.

- **Agile Werte:** Offenheit, Respekt, Mut
- **Wichtige Schlüsselbegriffe:** Transformation, Time to Market, Geschäftswert
- **Artefakte:** Releaseplan, Product Backlog
- **Events:** Sprint Planning

Häufige Auslieferung

> *Liefere funktionierende Software regelmäßig, innerhalb weniger Wochen oder Monate aus und bevorzuge dabei die kürzere Zeitspanne.*

Am Ende eines jeden Sprints soll ein fertiges Inkrement (»Potentially Shippable Code«) vorliegen, das vollumfänglich einsetzbar und kein Prototyp oder eine theoretische Ausarbeitung ist. Die Frequenz, in der dies passiert, ist möglichst kurz zu halten, um zügiges Feedback von den Anwendern der Software zu erlangen. Dieses Feedback wird dann wiederum in die Weiterentwicklung des Produkts einfließen.

- **Agile Werte:** Mut, Commitment, Einfachheit, Fokussierung
- **Wichtige Schlüsselbegriffe:** Potentially Shippable Code, Continuous Delivery, Release, Sprint-Ziel
- **Artefakte:** Definition of Done, Sprint Backlog, Product Backlog
- **Events:** Review

Crossfunktionale Zusammenarbeit

> *Fachexperten und Entwickler müssen während des Projekts täglich zusammenarbeiten.*

Die enge Zusammenarbeit der Menschen, die ein breites Wissen über die Zielgruppe oder den Zielmarkt haben, mit jenen, die das Produkt entwickeln, führt zu den besten und wertschöpfendsten Resultaten. Der Product Owner sortiert die Backlog Items entsprechend des höchsten Geschäftswerts und das Entwicklungsteam unterstützt ihn bei der Pflege des Product Backlog (vgl. Abschnitt 5.4). Das Prinzip drückt stark die notwendigen Komponenten Kommunikation und Kollaboration aus, die einen klaren Vorteil agiler Entwicklung repräsentieren. Daher sind auch die Zusammenarbeit in einem Teamraum und die Anwesenheit des Product Owners enorm wichtig, um schnelle Feedbackschleifen per direkter Kommunikation zu generieren. Diese enge Zusammenarbeit sollte über die gesamte Projektlaufzeit gewährleistet sein.

- **Agile Werte:** Respekt, Kommunikation, Fokussierung
- **Wichtige Schlüsselbegriffe:** Kollaboration, Sustainable Pace, Geschäftswert
- **Artefakte:** Product Backlog, Sprint Backlog
- **Events:** Daily Scrum

Unterstützung leisten und Vertrauen schenken

> *Errichte Projekte rund um motivierte Individuen. Gib ihnen das Umfeld und die Unterstützung, die sie benötigen, und vertraue darauf, dass sie die Aufgabe erledigen.*

Mit der Auswahl der richtigen Teammitglieder steht und fällt auch jedes agile Team. Individuen, die mit dem Herzen dabei sind und im Sinne des Teams agieren, werden das Projekt treiben. Gibt man ihnen dazu die Freiheit, das zu tun, was getan werden muss, wird sich die Kreativität schnell entfalten. Das Setzen von Rahmenbedingungen, die eine freie Entfaltung ermöglichen, die Einrichtung einer störungsfreien Arbeitsatmosphäre und die Bereitstellung adäquater Arbeitswerkzeuge wird das in die Entwickler gesetzte Vertrauen nicht enttäuschen. Hierbei sowie beim Beseitigen von Hindernissen unterstützt der Scrum Master.

- **Agile Werte:** Einfachheit, Fokus, Mut, Offenheit, Respekt, Kommunikation
- **Wichtige Schlüsselbegriffe:** Empowerment, Servant Leadership, Selbstorganisation, Motivation, Vertrauen, Organisation, Teamraum
- **Artefakte:** Impediment Backlog
- **Events:** Daily Scrum

Direkte persönliche Kommunikation

> *Die effizienteste und effektivste Methode, Informationen an und innerhalb eines Entwicklungsteams zu übermitteln, ist ein Gespräch von Angesicht zu Angesicht.*

Transparenz ist eines der Schlüsselelemente in agilen Prozessen wie Scrum. Es reicht dabei jedoch nicht, Informationen sichtbar zu machen, sondern auch der direkte Austausch mit Personen ist zu suchen. Das direkte Gespräch mit Menschen ist dabei zu bevorzugen, anstatt den Umweg über indirekte Kommunikationsmittel zu wählen.

- **Agile Werte:** Kommunikation, Offenheit, Fokussierung, Feedback
- **Wichtige Schlüsselbegriffe:** Transparenz, Visualisierung, Pair Programming, Kollaboration, Stakeholder Management
- **Artefakte:** Sprint Backlog, Scrum-Board
- **Events:** Sprint Planning, Daily Scrum, Estimation, Backlog Grooming, Review, Retrospektive

Funktionierende Software

> *Funktionierende Software ist das wichtigste Fortschrittsmaß.*

Am Ende einer jeden Iteration zählt nur, ob die erstellte Software auch den Abnahmekriterien entspricht und vollumfänglich und fehlerfrei einsatzbereit ist. Andere Maßeinheiten spielen eine untergeordnete Rolle. Für ein Scrum-Team zählt in erster Linie auslieferbare Software am Ende eines Sprints.

- **Agile Werte:** Commitment, Fokussierung, Einfachheit
- **Wichtige Schlüsselbegriffe:** Qualitätssicherung, Technische Schulden (Technical Debt), Nutzertest, Geschäftswert, Veröffentlichung (Release), Akzeptanzkriterien, Testautomatisierung
- **Artefakte:** Definition of Done, Burndown-Chart
- **Events:** Review

Nachhaltige Geschwindigkeit

> *Agile Prozesse fördern nachhaltige Entwicklung. Die Auftraggeber, Entwickler und Benutzer sollten ein gleichmäßiges Tempo auf unbegrenzte Zeit halten können.*

Dieses Prinzip ist auf den ersten Blick schwer zu verstehen, da man sich fragen mag, was denn mit »nachhaltiger Entwicklung« gemeint sei. Es bedeutet, dass eine konstante und ausgeglichene Arbeitszeit besser ist als hohe Schwankungen durch Mehrarbeit. Diese wirken sich auf die Produktivität des Teams aus und damit unter Umständen auf den Projekterfolg. Aber auch Wartezeiten oder Langeweile können ein Ausdruck für eine schwankende Entwicklungsgeschwindigkeit sein. Mit einer guten Vorbereitung und Planung können diese Schwankungen vermieden werden. Um daher zu einem »Flow« (vgl. Glossar) zu gelangen, ist die Einbeziehung aller Projektbeteiligten notwendig.

- **Agile Werte:** Kommunikation, Commitment, Fokussierung
- **Wichtige Schlüsselbegriffe:** Flow, Sustainable Pace, Motivation, Kollaboration
- **Artefakte:** Sprint Backlog
- **Events:** Daily Scrum, Review

Streben nach technischer Exzellenz

> *Ständiges Augenmerk auf technische Exzellenz und gutes Design fördert Agilität.*

Ein ständiges Streben nach technischer Exzellenz lässt keine Routine zu. Routine würde bedeuten, nicht zu lernen und sein Wissen nicht auszubauen. Die Sammlung und der Austausch von Wissen innerhalb des Teams ist ein wesentlicher Erfolgsfaktor. Dieser Wissenstransfer sollte innerhalb des Entwicklungsteams kultiviert werden. Produkte sind ganzheitlich zu betrachten und sollten aufgeräumt und sicher sein. Es reicht nicht, wenn der Anwender zufrieden ist, sondern unter der Motorhaube darf auch keine Zeitbombe ticken, die ggf. früher oder später zu einem bösen Erwachen führt. Wenn Teams diese ganzheitliche Sicht verstehen und dazu bereit sind, sich laufend weiterzuentwickeln, dann wird der agile Funke überspringen.

- **Agile Werte:** Einfachheit, Fokussierung, Commitment
- **Wichtige Schlüsselbegriffe:** Code Ownership, Pair Programming, Qualität, Akzeptanztest, Testautomatisierung
- **Artefakte:** Definition of Done, Akzeptanzkriterien
- **Events:** Retrospektive

Einfach ist besser

> *Einfachheit – die Kunst, die Menge nicht getaner Arbeit zu maximieren – ist essenziell.*

Einfachheit oder »Simplicity« findet sich wie oben beschrieben auch in den agilen Werten wieder und zielt auf die Reduzierung auf das Wesentliche ab. Wenn wir weitere Features zum Produkt hinzufügen, inwieweit können wir dann bestehenden Code überarbeiten oder sogar entfernen? Sind die Features notwendig und liefern sie ausreichend Geschäftswert? Müssen wir das Rad neu erfinden, oder können wir uns an freien Bibliotheken, Open-Source-Projekten oder kommerziellen Produkten bedienen? Bei all diesen Überlegungen ist es wesentlich, dass der höchste Geschäftswert zur Zufriedenheit des Kunden erzielt wird, ohne dem Kunden oder Product Owner falsche Tatsachen vorzutäuschen.

- **Agile Werte:** Einfachheit, Fokussierung
- **Wichtige Schlüsselbegriffe:** Refactoring, Features, Technical Debt
- **Artefakte:** Product Backlog
- **Events:** Backlog Grooming, Estimation

Selbstorganisiert agieren

> *Die besten Architekturen, Anforderungen und Entwürfe entstehen durch selbstorganisierte Teams.*

Wenn das gesamte Team kollaborativ Ergebnisse erarbeitet, sich gemeinschaftlich verantwortlich fühlt und über Vor- und Nachteile von Produktideen und -funktionalitäten spricht, führt dies zu einer produktiven Arbeitsatmosphäre und Endresultaten. Dabei hilft »Inspect & Adapt« (vgl. Glossar) dem Team, sich ständig zu verbessern und gezielt gegenzusteuern, sollte eine Kursänderung notwendig sein.

- **Agile Werte:** Einfachheit, Fokussierung, Mut, Kommunikation, Commitment, Feedback
- **Wichtige Schlüsselbegriffe:** Empowerment, Verantwortung, Rahmenbedingungen, Selbstorganisation, Inspect & Adapt

- **Artefakte:** Product Backlog
- **Events:** Sprint Planning, Daily Scrum, Backlog Grooming, Retrospektive

Überprüfen und Anpassen

> *In regelmäßigen Abständen reflektiert das Team, wie es effektiver werden kann, und passt sein Verhalten entsprechend an.*

Die laufende Reflexion bei »Inspect & Adapt« führt dazu, dass ein Entwicklungsteam seine technischen Fähigkeiten und die Arbeitsprozesse immer weiter ausbauen und verfeinern kann. Die Ergebnisse aus der Reflexion werden dann umgehend in die Praxis übernommen, überprüft und vielleicht wieder angepasst.

- **Agile Werte:** Offenheit, Feedback, Commitment
- **Wichtige Schlüsselbegriffe:** Inspect & Adapt, Technical Excellence
- **Artefakte:** Sprint Backlog, Burndown-Chart
- **Events:** Retrospektive

2.2.1 Häufige Probleme

Gerade beim Beginn oder Versuch der Transformation zu Scrum sind am Anfang viele Barrikaden und Widerstände zu spüren. In jeder Unternehmenskultur werden diese Veränderungen anders wahrgenommen und behandelt. Hier einige Problemfelder, die gerade bei der Konfrontation mit den agilen Ideen auftreten.

Fehlender Mut

Fängt man an, mit Scrum zu arbeiten, fehlt am Anfang oftmals noch der Mut, Dinge direkt anzusprechen. Dies ist verständlich, wenn einem erst einmal bewusst wird, welche Freiräume man erhalten hat und welche Verantwortung damit einhergeht. Genau diese Verantwortung bedingt im Umkehrschluss von jedem Beteiligten die Courage, etwas einzufordern, auf etwas aufmerksam zu machen oder in Frage zu stellen. Dies ist vor allem dann schwierig, wenn die Unternehmenskultur von Angst geprägt ist. Angst, etwas falsch zu machen, Angst um den Arbeitsplatz oder Angst gegenüber Mitarbeitern wie auch Managern.

Nicht nur Teammitgliedern geht es so. Auch für einen Scrum Master ist zu Beginn Fingerspitzengefühl gefragt. Der Balanceakt zwischen »Wie weit darf ich gehen?« und »Wann ist es besser, erst einmal ruhig zu sein?« ist schwierig. Es kommt in der Praxis zu oft vor, dass schon

Kleinigkeiten zu Überreaktionen im Management führen und gar nicht erst versucht wird, in einen Dialog zu treten.

Für einen Scrum Master ist es notwendig, genau zu wissen, was »richtig« im Sinne der agilen Werte ist. Dies gilt für Gespräche sowohl mit dem Management als auch mit dem Entwicklungsteam oder Product Owner. Zudem hilft es auch, wenn er in Gesprächen mit den Teammitgliedern das Auftreten von agilen Werten hervorhebt (»Du hast *Mut* bewiesen, dieses heikle Thema anzusprechen«).

Der Scrum Master als Einzelkämpfer

Praxistipp:

Reden Sie regelmäßig mit Personen im Unternehmen, die ein Interesse am Produkt haben, darüber, welche Fortschritte sie machen, was sie bewegt und welche Probleme sie aufgedeckt oder sogar gelöst haben. Dieses Marketing, ob positiv oder negativ, ist der neue Weg, der Transparenz in das Unternehmen bringt. Überzeugen Sie Menschen lieber in Einzelgesprächen, statt der Botschaft mit einer allgemeinen Präsentation die Tiefe zu nehmen.

Oftmals ist es so, dass der Scrum Master zu Beginn ein Einzeldasein in den Managementreihen führt, um seine Belange für das Team und im Sinne der Verbreitung von Scrum durchzusetzen. Vielleicht können diese praktischen Tipps weiterhelfen, wenn es um die Kommunikation und Zusammenarbeit im Unternehmen geht:

- **Kleine Schritte:** Am Anfang gilt es, kleine Schritte zu machen. Diese haben häufig schon eine große Auswirkung. Veränderungen sind in den meisten Fällen unwillkommen, aber manchmal sinnvoll. Starten Sie mit einem ersten Pilotprojekt und einem erfahrenen (externen) Coach.
- **Laufendes Verändern:** Es geht ständig um Veränderungen und die Bewegung. Dabei steht der Mensch im Zentrum aller Bemühungen auf dem Weg, ein erfolgreiches Team oder ein Unternehmen zu werden, das für die Zukunft gewappnet ist.
- **Augen offen halten:** Vielleicht gibt es jemanden in der Organisation, der gerne auf den Zug aufspringen möchte oder bei der Verbreitung der neuen Ideen unterstützt. Im besten Falle jemand Einflussreiches aus dem Management. Suchen Sie sich Personen, die Schlüsselrollen besetzen oder willens sind, Ihre Ideen zu unterstützen. Wählen Sie jedoch nur die Personen, die bei Mitarbeitern anerkannt sind.
- **Agile Kultur fördern:** Es gibt eine feste Basis, aus der heraus die Arbeit erfolgen kann – das Scrum-Team. Wenn man es als Scrum Master schafft, eine Keimzelle aus Kreativität, Offenheit, Engage-

ment und Respekt zu schaffen, dann sind dies gute Argumente für das weitere Voranschreiten in der Organisation.

- **Ohne Kontrolle:** Es gibt keinen Kontrollverlust seitens des Managements, auch wenn dies zu Beginn oft nicht verstanden wird. Scrum führt zu Offenheit und Transparenz, die vom Management gewollt wird. Darüber offen zu sprechen, dass alte Managementmodelle überdacht werden müssen, ist sicherlich nicht einfach, aber zielführend.
- **Fehlertoleranz:** Fehler zu machen gehört dazu, da vieles einfach nicht von Anfang an funktionieren wird. Scrum macht Fehler sichtbar und behebt sie während der Erstellung von neuer qualitativ besserer Software. Jeder lernt dabei, auch die indirekt beteiligten Bereiche des Unternehmens.

Agile Werte werden nicht aktiv gelebt

Vielfach wird in der Praxis den Teams zu Beginn eines Projekts anhand von Präsentationen vorgetragen, welche agilen Werte und Prinzipien es gibt und was diese bedeuten. Blicken wir zurück zu unserer Scrum-Zertifizierung, war dies der gleiche Fall. Es fehlt das aktive Erlebnis. Darüber hinaus ist es häufig der Fall, dass vielleicht die Mitglieder eines Scrum-Teams schon davon gehört haben, aber der Rest der Organisation weder etwas von deren Existenz noch etwas damit anzufangen weiß.

Sinnvoll ist es, wenn am Anfang explizit mit dem Team Werte bestimmt werden, die für das Team gültig sind, und wenn erörtert wird, was das Team darunter versteht. Auch in Gesprächen außerhalb des Scrum-Teams ist es unter Umständen hilfreich herauszustellen und zu erläutern, wenn es sich um die Werte handelt.

Praxistipp:

Hängen Sie die vereinbarten Teamwerte im Teamraum auf, sodass sie jederzeit sichtbar sind und darauf verwiesen werden kann. Überprüfen Sie vor allem immer wieder, ob jemand die Gültigkeit in Frage stellt, und überarbeiten Sie diese dann mit dem Team.

Erwähnen Sie gegenüber Stakeholdern und dem Team, wenn die Werte gelebt werden und welcher Nutzen daraus gezogen werden kann: »Ich finde es toll, dass das Team den Mut gezeigt und sich nicht hinter Halbwahrheiten versteckt hat und offen zugibt, dass es nicht ganz fertiggeworden ist in diesem Sprint.« »Die Arbeitsabläufe im Team sind noch nicht so eingespielt, dass wir reibungslos entwickeln können. Wir kennen aber die Schwächen, an denen wir arbeiten und aus denen wir lernen werden.«

2.2.2 Checklisten

Agilität etablieren

Dieses Kapitel hat gezeigt, dass es in den meisten Fällen eine echte Herausforderung ist, die agilen Werte in komplexen sozialen Systemen wie Unternehmen zu verankern. Daher sollte man sich – nicht nur als Scrum Master – fragen, wie man zu diesem Veränderungsprozess beitragen und ihn vorantreiben kann. Nachfolgend einige Fragen und Anregungen, die Ihnen zeigen sollen, dass es vor allem in Ihrer Hand liegt, einen Unterschied zu machen.

- In welche Richtung will ich steuern?
  - Welches Ziel verfolge ich?
  - Was funktioniert gut?
  - Was sollte ich lassen?
  - Wie fange ich an?
  - Wann fange ich an?
  - Was sind sinnvolle Resultate?
  - Wie nutze ich diese Resultate?
- Wie will ich dort ankommen?
  - Wen muss ich überzeugen?
  - Wer kann mich unterstützen?
  - Wen muss ich unterstützen oder schulen?
  - In welcher Art und Weise kommuniziere ich?
  - Wie kann ich möglichst viele Menschen erreichen?
  - Wie gehe ich mit Kritikern um?
  - Wie erreiche ich Nachhaltigkeit?
  - Welche Geschwindigkeit gehe ich?
  - Was sind kurzfristige Maßnahmen?
  - Was ist mein Langzeitziel?
  - Wie eskaliere ich?
- Bin ich committed?

Weiterführende Informationen zum Thema »Werte« haben wir im Anhang zusammengestellt. Unter *http://www.scrum-in-der-praxis.de/literaturempfehlungen/werte* aktualisieren wir diese ständig.

3 Das Scrum-Team

Bevor es losgeht

Als Finn von dem neuen Projekt erfuhr, machte er von Anfang an deutlich, dass er das Scrum-Team selbst zusammenstellen wollte. Herr Hold war von diesem Anspruch etwas überrascht, da die Besetzung des Teams schon geplant war. Finn erklärte ihm in Gesprächen, dass die richtige Zusammensetzung einen großen Einfluss auf die Effizienz des Teams hat und er daher gerne mit ganz bestimmten Personen zusammenarbeiten wollte. Zudem fände er es gut, wenn die Mitglieder seines Teams selber entscheiden dürften, ob sie im Team arbeiten wollen. Finn wollte nur Menschen im Team, die sich freiwillig für die Mitarbeit entschieden hatten. Er hatte vor, zunächst Sergio zu fragen, den er aus einem vorherigen Projekt gut kannte. Sergio war nicht nur auf fachlicher Ebene ein wichtiges Teammitglied, sondern verfügte auch über eine sehr integrative Persönlichkeit und war bereits mit Scrum vertraut. Damit wurde er ein wichtiger Bestandteil von Finns Plan, der vorhatte, das Team um Sergio herum aufzubauen.

Für Herrn Hold klang das plausibel, und er ließ Finn gewähren, gab ihm jedoch ein Zeitfenster von wenigen Wochen. Er bat ihn, ihm einen Vorschlag für das komplette Team zu unterbreiten, und Finn machte sich sofort an die Arbeit. Nach Sergio war Jordi der nächste Kandidat auf Finns Liste. In Gesprächen mit ihm hatte Finn bemerkt, dass Jordi pfiffig war, was die Schnittstellenprogrammierung anging. Obwohl er erst vor kurzem von der Uni gekommen war, würde er nach Finns Ansicht sehr gut in das Team passen, da er in seinem letzten Projekt noch nicht vorhandene Erfahrung durch Lernfähigkeit und Engagement kompensiert hatte. Als Lara hörte, dass Finn ein Team zusammenstellte, meldete sie sich bei ihm. Sie wollte gern das Design für die Applikation erstellen. In einem Kennenlerngespräch mit ihr fand Finn heraus, dass Lara noch einige Zeit in einem anderen Projekt arbeiten sollte, das sich mit dem Starttermin des neuen Projekts überschnitt. Nach einem Gespräch mit Casper, der als Product Owner das neue

Projekt übernehmen sollte, erfuhr er, dass Lara und Casper ein eingespieltes Team sind. Nach einigen weiteren klärenden Gesprächen hatte Finn erreicht, dass Lara für das neue Projekt zur Verfügung stand. Bei Alva war es etwas schwieriger, denn Finn wollte sie unbedingt in seinem Team haben. Dazu musste er Alva jedoch zuerst überzeugen, ihr aktuelles Arbeitsverhältnis bei einem anderen Arbeitgeber zu beenden. Da Finn aber Alva aus früheren Projekten kannte, fiel es ihm nicht schwer, sie mit den richtigen Argumenten zu überzeugen. Aufgrund von Alvas Kündigungsfrist konnte sie zwar nicht gleich zu Beginn des Projekts dabei sein, aber das nahm Finn in Kauf, da es sich nur um eine Überschneidung von zwei Wochen handelte. Als Letztes bekam Finn die Zusage von Mina, die er über eine Stellenausschreibung fand. An diese hatte er sich gleich nach dem Gespräch mit Herrn Hold gesetzt und veröffentlicht. Nachdem er einige Bewerber persönlich gesprochen hatte, entschied er sich schnell für Mina. Ihre lockere Art und ihr Know-how im Bereich der Qualitätssicherung passten perfekt in sein Bild von einem Team. Herr Hold war beeindruckt von Finns Arbeit und stimmte der Besetzung schließlich zu.

Mit dem Einsatz von agilen Methoden ändern sich die Anforderungen an die Kompetenzen von Wissensarbeitern drastisch. Agile Methoden einzusetzen bedeutet auch, einen Wandel im Rollenverständnis zu vollziehen. Daher ist es essenziell, die Rollen richtig zu besetzen, denn die Rolleninhaber sind anfänglich sowohl fachlichen, methodischen, persönlichen als auch sozialen Veränderungen unterworfen. Die Auswahl der richtigen Mitarbeiter für ein Scrum-Team nimmt daher eine Schlüsselrolle für das spätere Gelingen und den Erfolg ein.

Scrum beschreibt drei Rollen, die zu einem Scrum-Team gehören: das Entwicklungsteam (siehe Abschnitt 3.1), den Scrum Master (siehe Abschnitt 3.2) und den Product Owner (siehe Abschnitt 3.3). Das Scrum-Team bildet die Klammer über die drei Rollen. In der Innenbeziehung gibt es wesentliche Aspekte, die für ein gut funktionierendes Scrum-Team notwendig sind: Vertrauen, Wertschätzung und Verantwortung.

Vertrauen, Wertschätzung und Verantwortung

Agile Teams sind anders als traditionell arbeitende Teams, denn ihnen obliegt es selbst, wie sie ihren Weg zum Erfolg des Projekts gestalten. Sie bestimmen eigenverantwortlich die Umsetzung der Anforderungen des Product Owners und die inkrementelle Entwicklung der Software. Alle Teammitglieder sind gemeinschaftlich für die Ergebnisse verantwortlich. Für die Qualität ist beispielsweise nicht allein der Tester im Team verantwortlich, sondern jeder im Team, da Qualität ein impliziter Bestandteil der agilen Entwicklung und Gesamtaufgabe des Scrum-Teams ist. Qualitätsbewusstsein geht jeden im Team etwas an. Hier ist ein Scrum Master gefordert, das notwendige Handeln und Denken zu beeinflussen, indem er zum Beispiel auf die Nachteile fehlender Refactorings, Regressionstests oder automatischer Tests hinweist oder das Prinzip technischer Schulden erläutert. Die Kombination aus eigenverantwortlichem und selbstorganisiertem Handeln des gesamten Teams sowie einer kontinuierlichen Entwicklung des Teams lässt die Rollen in einem Scrum-Team verschwimmen. Die Übernahme von Verantwortung für das eigene Handeln und Vertrauen in die Arbeit jedes Einzelnen sind essenzielle Grundpfeiler eines Scrum-Teams.

Wenn es um die Übernahme von Verantwortung geht, herrschen nicht selten noch alte Denkweisen vor, die lediglich auf die ordentliche Bearbeitung eines Arbeitspakets durch Einzelne gekennzeichnet sind und nicht durch die gemeinschaftliche Verantwortung für das Gesamtprodukt. Jeder Einzelne im Entwicklungsteam muss nun als Teil einer Gemeinschaft Verantwortung übernehmen. Dies ist häufig nicht einfach und bedarf der Erkenntnis, dass es wichtig ist, Entscheidungen zu treffen und dafür einzustehen. Für diese Erkenntnis ist der Scrum Master zuständig, der sowohl den Teammitgliedern als auch der Organisation vermitteln muss, dass Fehler dazugehören und in manchen Fällen sogar erwünscht sind. Scrum regelt dies durch den »Inspect & Adapt«-Gedanken, der besagt, dass man aus Fehlern lernen kann.

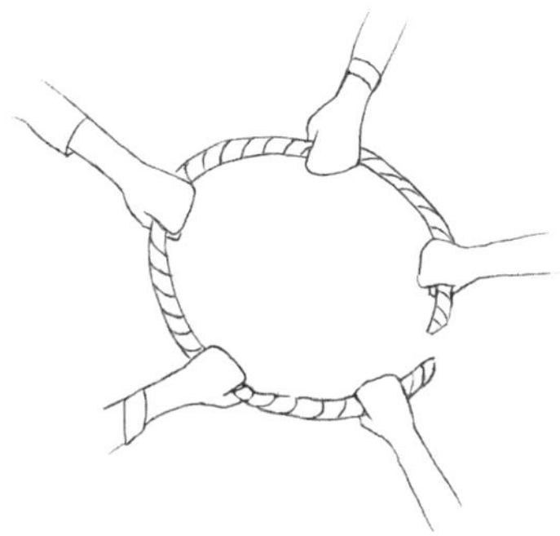

Abb. 3–1
Das Team arbeitet als Gemeinschaft Hand in Hand.

Entwickler, die Schwierigkeiten mit der Übernahme von Verantwortung haben, werden sich darüber beklagen, dass etwas nicht funktioniert oder nicht in ihrem Sinne ist. Wenn Sätze fallen wie »Ich warte jetzt schon den ganzen Morgen auf Person X, die mir beim Update meiner Software helfen wollte...« oder »Ich habe schon etliche Personen via Chat angeschrieben und keiner kann mir sagen, wo das Problem liegt...«, aber auch »Ich wollte eigentlich mit Teammitglied Y zusammenarbeiten, aber ich weiß nicht, was er gerade tut...«, sollten bei einem Scrum Master die Alarmglocken läuten. Diese Mitarbeiter werden nicht im ersten Moment mit einer Idee kommen und lösungsorientiert versuchen, den jeweiligen Zustand zu verbessern. Ein Scrum Master muss hier eine aktive Rolle einnehmen und die Teammitglieder bei diesem Prozess begleiten.

Praxistipp:

Achten Sie bei der Auswahl der Teammitglieder darauf, dass Sie nicht die besten »Einzelspieler« auswählen, sondern die Individuen, die am besten als Team harmonieren. Teamfähigkeit ist für die Arbeit in einem Scrum-Team unabdingbar (siehe Abschnitt 3.1.3).

Da in einem Scrum-Team nicht der Einzelne im Vordergrund steht, sondern alle Teammitglieder zu gleichen Teilen für Erfolg und Misserfolg verantwortlich sind, ist der respektvolle und wertschätzende Umgang untereinander wichtig. Manchmal fehlt die Akzeptanz für das Vorgehen, wenn plötzlich gefordert wird, dass alle gleichgestellt zusammenarbeiten. Nehmen wir zum Beispiel einen JavaScript-Spezialisten, der vielleicht gerade nicht seine spezialisierten Fähigkeiten einsetzen kann und der beim explorativen Testen unterstützen soll. Es ist wichtig, dass Individuen für ein Scrum-Team ausgewählt werden, die ihr eigenes Ego im Sinne der zielgerichteten Zusammenarbeit unterordnen können. Jeder bringt unterschiedliche Erfahrungen, Titel, Fachkenntnisse o.Ä. mit ein. Genau das ist auch so gewollt, denn ansonsten wäre der- oder diejenige nicht Bestandteil des Teams – jeder leistet seinen Beitrag zum Erfolg des Scrum-Teams und bringt sein Wissen ein.

Praxistipp:

Spezialwissen ist wichtig für die Qualität der Arbeit und der Ergebnisse. Entwickler in einem Scrum-Team sollten Lust darauf haben, Wissen mit anderen zu teilen und Wissen anderer anzunehmen.

Verantwortung zu übernehmen und wertschätzend sowie offen miteinander umzugehen, verlangt ein hohes Maß an Vertrauen. Dieses Vertrauen aufzubauen ist eine der Herausforderungen im Teambildungsprozess. Es geht dabei nicht nur um das Vertrauen untereinander, sondern auch um das Vertrauen in die Vision, das Produkt und die Arbeitsweise. Transparenz ist hierbei ein Erfolgsfaktor. Ein Scrum Master hat hier wesentlichen Einfluss, wenn es um das Miteinander im Team und die aktive Förderung von Transparenz geht. Er ist ein wesentlicher Faktor, um motivierte Menschen für das Projekt zu finden, die benötigte organisatorische Umgebung einzurichten und das Scrum-Team zu unterstützen. Unter diesen Bedingungen vertraut er auf die bestmögliche Umsetzung der Arbeit durch alle Beteiligten.

Wir erleben immer wieder, dass es innerhalb des Scrum-Teams gar nicht so schwer ist, dieses Vertrauen zu schenken und anzunehmen. Weitaus schwieriger ist es oftmals mit Managern oder der restlichen Organisation, die einen Kontrollverlust befürchten. In Situationen, in denen versucht wird, von außerhalb zu regulieren, sollten sich Scrum Master und Product Owner vor das Team stellen und durch offene Kommunikation und Argumentation Überzeugungsarbeit leisten, um es zu schützen.

Scrum macht Probleme und Handlungsfelder sichtbar und fördert das Streben nach laufender Verbesserung. Die gewonnene Transparenz gefällt nicht jedem in der Organisation auf Anhieb. Überzeugen kann man in diesen Fällen nur mit funktionierender Software am Ende eines Sprints, die das schnelle Beheben von Problemen und Anforderungen des Teams rechtfertigt. Funktionierende Software ist das wesentliche Maß für ein Scrum-Team, mit dem das in die Mitarbeiter gesetzte Vertrauen und der Grad von übernommener Verantwortung am besten überprüft werden kann.

Praxistipp:

Als Scrum Master sollten Sie regelmäßig das Einzelgespräch mit den Teammitgliedern suchen. Damit bauen Sie gegenseitiges Vertrauen auf und zeigen, dass Sie die Belange der Entwickler ernst nehmen. Zu einem zielgerichteten Gespräch gehört auch, dass Sie die Mitarbeiter beobachten und ein Feingefühl dafür entwickeln, wie sich die Situation im Team darstellt.

Auch Lob ist wichtig. Sprechen Sie Lob im Einzelgespräch oder vor dem gesamten Team aus. Heben Sie Dinge hervor und erkennen Sie Fortschritte des Teams an.

Wesentliche Faktoren für ein erfolgreiches Scrum-Team sind: die Zusammenarbeit an einem Ort, die Arbeit auf ein Ziel hin, die enge Kooperation mit dem Projektsponsor oder Kunden sowie ein stabiles Arbeitsumfeld.

Stabilität

Innerhalb eines Scrum-Teams herrscht eine hohe Dynamik, die eine stabile Umgebung, also einen festen Rahmen, benötigt. Gibt es häufige Änderungen von außen, die direkten Einfluss auf die beständige Arbeitsweise eines Scrum-Teams haben, wirkt sich dies unweigerlich negativ auf die Arbeitsergebnisse und Stimmung im Team aus. Gerade in Matrixorganisationen kommt es häufig vor, dass Kompetenzen nicht klar geregelt sind oder der erhöhte Kommunikationsaufwand nicht wahrgenommen wird. In großen Organisationen ist es in der Regel so, dass die Mitglieder eines Scrum-Teams unterschiedliche Vorgesetzte haben. Beispielsweise gehört der Frontendentwickler einem Frontendteam an und der Tester dem Qualitätssicherungsteam. Dies kann dazu führen, dass es konträre Ziele gibt und Entscheidungen im Linienteam einen direkten Einfluss auf das Scrum-Team haben.

Nehmen wir uns das Beispiel eines jährlichen Mitarbeitergesprächs. Obwohl der Scrum Master ein genaues Bild über die Mitarbeiter im Scrum-Team hat, wird er nicht vom Teamleiter befragt. Im schlechtesten Fall wird niemand aus dem Scrum-Team befragt. Der Teamleiter spricht nun mit dem Teammitglied und erzählt, wie zufrieden er ist. Dieses Wissen baut jedoch lediglich auf eigenen Eindrücken auf, die nichts mit dem Alltag im Scrum-Team zu tun haben. Eventuell war der Scrum Master gerade kurz davor, dem Teamleiter zu sagen, das der Mitarbeiter unmotiviert ist, sich nicht um die Belange des Teams kümmert und kein Teamplayer ist. Auch persönliche Jahresziele, die der Teamleiter mit dem Teammitglied vereinbart, können kontraproduktiv zu den Zielen im Scrum-Team sein. Solche Beispiele können zu Demotivation und Vertrauensverlust innerhalb des Scrum-Teams führen.

Praxistipp:

Eine Organisation wie diese erfordert einen erhöhten Kommunikationsaufwand. Als Scrum Master sollten Sie sich in diesem Fall eng mit den Managern oder Teamleitern abstimmen und den regelmäßigen Austausch suchen. Letztendlich können beide Seiten nur davon profitieren.

Der vermeintliche Vorteil

Nachdem das Scrum-Team nun schon einige Wochen zusammenarbeitete, kam der Manager Herr Hold mit einer Idee auf Finn zu. Er hatte einen neuen Mitarbeiter eingestellt, der in der nächsten Woche im Unternehmen als Softwareentwickler starten sollte. Er wollte diesen Mitarbeiter in das Scrum-Team stecken, damit er eine Einarbeitung erhält und gleichzeitig erfährt, wie die Arbeit in einem Scrum-Team funktioniert. Der neue Mitarbeiter sollte dann nach einer gewissen Zeit das Team wieder verlassen, da er für ein anderes Projekt vorgesehen war, das in Kürze starten würde.

Finn wartete, bis Herr Hold zu Ende gesprochen hatte, und fasste dann noch einmal zusammen: »Also, Ihre Idee ist es, in ein funktionierendes Scrum-Team einen neuen Mitarbeiter zu setzen, der dort ausgebildet wird, um dann in ein anderes Projekt zu wechseln?« Herr Hold nickte mit einem Lächeln. Finn kam also nicht darum herum, Herrn Hold aufzuklären, welche Auswirkungen dies auf die Teambalance und die Produktivität des Scrum-Teams haben könnte. Finn gab ihm daraufhin zu verstehen, dass er nur jemanden in das Entwicklungsteam aufnehmen würde, wenn es einen Bedarf gäbe und er denjenigen selbst für das Team rekrutieren würde. Weiter bat Finn Herrn Hold, sich einmal in die Situation des neuen Mitarbeiters hineinzuversetzen. Wäre das für ihn eine wünschenswerte Situation beim Eintritt in ein neues Unternehmen, in ein bestehendes Team integriert zu werden, mit dem Wissen, dass es nur für kurze Zeit ist?

Herr Hold dachte über Finns Argumente nach und gestand dann ein, dass es wohl keine gute Idee war. Er fragte Finn kurz vor dem Gehen, ob dieser eine Idee habe, wie er sein Problem anders lösen könne. Finn schlug ihm vor, den neuen Kollegen mit der Bearbeitung von Fehlern zu betrauen, die über die zentrale Fehlersoftware gemeldet wurden. So würde er schnell in die Software einsteigen und könnte gleichzeitig Auffälligkeiten, Fragen und Schwachstellen sammeln, die ihm bei der Arbeit mit dem bestehenden Code, der Dokumentation und dem Deployment- und Releaseprozess auffallen. Herr Hold dankte Finn für die Idee und sagte: »Das ist gar keine schlechte Idee.«

Wenn wir von Stabilität sprechen, meinen wir neben der Stabilität der Rahmenbedingungen auch die innere Stabilität des Scrum-Teams. Es ist kontraproduktiv für die Leistungsfähigkeit und Motivation eines Teams, ständigen Personenwechseln unterworfen zu sein. Ein Team durchlebt die bekannten Teambildungsphasen [URL:Smith], die durch ein sich ständig änderndes Umfeld immer wieder von neuem durchlaufen werden müssen oder sich in die Länge ziehen. Es gibt wesentliche Gründe, die für stabile Teams sprechen:

1. **Erlernte und optimierte Zusammenarbeit:** Teams optimieren ihre Zusammenarbeit zu einem hohen Grad eigenständig. Sie kennen die Stärken und Schwächen der Teammitglieder und wissen, wie sie am besten gemeinsam Fortschritte machen.
2. **Vertrauen und Verantwortung:** Scrum fördert den regelmäßigen Austausch über die Zusammenarbeit unter Zuhilfenahme von Retrospektiven. Ein Team, das kontinuierlich an seinen Schwächen arbeitet, wächst zusammen und teilt auch die Momente, in denen es über sich hinauswächst.

3. **Domänen- und Produktkenntnis:** Beständige Teams sind Experten in ihrer Domäne. Sie haben das Wissen über die Infrastruktur und den Code und stehen in enger Beziehung zu allen produktrelevanten Entscheidungen und Themen.
4. **Sichere Planung:** Scrum-Teams, die über eine lange Zeit zusammenarbeiten, kennen ihre Velocity (vgl. Abschnitt 4.3), die bei neuen Teamkonstellationen erst wieder festgestellt werden muss.

Co-Location – standortgebunden agieren

Praxistipp:

Wählen Sie schon bei der Zusammenstellung des Teams die Mitarbeiter so aus, dass eine Stabilität über einen Zeithorizont von mindestens 1 bis 2 Jahren gewährleistet ist. Sollten die Projekte einen kleineren Umfang haben, prüfen Sie, ob das Team bereit ist, auch das nächste Projekt in derselben Konstellation anzugehen. Sie haben dann den Vorteil, auf ein bereits eingespieltes, produktives Team zurückgreifen zu können.

Es ist auch für Scrum-Teams nicht selbstverständlich, dass sie gemeinsam an einem Ort arbeiten können. Wenn wir unter Produktivitätsaspekten entscheiden müssten, was sinnvoll für ein Scrum-Team ist, steht das Zusammenarbeiten an einem Standort an oberster Stelle. So werden eine direkte und schnelle Kommunikation, die Wahrnehmung von Körpersprache, das gemeinsame Teilen von Teamerlebnissen und der Aufbau von Vertrauen erreicht.

Mit der Zusammenarbeit an einem Ort meinen wir auch die gemeinschaftliche Ansiedlung auf einer Etage, in einem Raum. Alle sollten in einem Teamraum (siehe Abschnitt 4.5.2) Platz finden, damit der direkte Austausch gefördert wird. Eine Separation des Product Owners oder Scrum Masters vom Entwicklungsteam empfehlen wir in keinem Falle.

Die Arbeit an einem Standort hat viele Vorteile. Allerdings ist heutzutage die Arbeit über viele Standorte hinweg Teil der Wettbewerbsfähigkeit vieler Unternehmen. Jutta Eckstein beschäftigt sich zielgerichtet mit der agilen Softwareentwicklung in verteilten Teams [Eckstein 2009], der wir in Abschnitt 3.4 einen kleinen Exkurs abstatten..

Zusammenarbeit mit dem Projektsponsor

Der Projektsponsor, ob nun extern oder intern, erwartet am Ende eines Monats Ergebnisse vom Scrum-Team. In jedem Fall ist eine enge Zusammenarbeit des Scrum-Teams mit dem Auftraggeber unabdingbar. Stakeholder wie das Management, Kunden, Nutzer, Support oder

Marketing sind essenziell wichtige Feedbackgeber. Die Klarheit über die gegenseitigen Erwartungen hilft, ein besseres Produkt zu schaffen. Nur die Auftraggeber und Nutzer können dediziert Aussagen darüber treffen, ob ein Projekt oder Produkt den Erwartungen entspricht. Um erfolgreich zu sein, benötigt ein Projekt daher die kontinuierliche Beteiligung der Auftraggeber über die gesamte Projektlaufzeit. Scrum hat regelmäßige Feedbackschleifen vorgesehen, in denen die Erwartungen abgeglichen werden können. Für ein Scrum-Team ist es enorm motivierend, Feedback zu erhalten, auch dann, wenn ein Sprint ggf. nicht erfolgreich war.

Praxistipp:

Sorgen Sie als Scrum Master dafür, dass alle wichtigen Stakeholder an den regelmäßig stattfindenden Review-Events teilnehmen und die Wichtigkeit der Teilnahme sowie die Möglichkeit der Einflussnahme verstanden haben. Für ein Scrum-Team ist es der Zeitpunkt, um Vertrauen aufzubauen, während sie den Stakeholdern den kontinuierlichen Fortschritt zeigen.

Auf ein klares Ziel hinarbeiten

Ein Scrum-Team muss das große Ganze, das sogenannte »Big Picture«, verstehen. Auf dem Weg, die Vision (siehe Abschnitt 4.1) des Product Owners zu beleben, bedarf es mehrerer Teilziele und der fokussierten Ausrichtung an den Geschäftszielen. Die Teilziele, verpackt in einzelne Sprints, sind wichtige Treiber hin zur Produktvision. Jeder für sich ist ein kleiner Baustein, um die Vision wahr werden zu lassen. Daher ist es auch wichtig, ein klares Sprint-Ziel zu erstellen und zu verfolgen. Um das Team an die Vision zu binden, ist ein einheitliches Verständnis zu schaffen, indem man über die Gesamtstrategie des Unternehmens informiert und die Wichtigkeit des zu erstellenden Produkts für die strategischen Ziele herausstellt. Ziellos an etwas Nebulösem zu arbeiten, wird nicht den gewünschten Ehrgeiz im Entwicklungsteam entwickeln.

Abb. 3–2
Auf ein klares Ziel hinarbeiten

Jeder im Team sollte die Vision und Ziele kennen. Die Bindung an das Produkt ist ein wichtiger Baustein im Produktentwicklungsprozess. Die Identifikation des Teams mit dem Produkt und den sichtbaren Ergebnissen im Laufe des Produktentwicklungsprozesses können später den Unterschied für den Projekterfolg ausmachen.

Praxistipp:

Achten Sie als Scrum Master darauf, dass es eine Vision und Ziele gibt, deren Erreichung das Team gemeinsam anstrebt. Strapazieren Sie diesen Punkt beim Product Owner. Hängen Sie die Vision neben das Task Board und halten Sie den Product Owner dazu an, regelmäßig über den Fortschritt anhand von Kennzahlen oder Kundenfeedback zu berichten.

Nachdem wir uns nun die wesentlichen Erfolgsfaktoren eines Scrum-Teams genauer angeschaut haben, wollen wir als Nächstes einen Blick auf die einzelnen Scrum-Rollen werfen. Wir orientieren uns hierbei an den im Scrum Guide geforderten Eigenschaften und Aufgaben.

3.1 Das Entwicklungsteam

Softwareentwicklung ist komplex und verlangt fachliches und technologisches Know-how auf einem hohen Niveau – vor allem in Kombination mit einer dynamischen Umgebung wie einem Scrum-Projekt. Ein Entwicklungsteam ist gemeinschaftlich für die regelmäßige Lieferung von produktiv einsetzbaren Produktinkrementen zuständig. Diese müssen den vom Team definierten Fertigstellungsregeln, den »Done«-Kriterien (siehe Abschnitt 4.1.4), entsprechen. Daher sind alle im Team befugt, das zu tun, was für die erfolgreiche Lieferung des Produkts notwendig ist. Niemand gibt Entwicklern eines Scrum-Teams Anweisungen, wie etwas umzusetzen ist. Alle Entscheidungen werden vom Entwicklungsteam eigenständig und gemeinschaftlich getroffen. Sollte es dazu kommen, dass eine falsche Entscheidung getroffen wurde, dann wird dies als Gelegenheit genutzt, um daraus zu lernen.

3.1.1 Team-Charakteristika

Wie in jedem Team gibt es auch bei einem Entwicklungsteam Eigenschaften, die besonders erwähnenswert sind. Bei einem Entwicklungsteam ist es zum Beispiel der Sachverhalt, dass nach der Definition im Scrum Guide jeder die Bezeichnung »Entwickler« trägt. Es gibt keine Titel in Scrum. Jeder in einem Entwicklungsteam ist gleich wichtig. Auch ein Webdesigner trägt somit diese Bezeichnung. Dies mag komisch klingen, ist jedoch nachvollziehbar. Denn jeder unterstützt dort, wo seine Hilfe benötigt wird, auch wenn es außerhalb seines Spezialgebiets liegt. Welche Aspekte ein Entwicklungsteam noch ausmachen, verdeutlichen wir nachfolgend.

Crossfunktionalität

In einem Entwicklungsteam sind alle benötigten Fähigkeiten zu bündeln, die für die Entwicklung vom Anfang bis zum Ende notwendig sind. Diese Bündelung in einem Entwicklungsteam sorgt dafür, dass ein schnelles autonomes Voranschreiten bei der Umsetzung der Inkremente sichergestellt ist. Fehlen Fähigkeiten zur erfolgreichen Auslieferung, sind diese entweder innerhalb des Teams anzueignen oder von außerhalb hinzuzuziehen, sodass eine Erfüllung des Sprint-Ziels zum Sprint-Ende gewährleistet werden kann. Soweit Spezialwissen benötigt wird, sollte ein Entwicklungsteam kurzfristig einen Experten hinzuziehen.

Mit dem Aufbau von crossfunktionalen Teams geht die Frage einher, ob Generalisten besser für Scrum-Projekte geeignet sind als Spezialisten. Wir haben die Erfahrung gemacht, dass »T-Shaped«-Personen für Scrum-Projekte besonders geeignet sind, da sie von Natur aus ein breites Interesse an verschiedensten Dingen zeigen und Wissen aus diversen Fachrichtungen mitbringen. Als »T-Shaped« bezeichnet man Personen, die über eine hohe Expertise in einer bestimmten Domäne verfügen (vertikaler T-Strich), jedoch darüber hinaus in weiteren Bereichen kompetent sind oder bereit dazu, mit anderen zu kooperieren (horizontaler T-Strich).

Abb. 3–3
T-Shape: Breiten- und Tiefenwissen eines Menschen

Reine Spezialisten hingegen sind oft auf ihr Spezialgebiet fokussiert und haben wenig Interesse, über den Tellerrand zu blicken. Für ein funktionierendes selbstorganisiertes Team ist dies aber notwendig. Es reicht nicht, sich nur für einen kleinen Teil, der Spezialisierung entsprechend, verantwortlich zu fühlen. Wir sprechen nicht davon, dass es keine Spezialisierung geben soll. Für die Selbstorganisation des Teams sind Generalisten jedoch deutlich besser geeignet als diejenigen, die alles, was nicht ihrer Spezialisierung entspricht, als Zeitverschwendung ansehen.

Praxistipp:

Ziehen Sie bei Bedarf Spezialisten für Spezialaufgaben hinzu, z.B. falls im Projekt JavaScript-Fähigkeiten benötigt werden, aber niemand aus dem Team dieses Spezialwissen besitzt. Dazu muss der Spezialist kein permanentes Teammitglied sein. Laden Sie die Person ein, sich für die Zeit der Zusammenarbeit mit in den Teamraum zu setzen, um den direkten Austausch zu fördern, die Bindung zu stärken und die Atmosphäre aufzunehmen. Fragen Sie das Team, ob dies sinnvoll ist.

Scott Ambler bringt es auf den Punkt, indem er über den Softwareentwickler als »Generalizing Specialist« spricht. Damit meint er Entwickler, die mehr als eine technische Fachrichtung beherrschen (z.B. C++, Ruby, JavaScript), die sich generell auf dem Gebiet der Softwareentwicklung auskennen, ein allgemeines Verständnis der Geschäftsdomäne haben und einem natürlichen Bedürfnis nachgehen, aktiv auf andere zuzugehen und sich über die bestehenden Fähigkeiten hinaus weiterzuentwickeln [URL:Ambler].

Praxistipp:

Achten Sie darauf, dass keine Separation der Aufgabenbereiche nach Fähigkeiten ins Entwicklungsteam Einzug hält. Sie machen dies am besten, indem Sie laufend kommunizieren, dass jedes Teammitglied gleichermaßen für die erfolgreiche Lieferung der Inkremente verantwortlich ist. Es gibt nicht nur eine Person, die testet, aber auch keine Person, die nur Frontend-Funktionalitäten entwickelt, nachdem jemand die Backend-Funktionalität fertiggestellt hat. Jeder innerhalb des Teams ist für die gelieferten Inkremente, sprich den Code, die Testabdeckung, die Architektur, die Dokumentation oder die Qualität, gleichermaßen verantwortlich.

Selbstorganisation

Unter Selbstorganisation versteht man, dass innerhalb des Entwicklungsteams eigenständig organisiert und entschieden wird, in welcher Art und Weise die Anforderungen aus dem Product Backlog in potenziell auslieferbare Softwareinkremente umgesetzt werden. Einfach ausgedrückt bedeutet es, dem Entwicklungsteam ein Ziel zu geben und dabei zuzusehen, wie es Wirklichkeit wird.

Es ist wichtig zu verstehen, dass Selbstorganisation nicht erzwungen, sondern lediglich ermöglicht werden kann. »Ihr dürft oder sollt euch selbst organisieren« ist ein falsches Bild von Selbstorganisation. Ein Scrum Master sollte das Entwicklungsteam dazu bringen, sich verantwortlich für das Produkt zu fühlen, und es ermutigen, eigene Ideen beizutragen. Eine wichtige Aufgabe der Organisation ist es, die Rahmenbedingungen festzulegen, innerhalb derer sich das Entwicklungsteam sicher und autonom bewegen kann.

Praxistipp:

Ziel ist es, eine Kultur zu fördern, die von Kreativität, Lernen und Offenheit geprägt ist. Wenn Wissensarbeiter diese Möglichkeiten erhalten, statt kontrolliert oder bewertet zu werden, dann werden sie ihr Talent zutage fördern. Dies ist nicht nur Aufgabe des Scrum Masters, sondern auch des Managements. Wichtig ist, die Mitarbeiter zu motivieren und sie dort zu führen, wo Führung benötigt wird (vgl. Kap. 2).

Ein Entwicklungsteam zieht sich eigenständig die Aufgaben, die als Nächstes bearbeitet werden sollen (Pull-Prinzip, vgl. Glossar), und entscheidet über die notwendigen Schritte und Mittel zur Umsetzung. Zudem bestimmt es selbstorganisiert, wie es Herausforderungen innerhalb der vorgegebenen Rahmenbedingungen durch die Organisation meistert [Cohn 2009].

Wichtig für die Selbstorganisation, die Teamdynamik und die Entwicklung des Teams sind neben der Orientierung und Verinnerlichung der agilen Werte vertrauensbildende Maßnahmen wie beispielsweise [URL:Larsen a]:

- **Glaubwürdigkeit:** Jeder sollte Konsequenz und Zuverlässigkeit in seiner Rolle zeigen.
- **Zuhören:** Jeder sollte Interesse zeigen und ein offenes Ohr haben.
- **Offenheit:** Jeder sollte sich öffnen und nicht hinter einer Maske verschanzen.
- **Empathie:** Jeder sollte sich in die Lage des anderen versetzen können.
- **Feedback:** Jeder sollte Feedback erwarten und eigenständig geben können.
- **Interesse:** Jeder sollte ein natürliches Interesse am Team oder den Kollegen haben.

Praxistipp:

Die enge Zusammenarbeit innerhalb eines Teams kann auch zu Konflikten führen. Ein erfahrenes Entwicklungsteam wird selbstgeregelt zu einem lösungsorientierten Ansatz kommen. Bei unerfahrenen Teams oder neuen Teammitgliedern müssen Sie als Scrum Master Unterstützung bei der Konfliktbewältigung geben. Machen Sie dies, indem Sie gezielt das gesamte Team zur Lösungsfindung einspannen, und zeigen Sie Wege auf, wie sich das Team beim nächsten Mal eigenständig helfen kann.

Teamplayer

Agile Projekte verlangen eine Umkehr im Denken und Handeln. Anforderungen sind nicht bis aufs i-Tüpfelchen spezifiziert, Informationen müssen eingeholt werden, die Machbarkeit geprüft oder die Sinnhaftigkeit von Ideen erforscht werden.

Abb. 3–4
Aufeinander vertrauen

Das Aufgabenspektrum wächst für den Einzelnen enorm im Gegensatz zu traditionellen Projekten, in denen häufig sequenziell nur einige Personen involviert sind. Jeder muss ersetzbar sein oder einspringen können, wenn jemand fehlt. Alle sind aufgefordert, ihre eigenen Interessen zurückzustellen und alles Notwendige in die Wege zu leiten, damit das gemeinsame Ziel erreicht werden kann. Daher ist es wichtig, dass ein Team als Gemeinschaft agiert und sich aufeinander verlassen kann. Dies erfordert viel Disziplin und gegenseitiges Verständnis. Dementsprechend sind Menschen, die aus ihrer Komfortzone (vgl. Glossar) heraustreten, ein Segen für Softwareteams, da sie ein Vorankommen garantieren. In vielen Fällen ist deshalb ein Scrum Master gefragt, der das Verlassen der Komfortzone ermöglicht und die Bildung eines gesunden Teamspirits vorantreibt. Die Auswahl der richtigen Personen ist daher eines der wesentlichen Erfolgsmerkmale für ein Scrum-Team.

Praxistipp:

Gerade bei neuen Teams kommt es am Anfang manchmal vor, dass ein Sprint nicht erfolgreich verläuft. Da die Selbstorganisation dann meistens noch nicht greift, fangen einige an, sich dafür verantwortlich zu fühlen, da sie »ihren Teil« nicht »rechtzeitig« fertigstellen konnten. Das kann schon einmal auf die Stimmung aller oder Einzelner Einfluss haben. Achten Sie darauf, dass es keine Schuldzuweisungen innerhalb des Teams gibt.

Bilden Sie Ihr Team so aus, dass es für den Alltag in einem Scrum-Team gewappnet ist: laufende Änderungen des Fahrplans, die klare und offene Ansprache von Problemen, das Finden von Lösungswegen, die Anpassung auf neue Gegebenheiten und eine ständige Bereitschaft zu lernen und zu wachsen.

Teamphasen

Das von Tuckman geprägte Teambildungsmodell [URL:Smith] ist eines der bekanntesten und gilt auch uneingeschränkt für agile Teams. Ein Scrum Master muss sich über diese Dynamik im Klaren sein, da er daraus viel für die Arbeit mit dem Team ableiten kann. Durch seine Handlungen kann er dafür sorgen, dass die notwendigen Bedingungen für die Teamentwicklung geschaffen werden.

In jeder der Phasen (Orientierungsphase, Konfrontationsphase, Kooperationsphase, Wachstumsphase und Auflösungsphase) ist eine intensive Arbeit mit dem Entwicklungsteam notwendig, um ein produktives Team zu formen. Auch die Zusammenarbeit des Scrum Masters mit dem Product Owner darf nicht außer Acht gelassen werden. Dieser leistet ebenso seinen Beitrag zur Teamentwicklung und muss sich der Phasen bewusst sein.

Praxistipp:

Wichtig ist das Verständnis darüber, dass die Phasen des Tuckman-Teambildungsmodells wiederholt durchlebt werden können. Einflüsse auf das Team, wie beispielsweise ein neues Teammitglied oder fehlende Teamziele, können zum erneuten Durchleben oder zur Verlängerung von Phasen führen.

Teammotivation

Der Product Owner ist vom Entwicklungsteam enttäuscht, weil es so unmotiviert in das Sprint Planning (vgl. Abschnitt 5.1) startet. Das Teammitglied ist vom Teamkollegen enttäuscht, weil der seit ein paar Tagen nur noch rumnörgelt. Das Management fragt den Scrum Master beim Fehlschlag eines Sprints, ob es an fehlender Motivation des Teams läge. In der Praxis wird der Begriff »Motivation« oft überstrapaziert. Vor allem wird häufig versucht, überall und ständig zu motivieren. Dabei wird jedoch nicht bedacht, dass die Motivation von innen heraus kommt und es einen Grund benötigt, motiviert zu sein. Drastisch dargestellt: Ein Mitarbeiter, der jeden Tag zur Arbeit kommt, hat schon einmal die Motivation gezeigt, morgens aufzustehen.

Als Scrum Master oder auch Manager sollte man verstehen, dass man Mitarbeiter nicht von außen beeinflussen kann. Es ist lediglich das Angebot der Hilfe möglich, um Motivation herbeizuführen. Ein sicheres und geschütztes Arbeitsumfeld, ein Gehalt, das über dem Durchschnitt liegt, ein Umfeld, in dem fachliche und persönliche Weiterentwicklung gefördert wird, oder Events mit dem Team helfen, die Selbstmotivation zu steigern. Wenn darüber hinaus noch eine Umgebung geschaffen wird, in der jeder individuell wachsen kann, in dem der einzelne Mitarbeiter im Zentrum steht, dann ist dies eine gute Basis für motivierte Mitarbeiter.

Praxistipp:

Als Scrum Master sollten Sie regelmäßig in ein vertrautes Gespräch gehen und mit offenen Fragen (Was, Wann, Wer, Wieso) herausfinden, was die Entwickler individuell motiviert, um daraus entsprechende Maßnahmen abzuleiten, die dabei helfen, die Motivation zu steigern.

Teamgröße

Im aktuellen Scrum Guide [URL:Schwaber] ist Folgendes zur Teamgröße niedergeschrieben:

> *»Ein Entwicklungs-Team sollte klein genug sein, um behände und flink zu bleiben, aber groß genug, um alle relevanten Arbeiten erledigen zu können. Ein Entwicklungs-Team mit weniger als drei Mitgliedern führt zu reduzierten Wechselwirkungen innerhalb des Teams und verringert die Produktivitätszuwächse. Kleine Entwicklungs-Teams laufen Gefahr, nicht über alle Kompetenzen und Fertigkeiten zu verfügen, die für die Verrichtung der Arbeit im Sprint benötigt werden, sodass die Auslieferung des Produktinkrements zum Sprint-Ende gefährdet sein kann. Entwicklungs-Teams mit mehr als neun Mitgliedern erfordern zu viel Koordinationsaufwand. Große Entwicklungs-Teams erzeugen eine zu hohe Komplexität, um durch einen empirischen Prozess gesteuert werden zu können.«*

Diese Definition ist nahe an der allgemein anerkannten Teamgröße von 7±2 Entwicklern, die der Empfehlung von [Pichler 2008] entspricht. Der Scrum Master und Product Owner findet dabei keine Berücksichtigung. Ein ähnlicher Ansatz wird mit dem Begriff »Zwei-Pizza-Team« verfolgt, der besagt, dass wenn man ein Team mit zwei Pizzas nicht satt bekommt, es zu groß ist. Damit meint man umgerechnet fünf bis sieben Menschen [URL:Deutschmann].

3.1.2 Häufige Probleme

Entwicklungsteams stellen hohe Herausforderungen an die Arbeit eines Scrum Masters und die Organisation. Wir haben uns im Folgenden auf einzelne Problemfälle beschränkt, die in unserer Praxis wiederkehrend aufgetreten sind.

Keine funktionierende Software

Ein nicht produktiv nutzbares Softwareinkrement am Ende eines Sprints stellt ein oft vernachlässigtes Problem dar. In der Praxis wird dieser Aspekt häufig nachlässig behandelt, obwohl er fundamental für die Entwicklung mit Scrum ist. Warum ist es so kritisch, wenn nicht geliefert wird? Zum einen ist die Ermittlung des Teamfortschritts schwierig. Es fehlen die Orientierungspunkte sowohl für das Scrum-Team als auch für den Kunden. Funktionierende, benutzbare Software sagt uns nicht nur, dass wertvolle Arbeit geliefert wurde, sondern sie hilft auch, Entscheidungen zur weiteren Vorgehensweise auf Basis der aktuellen Entwicklung zu treffen und die Planung zu aktualisieren. Sofortiges Feedback von Stakeholdern und der Fokus eines Entwicklungsteams auf die Verbesserungsmöglichkeiten helfen dabei, das Team noch produktiver zu machen. Jedes Scrum-Team muss dies verinnerlichen – am Ende des Sprints muss die Software potenziell nutzbar sein.

Praxistipp:

Machen Sie dem Team klar, welche Wichtigkeit die Auslieferung hat. Alles andere ist Selbstbetrug, auch dann, wenn die Software immerhin auf dem Testsystem zum Laufen gebracht wird. Mit diesen Hilfestellungen können Sie ggf. den nächsten Sprint erfolgreich gestalten:

- Gibt es eine »Definition of Done« oder »Definition of Ready« und wird diese eingehalten? Wenn nicht, unterstützen Sie das Team bei der Erstellung und achten Sie auf die Einhaltung (siehe Abschnitt 4.1.4).
- Sind die Backlog Items zu groß? Einigen Sie sich auf eine Obergrenze mit dem Team oder schränken Sie die Schätzskalen ein.
- Arbeitet das Team während des Sprints gezielt nach der festgelegten Priorität zusammen an Backlog Items? Schieben Sie Multitasking einen Riegel vor und achten Sie auf die sequenzielle Abarbeitung der Backlog Items. Setzen Sie ggf. ein Limit für die Arbeit »in progress«, um einen Fokus zu setzen.
- Ist der Product Owner für Fragen des Entwicklungsteams anwesend? Sorgen Sie nicht nur dafür, dass der Product Owner anwesend ist, sondern achten Sie auf die Art und Weise der Fragen, die ggf. schon im Estimation (vgl. Abschnitt 4.3.1) oder Sprint Planning (vgl. Abschnitt 5.1) aufgeklärt werden können.
- Arbeitet das Team zusammen? Prüfen Sie, ob ausreichend getestet wird und automatisierte Tests erstellt wurden. Gegebenenfalls sind Peer-Reviews oder Pair Programming eine erstrebenswerte Lösung, um Qualität sicherzustellen.
- Tauchen viele Fehler aus dem vorherigen Sprint auf? Finden Sie heraus, ob das Entwicklungsteam dabei ist, technische Schulden aufzubauen.

Teilzeitmitglieder

In vielen Scrum-Teams gibt es Teammitglieder mit Teilzeitanteil. Dies führt unter anderem zu der Diskussion, ob die Festlegung auf ein Sprint-Ziel (siehe Abschnitt 5.1.4) überhaupt möglich ist. Jedes Team entwickelt seine eigene Teamdynamik, ein eigenes Selbstverständnis, Engagement und nicht zuletzt Vertrauen in unterschiedlichen Ausprägungsgraden. Teilzeitmitglieder haben meist keine Chance, sich voll in das Entwicklungsteam zu integrieren. Dabei ist es wichtig zu verstehen, dass dies kein Problem der Teilzeitarbeitenden ist, sondern ein Problem mit der Zuordnung der Mitarbeiter zu einem Scrum-Team.

Abb. 3–5
Teilzeitmitglieder: Wohin gehöre ich?

Der schlimmste Fall liegt vor, wenn Teammitglieder verschiedenen Projekten zugeordnet werden. Damit wird die Entscheidung (welche Arbeit wichtiger ist und in welcher Reihenfolge abgearbeitet wird) auf die betroffene Person abgewälzt. Dies führt in der Regel dazu, dass der- oder diejenige unter enormem Druck steht, da sie sich gegenüber verschiedenen Parteien rechtfertigen muss und der anstehende Arbeitsaufwand nicht für alle gleichwertig deutlich wird. Darüber hinaus hat dies häufig einen negativen Einfluss auf das Entwicklungsteam. Begonnene Arbeit wird nicht beendet oder übergeben, Zeit geht für die erneute Arbeitsaufnahme verloren, andere Teammitglieder warten, die Qualität leidet darunter, wichtige Scrum-Events werden nicht wahrgenommen, wichtige Entscheidungen verpasst und vieles mehr. Diese und ähnliche Probleme gelten gleichermaßen für Mitarbeiter, die beispielsweise nur 20 Stunden in der Woche anwesend sind.

Praxistipp:

Lassen Sie sich nicht auf die Vorgabe der doppelten Zuordnung eines Mitarbeiters ein. Wenn das Teilzeitmitglied über wichtige Kenntnisse für den Erfolg des Projekts verfügt, dann ziehen Sie denjenigen lieber temporär als Experten hinzu, anstatt ihn fest in das Team zu integrieren.

Achten Sie darauf, wie das Teilzeitmitglied das Team am besten unterstützen kann. Verständigen Sie sich im Team über die Aufgaben, die dieses Teammitglied übernimmt.

Komfortzone

Für Scrum Master sind Sätze wie »Nein, das ist nicht meine Aufgabe« oder »Nein, ich mach das lieber allein« ein täglicher Begleiter. Gerade wenn man Scrum einführt, trifft man häufig auf Misstrauen und Unmut. »Das habe ich schon immer so gemacht« oder auch »Das bringt doch nichts, das haben wir alles schon probiert«, sind nur einige der Sätze, die man zu hören bekommt. Dieses Verhalten zu verstehen, ist häufig nicht leicht. Als Scrum Master die Menschen aus der Komfortzone zu holen, oft eine Herausforderung.

Die Komfortzone eines Menschen stellt alle unsere positiven als auch negativen Erfahrungen und Gewohnheiten dar. Kontinuierliches Lernen erfordert die ständige Bereitschaft, seine Komfortzone zu verlassen, denn nur so kann das eigene Wissensspektrum erweitert werden. Die Forderung, gewohntes Terrain zu verlassen und Neuland zu betreten, drückt sich dann in den oben genannten Reaktionen aus. Die Unwissenheit über das Neue führt oft zu Angst oder Stress und damit zu Ablehnung oder Zurückgezogenheit.

Dein Leben in 6 Minuten und 40 Sekunden

Finn musste etwas tun. Seit einiger Zeit merkt er, dass es im Team nicht mehr so rundlief. Das Team lieferte am Ende des Sprints, aber irgendwie schien es immer der gleiche Trott zu sein. Es fehlte an Motivation oder etwas frischem Wind. Nach einigem Grübeln kam er auf die Idee, einen Pecha-Kucha-Abend mit dem Team zu veranstalten. Er war sich sicher, dass mit diesem Vortragsstil noch niemand aus dem Team in Kontakt gekommen war und dass es sicherlich interessant sein würde, dies gemeinsam zu erleben. Ein Thema musste noch gefunden werden. Finn kam auf die Idee, dass es eine Herausforderung sein würde, wenn jeder aus dem Team sein Leben auf 20 Vortragsfolien festhalten sollte. Finn unterbreitete dem Team in der folgenden Woche diesen Vorschlag und stellte gleichzeitig vor, was Pecha Kucha bedeutet. Als das Team das Thema hörte, waren alle begeistert. Als der Abend nun endlich da war, waren alle aufgeregt und gespannt auf die Präsentationen der anderen. Der Abend übertraf selbst die Vorstellungen von Finn. So viel Energie, Spaß, Aufregung und Leidenschaft hatte er schon lange nicht beim Team gesehen. Sergio, Alva, Lara und Casper hatten alle am nächsten Morgen ein Lächeln auf dem Gesicht. Aufgrund des Themas waren Dinge ans Tageslicht gekommen, die keiner von dem anderen wusste, obwohl sie täglich miteinander arbeiteten. Es war alles vorhanden: schöne, tragische, peinliche oder außergewöhnliche Momente, die jeder selbstbestimmt seinen Teamkollegen anvertraute. Und alle lernten dazu noch, wie herausfordernd es sein kann, sein Leben auf 20 Vortragsfolien zusammenzufassen und nur 20 Sekunden pro Folie erzählen zu dürfen. Am selben Abend noch bestimmten alle das Thema für den nächsten Pecha-Kucha-Abend.

Neben der Komfortzone des Einzelnen haben auch ganze Entwicklungsteams die Tendenz, in eine Komfortzone zu fallen. Hier gilt also das Gleiche wie für Einzelpersonen. Als Scrum Master kann man hier aktiv werden, indem man versucht, die Komfortzone aufzubrechen. Die Möglichkeiten, die sich hier bieten, sind sehr individuell und vielfältig.

Praxistipp:

Setzen Sie sich als Scrum Master mit sich selber und mit dem Thema Komfortzone und Motivation auseinander. Die eigene Komfortzone ständig zu erweitern, sollte Teil des Arbeitsalltags werden. Wir empfehlen zu dem Thema die Literatur von [Pink 2011], [Holman 2007] oder [Csikszentmihalyi 2008].

3.1.3 Checklisten

Daran sollten Sie als Scrum Master denken

Hier einige Punkte, die oft in der Zusammenarbeit mit einem Scrum-Team nicht beachtet werden. Als Scrum Master sollten Sie diese besonders verinnerlichen und für die Einhaltung Sorge tragen:

- **Individuen, nicht »menschliche Ressourcen«:** Vergessen Sie nie, dass sie mit Menschen zusammenarbeiten und dass diese bei allem, was Sie tun, an erster Stelle stehen.
- **Vermeiden Sie Statusreports im Daily Scrum:** Sprechen Sie über den Fortschritt und die Aufgaben, die sich das Team vorgenommen hat, und fokussieren Sie sich nicht auf einzelne Teammitglieder. Das gilt sowohl für das Daily Scrum (vgl. Abschnitt 5.3) als auch für alle anderen Situationen. Wer einen Status möchte, kann gerne das Review-Event (vgl. Abschnitt 5.5) besuchen.
- **Zeigen Sie lediglich Optionen auf:** Forcieren Sie hilfreiche agile Methoden wie beispielsweise Pair Programming nicht und respektieren Sie, wenn es jemanden gibt, der etwas nicht möchte. Starten Sie lieber »Experimente«, als »Veränderungen« zu propagieren. Ein Experiment kann scheitern, wogegen Veränderungen im ersten Moment Widerstände und Ängste bei Personen hervorrufen und je nach Ausgang eine negative Erfahrung hinterlassen können.
- **Geben Sie keine Anweisungen:** Sagen Sie Entwicklern nicht, was Sie tun sollen. Versuchen Sie so wenig wie möglich in die Selbstorganisation des Teams einzugreifen, lassen Sie das Team entscheiden. Unterstützen Sie mit Hinweisen und Taten.
- **Keine vorschnellen Schlüsse ziehen:** Vermeiden Sie es, voreilig zu entscheiden, wenn jemand zum Beispiel nur in seiner Domäne arbeitet, Pair Programming meidet oder sich anderweitig »un-agil«

verhält. Geben Sie der Person Raum und Zeit für die Veränderung und zeigen Sie Alternativen, Methoden, Nutzen oder Erfolge auf.

- **Vermeiden Sie Störungen:** Softwareentwicklung ist komplex, und laufende Störungen sind nicht förderlich. So, wie ein Scrum Master das Team von äußeren Einflüssen abschirmt, sollte auch innerhalb des Teams auf störungsfreie Zeiten und dedizierte Schaffensphasen geachtet werden. Ein Gespräch mit dem Team und die Festlegung von Regeln helfen.
- **Achten Sie auf die Arbeitsumgebung:** Der Teamraum sollte möglichst so geschaffen sein, dass störende Elemente nicht in den Vordergrund treten (siehe Abschnitt 4.5.2). Sollte es bei Durchgangsräumen oder Großraumbüros nicht anders möglich sein, schaffen Sie Rückzugsorte für Telefonate, Ruhezeiten oder Besprechungen.

3.2 Der Scrum Master

Der Scrum Master wird seiner Rolle gerecht, indem er Scrum verständlich theoretisch seinem Scrum-Team vermittelt und den korrekten Einsatz entsprechend des Scrum Guide in der Praxis sicherstellt. Darüber hinaus ist er dafür verantwortlich, dass Scrum in der Organisation etabliert wird, und stellt sicher, dass die Theorie, Prinzipien, Werte und angewendeten Praktiken eingehalten werden. Er arbeitet als Unterstützer mit dem Entwicklungsteam und dem Product Owner und hilft dort, wo sein Beistand benötigt wird. Somit wirkt er auf die gesamte Organisation ein. Er bringt der Organisation die Inhalte des Scrum Guide nahe, indem er Mitarbeiter unterschiedlicher Abteilungen gezielt schult, anderen Scrum Mastern mit seiner Erfahrung zur Seite steht und auch Führungskräfte aller Managementebenen und Kunden abholt und in Richtung Scrum begleitet. Er setzt seine Erfahrungen aus verschiedenen Projekten ein, um agile Werte und Prinzipien im Unternehmen zu verankern und die Vorteile von Scrum zu maximieren. Er ist nicht selten der Ausgangspunkt, um den Veränderungsprozess im Unternehmen Richtung agiler Verhaltensweisen anzustoßen oder zu steuern.

Die goldene Regel

Schon bevor das Scrum-Team mit der eigentlichen Arbeit begonnen hatte, musste Finn in seiner Rolle als Scrum Master eine Reihe von Hindernissen beseitigen. Vor kurzem wurde er dazu aufgefordert, einen kurzen Zwischenstand vor dem Management abzugeben, da es über die Effekte der Verbesserungen einen Überblick bekommen wollte. Er hatte dazu unter anderem eine Auflistung an Hindernissen vorbereitet, die er seit Bekanntwerden des Projekts gelöst hatte. Unter anderem waren auf der Liste Punkte vermerkt wie beispielsweise:

Schlechte Arbeitsmaterialien: *Finn musste erst einmal dafür sorgen, dass alle die Hard- und Software bekamen, die notwendig für die Arbeit war. Einige Teammitglieder hatten den Wunsch geäußert, einen weiteren Monitor zu erhalten. Finn hatte es einige Zeit gekostet, die Ausgaben für die Monitore durchzusetzen. Man sah nach einigem Hin und Her ein, dass die Zufriedenstellung der Mitarbeiter relativ einfach über eine übersichtliche Betriebsausgabe herzustellen war. Die betroffenen Teammitglieder waren begeistert und konnten durch den gewonnenen Platz auf dem Bildschirm ihre Programme besser organisieren.*

Ungeeignete Büroräume: *Am Anfang des Projekts sah sich Finn damit konfrontiert, zwei getrennte Büroräume für das Team zu besetzen. Casper und er saßen in einem kleinen Büro und der Rest des Teams daneben in einem anderen Büro. Der Umstand, dass Product Owner und Scrum Master nicht direkt beim Team saßen, war Finn von Anfang an ein Dorn im Auge. Er setzte sich dafür ein, dass die Wand, die beide Räume trennte, entfernt wurde.*

Fehlende fachliche Fähigkeiten: *Finn investierte am Anfang eine Menge Zeit, um den Teammitgliedern möglichst viele Mittel an die Hand zu geben, um produktiv und qualitativ gut arbeiten zu können. Dies machte er nicht nur alleine, sondern bezog auch Externe mit ein, die Vorträge oder Workshops abhielten oder ein praktisches Training (sog. »Coding-Dojos«) durchführten. Zudem schlug Finn vor, dass sich das Team zu wöchentlichen »Brown-Bag-Sessions« trifft, wo jeder in lockerer Atmosphäre eingeladen war, fachliche Themen zu diskutieren.*

Externe Eingriffe ins Team: *Da das Team für dieses Projekt neu aufgestellt wurde, ergab es sich zu Beginn immer mal wieder, dass Altlasten die eigentliche Arbeit einiger Teammitglieder unterbrachen. Finn fand dies bei einem Daily Scrum heraus, als Jordi sich mit einer Bemerkung verplapperte. Finn schob dem zügig einen Riegel vor und machte Jordi klar, dass er keine Aufgaben von Dritten annehmen solle. Zudem bat er darum, ihm mitzuteilen, falls er wieder einmal »kurz aushelfen« sollte. Bei der nächsten Anfrage kam Jordi zu Finn, der daraufhin mit dem Kollegen sprach. Finn erklärte ihm, dass Jordi seine neuen Aufgaben im Team wahrnehmen müsse und der Kollege nicht mehr mit der Unterstützung von Jordi rechnen könne. In Absprache mit Jordi wurden die alten Aufgaben an einen Dritten übergeben, der sich zukünftig darum kümmern konnte. Finn ließ jedoch nicht locker und bot Kollegen außerhalb des Scrum-Teams eine Einführung in Scrum im Rahmen eines Vortrags an.*

Die Beseitigung dieser und weiterer Hindernisse brachte einen richtigen Schub in das Team, und das Management war über den Projektfortschritt begeistert.

Lara sprach Finn darauf an, nachdem er für sie durchgeboxt hatte, einen Raum für Nutzertests und Nutzerbefragungen zu beziehen und auszustatten. Da sie unmittelbar beteiligt war, fragte sie ihn: »Wie schaffst du es bloß, immer so ruhig zu bleiben? Ich wäre das eine oder andere Mal schon längst ausgerastet!« Finn konnte nur entgegnen: »Du weißt gar nicht, wie es oftmals in mir brodelt... Es braucht einen ruhigen Pol, wenn es hektisch zugeht, und dieser Pol bin ich für euch.« Lara sah das sofort ein: »Es ist gut, dass wenigstens einer den Überblick behält, das hilft uns ungemein.«

Scrum definiert die wesentlichen Aufgaben als Services des Scrum Masters gegenüber dem Entwicklungsteam, dem Product Owner und der Organisation, in die das Scrum-Team eingebettet ist. Während es beim Entwicklungsteam und dem Product Owner vorrangig um das Schulen, Ermöglichen und Unterstützen geht, sind beim Hineintragen von Scrum in die Organisation eher Führungs- und Managementerfahrung erforderlich.

Praxistipp:

Sollten Sie sich in der Rolle des Scrum Masters befinden, achten Sie darauf, dass Sie nicht als Prozess-Prediger wahrgenommen werden. Dies bedeutet nicht, die Regeln und Prinzipien von Scrum aufzuweichen oder sie zu ignorieren, sondern offen gegenüber sinnvollen Anpassungen zu sein und lösungsorientiert zu agieren. Ansonsten laufen Sie Gefahr, dass innerhalb des Unternehmens Barrikaden aufgebaut werden, die schwer bzw. gar nicht zu beseitigen sind. Bringen Sie Zweifler, Nörgler oder Widerständler dazu, die Vorteile der Methode selber zu sehen und zu erleben. Beginnen Sie mit Werten wie Kommunikation, Kollaboration, Vertrauen, Feedback oder Transparenz anstatt mit dem mechanischen Verfolgen eines Prozesses.

3.2.1 Unterstützung des Entwicklungsteams

Der Scrum Master kümmert sich um vielerlei Dinge, die das Entwicklungsteam unterstützen und die Performance steigern. Dabei tritt er, wenn es sein muss, in den Vordergrund, agiert jedoch ansonsten als Diener im Hintergrund und greift nur bei Bedarf korrigierend ein.

Selbstorganisiertes und crossfunktionales Handeln

Eine zentrale Aufgabe für den Scrum Master ist es, die Selbstorganisation und crossfunktionale Zusammenarbeit des Teams zu ermöglichen.

Ein wichtiger Aspekt, der auf die Selbstorganisation einzahlt, ist die Organisation, in die das Entwicklungsteam eingebunden ist. Diese muss gefestigt hinter der Entwicklung mit Scrum stehen und ein Umfeld schaffen, in dem sich das Scrum-Team entfalten kann. Der Scrum Master muss also dafür Sorge tragen, dass die Organisation eine effektive Arbeit des Scrum-Teams unterstützt. Daneben unterstützt er das Team dabei, den Professionalisierungsgrad, zum Beispiel durch die Verwendung agiler Methoden wie Pair Programming oder Akzeptanztestgetriebene Entwicklung (ATDD, vgl. Glossar) zu erhöhen und effizient zusammenzuarbeiten.

Abb. 3–6
Paarweises Programmieren

Praxistipp:

Suchen Sie sich Verbündete im Unternehmen, die Ihre Meinung unterstützen und Sie bei der Etablierung von Scrum und der Durchsetzung Ihrer Ideen nicht behindern. Die Arbeit mit einem Scrum-Team macht vieles sichtbar – nutzen Sie diese Informationen, um ein stabiles und unterstützendes Umfeld zu schaffen, in dem sich das Team entwickeln kann.

Entwicklung wertvoller Produkte

Ein Scrum Master vermittelt dem Entwicklungsteam, wie es hocheffizient arbeitet und wertvolle Produkte entwickelt. Dabei richtet er das Team so aus, dass es sich auf das aktuelle Ziel fokussiert und den größten Geschäftswert liefert. Informationen, die benötigt werden, hilft er für alle zugänglich und sichtbar zu machen. Wenn das Entwicklungsteam Wege findet, wie Anforderungen produktiver umgesetzt werden können, unterstützt er es dabei. Ansonsten zeigt ein Scrum Master Wege auf, die einem Team erlauben, schneller zu entwickeln.

Die Kommunikation zwischen allen Beteiligten ist ein großer Schlüssel, um neue Türen zu öffnen und neue Wege einzuschlagen.

> **Praxistipp:**
>
> Als Scrum Master sollten Begriffe wie »Clean Code«, »Technical Debt« oder »Versionierung« bekannt sein. Zudem sollte das Verständnis für inkrementelle Lieferung und den Entwicklungszyklus innerhalb der Organisation vorhanden sein. Auch die Etablierung von Entwicklungspraktiken wie beispielsweise »ATDD« oder »TDD« wie auch laufende Refactorings oder Codereviews (vgl. Glossar) sind wichtig. Unter Zuhilfenahme dieser Kenntnisse wird es möglich, Diskussionen mit Argumenten aus unternehmerischer Sicht mit Entwicklungsteams zu führen.

Unterschiedliche Wahrnehmungen

Lara und Casper arbeiteten als Visual Designerin und Product Owner eng zusammen an der Ausarbeitung neuer Backlog Items. Leider kam es in der letzten Zeit häufig vor, dass Casper sehr unzufrieden mit der Arbeit von Lara war. Er bemängelte in einem Gespräch mit Finn, der als Scrum Master immer sein erster Ansprechpartner war, dass die Entwürfe von Lara ihm nicht gefielen, sie sich nicht an die Absprachen hielte und zudem sehr langsam wäre. Er war der Meinung, dass hier etwas passieren müsse, da es so nicht weitergehen könne. Finn sicherte ihm zu, dieses Problem im Auge zu behalten, und verabredete sich mit Lara unverfänglich zum Mittagessen, ohne dabei das Thema anzuschneiden. Während des Essens und nach einigem Smalltalk fragte Finn: »Ich habe gesehen, ihr erarbeitet gerade die neuen Backlog Items, um die Raumpläne auf der App anzuzeigen. Habt ihr alle Informationen dafür gesammelt?« Lara antwortete verzögert: »Ach, weißt du, wenn ich von Casper die benötigten Informationen erhalten und er mir klar sagen würde, wie er sich die Einbindung vorstellt, dann könnte ich auch vernünftig arbeiten…« Das Mittagsgespräch nahm ab diesem Zeitpunkt eine ganz andere Wendung, und Finn wurde klar, dass nicht Lara das Problem war, sondern Casper. Lara erzählte ihm, dass Casper ständig vereinbarte Termine nicht wahrnahm, ihr Informationen über den Tisch zurief und der Lieferung der notwendigen Informationen nicht nachkam. Sie selber hatte schon resigniert und war frustriert über den Zustand. Dies führte bei Lara dazu, dass sie sich anderen Dingen widmete bzw. mit den wenigen Informationen, die sie hatte, etwas entwarf, was jedoch nicht Caspers Vorstellungen entsprach.

Nachdem Finn beide Seiten gehört hatte, empfahl er Lara, im nächsten Daily Scrum zu sagen, dass ihr die Grundrisse für die Räume und die Anzahl der Sitzplätze pro Raum noch nicht vorliegen und sie somit nicht weitermachen kann. Gleichzeitig bat er sie darum, sich bei solchen Problemen entweder im Rahmen des Daily Scrum zu äußern oder sich ihm, dem Scrum Master, anzuvertrauen. Als Lara dieses Hindernis zur Sprache brachte, antwortete Casper: »Besorg ich dir noch heute.« Nach dem Daily Scrum sprach Finn noch einmal mit Casper darüber, was er herausgefunden hatte, und bat ihn darum, die Termine mit Lara wahrzunehmen. Gleichzeitig sprachen sie darüber, welche Themen Casper aktuell so beschäftigen, dass er nicht seine eigentliche Arbeit wahrnehmen konnte, und Finn bot ihm dabei seine Hilfe zur Organisation an.

Beseitigung von Hindernissen

Erste Priorität für einen Scrum Master hat das Beseitigen von Hindernissen. Hindernisse (engl. Impediment) sind Störungen aller Art, die das Entwicklungsteam darin hindern, effektiv die Arbeit zu erledigen. Sie können dazu führen, dass ein Sprint-Ziel in Gefahr ist. Ergebnis der Arbeit eines Scrum Masters sollte daher sein, dass er Hindernisse mit Hilfe der Organisation permanent beseitigt, sodass sie zukünftig nicht mehr auftreten. Die Fähigkeit, Hindernisse zu identifizieren und zu verstehen, warum diese problematisch sind, geht der Beseitigung der Probleme voraus.

Abb. 3–7
Ein Scrum Master beseitigt Hindernisse.

Eine besondere Herausforderung stellt dabei die Vielzahl an möglichen Störungen dar. Vieles, was vorher im Verborgenen lag, kommt nun früher oder später unweigerlich zum Vorschein. Diese Transparenz und die Notwendigkeit, schnell zu handeln, akzeptieren viele Organisationen nicht ohne Weiteres. Ein Scrum Master, in seiner Rolle als

»Change Agent«, hat verschiedene Optionen, die Beseitigung von Hindernissen voranzutreiben.

Die *direkte* Beseitigung des Problems durch den Scrum Master ist die offensichtlichste Art und Weise, Hindernisse aus der Welt zu schaffen. Wenn spezielle Fähigkeiten notwendig sind oder das Problem einen größeren Umfang hat, dann ist die Beseitigung unter Zuhilfenahme *Dritter* eine weitere Lösung. Als Scrum Master ist hier Hartnäckigkeit gefragt, um den Fortschritt zu sichern, und Transparenz, um das Voranschreiten deutlich zu machen. Auch das Angebot des Scrum Masters, bei der Beseitigung durch Dritte zu *unterstützen*, ist eine denkbare Option. Eine weitere Variante ist die *Beeinflussung* von Personen, die Einfluss auf die Beseitigung haben können. Diese indirekte Form verlangt starke Nerven und benötigt oftmals eine längere Zeitspanne. Daneben ist auch die direkte Form des *Coachings* durch einen Scrum Master ein Mittel, um Hindernisse zu entfernen. Mit anderen offen darüber zu sprechen, warum Hindernisse schlecht für ein Scrum-Team oder die Organisation sind, welche Hindernisse es gibt und wie man damit umgehen sollte, ist ein wesentlicher Bestandteil des Alltags eines Scrum Masters.

Praxistipp:

Jeder Scrum Master sollte über seine eigene Impedimentliste verfügen und diese öffentlich sichtbar machen. Für die Pflege dieses Impediment Backlogs ist der Scrum Master verantwortlich. Grundsätzlich empfehlen wir die Nutzung von physischen Impediment Backlogs, die im Teamraum aufgehängt werden. Im Gegensatz zu digitalen Listen (wie z.B. *www.impedimentmonkey.com*) haben sie den Vorteil, dass sie immer sichtbar sind und schnell aktualisiert werden können.

Moderation von Scrum-Events

Einen nicht unwesentlichen Teil seiner Zeit verbringt der Scrum Master damit, die notwendigen Scrum-Events vorzubereiten und zu moderieren. Er führt die Teilnehmer unter Zuhilfenahme verschiedenster Moderationstechniken durch die unterschiedlichen Arbeitstreffen. Dabei ist ihm eine aktive Teilnahme der Teammitglieder wichtig. Er verfügt über ein großes Repertoire an Techniken und kann bei Bedarf seinen Plan abwandeln (vgl. Abschnitt 5.6). Scrum-Events sollten immer ausreichend vorbereitet sein, um möglichst fokussiert arbeiten und die Zeit bestmöglich nutzen zu können. Sei es, dass Arbeitsmaterialien vorhanden sind, Süßigkeiten bzw. Obst bereitliegen oder der Beamer vor Beginn auf seine Funktionstüchtigkeit überprüft wurde.

Grundsätzlich agiert ein Scrum Master neutral in Meetings und ergreift keine Partei. Wichtig wie bei jeder Moderation ist es, niemanden zu bevorzugen, sich inhaltlich herauszunehmen (soweit man nicht explizit dazu aufgefordert wird, Stellung zu nehmen) und einzulenken, um Diskussionen im Fluss zu halten. Ein Scrum Master muss abwägen, wann der richtige Zeitpunkt ist, sich zu involvieren oder sich gezielt nicht zu beteiligen. Häufig reicht es auch, mit der Körpersprache zu arbeiten, so wie wir es zum Beispiel von Dirigenten kennen [Gansch 2006].

Dominanz in Meetings

Das Team saß im Estimation zusammen. Casper hatte ein neues Backlog Item geschrieben, das er dem Team gerade vorstellte. Schon während der Präsentation des Backlog Items fragte Sergio die ganze Zeit dazwischen, sodass Casper immer wieder unterbrochen wurde und das Backlog Item nicht abschließend erläutern konnte. Finn hatte schon reagiert und Sergio bei der dritten Zwischenfrage gebeten, kurz zu warten, damit Casper das Backlog Item einmal am Stück vorstellen kann. Nachdem Casper fertig war, reagierte Sergio sofort und gab allen unmissverständlich zu verstehen, was er von dem Backlog Item hielt. Dabei schweifte er zunehmend ab und verlor den Faden. Das Team war so höflich und ließ Sergio gewähren. Finn wurde es aber zu bunt. Statt Sergio zu unterbrechen, verließ er seinen Platz und ging langsam in Richtung Sergio, der Blickkontakt aufnahm. Nach einem kurzen Stocken fuhr er unbeeindruckt in seinen Ausführungen fort, bis Finn neben ihm stand. Ohne dass Finn etwas sagte, stoppte Sergio seinen Monolog und sagte: »Oh, ich rede zu viel, oder?«

Coaching in schwierigen Projektumgebungen

In Projektumfeldern, in denen Scrum noch nicht vollständig etabliert ist, unterstützt ein Scrum Master dabei, die Transformation voranzutreiben, indem er das Scrum-Team und die Organisation zugunsten von Scrum beeinflusst. Es ist Aufgabe des Scrum Masters, Manager, Führungskräfte oder Teammitglieder davon zu überzeugen, dass für eine hohe Produktivität der Scrum-Teams eine vertrauensvolle und stabile Arbeitsumgebung notwendig ist. In dieser Umgebung werden Fehler akzeptiert und das Lernen gefördert. Die Autonomie, die ein Scrum-Team benötigt, ist mit Hilfe der agilen Werte und der Verbreitung dieser im Unternehmen zu untermauern.

Will man Veränderungen bewirken, empfiehlt es sich, offene Fragen zu stellen. In Situationen, in denen es darum geht, Veränderungen herbeizuführen oder Probleme zu lösen, helfen offene Fragen weiter. Als Scrum Master ist es hilfreich, dieses Mittel zu beherrschen und zum richtigen Zeitpunkt, entweder in Gesprächen mit dem Entwicklungsteam oder in Einzelgesprächen mit Managern, zu verwenden.

Praxistipp:
Durch die Nutzung offener Fragen kommen Sie in schwierigen Situationen gezielter zu Lösungen. Starke Fragen werden nicht mit einer »richtigen« Antwort im Kopf gefragt, sondern regen zum Nachdenken an, fördern die Kreativität und öffnen den Blick ins Innere [Adkins 2010]. Offene Fragen sind zum Beispiel:

- Wie können wir noch effektiver zusammenarbeiten?
- Was müssen wir tun, um das Feature in zwei statt in vier Wochen fertigzustellen?
- Was müssen wir das nächste Mal anders machen?
- Wie sieht der minimale Umfang aus, mit dem wir am meisten Geschäftswert liefern?
- Gibt es noch einen anderen Weg?
- Was übersehen wir aktuell?
- Wenn wir dies nicht tun, was würde passieren?
- Wie können wir sicherstellen, dass uns dies nicht noch einmal passiert?

3.2.2 Unterstützung des Product Owners

Neben dem Entwicklungsteam benötigt auch der Product Owner die Unterstützung durch den Scrum Master.

Kommunikation der Backlog Items, Ziele und Vision

Das Entwicklungsteam sollte seine Vision kennen und den Kontext, in dem es sich bewegt, verstehen (siehe Abschnitt 4.1). Dies erfordert eine klare Definition und Vorgabe einer Produktvision durch den Product Owner sowie eine klare Erstellung und Kommunikation von Sprint-Zielen.

Ein Scrum Master kann dafür Sorge tragen, dass ein ständiger Informationsfluss zwischen beiden Parteien entsteht. Dazu gehört auch, dass der Product Owner über Erfolge und Misserfolge anhand von Fakten wie beispielsweise Kennzahlen, Nutzertests oder Kundenfeedback informiert. Darüber hinaus sind Extratermine mit dem gesamten Scrum-Team eine Möglichkeit, um ein gemeinsames Verständnis über die aktuelle Lage zu erhalten und um ggf. Ideen, Meinungen oder Stimmungen ab- und aufzufangen.

Die Förderung der Zusammenarbeit zwischen Product Owner und Entwicklungsteam macht sich auf Dauer bezahlt, da ein klares Verständnis über die beidseitigen Bedürfnisse entsteht.

Praxistipp:

Sorgen Sie dafür, dass sich auch das Team mit den Zielen identifiziert. Eine Überwachung von Live-Kennzahlen im Teamraum oder der Ausdruck der aktuellen Umsätze im Büro sind wichtige Quellen für die Bindung des Teams an das Produkt und steigern die Empathie.

Erfolgreiches Management des Product Backlog

Ein Scrum Master fühlt sich auch dafür verantwortlich, dass der Product Owner sein Product Backlog ordentlich pflegt und aktuell hält. Dazu schult er ihn mit effektiven Techniken (siehe Abschnitt 4.2) zur Verwaltung und Organisation. Ein ständiger Blick in das Backlog und der stetige Austausch über die Arbeit des Product Owners mit dem Product Backlog sind wertvoll. Nicht nur der Service für den Product Owner ist wichtig, um zu verstehen, wie klare Anforderungen in Backlog Items respektive User Stories (siehe Abschnitt 4.2.3) verwandelt werden. Auch das Entwicklungsteam muss das Erstellen beherrschen, da jeder im Scrum-Team dazu aufgefordert ist, Backlog Items zu erstellen. Wenn beide Parteien wissen, wie gute User Stories auszusehen haben, dann ist auch eine flüssige Zusammenarbeit beim Backlog Grooming (siehe Abschnitt 5.4) gewährleistet.

Langfristige Produktplanung

Ein Scrum Master sollte darauf Wert legen, dass die Erstellung eines Releaseplans zum Handwerkszeug eines Product Owners gehört. Ein Product Owner sollte verstehen, wie man langfristig mit Scrum planen kann und welche Mittel er dafür zur Verfügung hat (vgl. Abschnitt 4.4). Er ist für den Return on Investment (ROI) zuständig und vertritt Sprint-Ziele, Meilensteine oder den Auslieferungszeitpunkt gegenüber dem Kunden oder Management.

Praxistipp:

Ein Scrum-Team sollte gemeinschaftlich an der Ausgestaltung des Produkts beteiligt sein. Daher ist es wichtig, dass alle involviert sind und über das Wissen verfügen, welche Schritte als Nächstes geplant sind.

Enge Zusammenarbeit fokussieren

Ein Product Owner sollte für das Entwicklungsteam ansprechbar sein und einen Großteil seiner Zeit zusammen mit dem Entwicklungsteam verbringen. Die enge Zusammenarbeit und der direkte Austausch sorgen für ein schnelles Vorankommen und Transparenz auf beiden Seiten. Kann dies nicht gewährleistet werden, muss der Scrum Master mit dem Product Owner Lösungen erarbeiten, die entweder mehr Zeit verschaffen oder eine Erreichbarkeit gewährleisten.

3.2.3 Unterstützung der Organisation

Das Wirken im Scrum-Team ist nur ein Teil der Aufgabenbereiche eines Scrum Masters. Darüber hinaus muss er ständig in Richtung Organisation arbeiten, damit auch diese fest mit den Werten und Prinzipien verwurzelt wird und den Wandel versteht, den agile Methoden wie Scrum hervorrufen.

Scrum in der Organisation etablieren

Neben seiner operativen Arbeit im Scrum-Team versucht der Scrum Master auch, den Rest der Organisation von den Vorteilen der Vorgehensweise zu überzeugen. Er unterstützt zudem bei der Planung, Einführung und Durchführung von Scrum in die Organisation. Sein bestes Beispiel ist sein aktuelles Scrum-Team, anhand dessen er die Errungenschaften und positiven Effekte vorstellt. Um die Vorteile für das Unternehmen optimal nutzen zu können, werden höchstwahrscheinlich Änderungen in der Organisation notwendig sein, die sich positiv auf das Gesamtunternehmen auswirken werden. Der Scrum Master unterstützt und befähigt damit die Organisation, eine »Lernende Organisation« [Senge 2006] zu werden. Eine lernende Organisation befindet sich in einem ständigen Wandel. Genau wie in einem Scrum-Team soll sich auch die Organisation den Gegebenheiten und Ereignissen anpassen und entsprechende Maßnahmen aus den gemachten Erfahrungen ableiten. Diese Maßnahmen führen dann wiederum zu einem Lerneffekt.

Ein Scrum Master treibt diese Entwicklung voran und bricht »Altgewohntes« auf, wenn es der Verbesserung und Etablierung von Scrum dient.

Praxistipp:

Eine gute Gelegenheit zum Scrum-Marketing bietet sich in den Reviews. Laden Sie zusätzlich Kollegen ein, die Sie von Scrum überzeugen wollen, und lassen Sie die Ergebnisse für sich sprechen (siehe Abschnitt 5.5).

Zusammenarbeit mit anderen Scrum Mastern

Soweit es mehrere Scrum-Teams in der Organisation gibt, ist der regelmäßige Austausch zwischen den Scrum Mastern ein wichtiger Bestandteil der wöchentlichen Routine. Sei es, sich über organisatorische Hindernisse [URL:Vodde a] auszutauschen, Trainings für die Organisation auszuarbeiten, Erfahrungen auszutauschen, aktuelle Probleme zu besprechen oder über Verbesserungen zu informieren – die Liste für sinnvolle Themen ist lang und vielfältig.

Praxistipp:

Darüber hinaus, vor allem wenn es keine weiteren Scrum-Teams gibt, ist auch der Austausch mit anderen Scrum Mastern in Foren, User Groups, Konferenzen oder anderen Formaten wichtig und wünschenswert. Erfahrungen auszutauschen, neue Formate auszuprobieren und sich mit anderen Ansichten auseinanderzusetzen ist wichtig für die kontinuierliche Entwicklung eines Scrum Masters.

In Organisationen mit mehreren Teams ist die gemeinsame Zusammenarbeit der Scrum Master unabdingbar. Hierbei kann die Verwendung eines globalen Impediment Backlog nützlich sein (siehe Abb. 3-8). Dieses enthält Hindernisse, die mehrere Teams oder Bereiche betreffen und somit oftmals nur mit Unterstützung des Managements beseitigt werden können. Durch das gemeinsame Impediment Backlog verhindert man, dass unstrukturiert von mehreren Seiten an derselben Problemlösung gearbeitet wird. Die Entscheidung darüber, ob es sich um ein globales Hindernis handelt, treffen die Scrum Master gemeinsam. Jeder, der ein Hindernis auf dem Impediment Backlog anbringt, zeichnet sich gleichzeitig verantwortlich für die Umsetzung. Alle anderen können ihn dabei unterstützen. In der Spalte »Problem« wird das Hindernis aufgeschrieben. Die Spalte »Workaround« gibt Auskunft, wie aktuell auf das Problem reagiert wird. Die »Lösung« wird in der nächsten Spalte festgehalten. Das »Zieldatum« dokumentiert den Wunsch, bis wann das Problem spätestens behoben sein muss. In der »Status«-Spalte wird der aktuelle Stand dokumentiert oder Ergebnisse aus der aktuellen Arbeit. Die Scrum Master der verschiedenen Teams besprechen dann regelmäßig den Fortschritt und aktualisieren den Status bzw. die Priorität des Hindernisses.

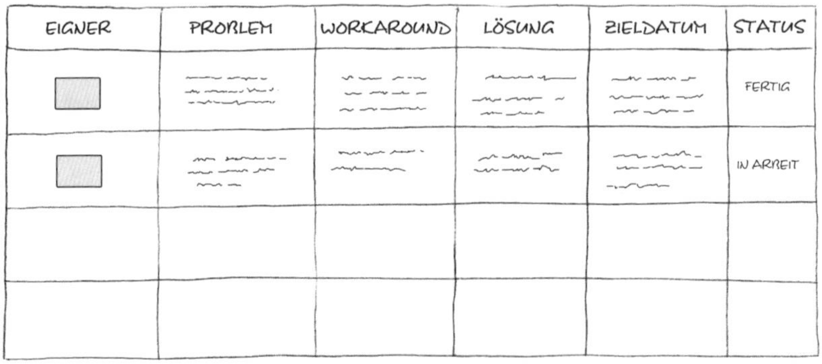

Abb. 3-8
Globales Impediment Backlog

Praxistipp:

Hilfreich ist zudem, diese firmenweiten Hindernisse an einem zentralen Ort, beispielsweise in einem Durchgangsraum, für jeden im Unternehmen sichtbar zu machen. Die sogenannte »Impediment Wall« schafft Aufmerksamkeit und zeigt den Fortschritt der Beseitigung von Hindernissen. Zudem wird die Dringlichkeit, mit der an den Problemen gearbeitet wird, deutlich.

3.2.4 Charaktereigenschaften

Als Dirigent des Entwicklungsteams ist für einen Scrum Master ein ausgeprägter starker Charakter hilfreich, der auch Gesprächen auf höheren Managementebenen standhält. Ein Scrum Master zeigt Verantwortung für sein Team und jeden Schritt, den er auf seinem Weg unternimmt. Sein Verhalten und Auftreten gegenüber allen im Unternehmen ist solide und offen. Er ist ehrlich zu sich selbst, wie auch zu allen anderen, denen er gegenübertritt. Ihm fällt es leicht, Menschen für sich zu gewinnen und sie glaubwürdig von seinem Vorhaben zu überzeugen. Vielleicht muss er dabei manchmal etwas unkonventionell vorgehen, um etwas zu erreichen. Dieses Ziel ist immer der Verbesserung des Scrum-Teams untergeordnet. Ein Scrum Master handelt nicht in seinem eigenen Sinne, sondern im Interesse des Entwicklungsteams bzw. Unternehmens. Kann er ein Ziel auf einem bestimmten Weg nicht erreichen, gesteht er sich dies gegenüber sich selbst zuerst ein und sucht einen anderen Weg, um das Team zum Erfolg zu führen. Diese Charaktereigenschaften im Zusammenspiel mit der Erfahrung und dem angeeigneten Wissen unterstützen einen Scrum Master auf dem Weg zum »Servant Leader«.

Servant Leadership

Laut Scrum Guide wird von Scrum Mastern die Führung als Servant Leader [Greenleaf 2002] erwartet. Laut Definition eine Philosophie und Ausübung von Menschenführung, die eine grenzenlose Selbstverpflichtung eines Managers gegenüber der Organisation beschreibt. Die Entwicklung zu einem Servant Leader ist ein langer Prozess. Es ist eine Änderung der persönlichen Grundeinstellung eines Menschen zu sich und seinem Umfeld. Dies wird deutlich, wenn man die Bezeichnung »Servant Leadership« genauer betrachtet. Eigentlich sind die Worte »Diener« und »Führung« widersprüchlich. Dieser Widerspruch ist aber gleichzeitig der ausschlaggebende Teil des Konzepts – Führung ohne die Autorität, Einfluss auf die Organisation des Teams zu nehmen. Führung mit Mitteln wie beispielsweise Zuhören, vorausschauendem Handeln oder dem bewussten Wahrnehmen von Stimmungen, um das Entwicklungsteam auf dem Weg zur Selbstorganisation zu begleiten. Ein Scrum Master sollte sich im Laufe der Zeit ein reichhaltiges Repertoire an Methoden und Praktiken aneignen. Eine sorgfältige Vorbereitung und die zielführende Anwendung dieses Wissens sind ausschlaggebend für die Zusammenarbeit, die Entwicklung des Teams und den Erfolg von Arbeitssitzungen.

Jeder Scrum Master sollte daher bei sich selber beginnen. Die Deklaration »Scrum Master« führt nicht automatisch dazu, dass Agilität funktioniert. Es geht um die Veränderung der Denkweise und die Auflösung von alten, traditionellen Mustern [URL:Sutherland].

Bei sich selber beginnen

Ein Scrum Master sollte immer bei sich selber beginnen, bevor er von anderen verlangt, dass sie umdenken, motiviert oder offen für Neues sein sollen. Motiviert sein von Kopf bis Fuß und der Drang, alles in Bewegung zu halten, sind notwendig, um auch dem Entwicklungsteam zu beweisen, was von jedem Einzelnen verlangt wird. Ein erfolgreicher Sprint ist eine gute Motivation, ebenso ein Tag, an dem man eine Veränderung oder Verbesserung erzielt hat. Das, was einen Scrum Master motiviert, trifft auch auf alle anderen im Scrum-Team zu. Motivation durch Ergebnisse und Verbundenheit mit dem, was man tut. Was von einem Entwicklungsteam verlangt wird, das gilt auch für den Scrum Master. Sein Commitment macht deutlich, wie sehr er sich mit seiner Aufgabe verbunden fühlt. Dieses Commitment wird sich auch in der Organisation und Durchführung von Scrum-Events widerspiegeln. Fehlt bei diesen Events die aktive Teilnahme, der Austausch und die Ideen, so treibt das einen Scrum Master in den Wahnsinn. Daher sorgt er auch engagiert dafür, dass die Events vorbereitet sind, eine kreative Atmosphäre herrscht, alle teilnehmen und involviert sind. Transparenz sowie Offenheit sind wichtig, um eine vertrauensvolle Beziehung zu den Mitgliedern des Scrum-Teams aufzubauen. Das Angebot zum Gespräch, das Interesse am Menschen und der Austausch sind Eckpfeiler einer offenen Teamkultur.

Abb. 3–9
Sich selbst immer wieder hinterfragen

Kurzum, ein Scrum Master ist ein Mensch, der hohe Erwartungen an seine eigene Arbeit und die der anderen stellt. Er ist jemand, der Einfühlungsvermögen hat und Konflikte nicht scheut. Ein Scrum Master sollte ein guter Kommunikator sein und sich selber immer zur Verbesserung antreiben.

Coaching des Scrum-Teams

Mit Hilfe von Coaching-Maßnahmen können personelle Konflikte und Probleme behoben sowie auch offene Fragen beantwortet werden, die mit der Arbeitsaufgabe oder dem Arbeitsumfeld zu tun haben. Der Scrum Master nutzt diese Kenntnisse, um Entscheidungen und Lösungen herbeizuführen, individuelle Defizite zu beseitigen, Blockaden zu lösen und neue Wege und Perspektiven aufzuzeigen. Ein wichtiges Mittel sind Gespräche mit Mitarbeitern. Ein Scrum Master sollte in der Lage sein, äußere Anzeichen bei Personen zu deuten und ihr Verhalten einzustufen, um daraus notwendige Schritte, wie beispielsweise ein Feedbackgespräch, abzuleiten.

Oftmals gibt es festgefahrene Situationen, entweder innerhalb eines ganzen Teams oder nur in den Köpfen einzelner Teammitglieder. In dieser Lage spürt man häufig Widerstand oder merkt, dass gewünschte und besprochene Veränderungen nicht eintreten. Der Mut zur Veränderung fehlt beim Team, und die Impulse, die man als Scrum

Master zu geben versucht, werden abgelehnt. Oft sehen die Beteiligten nicht das Bild, das man als Scrum Master zeichnen möchte. Als Ausweg aus dieser Situation eignet sich die Einigung auf Experimente, die im Team gemeinsam durchgeführt werden.

Praxistipp:

Erfahrungen zeigen, dass es psychologisch hilfreicher ist, nicht von Veränderungen zu sprechen, sondern Experimente durchzuführen. Sollte ein Experiment scheitern, ist dies nicht schlimm, denn es war ja eben ein Experiment bzw. ein Versuch. Die positiven Aspekte dieses Experiments werden dann häufig beibehalten, auch wenn vielleicht nicht der eigentlich gewünschte Effekt mit dieser »Veränderung« erzielt wurde. Dies kann bedeuten, dass die Thematik bei einer der nächsten Retrospektiven wieder auf der Agenda landet.

Konfliktbewältigung

In einem dynamischen Umfeld und in der Zusammenarbeit mit hoch qualifizierten Menschen entstehen zwischenmenschliche Konflikte verschiedenster Ausprägungen. Sicherlich ist der Umgang mit Konflikten eines der schwierigsten Themen überhaupt. Ein Scrum Master kann sich auf die vielen unterschiedlichen Konflikte sehr schwer vorbereiten und darf nicht um sie herumnavigieren, sondern muss sie gezielt angehen. Zu Beginn eines Scrum-Projekts sind es beispielsweise oft Rollenkonflikte, die mit dem vorherigen Status in der Firma zu tun haben. Die Reduzierung auf wenige Rollen ohne Hierarchie führt anfangs häufig zu einem Gefühl von Machtverlust oder zu Kompetenzgerangel. Jede Situation ist anders, und es bedarf einer Menge an Aufmerksamkeit, Kommunikationsgeschick und Fingerspitzengefühl, um dem jeweils gewünschten Ziel näher zu kommen.

Abb. 3–10
Der Scrum Master als Mediator

Praxistipp:

Setzen Sie sich mit Methoden zur Konfliktbewältigung auseinander. In den allerseltensten Fällen ist das Hinzuziehen eines ausgebildeten Mediators oder Schlichters notwendig, aber eventuell sinnvoll.

3.2.5 Häufige Probleme

Der Facettenreichtum an Problemen ist groß, da der Scrum Master viele Berührungspunkte innerhalb des Scrum-Teams und der Organisation hat. Werfen wir einen Blick auf einige praxisrelevante Beispiele.

Ein Scrum Master, zwei Teams

In der Literatur liest man immer wieder davon, dass es für den Scrum Master vorrangig darum geht, sich überflüssig zu machen. Gleichzeitig mit der Empfehlung, dass er nur noch in verminderter Zeit für das Team zu arbeiten braucht. Dies ist nach unserer Meinung eine Fehlinterpretation dieser Aussage. Der Scrum Master agiert als Unterstützer für das Team und macht sich gezielt bemerkbar, wenn seine Unterstützung benötigt wird. [URL:James] zitiert einen Ausspruch von Ken Schwaber in einem Beitrag über die Aufgaben eines Scrum Masters:

> *»Ein mittelmäßiger Scrum Master kann zwei bis drei Teams gleichzeitig betreuen. Ein guter Scrum Master nur genau ein Team!«*

Die Forderung nach einem Vollzeit-Scrum-Master bedeutet nicht gleichzeitig, der Rolle noch mehr Gewicht innerhalb des Teams zu geben. Ein Scrum Master agiert aus dem Hintergrund und tritt nach vorne, wenn er benötigt wird. Alle weiteren Maßnahmen leitet er aus der Beobachtung des Teams ab und entscheidet situativ, ob er tätig werden muss. Wenn es nicht das Scrum-Team ist, das die Aufmerksamkeit des Scrum Masters verlangt, dann arbeitet ein guter Scrum Master in Richtung agiles Unternehmen in die Organisation hinein.

In einem Scrum-Team gibt es immer etwas für einen Scrum Master zu tun. Wenn wir von einer optimalen Besetzung des Entwicklungsteams ausgehen (vgl. Abschnitt 3.1), dann gibt es neben der Arbeit an der kontinuierlichen Verbesserung des Teams viele weitere Aufgaben [URL:Schiffer c]. Seien es (inter-)personelle Aspekte, die Unterstützung des Product Owners oder Einflüsse, die von der Organisation auf das Team treffen – denn auch die Organisation ist einem ständigen Wandel ausgesetzt. Es gibt keine Routine bei Scrum, denn

Routine bedeutet, mit dem Lernen und dem Weiterentwickeln aufzuhören.

> **Praxistipp:**
>
> Prüfen Sie genau, ob die Übernahme von mehreren Scrum-Teams in Ihrer Rolle als Scrum Master sinnvoll ist, und machen Sie ggf. deutlich, welche Nachteile es mit sich bringen kann, nicht fokussiert mit einem Scrum-Team arbeiten zu können.

Das Beseitigen von Hindernissen dauert zu lange

Ein Scrum Master, der die Hindernisse seines Teams zügig beseitigt, verdient sich schnell den Respekt des Teams, der wiederum die Basis für eine weitere, tiefergehende vertrauensvolle Zusammenarbeit bildet. Im Umkehrschluss bedeutet es aber auch, dass man den Respekt des Teams aufs Spiel setzt, wenn man sich nicht zügig um Hindernisse kümmert. Die Entwickler verlieren das Vertrauen in die Rolle des Scrum Masters und in die Organisation, der offensichtlich andere Dinge wichtiger sind als das Team.

Manchmal stoßen Scrum Master allerdings auf Hindernisse, die eine schnelle Beseitigung scheinbar unmöglich machen. In diesem Fall ist es wichtig, den Fortschritt regelmäßig an das Team und auch an das Management zu kommunizieren. Es wird Situationen geben, in denen keine schnellen Lösungen erzielt werden können, da beispielsweise ein ganzer Serverpark umgezogen werden muss, oder man merkt, dass die Softwarearchitektur an ihre Grenzen stößt.

> **Praxistipp:**
>
> Versuchen Sie immer, Hindernisse schnellstmöglich zu beseitigen. Informieren Sie das Team regelmäßig über Ihre Bemühungen und den Fortschritt, falls die Beseitigung länger dauert.

Unser Scrum-Trainer hat uns seinerzeit den Hinweis mit auf den Weg gegeben, dass ein guter Scrum Master immer mit einem Bein vor der Kündigung steht, weil er einigen Personen penetrant auf die Nerven geht. Unsere Erfahrung zeigt aber, dass unsere Beharrlichkeit honoriert wird und wir als Scrum Master uns dadurch den Respekt der Kollegen in der Organisation erarbeiten. Wichtig ist in dem Zusammenhang das konstruktive Vorgehen.

Praxistipp:

Es kommt oft vor, dass Hindernisse zwar einfach zu lösen wären, bestimmte Entscheidungen jedoch von Verantwortlichen nicht getroffen werden. Bleiben Sie hier am Ball und lassen Sie Lösungen nicht auf die lange Bank schieben. Geben Sie nicht auf, sondern weisen Sie immer wieder konstruktiv auf das Verbesserungspotenzial hin und fordern Sie die Entscheidung ein.

Das Team lernt nicht

Ein wesentlicher Aspekt der agilen Entwicklung ist der, dass ein Team aus Fehlern lernt. Als Scrum Master sollte man diesen Aspekt nach Kräften unterstützen. Wenn etwas nicht funktioniert, dann sollte nicht der Scrum Master herausfinden, was der Grund des Problems ist, sondern das Team eine Lösung zur Behebung der Blockade suchen. Sobald der Scrum Master diese Aufgabe übernimmt, lernt das Team nicht und wird beim nächsten Mal wieder den Scrum Master um Beseitigung bitten. Besser ist, wenn der Scrum Master alles tut, um das Team zu befähigen, eigenständig das Problem zu lösen. Zum Beispiel beschafft er notwendige unterstützende Mittel, die für die Auflösung des Problems hilfreich sind.

Praxistipp:

Achten Sie darauf, auf keinen Fall der Problemlöser zu sein. Helfen Sie dem Team, sich selbst zu helfen, sonst behindern Sie es auf dem Weg, sich permanent selbst zu verbessern.

Lassen Sie auch einmal bewusst Fehler des Teams zu, um wachzurütteln oder auf etwas hinzuweisen. Sprechen Sie anschließend mit dem Team über den Fehler und wie man ihn zukünftig verhindern kann.

Unvorbereitete Meetings

In der Praxis wird die Vorbereitung von regulären Scrum-Events, wie beispielsweise die Retrospektive (vgl. Abschnitt 5.6) oder Estimation (vgl. Abschnitt 4.3.1), oftmals nicht ernst genommen. Dies fängt häufig schon bei der Einladung zu einem Termin ein. Es werden lieblose E-Mails versendet, die lediglich einen Betreff enthalten, der auf den Inhalt des Events schließen lässt, jedoch keinen Text. Die Formulierung von Einladungstexten inklusive der Inhalte des Termins und die Bitte zur Vorbereitung sind das Mindeste, was zu einer professionellen Termineinladung gehört. Sollte es neben diesen Serienterminen unregelmäßige Workshops oder Termine geben, beispielsweise um Produktideen mit dem Team zu sammeln, um über die nächsten Teamziele zu sprechen oder um das Einzelgespräch mit einem Teammitglied zu suchen, dann ist hier weitaus mehr Kreativität gefragt. Einladungen sollten immer mit einem selbstsprechenden Titel, der Angabe des Ortes sowie einem aktivierenden Text kreiert werden, der keine Fragen über die Erwartungen an die Person oder Gruppe und den Inhalt des Termins offen lässt.

In einem zweiwöchentlichen Sprint findet eine Reihe von Events statt. Ein Scrum Master sollte darauf achten, dass diese Termine nicht zur Routine und somit zu einem leidigen Thema werden. Wenn diese z.B. in der Form stattfinden, dass nur der Product Owner spricht und die Entwickler gelangweilt dasitzen und man sie zur Teilnahme aktivieren muss. Über kurz oder lang wird das Thema »Meetings« dann ein gern diskutiertes sein. Es gilt daher die Interaktion zwischen allen Beteiligten zu fördern, einen regen Austausch herbeizuführen, lautes Denken oder einen Dialog zu unterstützen, um gemeinsam dem gewünschten Ziel näher zu kommen. Dies bedarf jedoch einer entsprechenden Vorbereitung jedes einzelnen Termins und damit einer Auswahl von Aktivitäten, um die Termine abwechslungsreich und zielführend zu gestalten. Überraschen Sie die Teilnehmer mit einer guten Vorbereitung.

Praxistipp:

Entwickeln Sie ein Gespür dafür, ob eine Variation notwendig ist. Variieren Sie nicht zu häufig die Termine, damit bringen Sie die Teilnehmer durcheinander, oder der Fokus geht verloren. Setzen Sie die Methoden gezielt ein und lassen Sie die Teilnehmer sich über einige Termine hinweg daran gewöhnen.

3.2.6 Checklisten

Wenn sich Ihre Organisation für den Einsatz von Scrum entschieden hat, empfehlen wir, zum Start die Stärken eines Scrum-Coaches zu nutzen.

Den richtigen Scrum-Coach für den Start finden

Bei einem externen Coach oder Trainer können Sie auf Erfahrungen aus vielen Projekten zurückgreifen und laufen nicht Gefahr, schon beim Pilotprojekt zu scheitern. Das Profil muss stark in die Richtung Führung sowie weiche Faktoren wie Kommunikation, Präsentation, Moderation, Konfliktmanagement und die Stärke zum Überzeugen ausgerichtet sein. Technische Affinität und Wissen sind von Vorteil, aber keine zwingende Voraussetzung. Auf folgende Eigenschaften sollten Sie daher bei der Auswahl eines Scrum-Coaches achten, um für Ihre Organisation die besten Resultate zu erzielen:

- Der Scrum-Coach sollte zahlreiche Referenzprojekte bei unterschiedlichen Firmen nachweisen können.
- Er sollte aktiv in der Scrum-Community vertreten sein und seine Erfahrungen auf Konferenzen oder in Fachbeiträgen teilen.
- Die erfolgreichen Projekte halten ihn nicht davon ab, wissbegierig zu sein und den Drang nach ständiger Weiterentwicklung zu spüren.
- Die Interaktion mit Menschen macht ihm Spaß, und er ist in der Lage, die agilen Grundsätze und Methoden auf interessante Weise zu vermitteln. Er ist begeistert von dem, was er tut, und er kann andere begeistern.
- Gute Scrum-Coaches sind in der Lage, erfolgreiche Teams aufzubauen und mit dem breiten und tiefen Know-how erfolgreich zu machen.
- Er glaubt an Scrum und das Agile Manifest, verkauft es jedoch nicht als »Silver Bullet«.
- Gute Scrum-Coaches wollen nicht nur ihre Teams erfolgreich machen, sondern schauen darüber hinaus in die Organisation und versuchen dort die agilen Werte zu verbreiten und zu etablieren, um nachhaltig Veränderungen und Verbesserungen zu erzeugen.
- Ihr Coaching reicht von der Beratung über die Moderation bis hin zur Konfliktlösung und der Lehre notwendigen Wissens.
- Sie sind Vorbild, halten sich an die Vorgaben und ihre eigenen Weisungen und achten darauf, dass der Scrum-Ablauf eingehalten wird.
- Offenheit, Transparenz und Respekt sind Tugenden eines guten Scrum-Coaches, gepaart mit Enthusiasmus, Ehrlichkeit und dem Willen, etwas zu verbessern und damit zu verändern.
- Gute Scrum-Coaches sind in der Lage, andere zu beeinflussen, um im Sinne des Teams und der Organisation das Optimum zu erzielen.

3.3 Der Product Owner

Der Product Owner trägt die Verantwortung für das Produkt und fungiert als Schnittstelle zwischen allen internen und externen Stakeholdern. Er repräsentiert den Kunden bzw. Nutzer. Demnach stehen für den Product Owner die Bedürfnisse des Kunden und die Maximierung des Produktwertes im Vordergrund. Diesen Bedürfnissen entspricht er durch die Kenntnis der Marktanforderungen und der zeitlichen und monetären Wichtigkeit der anstehenden produktspezifischen Themen.

Deshalb plant und führt er das Projekt in enger Zusammenarbeit mit dem Entwicklungsteam und dem Scrum Master.

Die Erfahrungen aus vielen Projekten zeigen, dass auf eine gezielte Besetzung der Rolle als Product Owner großen Wert gelegt werden sollte, um bereits im Voraus den Grundstein für ein erfolgreiches Projekt zu legen. Die richtige Auswahl ist ein wesentlicher Erfolgsfaktor, da man sich ansonsten schnell auf einen kritischen Pfad begibt und damit

- den Erfolg eines Produkts oder des Unternehmens gefährdet,
- Kundenbedürfnisse nicht erfüllt,
- monetäre Ressourcen verschwendet,
- die Stärken des Entwicklungsteams nicht nutzt oder
- die Arbeit eines Scrum Masters zu Staub werden lässt.

Ausschlaggebend dafür, dass der Product Owner seine Aufgaben überhaupt zielführend und verantwortungsbewusst wahrnehmen kann, ist, dass seine Entscheidungen in der Organisation respektiert werden. Wenn mehrere Teams an einem Produkt arbeiten, dann hat auch der Product Owner, der für einen Teil verantwortlich ist, die Entscheidungen zu treffen. Nur er gibt die Anforderungen an sein Entwicklungsteam weiter. Repräsentiert werden die Entscheidungen durch den aktuellen Stand der Product Backlogs.

Praxistipp:

Der Product Owner muss selbstbestimmt und unabhängig (engl. Empowerment) entscheiden können. Wird er nicht in die Lage versetzt, Entscheidungen für sein Produkt zu treffen, hat er ein Gefühl der Einflusslosigkeit. Dies kann dazu führen, dass er resigniert, sich aufreibt oder unterwirft. Die Auswirkungen sind in jedem Fall für das Produkt, das Team und das gesamte Unternehmen negativ. Empowerment bedeutet auch, dass es eine Förderung und Unterstützung von Seiten des Unternehmens geben muss. Gegebenenfalls muss der Product Owner erst einmal in die Lage versetzt werden, diese Kompetenz aufzubauen.

3.3.1 Hauptaufgaben

Mit der Verbreitung von Scrum kommen viele Fragen zur Rolle des Product Owners auf, da der Product Owner zunächst nur als die zentrale Figur für die Pflege des Product Backlog gesehen wird. Diese Definition macht jedoch nicht deutlich, welch hoher Arbeitsaufwand sich hinter der Rolle verbirgt, da er vorrangig für die Erstellung eines erfolgreichen Produkts verantwortlich ist. Daher gibt es neben der Pflege des Product Backlog viele weitere Aufgaben, die im gleichen

Maße den Arbeitstag eines Product Owners bestimmen. Er muss aktiv die nächsten Produktentwicklungsschritte erkunden und die daraus resultierenden Anforderungen erfassen. Darüber hinaus ist er für die Vorbereitung des nächsten Sprints zuständig. Dafür benötigt er die Kenntnis über die Produktplanung entsprechend seiner Vision sowie begleitender Unternehmensinitiativen. Als Schnittstelle zum Team steht er für Fragen zur Verfügung, gibt Feedback zu Ergebnissen und nimmt diese ab. Er spricht mit Kunden, wichtigen Abteilungen wie Marketing, Vertrieb, der Kundenbetreuung, dem Management und anderen Stakeholdern, informiert diese, holt benötigte Informationen ein oder kümmert sich um wichtige Entscheidungen [Pichler 2010].

Auch wenn es merkwürdig klingen mag: Der Product Owner muss zuallererst in der Lage sein, seine Aufgaben überhaupt aktiv wahrzunehmen. Die Rolle und die damit verbundene Mannigfaltigkeit der Aufgaben führt häufig dazu, dass essenzielle Tätigkeiten wie beispielsweise das Management des Product Backlog oder die Marktanalyse in den Hintergrund geraten. Da der Scrum Master für die Einhaltung von Scrum-Regeln zuständig ist, sind die laufende Unterstützung und regelmäßigen Abstimmungen mit dem Product Owner sehr hilfreich, um Warnsignale frühzeitig zu verstehen.

Wir sehen in der Praxis oftmals den Fall, dass Scrum-Teams gar nicht sehen, welchen Schaden sie ihren Produkten zufügen. Häufig wird lediglich der Product Owner als derjenige im Scrum-Team verstanden, der die Anforderungen schreibt. Dies kann dazu führen, dass die wertschöpfende Produktentwicklung auf der Strecke bleibt, da Product Owner dann anfangen, die Entwickler mit »irgendwelchen« Anforderungen zu versorgen.

Praxistipp:

Sorgen Sie von Anfang an dafür, dass die Product-Backlog-Pflege (siehe Abschnitt 5.4) Aufgabe des gesamten Scrum-Teams ist, und prüfen Sie gemeinsam, ob sich die Aktivitäten auf die Produktvision auszahlen.

Erstellung von Backlog Items

Mit dem Verfassen von Anforderungen beschreibt der Product Owner das »Was« in Form von Backlog Items. Seine tägliche Aufgabe ist es, neue Backlog Items zu verfassen, bestehende zu teilen oder zu aktualisieren und Akzeptanzkriterien (vgl. Abschnitt 5.1.3) für alle zu definieren. Diese Aufgabe sollte er in enger Abstimmung mit dem Entwicklungsteam durchführen. Auch das Schreiben von Akzeptanztests auf Basis der Akzeptanzkriterien findet im besten Fall gemeinschaftlich statt. Das Verfassen von Anforderungen in Form von User Stories sollte der Product Owner genau wie das Entwicklungsteam beherrschen (siehe Abschnitt 4.2.3).

Management des Product Backlog

Product Owner sollten ihr Produkt in- und auswendig kennen. Sie nehmen eine Expertenrolle ein und wissen über den Lebenszyklus ihres Produkts und den Entwicklungsprozess Bescheid. Daneben haben sie immer das Marktgeschehen im Blick, verfolgen Trends und Entwicklungen und wissen immer, was sich bei der Konkurrenz tut. Dieses Wissen und die Bedürfnisse des Kunden lassen sie in Entscheidungen und damit in die Entwicklung ihres Produkts einfließen.

Scrum fordert, dass die Entwicklung der wertschöpfenden Produktbestandteile nach ihrer Wichtigkeit vonstatten geht. Ein Product Owner sollte daher bestrebt sein, dass der Rückfluss des eingesetzten Kapitals durch das Produkt schnellstmöglich erfolgt. Dementsprechend sortiert er unter Berücksichtigung der aktuellen Lage das Product Backlog (siehe Abschnitt 4.2) und sichert durch die adäquate Vorbereitung der Backlog Items das Verständnis der Anforderungen im Team.

Es wird deutlich, dass der Product Owner unter Zuhilfenahme des Kunden, Nutzers oder Entwicklungsteams die besten Ergebnisse erzielen kann, vor allem dann, wenn sich auch das Entwicklungsteam für die Pflege des Product Backlog zuständig fühlt.

Praxistipp:

In der Arbeit mit Scrum-Teams hat es sich bewährt, neben dem Backlog Grooming (siehe Abschnitt 5.4) wöchentliche Arbeitstreffen abzuhalten, um gemeinsam Backlog Items zu erstellen, zu bearbeiten, zu besprechen und das Product Backlog neu zu sortieren. Diese sogenannten »Smart-Meetings« (vgl. Glossar) finden wöchentlich statt, können bei Bedarf wahrgenommen oder aber auch abgesagt werden. Die Entscheidung darüber trifft der Product Owner, denn es ist in seinem Interesse, dass er diejenigen zusammentrommelt, die er für die Ausarbeitung von Backlog Items benötigt.

Für das Backlog Grooming sind ggf. nicht alle Teammitglieder notwendig, da ein gemeinsames Besprechen mit dem gesamten Team während des Estimation ausreichend ist. Es ist daher je nach Bedarf zu prüfen, ob nur einzelne Mitglieder teilnehmen, beispielsweise ein Entwickler, ein Designer und ein Tester. Diese Personen kümmern sich mit dem Product Owner um die Reife der Backlog Items. Werden weitere Parteien oder das gesamte Team benötigt, dann sind diese entsprechend für den Termin einzuladen.

Erstellung der Releaseplanung

Durch das iterative Vorgehen bei Scrum ist der Product Owner dazu gezwungen, sich ständig mit dem Product Backlog und der Planung auseinanderzusetzen. Dabei muss er fortwährend entscheiden, abwägen und Änderungen des Fahrplans aktiv steuern. Mit Hinblick auf die fortlaufende Entwicklung ist die Priorisierung der nächsten Schritte wichtig. Kennt er diese nicht oder fehlt der Fokus und eine entsprechende Vorbereitung, gerät das Team ins Stocken.

Jedes Sprint Planning muss daher gut vorbereitet werden. Wichtig ist auch ein Blick auf die nächsten zwei bis drei Sprints, um auf Unvorhergesehenes schnell reagieren zu können. Hier ist die Ausrichtung an der Teamkapazität hilfreich – wer ist an welchen Tagen nicht anwesend (siehe Abschnitt 5.1.1). Soweit die detaillierte Ausarbeitung dieser kurzfristigen Ziele über die Releaseplanung funktioniert, ist auch die langfristige Planung nicht schwierig. Diese muss ebenso im Auge behalten und anhand einer Produkt-Roadmap gepflegt werden, um nicht vom Weg abzukommen.

Entwicklung der Produktvision

Der Product Owner kennt nicht nur den Markt und die Konkurrenz, er ist vor allem Visionär. Er sieht das Endprodukt vor seinem geistigen Auge und hat das meiste Wissen darüber. Seine Vision ist der Grundstein für das Produkt und den Projekterfolg. Alle nachfolgenden Schritte werden einzig und allein aus diesem Grund gemacht und sind daran ausgerichtet, die Produktvision zu erfüllen. Eine Vision zu haben ist essenziell, denn sie liefert nicht nur Orientierung für alle Beteiligten, sie markiert auch das Ziel, das sich in die Köpfe des Teams eingeprägt haben sollte. Daher sind gerade der Projektstart und die motivierende Darstellung der Produktvision durch den Product Owner so wichtig (vgl. Abschnitt 4.1). Ohne ein Ziel vor Augen wird es schwer, die benötigte Energie und den Glauben an den Projekt- und Produkterfolg zu manifestieren.

Kommunikationszentrale

Der Product Owner muss entsprechend seiner Produktvision nicht nur das Team für sich gewinnen, sondern auch alle wichtigen Stakeholder. Er zapft viele Quellen an und muss die Informationen von Dritten, sei es vom Management, Kunden, Umfragen, Testergebnissen oder dem Kundensupport, aufnehmen und verarbeiten. Dabei ist Lobbyarbeit ebenso ein Teil seiner Aufgaben wie auch als Puffer zwischen Scrum-Team und Stakeholdern zu fungieren. Unternehmenspolitisches hält er mit Hilfe des Scrum Masters vom Entwicklungsteam fern, damit dieses sich voll und ganz auf die Erledigung der Aufgaben konzentrieren kann.

3.3.2 Eigenschaften eines Product Owners

Starke Product Owner vereinen viele Talente in sich. Wir verraten kein Geheimnis, wenn wir sagen, dass es nur wenige gibt, die diese Rolle optimal ausfüllen und leben.

Charaktermerkmale

Der Product Owner benötigt einen starken Charakter. Er sollte selbstbewusst auftreten und entscheidungsstark sein, ohne jemandem die eigene Meinung aufzudrängen. Mit seiner Kommunikationsstärke und Präsenz überzeugt er Menschen. Hierbei ist er immer authentisch und vertrauenswürdig und geht vertrauensvoll mit Informationen um. Es sollten Menschen sein, die lernfähig sind und den Willen zur ständigen Weiterentwicklung mitbringen.

Darüber hinaus sind ein tiefgehendes Verständnis und die Berücksichtigung der agilen Werte und Prinzipien sowie das eigene Commitment unabdingbar. Die Rolle wäre nicht so anspruchsvoll, wenn sie nicht auch etwas Humor – bei all der Ernsthaftigkeit und Professionalität – sowie Vertrauen in die Arbeit anderer verlangen würde.

Führungsqualitäten

Eng mit den Werten und Charaktereigenschaften der Person sind die Führungseigenschaften verknüpft. Ein Product Owner muss aus seinem Inneren heraus die Führungsrolle leben. Auf der personellen Ebene muss er durch Wort und Tat sein Team an sich binden und alles dafür tun, dass seine Vorstellung vom Produkt wahr wird. Er lenkt alle in die richtige Richtung und nimmt, in Zusammenarbeit mit dem Entwicklungsteam, die Unterstützung zur Erreichung der Ziele an. Für sein Handeln übernimmt er Verantwortung.

Der Product Owner muss ein Visionär sein, der das finale Produkt vor Augen hat und dies für alle Beteiligten zeichnen kann. Lobbyarbeit im Unternehmen ist sein tägliches Geschäft. Hier ein Zugeständnis, dort eine klare Aussage oder die Verteilung von Informationen, um zugunsten der Zielerreichung auf Entscheidungsträger einzuwirken. Neben diesen strategischen Fähigkeiten sind auch die operativen Fähigkeiten essenziell für die Ausgestaltung der Rolle. Know-how in den Bereichen Planung, Marketing, Finanzen oder Projektmanagement runden sein Bild ab. Seine Werkzeuge und sein Wissen sollten ihn dazu befähigen, kurz- bis langfristige Pläne zu entwickeln, ohne Nebeneffekte außer Acht zu lassen. Er ist ein Entrepreneur innerhalb seines Unternehmens.

Abb. 3-11
Product Owner als Richtungsweiser

3.3.3 Häufige Probleme

Die folgenden Beispiele machen deutlich, welche Fallstricke entstehen, wenn man sich nicht ausreichend Gedanken über die Besetzung und Unterstützung der Rolle macht. [URL:Pichler f] hat sich intensiv mit Product-Owner-Fehlern auseinandergesetzt und diese in seinem Buch niedergeschrieben. Aus der eigenen Praxis kennen wir viele Hürden, die es zu überwinden gibt. Nachfolgend einige ausgewählte Beispiele, die uns häufig vor Herausforderungen gestellt haben.

Der Fokus fehlt

Durch die umfangreichen Aufgaben eines Product Owners geht der Fokus im Alltag oftmals verloren. Dies wird nicht nur dadurch ersichtlich, dass Termine nicht vorbereitet sind oder der Product Owner den ganzen Tag in Terminen verbringt. Häufig fangen die Product Owner in diesen Fällen an, Ausreden zu erfinden, Termine zu verschieben und fallweise zu reagieren, statt proaktiv zu agieren.

Praxistipp:

Sobald Sie als Scrum Master spüren, dass der Fokus beim Product Owner verloren geht, sprechen Sie mit ihm und finden Sie heraus, was ihn von seiner Arbeit abhält. Manchmal lässt sich so ein Problem durch kleinere Hilfestellungen in Sachen Arbeitsorganisation auflösen. Es kann aber auch ein größeres Hindernis sichtbar werden, das umgehend vom Scrum Master behoben werden muss.

Das Product Backlog ist in einem schlechten Zustand

Was wir in der Praxis häufig sehen, ist, dass ein Großteil der Backlog Items nicht akzeptabel ist. Sei es, dass Product Owner mit unklaren Anforderungen aufwarten, der Detaillierungsgrad fehlt oder wichtige Sachverhalte vor dem Sprint Planning nicht geklärt wurden. Viele Product Owner involvieren die Entwickler zu selten und nutzen damit eine der Informations- und Wissensquellen als wichtigen Teil der Ausarbeitung nicht. Häufig fehlen auch die Akzeptanzkriterien, sodass Product Owner erst durch Fragen im Sprint Planning feststellen, dass Backlog Items zu groß sind. Ein nützliches Werkzeug, das dabei unterstützt, dass ein Entwicklungsteam die Backlog Items im Sprint Planning akzeptiert, ist die »Definition of Ready«. In ihr werden Kriterien festgelegt, die den Eintritt in das Sprint Backlog (siehe Abschnitt 5.1) regeln. Das Pendant dazu ist die »Definition of Done« (siehe Abschnitt 4.1.4).

Praxistipp:

Sorgen Sie für ein vernünftiges Backlog Grooming (siehe Abschnitt 5.4) mit allen Beteiligten, um dieses Problem nicht aufkommen zu lassen. Achten Sie auf die Einhaltung der Regeln, die Sie mit dem Team festgelegt haben, und justieren Sie diese regelmäßig.

Der unerfahrene Product Owner

Gerade bei Product Ownern, die neu in der Rolle starten, ist ein Scrum Master gefordert, unterstützend mitzuwirken. Hier wird häufig der Grundstein für die zukünftige Zusammenarbeit und den Erfolg des Scrum-Teams gelegt. Dabei helfen oftmals schon einfache situationsbedingte Variationen der Fragestellungen durch den Scrum Master, um Hilfestellungen zu leisten:

- **Alles ist wichtig:** Alles, was im Backlog steht, ist wichtig, das stimmt. Doch was ist wichtiger bei einer langen Liste von Backlog Items? Was soll als Erstes gemacht werden? Welche Anforderungen erfüllen am ehesten die aktuellen Geschäftsinteressen oder führen zum schnellen ROI? Mit diesen Fragestellungen ist es möglich, den Product Owner zum Nachdenken anzuregen, statt ein »Alles ist gleich wichtig« als Antwort zu akzeptieren.
- **Anforderungen deutlich machen:** Businessanforderungen verständlich zu machen und auf eine Art zu artikulieren, die jeder versteht, ist nicht einfach. Ein Product Owner sollte dies jedoch können, wenn er die Frage beantworten möchte, warum Tausende von Euros in die Entwicklung des Produkts investiert werden sollen.

Daher ist auch die Frage nach der Priorität individueller Backlog Items gestattet und eine gute Unterstützung, um den Product Owner zum Nachdenken anzuregen. Warum steht das erste Backlog Item ganz oben (und nicht das zehnte)? Würden Sie selber in dein Produkt investieren?

- **Das große Ganze sehen:** Es ist essenziell, das ganze Bild zu erfassen. Die losgelöste Betrachtung von Teilbereichen und kurzfristiger Aktionismus führen nicht zu einem lang anhaltenden Erfolg. Einerseits hat ein erfolgreicher Product Owner ein Eigeninteresse, seine Entscheidungen auf den Austausch mit internen und externen Quellen zu stützen, andererseits ist es manchmal nützlich, darauf hinzuweisen, welche Implikationen diese oder jene Entscheidung mit sich bringen würde.
- **Produktentscheidungen verteidigen:** Gerade junge Product Owner müssen sich erst ein Ansehen im Unternehmen verschaffen. Essenziell wichtig dabei ist, zum eigenen Handeln und zu den eigenen Entscheidungen zu stehen. Wir haben oft erlebt, dass viele den Vertrauensvorsprung früh einbüßen, wenn sie sich verbiegen lassen. Am Ende sind sie es, die für die Konsequenzen einstehen müssen. Daher ist es wichtig, nur dann Zugeständnisse zu machen, wenn diese persönlich zu vertreten sind.

3.3.4 Checklisten

Worauf ein Scrum Master bei einem Product Owner achten sollte

Dieser Fragenkatalog unterstützt Sie dabei, auf die wesentlichen Arbeitsaspekte und die Effektivität des Product Owners zu achten:

- Wirkt der Product Owner gestresst? Besteht Gefahr, dass Termine oder das Product Backlog nicht vorbereitet sind?
- Ist der Product Owner für das Team verfügbar?
- Arbeitet der Product Owner an neuen Backlog Items, um nächste Schritte vorzubereiten? Bezieht er das Entwicklungsteam und notwendige Dritte mit in seine Arbeit ein?
- Ist das Product Backlog aktuell und sortiert? Sind die Anforderungen und Abhängigkeiten geklärt? Muss jemand informiert werden?
- Besitzt das Product Backlog eine überschaubare Größe? Wie ist der Detailgrad der Backlog Items am Anfang und am Ende der Liste? Verschwendet der Product Owner Zeit mit unwichtigen Backlog Items, die aktuell keine Relevanz haben?
- Ist das Product Backlog leicht und frei zugänglich für jeden?

- Gibt es fachliche und soziale Schwächen bei Ihrem Product Owner? Sind diese bekannt? Arbeiten Sie mit ihm an diesen Schwächen?
- Kennt der Product Owner die »Definition of Done« und die »Definition of Ready«? Weiß er, wie technische Schulden vermieden werden?
- Ist der Product Owner mit der Benutzung des Softwareprogramms für die Verwaltung des Product Backlog vertraut? Nimmt er notwendige Einstellungen vor, beispielsweise für die Releaseplanung?
- Ist der nächste Sprint geplant? Sind die darauffolgenden Sprints in Vorbereitung?
- Ist die Planung aktuell? Basiert der Releaseplan (siehe Abschnitt 4.4) auf der aktuellen Velocity (siehe Abschnitt 4.4.2)? Wurde der Plan nach dem letzten Sprint angepasst?
- Kennt das Team die Planung der nächsten Schritte?

3.4 Exkurs: Verteilte Teams

Verteilte Teams sind ein komplexer Bereich, der eigene Bücher füllt. Für eine tiefgehende Beschäftigung mit dieser spannenden Thematik verweisen wir auf das Buch zum Thema von Jutta Eckstein [Eckstein 2009].

Wenn über verteilte Teams gesprochen wird, werden häufig zwei Begriffe miteinander vermischt:

- **Remote Teams** sind Teams, die geschlossen an einem anderen Standort arbeiten, dort aber autark sind. Das bedeutet auch, dass der Product Owner seinen Sitz beim Team hat. Diese Konstellation ist teamintern unkritisch, lediglich für den Product Owner und den Scrum Master kommt erhöhter Aufwand durch das komplexere Stakeholder-Management hinzu.
- **Verteilte Teams** *(distributed teams)* hingegen sind Teams, die intern durch eine räumliche Trennung geteilt sind. Beispielsweise sitzt die eine Hälfte des Teams in Deutschland, während die andere Hälfte in den USA arbeitet. Oder der Product Owner hat seinen Standort in der deutschen Unternehmenszentrale, während der Rest des Teams als Offshore-Team z.B. in Indien arbeitet.

Wir sprechen in diesem Abschnitt über den Aspekt eines über zwei Standorte verteilten Teams, da es sich nach unserer Erfahrung hierbei um eine recht häufig vorkommende Konstellation handelt und eine große Herausforderung für alle Beteiligten darstellt.

3.4.1 Ausgangssituation

Stellen wir uns unser Beispielteam doch mal als verteiltes Team vor. Unser Product Owner Casper, unsere Designerin Lara und unsere Qualitätssicherungsexpertin Mina arbeiten in Hamburg, während die Entwickler Alva, Jordi, Sergio und unser Scrum Master Finn ihren Sitz in Mailand haben. Die drei Kollegen in Hamburg sitzen gemeinsam in einem Büro, ebenso die vier Teammitglieder in Mailand. Ein Sprint dauert zwei Wochen (10 Arbeitstage), und das Product Backlog liegt in einem webbasierten Tool vor. Das physische Scrum-Board (vgl. Abschnitt 4.5.3) mit dem Sprint Backlog befindet sich in Mailand.

Ein Sprint mit dem Mailänder-Team

Tag 1: Der Sprint begann mit einem Sprint Planning. Casper hatte gemeinsam mit Lara einige User Stories vorbereitet. Gemeinsam mit Mina saßen sie in Hamburg vor Caspers Notebook, das über Videotelefonie mit Finn verbunden war. Casper teilte über die bereitgestellte Funktion des Programms seinen Bildschirm mit Finn. Finn hatte sein Notebook in Mailand an einen Projektor angeschlossen, sodass alle Anwesenden den Bildschirm ohne Schwierigkeiten sehen konnten. Damit die Hamburger das Team gut verstehen konnten, hatte Finn ein externes Mikrofon angeschlossen. Außerdem wurde der Ton aus Hamburg an einem externen Lautsprecher wiedergegeben.

Casper stellte eine User Story nach der anderen vor und erläuterte sie dem Entwicklungsteam. Auch die Designs von Lara wurden über den geteilten Bildschirm vorgestellt. Alle Teammitglieder konnten Fragen stellen und klären. Wie in einem normalen Sprint Planning akzeptierte das Team eine Story nach der anderen.

Anschließend ging das Sprint Planning in die zweite Phase, das Erstellen des Sprint Backlog. Über die Kamera seines Notebooks zeigte Finn den Kollegen in Hamburg nun das Scrum-Board, das im Büro in Mailand stand. Casper konnte am zweiten Teil des Sprint Planning nicht mehr teilnehmen, war aber kurzfristig erreichbar, falls sich Fragen ergaben. Über die Videoverbindung erstellte das Team nun gemeinsam das Sprint Backlog.

Nach dem Sprint Planning begann das Team die Arbeit an den Tasks der ersten User Story. Damit Casper sich immer über den Bearbeitungszustand der Stories informieren konnte, markierte Alva die Story im Tool auf »in Arbeit«.

***Tag 2:** Um 9:30 Uhr fand das Daily Scrum statt. Dazu baute Finn wieder sein Notebook vor dem Scrum-Board auf und übertrug dieses via*

Videotelefonie nach Hamburg. Der Ablauf war ansonsten identisch mit einem Daily Scrum vor Ort.

Während der täglichen Arbeit war das Team in Mailand in regem Kontakt mit den Kollegen in Hamburg, insbesondere mit Mina. Heute wurde die erste User Story fertig, und Mina konnte mit dem Testen beginnen. Der Test lief schnell und ohne Fehler durch, Casper bekam die User Story zum Akzeptieren gezeigt, und der Status der Story wurde im Tool auf »Done« gesetzt. Casper hatte in der Zwischenzeit mit Lara an neuen User Stories gearbeitet, da in der zweiten Sprint-Woche ein Backlog Grooming durchgeführt werden sollte.

***Tag 3 – Tag 5:** Diese Tage verliefen analog zu Tag 2. User Stories wurden sofort nach Fertigstellung von Mina getestet und Casper zum Akzeptieren vorgelegt. Das Team arbeitete konzentriert und ungestört weiter an den User Stories.*

***Tag 6:** Casper, Lara und Mina fuhren nach Mailand, um ein paar Tage gemeinsam mit den Kollegen vor Ort zusammenzuarbeiten. Die Stimmung im Team war ausgezeichnet. Gemeinsam arbeiteten alle an den Stories und nutzten den direkten Kontakt vor Ort, um Fragen schnell zu klären und sofortiges Feedback zu erhalten.*

***Tag 7 – Tag 9:** Da das komplette Team vor Ort war, wurde das Daily Scrum ohne technische Unterstützung durchgeführt.*

***Tag 8:** Casper hatte zwischenzeitlich weiter an zukünftigen User Stories gearbeitet. Um einen Überblick über die Komplexität zu erhalten, rief er das Team zu einem Backlog Grooming zusammen. Das Team schätzte neue und geänderte Stories, und Casper aktualisierte seinen Releaseplan. Auch seine bisherige Planung für den kommenden Sprint änderte sich, da er im Estimation erfahren hatte, dass eine wichtige Funktionalität recht einfach und schnell zu implementieren ist.*

***Tag 9:** Bis auf eine Ausnahme waren alle Stories fertig und von Casper akzeptiert worden. Die letzte Story würde aber auch rechtzeitig zum Review fertiggestellt sein. Leider müssen die Hamburger Kollegen wieder zurückfliegen, um das Review für Tag 10 vorzubereiten.*

***Tag 10:** Das Daily Scrum fand jetzt wieder über Videotelefonie statt, und Alva informierte Casper, dass die letzte User Story zum Akzeptieren verfügbar ist. Im Anschluss besprach das Team noch kurz die Durchführung des Reviews.*

Nachmittags fand das Review mit den Stakeholdern und an dem Projekt interessierten Personen statt. Diesmal wurde der Bildschirm von Finns Computer aus Mailand auf Caspers Computer nach Ham-

burg übertragen und dort mit einem Projektor an eine Wand projiziert. Wieder waren auf beiden Seiten ein externes Mikrofon und Lautsprecher angeschlossen, damit die Gruppen einfach miteinander kommunizieren konnten. Casper moderierte das Review und ließ das Team in Mailand die fertigen User Stories auf einem Testsystem zeigen. Die Reviewteilnehmer waren beindruckt, stellten viele Fragen und äußerten eine Menge Ideen dazu, die Casper sofort notierte.

Nach dem erfolgreichen Review und einer kurzen Pause begann das gesamte Team mit einer Retrospektive. Dazu wurde die für das Review benutzte technische Ausstattung weiter benutzt. Finn übernahm die Moderation und startete ein Tool, mit dem man virtuelle Post-its auf eine Fläche kleben kann. Das Team benannte zunächst Dinge, die während des Sprints gut gelaufen sind. Finn schrieb diese Punkte einzeln auf grüne virtuelle Post-its. Anschließend benannte das Team Punkte mit Verbesserungspotenzial, die Finn auf rote virtuelle Post-its schrieb. Aus den Post-its wurden konkrete Aufgaben abgeleitet, die entweder Finn als Scrum Master oder jemand aus dem Team verantwortlich übernahm.

Nach der Retrospektive galt der Sprint als erfolgreich abgeschlossen. Finn kümmerte sich noch um ein paar organisatorische Dinge, bevor auch er dem Team ins Wochenende folgte.

Unternehmen erwägen aus unterschiedlichen Gründen den Einsatz verteilter Teams. Möglicherweise sind die Personalkosten im Ausland niedriger, der Markt an qualifizierten Mitarbeitern in Deutschland ist abgegrast oder es wurde eine Firma im Ausland hinzugekauft, deren Mitarbeiter integriert werden sollen.

Generell gilt, dass es für ein Projekt besser ist, alle Beteiligten an einem Ort zusammenzuziehen, idealerweise sogar in einem gemeinsamen Teamraum unterzubringen. Die Praxis zeigt allerdings, dass dies häufig nicht möglich ist.

Praxistipp:

Versuchen Sie, verteilte Teams zu vermeiden, wann immer es möglich ist. In den seltensten Fällen erreicht ein verteiltes Team dieselbe Produktivität wie ein Team an einem Ort.

Wenn im Management eine Entscheidung für ein verteiltes Team fällt, dann lassen Aussagen wie

- »Dann müssen die Kollegen öfter mal reisen...«,
- »Das Reisebudget ist kein Thema...« oder
- »Die Meetings können wir dann per Videokonferenz durchführen...«

nicht lange auf sich warten. Das hört sich zunächst gut an, ist aber leider viel zu kurz gedacht. Die Aussagen oben beziehen sich nur auf harte Fakten, d.h., für das kollegiale Miteinander, den täglichen direkten Austausch, das Nebeneinandersitzen am Computer und gemeinsame Arbeiten an einem Problem gibt es keinen Raum. Zudem stellen Meetings über ein Videokonferenzsystem in einer fremden Sprache besondere Herausforderungen an alle Beteiligten.

Praxistipp:

Zeigen Sie die Situation immer wieder als Hindernis für die Produktivität des Projektteams auf und drängen Sie auf eine Zusammenführung des Projektteams (sog. Co-Location).

Im folgenden Abschnitt geben wir einige Anregungen, woran man beim Aufsetzen eines verteilten Teams denken sollte. Je mehr man sich im Vorfeld mit der Thematik auseinandersetzt, desto eher kann man sich über ein performantes Team freuen.

3.4.2 Kulturelle Herausforderungen

Wenn man über Teams an mehreren Standorten spricht, muss man auch immer kulturelle Aspekte im Auge behalten. Bereits innerhalb Europas sind kulturelle Unterschiede zwischen Deutschen und Spaniern oder Deutschen und Engländern spürbar. Die Mittagspause bei Spaniern beginnt zum Beispiel oft erst gegen 14 Uhr, während Deutsche zu diesem Zeitpunkt schon die ersten Nachmittagstermine wahrnehmen. Bitte behalten Sie die kulturellen Unterschiede immer im Auge, wenn Sie an verteilte Teams denken.

Praxistipp:

Vernachlässigen Sie niemals die kulturellen Unterschiede, wenn Ihre Teams aus unterschiedlichen Kulturkreisen stammen. Trainieren Sie die Mitarbeiter, machen Sie sie aktiv mit der jeweils anderen Kultur vertraut, indem Sie sie oft und regelmäßig zusammenbringen und die andere Kultur hautnah erleben lassen. Investieren Sie auch in die Beherrschung einer Fremdsprache wie zum Beispiel Englisch. Sie ersparen sich und dem Team eine Menge Missverständnisse.

Wir gehen im Folgenden von nur zwei Standorten aus. Die Aussagen gelten gleichermaßen für mehrere Standorte, allerdings wird die Komplexität dann ungleich größer.

3.4.3 Technische Herausforderungen

Wenn man sich bewusst dazu entschlossen hat, mit einem verteilten Team zu arbeiten, alle Beteiligten die Herausforderungen verstanden haben und es zurzeit keine bessere Konstellation gibt, kann man beginnen, das Beste aus der Situation zu machen. Technisch gibt es heutzutage viele Möglichkeiten, verteilte Teams zu unterstützen.

Chat und Videochat

Mit Chat- und Videochatsystemen kann man hervorragend chatten, telefonieren, Dateien verschicken und auch Videotelefonate führen. Dafür gibt es eine Menge freie Software wie z.B. Skype, ICQ, AIM, Google Talk, Google Hangout. Jabber ist eine gute Alternative zu Skype, falls der Dienst im Unternehmen nicht zugelassen ist. Auch Videotelefonate sind mit der entsprechenden Software möglich. Man kann einen unternehmenseigenen Dienst aufsetzen und geschlossene Benutzergruppen definieren.

Videokonferenzsysteme

Für Meetings oder Workshops mit einer größeren Gruppe stößt Skype schnell an seine Grenzen. Für solche Fälle muss unbedingt ein *leistungsfähiges* Videokonferenzsystem vorhanden sein. Dabei sollte man darauf achten, dass der Monitor hinreichend groß und detailscharf ist, damit ggf. auch Einzelheiten erkennbar sind. Ein externes Mikrofon ist ebenso ein Muss wie eine ausreichende Bandbreite der Netzwerkverbindung. Nichts ist störender als dauernde Aussetzer bei einer Videokonferenz.

Netzwerkanbindung

Außer für Videokonferenzen muss auch für die gemeinsame Arbeit am Code oder an Dokumenten eine schnelle und stabile Netzwerkanbindung gewährleistet sein. Wenn zum Beispiel das Code Repository zentral zur Verfügung steht, die Entwickler auf serverbasierten Sandboxen arbeiten oder automatisierte Tests durchgeführt werden sollen, darf es für das entfernte Team keine Hindernisse geben. Die Umgebung sollte exakt so einfach und schnell funktionieren wie für den vor Ort sitzenden Teil des Teams.

Scrum-Tools

Generell empfehlen wir ein physisches Scrum-Board, vor dem sich ein Team versammeln und ggf. auch mal Diskussionen über einzelne Tasks führen kann. In verteilten Teams gibt es oft ein physisches Scrum-Board, das zusätzlich in einem Tool abgebildet wird, damit alle Beteiligten auf dem gleichen Stand sind. Sofern es im Unternehmen noch kein derartiges Tool gibt, sollte eines angeschafft oder über die Nutzung eines webbasierten Tools nachgedacht werden. Dabei sollte man darauf achten, dass die wesentlichen Inhalte übersichtlich auf einer Bildschirmseite dargestellt werden können.

Praxistipp:

Wenn der Großteil des Teams an einem Standort versammelt ist, haben wir gute Erfahrungen damit gemacht, das Sprint Backlog mit den Tasks als physisches Scrum-Board zu führen und das Product Backlog auf User-Story-Ebene in einem Tool.

Ergänzend dazu ist es eine gute Idee, das physische Scrum-Board mit einer Webcam zu versehen, sodass der entfernte Teamteil immer eine aktuelle Sicht auf das Scrum-Board hat. Achtung, möglicherweise muss der Betriebsrat so einer Live-Webcam zustimmen. Alternativ kann man das Scrum-Board täglich fotografieren und in einem Wiki bereitstellen.

Wiki

Da in verteilten Teams nicht alle Informationen an einer gemeinsamen Wand hängen können, muss es unbedingt eine zentrale Informationsablage geben. Dazu bieten sich webbasierte Wikis an, die auf einer hausinternen Infrastruktur aufgesetzt werden. Moderne Wikis bieten hervorragende Einbindungs- und Konvertierungsmöglichkeiten für Dokumente aller Art.

Gemeinsame Dateiablage

Oft kommt es vor, dass man im Team größere Datenmengen austauschen möchte. Einzelne Dateien oder Archive lassen sich bis zu einer gewissen Größe über Skype oder Jabber verschicken, aber wenn man z.B. ein komplettes ISO-Image weitergeben will, muss eine gemeinsame Dateistruktur her. Hier kann man sowohl Bereiche für einen einmaligen Austausch realisieren als auch eine permanente Ablagestruktur. Oft wird die gemeinsame Dateiablage im Wiki abgebildet, um Redundanzen zu vermeiden.

Screen Sharing

Mit den modernen Netzwerken und Betriebssystemen ist das gemeinsame Arbeiten an einem geteilten Monitorbild heutzutage keine Herausforderung mehr. Oft ist es bereits im Betriebssystem verankert (z.B. Mac OS), ansonsten ist eine Reihe freier Software verfügbar.

3.4.4 Organisatorische Herausforderungen

Räume für ungestörte Telefonate

In Projekten mit verteilten Teams steigt der Kommunikationsaufwand. Wenn mehrere Kollegen gemeinsam in einem Raum sitzen, sind Telefonate sehr störend. Alle Teammitglieder sollten die Gelegenheit haben, sich für Telefonate zurückzuziehen, um andere nicht zu stören.

Reisefreiheit

In verteilten Teams kommt es häufig vor, dass bestimmte Sachverhalte besser zusammen oder im direkten Gespräch geklärt werden. Für diesen Fall sollte ausreichend Budget verfügbar sein, um kurzfristig und unbürokratisch eine Dienstreise antreten zu können.

Unterschiedliche Zeitzonen

Bei weiten Entfernungen hat man es häufig mit unterschiedlichen Zeitzonen zu tun. So beträgt die Zeitverschiebung zwischen Deutschland und der Westküste der USA zum Beispiel neun Stunden. Wenn also die Kollegen in den USA um 9 Uhr ins Büro kommen, gehen in Deutschland in vielen Firmen schon die Lichter aus. Für viele Mitarbeiter ist frühes Kommen oder spätes Gehen aufgrund z.B. familiärer Verpflichtungen nicht oder nur unter extrem erschwerten Umständen möglich. Das Team wird sich auch hier selbst organisieren, aber es sollten auf jeden Fall Regelungen geschaffen werden, die den Einsatz entsprechend würdigen (Gleitzeit, Abbummeln, Zulagen, Arbeitszeitkonten).

Praxistipp:

Alistair Cockburn empfiehlt in diesem Fall, Termine wie z.B. das Daily Scrum aufzuzeichnen und dem anderen Teamteil zur Verfügung zu stellen.

Abb. 3-12 *Unterschiedliche Zeitzonen*

Status-Updates von Daily Scrums trennen

Obwohl Daily Scrums per Definition keine Status-Updates sind, sondern der Teamsynchronisation dienen, werden sie in verteilten Teams häufig als solche genutzt. Dies sollte man sauber voneinander trennen. Status-Updates müssen nicht jeden Tag erfolgen, und es reicht, wenn jeweils ein Teammitglied (vielleicht sogar rollierend) mit dem Product Owner spricht.

Andererseits haben uns unsere Teams aber auch bestätigt, dass sie den menschlichen Kontakt mit den Kollegen am anderen Ende des Bildschirms während des Daily Scrum als sehr angenehm empfinden. Aus diesen Grund empfehlen wir für verteilte Teams einen täglichen Daily-Scrum-Termin von einer halben Stunde, dessen erster Teil ein reguläres, straffes Daily Scrum darstellt, während im zweiten Teil frei über gerade anstehende Themen gesprochen werden kann.

Praxistipp:

Wenn das Daily Scrum über ein Videokonferenzsystem stattfindet, können sich die Teilnehmer nicht wie gewohnt in die Augen sehen und so nonverbal entscheiden, welches Teammitglied als Nächstes spricht. Dadurch fangen Kollegen manchmal gleichzeitig zu sprechen an, was die Kommunikation erheblich beeinträchtigen kann. Hier hat es sich bewährt, entweder vorher eine Sprechreihenfolge festzulegen oder dass der Scrum Master ausnahmsweise die einzelnen Teilnehmer auffordert.

3.4.5 Häufige Probleme

Ein gut funktionierendes verteiltes Team entsteht nicht »mal eben so«, sondern entwickelt sich mit der Zeit. Wenn man neben den oben bereits erwähnten Punkten ein paar Dinge beachtet, kann man den Prozess aber positiv beeinflussen.

Unterschätzung der Aufbauphase eines Teams

Wenn eine Firma über verteilte Teams nachdenkt, wird oft angenommen, dass man ein komplettes Team auf einmal einstellen kann und dass es sich sofort perfekt integriert. Dies funktioniert schon bei Teams vor Ort nicht und wird mit Sicherheit für verteilte Teams erst recht nicht funktionieren.

> **Praxistipp:**
>
> Beteiligen Sie die aktuellen Teammitglieder an der Auswahl und Einstellung der neuen Mitglieder. So senken Sie die Wahrscheinlichkeit, dass später fachliche oder soziale Integrationsprobleme auftreten.
>
> Stellen Sie außerdem kein komplettes Team neu ein, sondern ergänzen Sie ein bestehendes Kernteam um neue Mitarbeiter.

Architektur- und Designentscheidungen ohne das Entwicklungsteam

Oft wird angenommen, dass ein Team am anderen Ende der Welt problemlos Architekturen oder Visual Designs implementiert, die in der Zentrale erzeugt wurden, ohne die Hintergründe oder die Entstehung zu kennen. Agiles Vorgehen lebt vom gemeinsamen Miteinander, von der permanenten Kommunikation. Vorgaben zentral zu erstellen und dann »über den Zaun zu werfen«, kommt einem Rückfall in traditionelle Methoden gleich.

> **Praxistipp:**
>
> Solche Entscheidungen sollten gemeinsam im Team getroffen werden. Sorgen Sie dafür, dass Architekten oder Designer bei Bedarf entweder Teammitglieder sind oder zumindest für die gemeinsame Arbeit vor Ort mit dem Entwicklungsteam arbeiten können.

Verteilte Teams werden mit Teams vor Ort verglichen

Leider herrscht oft noch die Auffassung, dass Softwareentwicklung eine rein mechanische Tätigkeit ist. Die Performance des entfernten Teamteils wird also mindestens genauso gut sein wie die des lokalen Teils. Diese Annahme ist falsch, denn zum einen dauert der Zugang zu relevanten Informationen oftmals viel länger, da man auf die Antwort im Chat warten muss, wenn der andere gerade in einem Gespräch ist. Zum anderen sind in der Realität oft viele der oben beschriebenen technischen Voraussetzungen nicht gegeben. Auch ist es selbst unter besten Voraussetzungen ungleich aufwendiger, alle Teammitglieder an einen virtuellen Tisch zu bekommen, um beispielsweise ein Meeting durchzuführen.

Keine Anpassung bestehender Prozesse

Man hat das verteilte Team aufgesetzt, weil man sich Vorteile erhofft. Moderne Unternehmen versuchen häufig, sich weiter zu verbessern und Abläufe schlanker zu gestalten. Diese Vorteile werden oft dadurch zunichtegemacht, dass man das Scrum-Team die Standardprozesse befolgen lässt.

Praxistipp:

Bestehende Prozesse müssen sich ändern lassen, damit das Scrum-Team möglichst effizient arbeiten kann. Prüfen Sie die vorhandenen Prozesse und sorgen Sie dafür, dass Sie entsprechend angepasst oder erweitert werden.

Keine Kontakte für neue Kollegen

Neue Kollegen, die in einem entfernten Team arbeiten, haben oft keine oder nur sehr wenige Kontakte zur Zentrale. Damit fehlen wichtige Ansprechpartner, denn erfahrungsgemäß ist es sehr viel einfacher, jemanden anzusprechen und um Hilfe zu bitten, wenn man sich persönlich kennt.

Praxistipp:

Neue Kollegen sollten anfangs viel Zeit in der Zentrale verbringen. Gerade für Mitglieder des entfernten Teamteils ist es wichtig, möglichst viele Kollegen in der Zentrale kennenzulernen. Werfen Sie neue Kollegen nicht gleich ins kalte Wasser, sondern bereiten Sie sie einige Wochen in der Zentrale auf ihre Rolle vor. Lassen Sie sie dabei möglichst viele unterschiedliche Abteilungen und Personen kennenlernen.

Vergessen der entfernten Kollegen

Man mag es kaum glauben, aber tatsächlich laufen viele der firmeninternen Informationen an den Kollegen an anderen Standorten vorbei. Dies kann daran liegen, dass es getrennte E-Mail-Verteiler gibt oder dass ein Vorgesetzter unbedacht nur seine Kollegen über einen Sachverhalt informiert, die er täglich sieht. Innerhalb der Projekte funktioniert dies in der Regel gut, aber sobald organisatorische Strukturen ins Spiel kommen, wird es oft problematisch.

Praxistipp:

Aus der Rolle eines Scrum Masters heraus ist es schwierig, direkt an den Ursachen zu arbeiten. Sie sollten das Problem aber immer wieder adressieren, da es sonst im Grundrauschen verschwindet. Kurzfristige Abhilfe können Sie schaffen, indem Sie jede Information, die Sie bekommen, daraufhin überprüfen, ob sie für das Team relevant ist und ob das Team sie auch bekommen hat.

Nichtbeachten von Befindlichkeiten

Leider wird oft vergessen, dass es sich bei den entfernt arbeitenden Kollegen nicht einfach um »Ressourcen« handelt, die wie Maschinen funktionieren, sondern um Menschen, die jeder für sich Individuen darstellen und die bestimmte Gefühle und Bedürfnisse haben. Durch den mangelnden persönlichen Kontakt mit den Kollegen werden sie bald zu abstrakten Rollen, man spricht nur noch von der »Entwicklungsbutze in Mailand«. Die Kollegen dort kapseln sich ab und entwickeln ein eigenes »Wir«-Gefühl.

Praxistipp:

Etablieren Sie einen charismatischen, positiv denkenden Leiter Ihrer Niederlassung, der darauf Wert legt, das Zugehörigkeitsgefühl der Kollegen zur Firma zu stärken und aktiv sämtliche Missstände zu beseitigen, die dieses Gefühl stören könnten.

Keine Rücksicht auf Fremdsprachler

Die große Zentrale ist in Deutschland, und es gibt kleine Niederlassungen in anderen Ländern. Wie oft kommen E-Mails an, die in Deutsch verfasst wurden? Manchmal geschieht es aus Unachtsamkeit, manchmal steht ein als Entschuldigung gedachtes »sorry, German only« zu Beginn. Das ist in der Regel nicht mal böse gemeint, trägt aber sicher nicht zum »Wir gehören dazu«-Gefühl der ausländischen Kollegen bei.

Die frustrierte Kollegin

Bevor Finn Scrum Master des Teams wurde, hat Antonella die Rolle ausgefüllt, eine Kollegin, die das Unternehmen inzwischen verlassen hat. Antonella sprach Italienisch, Englisch, Spanisch und sogar ein bisschen Arabisch, aber leider kein Deutsch. Ihretwegen wurden Meetings der Scrum Master in Hamburg und Mailand auf Englisch abgehalten. Leider gab es unter den deutschen Kollegen zwei, die zwar des Englischen mächtig waren, aber das Gefühl hatten, sich in der Fremdsprache nicht so ausdrücken zu können, wie sie es gern wollten. Dies hat dazu geführt, dass Antonella ausgerechnet von den Meetings ausgeschlossen wurde, in denen es um den Austausch bewährter Methoden aus dem Scrum-Alltag ging. Denn auf diesen wurde dann Deutsch gesprochen. Antonella kam sich sehr alleingelassen vor und hat letztendlich das Unternehmen verlassen.

Praxistipp:

Sobald eine Firma ausländische Niederlassungen hat, sollte sie eine Sprache zur offiziellen Firmensprache erklären. Sprachkurse für Mitarbeiter gehören dann in das Standardprogramm für die Weiterentwicklung. Sobald nur ein Einziger des Deutschen nicht mächtig ist, sollte auf die offizielle Firmensprache, z.B. Englisch, umgestellt werden.

Achten Sie darauf, dass jegliche Form von Ausschluss oder Zurückweisung vermieden wird. Investieren Sie lieber in die Beseitigung der Ursachen

3.4.6 Checklisten

Arbeit mit verteilten Teams

Es gibt viel zu beachten bei der Arbeit mit verteilten Teams. Die Herausforderungen sind ganz unterschiedlich, wenn standort- oder länderübergreifend zusammengearbeitet wird. Hier finden Sie einige hilfreiche Hinweise für die Arbeit mit verteilten Teams.

- Kulturelle Unterschiede
  - Länderkunde-Seminare planen, um kulturelle Unterschiede kennenzulernen
  - Sprachkurse planen, um Kommunikationsbarrieren zu überwinden
  - Großzügiges Reisebudget einplanen, um die Distanz nicht zu einem unüberwindbaren Hindernis werden zu lassen
- Technische Systeme
  - Chat- und Videochatsysteme bereitstellen
  - Videokonferenzsysteme bereitstellen
  - Schnelle und stabile Netzwerkanbindung sicherstellen
  - Scrum-Tools für virtuelle Teams bereitstellen (bei Bedarf)
  - Wiki bereitstellen
  - Gemeinsame Dateiablage bereitstellen
  - Screen-Sharing-Tools bereitstellen
  - Kamera zur Aufzeichnung von Meetings bereitstellen
- Organisation
  - Räume für ungestörte Telefonate bereitstellen, um andere nicht bei der Arbeit zu stören
  - Reisefreiheit garantieren, um die bestmögliche Zusammenarbeit zu unterstützen
  - Regelungen für Arbeit außerhalb der regulären Zeiten finden (Gleitzeit, Abbummeln, Zulagen, Arbeitszeitkonten), um die Reisebereitschaft des Scrum-Teams zu erhöhen
  - Status-Updates von Daily Scrums trennen, um das Daily Scrum nicht zu verwässern
  - Teammitglieder am Aufbau des Teams beteiligen, um die Teamharmonie sicherzustellen
  - Architektur- und Designentscheidungen mit dem Scrum-Team gemeinsam fällen
  - Verteilte Teams nicht mit zusammensitzenden Teams vergleichen

- Prozesse an die Bedürfnisse der verteilten Teams anpassen, um eine bestmögliche Integration sicherzustellen
- Neue Kollegen für einige Zeit in verschiedenen Abteilungen mitarbeiten lassen, um sie möglichst viele Kontakte knüpfen zu lassen
- Entfernte Kollegen in jegliche Kommunikation einbeziehen, um die Integration und Zusammenarbeit zu fördern

Weiterführende Informationen zum Thema »Scrum-Team« haben wir im Anhang zusammengestellt. Unter *http://www.scrum-in-der-praxis.de/literaturempfehlungen/scrum-team* aktualisieren wir diese ständig.

4 Die Vorbereitung

Der Startschuss fällt

Alle waren schon gespannt auf diesen Tag, auf den sie seit Bekanntwerden des Projekts gewartet hatten. Früh am Morgen verabredeten sich alle zum gemeinsamen Frühstück, das Finn für die Teilnehmer des Kick-off-Events organisiert hatte. Neben dem Scrum-Team hatte er auch in Absprache mit Casper eine Reihe weiterer Kollegen aus dem Management und aus den Abteilungen eingeladen, die am Projekt beteiligt waren.

Nachdem alle genügend Zeit hatten, sich zu stärken und sich kennenzulernen, trommelte Finn die Teilnehmer zum Start des Workshops zusammen. Nach der Vorstellung der Agenda und der Erläuterung der Verhaltensregeln während des Kick-offs durch Finn kam Casper an die Reihe und begann mit der Vorstellung seiner Produktvision.

Casper erzählte eine Geschichte eines Konferenzteilnehmers, der während seines Konferenzbesuchs auf gewisse Hürden bei der Auswahl und Bewertung von Vorträgen stieß. Casper goss diese Geschichte unter Zuhilfenahme von Nutzerbefragungen, Auswertungen vergangener Konferenzen und tollen Produktideen in eine motivierende Produktvision. Alle klatschten begeistert nach diesem halbstündigen Vortrag, den Casper vorbereitet hatte, um allen sein Produkt vorzustellen.

Nachdem erste Fragen geklärt worden waren, war Finn an der Reihe. Er sprach im Detail über das Projektumfeld, die Projektbeteiligten und ihre Rollen. Er informierte über die Arbeit des Teams mit Scrum im Allgemeinen und die Bedeutung für alle Beteiligten im Besonderen. Vor allem war ihm dabei wichtig, Herrn Hold als ihren Auftraggeber zu überzeugen und sich seiner Unterstützung für das Scrum-Team gewiss zu sein. Zudem wollte er mit dem umfassenden Bild auch diejenigen aus der Firma gewinnen, die bisher eher mit Argwohn auf die Entwicklungsabteilung blickten.

Nach ca. 3 Stunden, in denen alle Zeit hatten, sich kennenzulernen, die mobile Konferenzapplikation nun schon vor ihrem geistigen

Auge klarer sehen konnten und ein Ausblick auf die kommenden Schritte gegeben wurde, trennte man sich dankend von allen, die nicht zum Scrum-Team gehörten. Nach einer gemeinsamen Mittagspause ging es nun im zweiten Teil des Tages um die Besprechung der teaminternen Punkte. Finn hatte sich gut vorbereitet, und die Liste der zu besprechenden Themen war lang ...

Bevor ein Scrum-Team mit der Entwicklung starten kann, sind im Vorfeld neben der Zusammenstellung des Teams noch zahlreiche weitere Fragen zu klären. Vieles spielt sich dabei vor allem im Aktionsbereich des Scrum Masters und Product Owners ab, die einen sehr wichtigen Beitrag für einen vernünftigen Start leisten. Wir haben die Erfahrung in der Praxis gemacht, dass nicht nur der Beginn, sondern auch die weitere Durchführung eines Projekts im Wesentlichen von dieser soliden Vorbereitung abhängen. Für den Start wählen wir daher die Form eines Kick-off-Termins (vgl. Abschnitt 4.1), der für die umfängliche Einstimmung auf das Projekt sehr wertvoll ist. Auf diese Vorphase gehen viele agile Methoden und auch der Scrum Guide nicht ein. Sie erhalten in diesem Buchabschnitt einige Ideen und praktische Hinweise, um Scrum-Teams für die bevorstehenden Aufgaben vorzubereiten.

Nachdem wir uns diesem nichtoffiziellen Scrum-Bestandteil gewidmet haben, werden wir genauer auf die Arbeit mit dem Product Backlog eingehen (siehe Abschnitt 4.2). Es geht uns hier vor allem um die praktische Arbeit, vom strukturellen Aufbau bis hin zur Arbeit mit Benutzergeschichten (User Stories).

Sobald sich das Product Backlog langsam füllt, kommt man um eine Einschätzung bezüglich der Komplexität der anstehenden Anforderungen nicht herum. Daher tauchen wir in Abschnitt 4.3 in das Themengebiet Schätzungen (Estimation) ein und beleuchten es genauer. In diesem Teil liegt der Fokus auf geeigneten Verfahren zu Beginn und während eines laufenden Projekts. Zudem werden Facetten von Schätzverfahren beschrieben und zahlreiche Tipps gegeben, aussagekräftige Schätzungen zu erzielen.

Gewappnet mit einem Releaseplan (siehe Abschnitt 4.4) steuern wir die letzten Vorkehrungen (siehe Abschnitt 4.5) an, die notwendig sind, um möglichst fließend in den Scrum-Rhythmus einzusteigen. Neben der Ermittlung einer initialen Velocity geht es zudem um wichtige Punkte wie den Teamraum oder das Scrum-Board.

4.1 Kick-off-Workshop

Ein Scrum-Team sollte immer mit einem Kick-off starten. Dieser Termin in Form eines Workshops ist kein Bestandteil von Scrum, jedoch in unseren Augen hilfreich für einen reibungslosen Start in ein Scrum-Projekt. Vom Scrum Master ist abzuwägen, in welcher Tiefe und Breite der Termin durchgeführt wird. Dies hängt zum Beispiel von den Rahmenbedingungen des Projekts ab: Wie tiefgehend ist das Verständnis von Agilität bei den Beteiligten und im Unternehmen verankert, wie hoch ist der Professionalitätsgrad des Scrum-Teams in puncto Scrum oder fachlicher Qualifikation, wie prestigeträchtig oder wichtig ist das Projekt für das Management bzw. Unternehmen oder wie zeitlich aufwendig ist das Unterfangen? All diese Punkte sind mit in Betracht zu ziehen, wenn es um die Ausgestaltung eines Kick-offs geht.

Es ist nicht ungewöhnlich, den Workshop durch verschiedene Teil-Workshops vorzubereiten. Denkbar sind eine Scrum-Schulung für die Mitarbeiter oder die gemeinsame Entwicklung der Produktvision. Dafür bietet sich die Projektvorphase oder auch der Sprint Zero (siehe Abschnitt 4.5.1) an. Ein Kick-off-Termin kann von einem halben Tag bis zu einer Woche oder länger dauern [LarsenNies 2012].

Praxistipp:

Bereiten Sie das Kick-off gut vor und überlegen Sie sich den Ablauf und gewünschten Teilnehmerkreis frühzeitig. Sammeln Sie zu klärende und festzulegende Punkte mit den Stakeholdern und dem Team und verschicken Sie diese am besten mit der Agenda, damit die Teilnehmer sich ggf. schon vorher eine Meinung bilden können (siehe Abschnitt 4.1.3).

Vision

Essenziell für das Kick-off-Event ist das Vorhandensein der Produktvision. Wie [Covey 2004] in seinem Buch beschreibt: »Begin with the end in mind«, sollte man immer mit einer klaren Vorstellung von dem starten, was man am Ende erreichen möchte. [Pichler 2008] schlägt als Einstieg in ein Projekt die Erstellung eines Produktkonzepts vor, in dem die Bedürfnisse des Kunden, die Herausstellungsmerkmale und Ziele beschrieben werden. Aus einem solchen Konzept ist die Ableitung einer Produktvision leicht möglich, da die wichtigsten Komponenten genau unter die Lupe genommen werden. Es gibt diverse Ansätze, eine Produktvision zu entwickeln, wie [URL:Pichler g] oder [Gloger 2008] in ihren Büchern berichten.

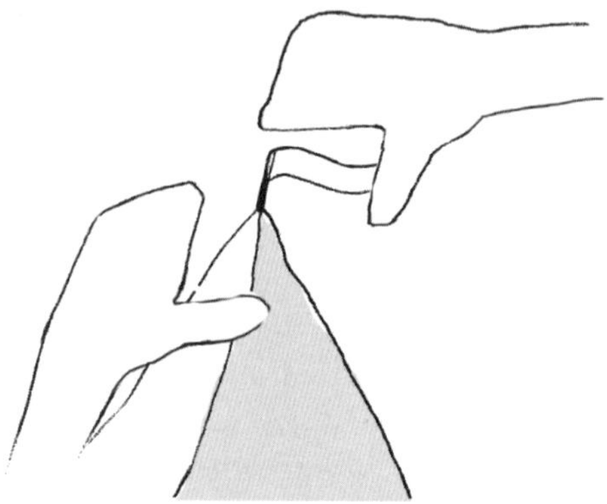

Abb. 4–1
Produktvision

Die Vision bildet für alle Beteiligten ein festes Ziel und fokussiert das Team, um sich auf das Wesentliche zu besinnen. Die Produktvision gibt den Teammitgliedern einen Grund, ihr Commitment ganz dem Erreichen des Ziels zu widmen und gemeinschaftlich zusammenzuwirken.

Praxistipp:

Unterstützen Sie als Scrum Master den Product Owner so, dass er gut vorbereitet in das Kick-off geht und alle Anwesenden von seiner Vision zu überzeugen weiß. Sie verpassen viel, wenn Sie die Menschen in diesem Moment nicht für das Projekt begeistern können.

Erarbeiten Sie zusammen mit dem Scrum-Team die Vision oder lassen Sie den Product Owner diese im Vorfeld präsentieren und mit dem Entwicklungsteam diskutieren.

Ziele

Egal wie das Projekt-Setup aussieht, Ziel des Workshops ist es, dass am Ende alle Beteiligten die gleiche Sprache sprechen und Regeln sowie Erwartungshaltungen klar kommuniziert sind. An dem Termin sollten alle teilnehmen, die etwas mit der Ausführung zu tun haben oder in einer anderen Art und Weise involviert sind. Im Vordergrund stehen dabei für:

- **das Scrum-Team:** das Verständnis der Vision, Ziele, Anforderungen, Risiken, Teamregeln und der Rahmenbedingungen und für
- **die Stakeholder:** alle notwendigen Informationen, um Entscheidungen zum Projekt daraus ableiten und treffen zu können.

Hinzu kommt, dass sich alle Projektbeteiligten kennenlernen und der Termin einen Impuls für den Start des Projekts setzt.

Neben diesem informellen Teil ergänzen wir das Kick-off um einen praktischen Teil, in dem wir beispielsweise Artefakte erarbeiten und Arbeitsvereinbarungen treffen.

Praxistipp:

Wenn Sie als Scrum Master ein Entwicklungsteam komplett neu übernehmen, lernen Sie Ihr Team und die Anforderungen kennen, die es an ein Scrum-Projekt hat. Setzen Sie sich mit den Teammitgliedern zusammen und klären Sie, was für sie ein erfolgreiches Projekt ausmacht. Durch den gemeinsamen Austausch erlangen Sie ein gutes Gespür nicht nur dafür, wo Sie auf dem gleichen Nenner liegen, sondern auch, wo es noch Klärungsbedarf gibt.

Vorbereitung

Um richtig in die Vorbereitung einsteigen zu können, gibt es viele Fragen für die Planung zu klären. Voraussetzung, dass überhaupt darüber nachgedacht wird, ein Kick-off durchzuführen, ist laut [LarsenNies 2012] die Klärung, dass es

- einen Projektsponsor und Product Owner,
- ein Geschäftsszenario, das benannt werden kann,
- ein Projektbudget sowie
- eine klare Absicht gibt, was man mit dem Projekt erreichen möchte.

Um den Workshop inhaltlich gut vorbereiten und ausgestalten zu können, sollte sich ein Product Owner auf folgende Schwerpunkte konzentrieren:

- die Produktvision,
- das Product Backlog (inklusive erster Anforderungen),
- die Erstellung eines ersten groben Plans,
- Markt- und Konkurrenzkennzahlen,
- Nutzerstatistiken, Umfrage- oder Testergebnisse und
- Kunden- oder Auftraggeberinformationen.

Diese Informationen und die Auseinandersetzung damit sollten lange vor der ersten Zeile Code das Hauptaugenmerk erhalten und können schon tiefergehend vorbereitet werden (siehe Abschnitt 5.4). Ein Product Owner wird in den meisten Fällen mit dem Projektsponsor oder anderen Entscheidungsträgern offene Fragen klären und alle essenziellen Fragen zum Produkt vorbereitend bearbeiten.

Wir möchten bei dieser Gelegenheit auf einige Erkenntnisse hinweisen, die oftmals zu Beginn von Scrum-Projekten noch im Raum stehen und die Jonathan Rasmussen auf den Punkt gebracht hat [Rasmussen 2010]:

1. *Es ist nicht möglich, alle Anforderungen zu Beginn eines Projekts zu sammeln.*
2. *Alle Anforderungen, die gesammelt werden, werden sich garantiert ändern.*
3. *Es wird immer mehr zu tun sein, als es Zeit und Geld erlauben werden.*

Die Akzeptanz dieser drei Punkte, die zudem eine direkte Ableitung aus dem Agilen Manifest sind, fällt vielen in der Praxis schwer. Gerade in der Vereinbarung mit Kunden oder dem Management dreht es sich oftmals darum, vorab alles wissen zu wollen und terminlich zu vereinbaren. Dies ist natürlich illusorisch. Daher zielt der zweite Punkt auf die laufende Anpassung des Plans, während man die Anforderungen Stück für Stück ermittelt und ein klareres Bild erhält, ab (siehe Abschnitt 4.4.1). Scrum hilft uns auch beim dritten Punkt, indem zuerst das Wichtigste gemäß Wertschöpfung umgesetzt wird. Dafür gibt es eine laufende Sortierung, Überprüfung und Ergänzungen der Produktanforderungen. Neben dem Product Owner hat auch ein Scrum Master in diesem Stadium des Projekts alle Hände voll zu tun. Seine Aufgabe ist es, sich um jegliche organisatorischen und teamrelevanten Aspekte zu kümmern. Darunter fallen unter anderem Aufgaben wie:

- Unterstützung des Product Owners bei der Vorbereitung,
- Schulung des Scrum-Teams, der Organisation oder des Kunden,
- Planung und Vorbereitung des Kick-off-Workshops,
- Klärung bekannter organisatorischer Hürden (z.B. Räumlichkeiten, Lizenzen) und
- Führen von Bewerbungsgesprächen.

Praxistipp:

Nutzen Sie die Zeit vor dem Start eines Projekts, auf mögliche Defizite einzuwirken und, wenn notwendig, erste Weichen in Richtung eines erfolgreichen Projektstarts zu stellen. Hierunter fallen zum Beispiel Scrum-Schulungen für die Entwickler, Aufbau des Product Backlog, Einrichtung der Entwicklungsumgebung, Beschaffung von Arbeitsmaterialien oder Software.

Rückt der Workshop näher, sollte frühzeitig mit der inhaltlichen Ausgestaltung des Termins durch den Scrum Master begonnen werden.

Inhalt

Wie oben erwähnt ist der Umfang der zu behandelnden Themen groß und kann sich über mehrere Tage oder Einzeltermine erstrecken. In unserer Praxis hat sich in den meisten Fällen eine Dreiteilung eines eintägigen Workshops bewährt, wenn dieser im Vorfeld gut vorbereitet wurde:

- **Projektspezifisches:** Scrum-Team und Stakeholder erfahren alles Notwendige zum Projekt.
- **Organisatorisches:** Festhalten offener Fragen und Ausblick auf die nächsten Schritte mit Stakeholdern und Scrum-Team.
- **Teamspezifisches:** Das Scrum-Team klärt und definiert unter sich wichtige Aspekte der Zusammenarbeit.

In einem Kick-off könnten dementsprechend die projektspezifischen und organisatorischen Themen am Vormittag besprochen werden und am Nachmittag könnte sich dediziert den teamspezifischen Themen gewidmet werden. Somit lernen sich am Vormittag alle direkt und indirekt Beteiligten kennen und erhalten die wichtigsten Informationen zum Projekt. Zu beachten ist für die Ausgestaltung des Termins, dass Prioritäten gesetzt werden und ein roter Faden vorhanden ist.

Praxistipp:

Achten Sie darauf, die Agenda nicht zu detailliert auszuarbeiten und Platz für das Eintauchen in Themenbereiche zu lassen, die das Team für wichtig hält. Die Agenda ist somit nur ein Vorschlag eines roten Fadens, der innerhalb des Kick-offs im offenen Austausch gefüllt wird. Planen Sie großzügig unter Berücksichtigung zeitlicher Freiräume.

4.1.1 Projektspezifische Themen

In diesem ersten Teil des Kick-offs, werden alle relevanten Personen, die mit dem Projekt zu tun haben, über das Projekt und die vorhandenen Rahmenbedingungen informiert. Zudem dient dieser Teil auch dazu, offene Fragen zu klären oder zumindest zu formulieren, um diese im Nachgang anzugehen.

[Rasmussen 2010] stellt in seinem Buch zehn Fragen für den Einstieg in ein agiles Projekt vor, die innerhalb eines Kick-offs geklärt werden sollten. Diese Fragen versucht man innerhalb des Termins nach aktuellem Kenntnisstand bestmöglich zu beantworten:

- **Warum sind wir hier?** Diese Frage bündelt die Informationen zum Projekt, klärt die Notwendigkeit des Projekts und geht auf das Team und die Stakeholder ein.
- **Wie würden wir in 30 Sekunden das Projekt beschreiben?** Im sogenannten »Elevator Pitch« schafft man Klarheit durch den Fokus auf die wesentlichen Informationen.
- **Wie sieht unser Produkt in einer Werbeanzeige aus?** Hier lässt Rasmussen anhand einer »Product Box« das zukünftige Produkt mit den Beteiligten kreativ entwickeln.
- **Was werden wir nicht tun?** Um herauszufinden, was Bestandteil des Projekts ist, ist es nützlich, sich anzusehen, was kein Bestandteil des Projekts ist.
- **Wer sind die Projektbeteiligten?** Offensichtlich gehört das Scrum-Team dazu, doch wer sind neben dem Management oder Auftraggeber weitere Stakeholder?
- **Wie sieht die technische Lösung aus?** Wenn man sich schon Gedanken darüber gemacht hat, wie die Architektur und technischen Rahmenbedingungen aussehen, wird dieses Wissen schematisch vorgestellt und Fragen werden geklärt.
- **Welche Risiken sollen vermieden werden?** Es geht hier vorrangig um die Beantwortung der Frage, welche Risiken nach Meinung des Teams vermieden werden sollten. Das Ergebnis mündet in einer Aktionsliste, die bearbeitet werden muss, um ein erfolgreiches Projekt durchzuführen.
- **Wie lange werden wir benötigen?** Auch wenn es in dieser frühen Phase als unrealistisch erscheint, so wird hier über die geschätzte Projektdauer gesprochen (siehe Abschnitt 4.4.2).
- **Was ist uns wichtig, was ist nicht so wichtig?** Welche Kompromisse werden zuungunsten von etwas anderem eingegangen, wenn es im Verlauf des Projekts einer Entscheidung bedarf? Dass zum Beispiel der Projektumfang flexibel gehalten werden sollte, steht vielleicht fest, aber wie sieht es mit der Qualität, den Kosten, der Zeit oder anderen für das Projekt wichtigen Komponenten aus?
- **Mit welchen Kosten ist für die Laufzeit zu rechnen?** In diesem letzten Schritt wird die Frage beantwortet, welche geschätzten Kosten mit den neugewonnenen Erkenntnissen zu erwarten sind.

Praxistipp:

Eine Präsentation der Vision oder des »Big Picture« ist nicht ausreichend, um ein Entwicklungsteam abzuholen. Wichtig ist, dass alle die ersten Schritte gemeinsam machen und zusammen kurz- und langfristige Ziele definieren. Das beste Ergebnis eines Kick-off-Termins ist es, wenn sich alle verantwortlich für den Erfolg und das Ergebnis fühlen.

Neben diesen sinnvollen Elementen, die Rasmussen in seinem Buch detailliert beschreibt, halten wir in der Praxis die Erarbeitung weiterer Artefakte wie zum Beispiel die Definition of Done innerhalb des Kick-off-Workshops für sinnvoll (siehe Abschnitt 4.1.3).

4.1.2 Organisatorische Themen

Neben diesem ersten informellen Teil gibt es für alle Anwesenden auch organisatorische Aspekte zu klären. Diese Punkte können im Anschluss formuliert und besprochen werden. Folgende Inhalte könnten unter anderem aus dem projektspezifischen Teil des Workshops abgeleitet werden:

- **Zeitpunkte:**
  - Gibt es wichtige Schlüsseltermine auf dem Weg der Umsetzung (z.B. Messen, Ferienzeit, Marketingkampagnen)?
- **Rollen:**
  - Welche Rollen gibt es neben dem Scrum-Team und wie sind diese benannt (z.B. Projektsponsor, Manager)?
  - Wer übt welche Funktion in den Rollen aus (z.B. der Projektsponsor finanziert das Projekt, das Management stellt das Scrum-Team zur Verfügung)?
- **Zusammenarbeit:**
  - Welche Kommunikationswege werden vorrangig genutzt (z.B. E-Mail, Review-Event, wöchentliche Telefonkonferenz)?
  - Wie werden direkte und indirekte Stakeholder mit einbezogen (z.B. Releasemeeting)?
  - Wer trifft die Entscheidungen (z.B. über die Bereitstellung eines zusätzlichen Budgets)?
- **Reporting:**
  - Was soll neben dem Review noch, an wen und in welcher Form berichtet werden (z.B. Ergebnisse von Nutzertests)?
  - Wie erhalten die Stakeholder Einblick in den Sprint-Fortschritt (z.B. digitale Abbildung des Fortschritts per Software)?
- **Risiken:**
  - Welche Risiken müssen noch beseitigt werden (z.B. Installation neuer Büroräume im Ausland)?
- **Offene Fragen und nächste Schritte:**
  - Welche Fragen konnten nicht geklärt werden?
  - Wann wird es eine Zusammenfassung der Ergebnisse des Kick-offs geben?
  - Welche nächsten kurzfristigen Schritte gibt es und wer unternimmt diese?

Praxistipp:

Fügen Sie in den Workshop Elemente ein, die ein Kennenlernen und den Austausch zwischen den Projektbeteiligten ermöglichen. Welche Erwartungen haben die Teilnehmer? Welches Projekt haben die Teilnehmer davor betreut und was ist dort gelaufen? Lassen Sie solche oder ähnliche Fragen in Einzel- oder Gruppengesprächen klären und kombinieren Sie diese mit aktiven Elementen, wie z.B. die eigenständige Aufteilung der Teilnehmer im Raum nach Länge der Betriebszugehörigkeit.

Im dritten Teil wenden wir uns den teamspezifischen Fragen zu.

4.1.3 Teamspezifische Themen

Umgang mit Fehlern

Nachdem das Team über den Aufbau des Scrum-Boards und den Sprint-Zyklus gesprochen hatte, stand das Thema »Fehler und wie gehen wir damit um« auf der Liste, die Finn für den Workshop vorbereitet hatte.

Finn leitete das Thema ein, indem er Casper und den Entwicklern die verschiedenen Typen von Fehlern vorstellte. Dafür hatte er eine Übersicht vorbereitet, zu der er jeweils ein Beispiel vortrug.

»Implementierung neuer Funktionalität« stand als Erstes auf seinem Überblick. »Stellt euch vor«, begann er, »ihr seid mitten im Sprint und Mina findet einen Fehler bei einem der Sprint Backlog Items, was würdet ihr in diesem Fall tun?« Sergio meldete sich zu Wort und antwortete: »Sofort beheben, damit das Backlog Item abgeschlossen werden kann.« Finn nickte und stellte die Frage, wie das Team denn gerne diese Art von Fehlern am Scrum-Board sichtbar machen wolle. Nach einigen Diskussionen folgten sie dem Vorschlag von Finn und einigten sich darauf, eine rote Karte mit kurzer Beschreibung des Fehlers und dem Namen der Person aufzuhängen, die ihn gefunden hatte.

Bei der zweiten Kategorie von Fehlern, nämlich die, die während des Sprints auftreten und die Beendigung eines Backlog Items und somit das Sprint-Ziel in Gefahr bringen, einigte sich das Team genau wie bei der ersten Kategorie auf eine rote Karte. Finn brachte dazu folgendes Beispiel an: »Stellt euch vor, ihr arbeitet an einem Backlog Item und mitten in der Arbeit stellt ihr fest, dass euch noch eine Übersetzung eines Textes fehlt. Wie gehen wir damit um?«

Die nächste Kategorie betraf Fehler, die während der Implementierung des Sprint Backlog gefunden wurden, jedoch keinen Einfluss auf das Erreichen des Sprint-Ziels haben. »Jordi, stell dir vor, du arbeitest gerade an einem neuen Backlog Item und während der Arbeit fällt dir eine Inkonsistenz auf. Was würdest du in diesem Fall tun?« Jordi überlegte kurz und antwortete dann: »Ich würde den Fehler beheben.« Finn nickte und sagte: »Das ist eine Möglichkeit, fällt euch noch eine andere ein?« Mina meldete sich zu Wort und merkte an: »Müsste Jordi den Fehler nicht an Casper und das Team melden?« Finn gab auch ihr Recht. Am Ende einigten sich alle darauf, dass diese Art von Fehlern, wenn sie innerhalb von wenigen Minuten behoben werden können, einfach umgesetzt und das Team darüber informiert wird. Wenn Fehler nicht in diese Kategorie fallen, ist Casper mit einzubeziehen, damit er entscheidet, wie wichtig die Behebung des Fehlers ist.

Zu dem Beispiel passte auch der nächste Fehlertyp, den Finn ansprach. »Wenn ein Dritter einen Fehler meldet, wie gehen wir damit um?« Hier einigte sich das Team darauf, genau wie bei der letzten Kategorie vorzugehen. Jedoch wurde festgelegt, dass für diese Fälle an die Dritten kommuniziert werden sollte, dass die Fehler über die E-Mail-Adresse »bugs@sidp.de« einzureichen sind und somit direkt an Casper gehen.

Casper hatte am Ende noch einige Fragen, die sie gemeinsam klärten. Unter anderem einigten sie sich darauf, dass Casper die Entscheidungen darüber trifft, ob ein Fehler, der nicht den Sprint betrifft, so wichtig ist, dass er während des Sprints bearbeitet wird. Finn gab ihm dabei zu verstehen, dass in diesem Fall das Sprint-Ziel in Gefahr gebracht werden könnte, da das Team sich auf die Bearbeitung dieser Fehler konzentrieren würde. Was Casper aber anerkannte.

Finn war fürs Erste zufrieden und setzte den Workshop mit dem nächsten Punkt auf der Agenda fort.

Im letzten Schritt werden vom Scrum Master zu klärende Themenbereiche zur Sprache gebracht. Aufgrund des Umfangs ist es angebracht, zum Beispiel Lessons Learned, Best Practices und persönliche Erfahrungswerte als Vorschlag aufzubereiten, mit dem Entwicklungsteam und Product Owner abzustimmen und einvernehmlich festzuhalten.

Die Vereinbarung sämtlicher teamrelevanter Themen ist kein einmaliger Schritt, sondern gemäß dem aktuellen Wissensstand der Beteiligten eine erste Festlegung. Zur Sprache können unter anderem folgende Themenkreise kommen:

- **Sprint:**
  - Wie lang dauert ein Sprint (z.B. min. 1 bis max. 4 Wochen)?
  - Wann beginnt und endet der Sprint (z.B. Wochenanfang, Uhrzeit, Releasezyklus)?
  - Wie gestaltet sich der Sprint-Zyklus (z.B. Definition der Bereitstellung für benötigte Designs)?

- **Events:**
  - Wann finden die Termine im Sprint statt (z.B. Wochentag, Uhrzeit)?
  - Wie häufig finden die Termine statt (z.B. wöchentlich, zweiwöchentlich, nach Vereinbarung)?
  - Wie werden Sprint-Ergebnisse gezeigt (z.B. Entwicklungsumgebung)?
  - Wie wird mit Verspätungen umgegangen (z.B. wie viele Verspätungen lässt man zu)?
- **Arbeitszeiten:**
  - Wann ist die Hauptarbeitszeit (z.B. von 9–17 Uhr)?
  - Wann ist das Arbeiten von zu Hause aus gestattet (z.B. Regelung des Unternehmens, Voraussetzungen)?
  - Wann sind dedizierte Arbeitszeiten ohne Unterbrechung von außerhalb und innerhalb des Entwicklungsteams gewünscht (z.B. am Nachmittag von 14–17 Uhr)?
- **Sprache:**
  - Was ist die Hauptsprache (z.B. Englisch bei mehrsprachigen Teams)?
  - Was ist die Dokumentations- oder E-Mail-Sprache?
  - Wann sind Abweichungen erlaubt?
- **Agile Werte:**
  - Welche Werte gelten für das Team besonders (z.B. Vertrauen, Wertschätzung, Einfachheit)?
  - Welche Ziele setzt sich das Team (z.B. höchstmögliche Testabdeckung, häufiges Pair Programming)?
  - Wie steht es um das Thema »Technische Exzellenz« (z.B. Hinweis auf technische Schulden)?
- **Werkzeuge:**
  - Wo werden Teamentscheidungen und -informationen dokumentiert (z.B. Wiki, Backlog Items, Intranet)?
  - Welche (Online-)Software kommt zum Einsatz (z.B. Version Control System)?
- **Arbeitsmittel:**
  - Welche Infrastruktur oder Hardware wird eingesetzt (z.B. Klärung vorhandener und notwendiger Server)?
  - Was benötigt das Team noch, um vernünftig arbeiten zu können (z.B. Monitoring-Computer, große Bildschirme)?
- **Dokumentation:**
  - Wie wird im Code dokumentiert (z.B. Programmierung soll für sich selbst sprechen)?

- Was muss noch dokumentiert werden (z.B. Hinweise für den Support)?
- **Scrum-Board:**
  - Aufbau und Physis des Scrum-Boards (z.B. physisches und/oder digitales Scrum-Board, Farbkodierung)
  - Arbeit mit dem Scrum-Board (z.B. Kriterien für die einzelnen Spalten, Eintrittsmerkmale für Fehler (»Bugs«))
- **Backlog Items:**
  - Welchen Aufbau und welchen Inhalt haben Backlog Items (z.B. User Story, Anwendungsfälle)?
  - Wo wird das Product Backlog gepflegt (z.B. welche Software wird eingesetzt)?
  - Wie ist mit Backlog Items umzugehen, die das Entwicklungsteam verfasst (z.B. Besprechung vor dem Backlog Grooming mit dem Product Owner)?
  - Welche Benutzerrollen gibt es (z.B. Personas)?
- **Informationen:**
  - Welche Informationen möchte das Team regelmäßig erhalten (z.B. Reports, Statistiken)?
  - Welche Informationen möchte das Team nicht erhalten?
- **Arbeitsweise:**
  - Wie geht das Team mit Echtzeitfehlern und weniger wichtigen Fehlern um (z.B. Abstimmung mit dem Product Owner, Abwesenheit des Product Owners)?
  - Welche Fertigstellungskriterien sind zur Abnahme neuer Funktionalitäten zu beachten (z.B. Definition of Done)?
  - Welche Eintrittskriterien sind für die Aufnahme von Backlog Items in den Sprint zu beachten (z.B. Definition of Ready)?
- **Offene Fragen und nächste Schritte:**
  - Wie werden die festgelegten Informationen und Vereinbarungen festgehalten (z.B. Aufhängen im Teamraum)?
  - Welche offenen Fragen konnten nicht geklärt werden?
  - Wer kümmert sich neben dem Scrum Master um die Aufklärung?

Während des Workshops sollten alle wichtigen Eckpfeiler des Projekts festgehalten werden. Wenn Sie innerhalb des Termins keinen eindeutigen Konsens herstellen können, da zum Beispiel wichtige Informationen fehlen, ist dies nicht kritisch. Die Ergebnisse aus einem Kick-off sind lebendige Artefakte, die über die Projektlaufzeit gepflegt und aktualisiert werden müssen. Diese Arbeitsvereinbarungen drücken aus: »So wollen wir als Team zusammenarbeiten.«

Praxistipp:

Die inhaltliche Bündelung der drei vorgestellten Themenkreise führt zu einem allumfassenden Startschuss für das Projekt. Verwenden Sie in Absprache mit dem Product Owner eine abgeschwächte Version des Workshops, um mit dem Entwicklungsteam in Abständen die Zielerreichung und Vereinbarungen zu prüfen. Diese Termine können neben den Scrum-Events nützlich sein, um fokussiert zu informieren und zu überprüfen.

Die oben genannten Themenkreise beinhalten teilweise schon die wichtigen Kriterien, die für die Arbeit am Produkt relevant sind. Daher legen wir diese zu diesem frühen Zeitpunkt schon fest, da diese Relevanz für die Vorbereitung des ersten Sprints haben können.

Diese Kriterien halten wir in der *Definition of Ready*, *Definition of Done* und den *Team-Professionalisierungseigenschaften* fest, auf die wir nachfolgend eingehen.

4.1.4 Teamdefinitionen

Die Kriterien, die ein Scrum-Team für die Zusammenarbeit und die Bearbeitung von Backlog Items festlegt, sind sehr individuell. Es gibt Teams, in denen die Vereinbarungen etliche Seiten füllen, aber auch welche, die mit weniger als einer A4-Seite auskommen. Die Kriterien, die gemeinschaftlich festgelegt werden, dienen in der täglichen Arbeit als Prüfliste für das Entwicklungsteam, um den Fortschritt eines Backlog Items auf dem Weg vom Eingang in den Sprint bis zur Veröffentlichung nachzuvollziehen.

Für ein einheitliches Verständnis der notwendigen Vorbereitung eines Backlog Items für das Sprint Planning empfiehlt sich die Definition of Ready. Sie ist nicht wie die Definition of Done ein offizielles Scrum-Artefakt, hat sich aber in der Praxis außerordentlich bewährt.

Praxistipp:

Neben der bekannten Definition of Done und der immer bekannter werdenden Definition of Ready sind wir in der Praxis auch schon auf Teams gestoßen, die hier nicht haltmachen. Beispielsweise werden dann auch »Sprint-Definitionen« oder »Releasedefinitionen« erarbeitet, die zusätzliche Kriterien enthalten.

Definition of Ready (DoR)

Aktuell ist es in der Praxis häufig so, dass die Definition der »Done«-Kriterien akzeptiert wird und logisch erscheint. Zu wenige nutzen aber das Pendant dazu, die Definition der Kriterien, die den Eintritt eines Backlog Items in den Sprint definieren: die Definition of Ready.

Die Definition of Ready wird zwischen dem Team und dem Product Owner vereinbart. Sie beschreibt, welche Erwartungen das Team an ein Backlog Item hat, bevor es im Sprint Planning für den Sprint ausgewählt werden kann. Roman Pichler fordert in [Pichler 2010], dass Backlog Items klar (im Sinne eines gemeinsamen Verständnisses), realisierbar und testbar sein müssen. Diese Begriffe sind zunächst sehr weit gefasst, und es ist Aufgabe des Entwicklungsteams und Product Owners, diese gemeinsam zu konkretisieren. Müssen die Visual Designs zu Sprint-Beginn final sein oder reicht ein klickbarer Prototyp zunächst aus? Müssen die finalen Texte stehen oder werden sie während des Sprints im Dialog mit dem Product Owner festgelegt?

Praxistipp:

Achten Sie als Scrum Master darauf, dass die Definition of Ready nicht als Mittel für eine bis auf das letzte i-Tüpfelchen ausformulierte Spezifikation missbraucht wird. Sie soll keineswegs den Dialog zwischen Product Owner und Team ersetzen, sondern lediglich dafür sorgen, dass Backlog Items im Sprint Planning so vorliegen, dass keine für die Umsetzung notwendige Information fehlt.

Eine einfache Definition of Ready könnte beispielsweise folgendermaßen aussehen:

- Der Geschäftswert ist erkennbar.
- Die konkrete fachliche Anforderung ist klar.
- Die Anforderung ist ohne nennenswerten Forschungsaufwand in einem Sprint umsetzbar.
- Externe Abhängigkeiten sind erkannt und zumindest beschrieben.
- Akzeptanzkriterien sind vorhanden und es lassen sich Testfälle daraus ableiten.

Je höher der Professionalisierungsgrad des Teams, desto klarer die Formulierungen, wie zum Beispiel:

- Alle Visual Designs liegen final vor.
- Alle Texte sowie Übersetzungen liegen final vor.
- Risiken sind erkannt und werden angegangen.

Richtig eingesetzt kann eine Definition of Ready wie auch die Definition of Done ein wichtiger Meilenstein auf dem Weg zu einer Effektivitätssteigerung des Teams sein. Sie ist, wie Abbildung 4–2 zeigt, das zu passierende Tor zum Sprint und zwingt den Product Owner dazu, sehr früh sehr sauber zu arbeiten.

Abb. 4–2

Definition of Ready und Definition of Done

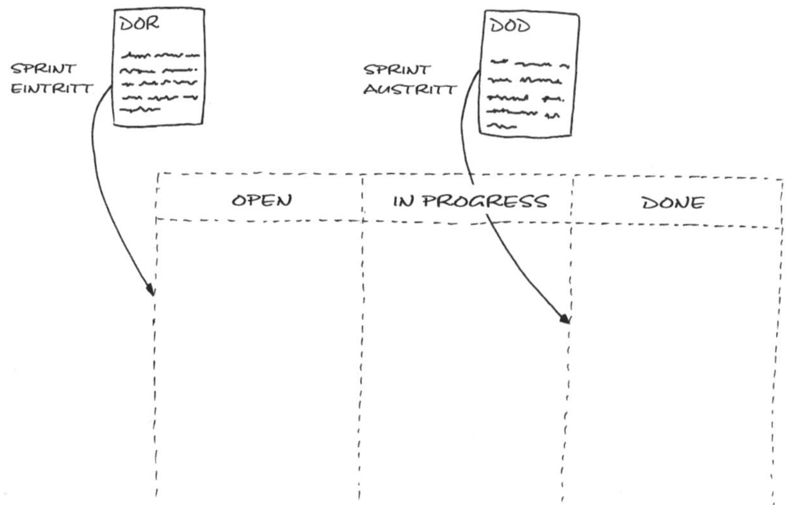

Praxistipp:

Auch wenn Sie nicht mit einer Definition of Ready arbeiten: Ermutigen Sie Ihr Team, unzureichend vorbereitete Backlog Items im Sprint Planning nicht zu akzeptieren und Nachbesserung vom Product Owner zu fordern. Kein Team tut sich einen Gefallen damit, die Lieferung unklarer Backlog Items zuzusagen, denn ein Verfehlen des Sprint-Ziels ist dadurch sehr wahrscheinlich.

Definition of Done (DoD)

Die DoD ist Teil des Scrum Guide. Sie zielt vor allem auf die Transparenz, was »fertig« bedeutet, innerhalb des Scrum-Teams ab. Darüber hinaus definiert der Scrum Guide [URL: Schwaber]:

> *»[...] Die gleiche Definition leitet das Entwicklungs-Team bei der Einschätzung, wie viele Product Backlog Einträge es in einem Sprint Planning Meeting auswählen kann. Der Sinn jedes Sprints ist es, Inkremente potentiell auslieferbarer Funktionalität zu liefern, welche die aktuelle ›Definition of Done‹ des Scrum Teams erfüllen. [...]«*

Dies bedeutet also, dass die Definition für ein Scrum-Team so aufgebaut sein muss, dass der Product Owner am Ende eines Sprints das Sprint Backlog Item akzeptieren kann. Da jedes neue Softwareinkrement auf bestehenden Inkrementen aufbaut, ist im Laufe der Zeit die

DoD anzupassen, um bei steigender Komplexität dem Interesse an Qualität gerecht zu werden.

Praxistipp:

Es gilt hier, genau wie bei allen Vereinbarungen und Ergebnissen des Kick-offs: Die Definitionen sind lebende Dokumente, die laufend überprüft und angepasst werden sollten. Gute Zeitpunkte für die Überprüfung sind das Daily Scrum und die Retrospektive.

Wie gelangt man zu den Definitionen? Wir nutzen in der Praxis eine Abwandlung von [URL:Koontz c], die zügig ein Ergebnis liefert und alle aktiv in die Erstellung einbindet. Je nach Seniorität des Scrum-Teams ist eine halbe bis eine Stunde notwendig, um die Kriterien zu definieren. Die Methode kann sowohl zur erstmaligen Festlegung als auch zur Aktualisierung der Definitionen genutzt werden.

Ermittlung der DoR und DoD

Nachfolgend beschreiben wir eine einfache Lösung, um die DoR und DoD innerhalb eines Workshops gemeinsam zu ermitteln. Denkbar ist es auch, nur eine Definition zu ermitteln. Viel wichtiger als die Erstellung und Einigung auf die Arbeitsvereinbarungen ist jedoch das Befolgen. Für das Team geben sie richtungsweisend die Bedingungen für die Arbeit miteinander und am Produkt vor.

Vorbereitung

Es ist für den Start in den Workshop notwendig, einige Kriterien als Vorschlag auf Karten zu notieren. Die Erstellung und den Druck übernimmt der Scrum Master. Die Auswahl der Kriterien ist lediglich ein Vorschlag, um einen schnellen Einstieg zu gewährleisten und um zur Erstellung weiterer Kriterien anzuregen. Als erfahrener Scrum Master wird man keine Schwierigkeiten haben, diese Kriterien zu erstellen. Es sollten nicht mehr als 10–20 Karten für die jeweilige Definition erstellt werden. Das hilft später im Workshop dabei, den Fokus auf die wesentlichen Punkte zu lenken. Hilfreich ist zudem, leere Karten zur Verfügung zu stellen, um Ergänzungen vornehmen zu können.

Folgende Kriterien kommen zum Beispiel für eine Definition of Ready in Frage:

- Die User Story ist geschätzt.
- Die User Story wird von allen verstanden.
- Die User Story hat einen klaren Geschäftswert.
- Die User Story ist nicht größer als ... Story Points.

- Die User Story beschreibt nur eine Anforderung.
- Die User Story enthält gut definierte Akzeptanzkriterien.
- Die technische Machbarkeit wurde geprüft.

Mögliche Kriterien für eine Definition of Done sind:

- Mindestens zwei Entwickler haben an einer User Story gearbeitet.
- Bestehender Code wurde überarbeitet bzw. entfernt.
- Automatisierte Tests existieren und laufen.
- Notwendige (Inline-)Dokumentation wurde ergänzt.
- Alle Tests sind grün.
- Der Product Owner hat die User Story abgenommen.

Alle vorliegenden Kriterien sind lediglich Vorschläge und können innerhalb des Workshops einfach umgeschrieben, ergänzt oder entfernt werden.

Nachdem die Karten ausgedruckt vorliegen, bereitet man zudem zwei Flipcharts vor, auf denen drei Bereiche markiert werden: »Jetzt«, »Demnächst« und »Später«, wie in Abbildung 4–3 dargestellt.

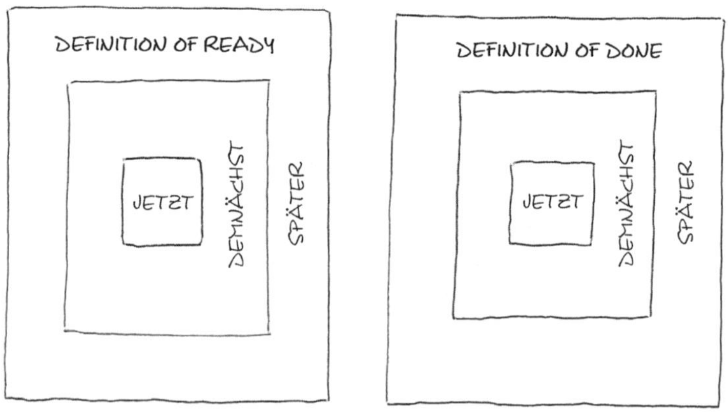

Abb. 4–3
Leere Arbeitsbereiche

In diese Bereiche werden die Karten später von den Teilnehmern platziert. Ziel dieser Bereiche ist es zu verdeutlichen, dass die Definitionen reifen können und sowieso einer ständigen Aktualisierung oder Pflege unterliegen. Die Kategorisierung zeigt auch Entwicklungspotenzial und macht Aufgaben deutlich, die das Team als Nächstes angehen sollte. Zum Beispiel kann bei einem Team, das aktuell noch nicht über automatisierte Tests verfügt, dieses Kriterium nicht in »Jetzt« erscheinen, sondern höchstens in den anderen Bereichen. Man nimmt sich also vor, dieses Thema im Auge zu behalten und zeitnah anzugehen, um es in die DoR oder DoD zu integrieren.

Praxistipp:

Verkomplizieren Sie die Kriterien nicht und achten Sie bei der Erarbeitung des Ergebnisses darauf, dass alle ein einheitliches Verständnis haben. Zu viele Kriterien führen dazu, dass sich das Team unter Umständen überfordert fühlt, alle Regeln einzuhalten. Ergänzen Sie die Kriterien nach und nach, wenn diese sich erst einmal etabliert haben.

Durchführung

Der Scrum Master erläutert dem Team und Product Owner den Sinn des Arbeitstreffens und erklärt kurz das Vorgehen, mit Verweis auf die vorbereiteten Zeichnungen an der Wand und die ausgebreiteten Kärtchen mit den Kriterien auf dem Tisch.

Wenn dies geschehen ist, sind alle aufgefordert, um die Karten herumzuschwärmen und diese auf die Boards zu verteilen. Grundbedingung dafür ist, dass niemand sprechen darf ünd sich bei Unstimmigkeiten anderweitig geeinigt werden muss. Zur Not werden Karten, die nicht verstanden werden oder als nicht sinnvoll eingestuft werden, erst einmal zur Seite gelegt. Wenn jemand eine Karte ergänzen möchte, notiert er seine Anmerkung darauf und fügt sie der DoR oder DoD hinzu. Dieser erste Teil geht sehr zügig und resultiert meistens in einem ersten Einverständnis.

Der Scrum Master sollte nun alle auffordern, sich dieses Ergebnis anzusehen und sich kurz die Zeit zu nehmen, um dessen Bedeutung zu verinnerlichen. Es hilft in diesem Schritt, einzeln durch die Kriterien zu gehen und diese inhaltlich klarzustellen, sodass jeder das gleiche Verständnis erhält. Dabei werden Fragen zu den Karten aufkommen, die in einer Diskussion geklärt werden. Karten werden umgeschrieben, ergänzt oder in eine andere Kategorie verschoben. Sind neue Karten hinzugekommen oder fehlen noch Kriterien, ist jetzt der richtige Zeitpunkt, diese zu besprechen bzw. hinzuzufügen. Dabei befragt der Scrum Master jeden Einzelnen der Reihe nach. Jeder kann etwas verändern und begründet seine Entscheidung oder setzt aus, wenn er keine Veränderung vornehmen möchte. Die Veränderungen werden so lange durchgeführt, bis am Ende eine einvernehmliche Meinung über die DoR herrscht und alle dem Ergebnis zustimmen. Gleiches wird anschließend mit der Definition of Done gemacht. Abbildung 4–4 zeigt das Ergebnis des Teams.

Der Vorteil, beide Definitionen zu erarbeiten, liegt darin, dass für alle klar herausgearbeitet wird, welches die Eintrittskriterien sind und welche Kriterien den Austritt definieren. Gleichzeitig ermöglicht dies eine bessere inhaltliche Abstimmung der DoR und DoD aufeinander. Es liegt im Ermessen des Scrum Masters, ob die DoR und DoD gleichzeitig oder in zwei Schritten erarbeitet werden.

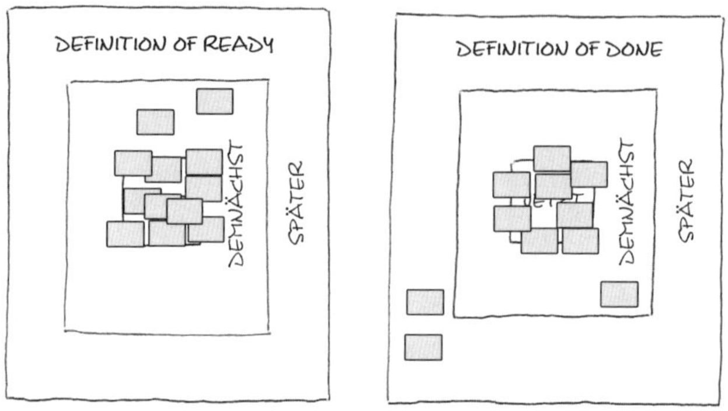

Abb. 4–4
Kriterien für die DoR und DoD

Praxistipp:

Sowohl die Definition of Ready als auch die Definition of Done sollten im Anschluss von allen unterschrieben werden, um eine Verbindlichkeit herzustellen, auf die man bei Bedarf verweisen kann.

Nachbereitung

Am Ende sollte das fertige Ergebnis unter Umständen noch einmal aufbereitet, klarer formuliert oder erläutert im Teamraum platziert werden. Die direkte Platzierung am Scrum-Board ist zudem sinnvoll, da die Kriterien im Hinblick auf die dort täglich stattfindende Abstimmung in die Diskussion hinzugezogen werden können oder als Erinnerung dienen.

Die Kriterien in den »Demnächst«- und »Später«-Bereichen können parallel zum Sprint weiterentwickelt werden. Denkbar ist auch, diese als Backlog Item zu entwickeln, falls die Komplexität höher ist, um sie in einem der nächsten Sprints zu bearbeiten.

4.1.5 Teamprofessionalisierung

Als Letztes halten wir es für die Vorbereitung innerhalb des Kick-offs für sinnvoll, Faktoren mit dem Scrum-Team festzulegen, die die Entwicklung des Teams hin zu einem hochproduktiven Scrum-Team unterstützen.

Hierfür nutzen wir gerne ein Startset an Parametern, die dem Scrum-Team vorgestellt werden, mit der gleichzeitigen Bitte, diese zu ergänzen. Die Pflege dieser Daten übernimmt der Scrum Master nach jedem Abschluss eines Sprints. Für die Arbeit mit dem Scrum-Team kann das Sammeln von Kennzahlen pro Iteration eine Hilfestellung für die Arbeit mit dem Team und somit direkt für das Team sein. Wir verwenden dazu eine von [Leffingwell 2007] vorgestellte Übersicht, in der

Sprint-Einzelheiten gesammelt und für Optimierungszwecke nachverfolgt werden. Abbildung 4–5 stellt exemplarisch eine Auflistung an Themen dar, die untergliedert in die Bereiche Funktionalität und Qualität wichtige Anhaltspunkte für den Professionalisierungsgrad des Teams geben. Wir haben diese Liste um die Ergebnisse aus den Retrospektiven erweitert.

FUNKTIONALITÄT / SPRINT	1	2	...
# DER BACKLOG ITEMS ZU BEGINN DES SPRINTS			
# DER BACKLOG ITEMS FERTIGGESTELLT UND AKZEPTIERT			
% DER AKZEPTIERTEN BACKLOG ITEMS			
...			
QUALITÄT & AUTOMATISIERUNG			
# DER FEHLER ZU BEGINN DES SPRINTS			
# DER FEHLER AM ENDE DES SPRINTS			
# NEUER TESTFÄLLE			
...			
RETROSPEKTIVE			
FOKUS AUF EIN BACKLOG ITEM ZUR ZEIT			
BACKLOG ITEMS SOLLEN NUR IM PAAR BEARBEITET WERDEN			
...			

Abb. 4–5
Beispiel Übersicht von Sprint-Daten

Praxistipp:

Nutzen Sie die Übersicht auch, um Ergebnisse und Erkenntnisse aus Retrospektiven zu dokumentieren, um über den Projektverlauf einen Eindruck davon zu erhalten, welche Themenbereiche zum Beispiel immer wieder das Team beschäftigen. Zudem können diese Informationen auch ein Ergebnis für Lessons Learned (siehe Abschnitt 6.2) sein, da Probleme und Lösungen so nachvollziehbar sind.

Der Bereich »Funktionalität« informiert darüber, wie viel von dem, was sich die Entwickler vorgenommen haben, in produktive Inkremente umgewandelt und vom Product Owner akzeptiert wurde. In der Spalte Qualität & Automatisierung werden fortlaufend die Informationen zur Testabdeckung erfasst. Diese geben Auskunft darüber, wie »gesund« die fertiggestellte Software und wie hoch der Automatisierungsgrad ist. Zuletzt bietet es sich an, die Ergebnisse aus Retrospektiven in dieser Übersicht festzuhalten, da diese einen direkten Einfluss auf die oben angegebenen Informationen haben. Aus ihnen können sich zusätzliche Sprint-Informationen ableiten, die in die Übersicht mit aufgenommen werden können. Zum Beispiel könnte ein Ergebnis einer Retrospektive sein, dass jedes Backlog Item einen automatisierten Test als Ergebnis haben muss. Dies könnte man dann als weitere Zeile mit aufnehmen und mit den fertiggestellten Backlog Items nachhalten. Diese Erkenntnisse eignen sich sehr gut als Gesprächsgrundlage für Retrospektiven (siehe Abschnitt 5.6). Es lohnt sich, die Übersicht neben dem Task Board aufzuhängen.

Praxistipp:

Wie bei allen Dingen halten wir es auch hier sehr einfach und nutzen die erhobenen Erkenntnisse und Ableitungen lediglich für die Arbeit mit dem Team. Verwenden Sie die Kennzahlen nicht dazu, um außerhalb des Teams über den Fortschritt zu informieren. Dies kann zu falschen Annahmen und Schlussfolgerungen führen oder Erwartungen schüren, die zu unnötigem Erklärungsbedarf führen.

4.1.6 Häufige Probleme

In dieser frühen Phase des Projekts sind viele Fragen noch ungeklärt und mögliche Fehler vielschichtig. Für einige Probleme, die auftreten können, geben wir nachfolgend ein paar Hinweise.

Schlechte Vorbereitung

Die Einstiegsszenarien für Projekte können sehr vielfältig sein und unter anderem dazu führen, dass ein Team keine Zeit zur Vorbereitung findet oder eine gute Vorbereitung unterschätzt. Wenn man zum Beispiel aufgrund einer Markteinführung eines neuen Konkurrenzprodukts ein Team zusammenstellt, das sofort mit der Implementierung eines Produkts starten soll, oder für ein zu entwickelndes Produkt noch kein Product Owner gefunden wurde, sollte man nicht einfach so starten. Diese oder ähnliche Szenarien machen eine gute Vorbereitung schwierig oder sogar sinnlos.

Praxistipp:

Auch wenn Sie einen schlechten Start erwischt haben, ist immer noch Zeit, ein Kick-off durchzuführen, selbst wenn Sie dies nicht zu Beginn eines Projekts in Angriff nehmen konnten.

Es ist sogar möglich, dass Sie mit einem Scrum-Team, das schon über Monate zusammenarbeitet, einen Workshop durchführen, der den Sinn eines »Neustarts« hat. Dies ist zum Beispiel für Teams sinnvoll, die in einer Produktsparte über lange Zeit diverse Projekte realisieren.

Unklares Verständnis

Wir erleben zu Beginn eines Projekts immer wieder, dass während des Kick-offs ein »Aha-Effekt« entsteht, wenn der Product Owner den wahren Grund für das Projekt erläutert. Viele haben häufig ein ganz anderes Bild von dem, was umgesetzt werden soll, da es auf der einen Seite noch zu vage ist und die Teilnehmer auf der anderen Seite verschiedene Interessen vertreten. Im Kick-off ist es möglich, diese Unterschiede durch die Diskussion in einem offenen Forum aufzuzeigen, damit alle den Grund für das Projekt verstehen. In der Diskussion werden viele weitere Produkte oder Ideen auftauchen, die jedoch unter Umständen nichts mit den Anforderungen an das Produkt zu tun haben, an dem gearbeitet werden soll.

Praxistipp:

Fragen Sie offen, warum die Anwesenden hier sind und welchen Grund es für das entsprechende Projekt gibt. Wenn es überhaupt einer Diskussion bedarf, wird im Nachhinein jeder verstanden haben, warum alle bei dem Termin dabei sind.

Mangelnde Beachtung der eigenen Regeln

Es ist eine gute Idee, Kriterien für die Zusammenarbeit zu definieren. Der wichtigere Schritt ist jedoch, dass diese Kriterien auch Beachtung finden. In der Praxis werden oftmals die Arbeitsvereinbarungen unbewusst ausgehebelt, wenn es eine »ganz besondere« Situation gibt, der man gerecht werden muss. Zum Beispiel, wenn ein Sprint Backlog Item im Sprint Planning akzeptiert wird, obwohl es nicht, wie in der DoR vereinbart, vorab geschätzt und mit dem Team besprochen wurde. Spätestens beim nächsten Daily Scrum fällt dann auf, dass vielleicht die Prognose des Teams in Gefahr ist, da viele Informationen unklar sind und das Backlog Item deshalb nicht abgeschlossen werden kann.

Praxistipp:

Machen Sie dem Entwicklungsteam klar, dass Scrum die Wertorientierung bei der Entwicklung von Inkrementen fördert und die Einhaltung der eigenen Kriterien für die Zusammenarbeit essenziell ist. Man sollte in der Softwareentwicklung als Letztes an der Qualität sparen. Die Einhaltung von Inspect & Adapt inklusive der »Ready«- und »Done«-Kriterien sollte jedem im Entwicklungsteam eine Herzensangelegenheit sein.

4.1.7 Checklisten

Themenkreise eines Kick-offs

Sie möchten ein Kick-off vorbereiten? Fragen, die Ihnen dabei helfen, den roten Faden zu bestimmen und Rahmenbedingungen zu klären, finden Sie nachfolgend:

- Gibt es Lessons Learned aus vorherigen Projekten zu beachten?
- Ist das Team gut aufgestellt, benötigt es noch Informationen?
- Welche Personen sollen am Kick-off teilnehmen?
- Wann und wie lange werden Stakeholder wie das Management, Sponsoren, Support, Marketing oder Vertrieb am Termin teilnehmen?
- Sind die Fakten zum Projekt klar oder gibt es viele offene Fragen?
- Ist das Entwicklungsteam gut aufgestellt?
- Erarbeitet der Product Owner Anwendungsfälle und Anforderungen für die Backlog Items?
- Gibt es eine Produktvision für das Projekt oder muss diese noch erarbeitet werden?
- Ist der Projektsponsor ausreichend über die nächsten Schritte informiert?
- Welche Probleme stehen schon vor Beginn im Weg und müssen aus der Welt geschafft werden?
- Welcher Termin ist für alle Teilnehmer der geeignetste?

4.2 Product Backlog

Das dynamische Product Backlog

Casper und Finn gingen nach einem langen Arbeitstag noch gemeinsam ein Bier trinken. Sie wollten noch ein paar Kleinigkeiten besprechen und ansonsten den Abend nutzen, sich etwas besser kennenzulernen. Finn erzählte Casper eine Anekdote aus seinem Leben als Scrum Master:

»Ich habe einmal ein Team vorgefunden, das bereits seit mehreren Wochen mit einer sehr unstrukturierten Liste von Anforderungen sprintete. Ein paar Tage vor Ende des Sprints legte der Product Owner dem Team ein vierzigseitiges Dokument mit dem Titel ›Product Backlog Sprint 1‹ vor. Das Team solle doch bitte dieses Dokument durchlesen und bestätigen, dass genau der beschriebene Inhalt im Review gezeigt würde. Die Argumentation für dieses Dokument bestand darin, dass der Kunde sehr konventionell veranlagt sei und diese Art

der Dokumentation für das Review (die ›Lenkungsausschusssitzung‹) fordere. Der Inhalt des Dokuments wich dazu noch stark von dem einige Wochen vorher gemeinsam vereinbarten und prognostizierten Inhalt des Sprints ab.«

Casper blickte Finn lange und ernst an und sagte schließlich: »Wenn der Auftraggeber das so will, dann ist das eben so. Ich sehe das genauso, das Team muss eben spuren!« Als er Finns zutiefst entsetzten Blick sah, fing er laut an zu lachen, prostete Finn zu und sagte: »Hey, das war ein Witz! Man merkt, dass wir uns noch nicht so lange kennen.«

Das Product Backlog ist gewissermaßen der Heilige Gral eines Scrum-Projekts. Es gibt nur einen Hüter des Grals (den Product Owner), er verspricht Glückseligkeit (die Erreichung des Projektziels) und ist umgeben von einer Gemeinschaft, die Mangel leidet (die Benutzer des zukünftigen Systems, vertreten durch die Stakeholder). Jedes Buch über Scrum, jedes Training, jeder Blogartikel, der sich mit dem Thema befasst, strapaziert die Wichtigkeit des Product Backlog.

Mike Cohn und Roman Pichler haben den Begriff der DEEP-Kriterien (vgl. Abb. 4–6) für ein Product Backlog geprägt, der unseres Erachtens die Anforderungen sehr gut auf den Punkt bringt. Da diese Kriterien ausführlich in [Cohn 2009] besprochen werden, verzichten wir hier auf eine Erläuterung.

D	DETAILED APPROPRIATELY (ANGEMESSEN DETAILLIERT)
E	ESTIMATED (GESCHÄTZT)
E	EMERGENT (DYNAMISCH)
P	PRIORITIZED (GEORDNET)

Abb. 4–6
DEEP-Kriterien

Erstaunlicherweise trifft man in der Praxis oft auf Unternehmen, in denen das Product Backlog nicht richtig genutzt wird. In der Konsequenz funktioniert auch Scrum nicht richtig, sodass der Frustfaktor oft sehr hoch ist. Wir geben in diesem Abschnitt Hinweise zur Struktur eines Product Backlog, stellen Hilfsmittel wie Story Maps und TTM-Matrizen vor und beschreiben Techniken zur Zerlegung von Backlog Items. Mit dieser Unterstützung gehören unzureichende Product Backlogs bald der Vergangenheit an.

4.2.1 Struktur des Product Backlog

Neben der inhaltlichen Komponente stellt die Struktur des Product Backlog einen wichtigen Erfolgsfaktor dar. Zu wenige Informationen können zu Missverständnissen führen, wenn zwischen Entwicklungsteam und Product Owner keine intensive Kommunikation stattfindet. Zu viele Informationen werden oft unübersichtlich, widersprechen sich manchmal sogar (z.B. wenn die Beschreibung eines Formulars nicht mehr dem Designentwurf entspricht) und erinnern stark an Fachkonzepte aus dem traditionellen Projektmanagement. In unserer Praxis haben wir sehr verschieden aufgebaute Product Backlogs angetroffen. Der Scrum Guide gibt lediglich die Attribute »Beschreibung«, »Rangfolge« und »Schätzung« vor, was unseres Erachtens aber in den meisten Fällen nicht ausreicht.

Praxistipp:

Achten Sie darauf, dass das Product Backlog nicht überstrukturiert wird. Dies kann dazu führen, dass es unübersichtlich wird, weil wichtige Informationen im Dokument verstreut liegen. Außerdem erhöht sich der Wartungsaufwand, um alle Felder korrekt zu füllen.

Im Folgenden stellen wir eine Version vor, die unserer Erfahrung nach eine ausreichende generische Grundstruktur darstellt. Man kann natürlich die eine oder andere Spalte weglassen oder hinzufügen, falls das Projekt es erfordert. Spätestens zu Beginn eines Sprints müssen diese Informationen für alle relevanten Backlog Items vorliegen.

ID

Eindeutige Identifizierung, z.B. eine laufende Nummer (#4711) oder eine Kombination (TM-1904). Wenn man Software für die Pflege des Product Backlog nutzt, wird diese Nummer automatisch vergeben. Sie dient nicht nur als eindeutige Identifizierung, sondern gibt meist auch Auskunft über das Alter der Anforderung.

Praxistipp:

Wenn Sie im Backlog Grooming (siehe Abschnitt 5.4) feststellen, dass ein Backlog Item schon sehr lange im Product Backlog steht, fragen Sie nach, ob es noch relevant ist. Möglicherweise ist es längst überholt und kann geschlossen werden.

Beschreibung (auch: User Story)

Dies ist der eigentliche Inhalt des Backlog Items. Hier wird möglichst in einem Satz beschrieben, worum es in dem Backlog Item geht (siehe Abschnitt 4.2.3).

Akzeptanzkriterien

Akzeptanzkriterien beschreiben die Bedingungen, unter denen ein Backlog Item als fertig gilt. Sie stellen die fachlichen Abnahmekriterien des Product Owners dar. Wir gehen in Abschnitt 4.2.3 auf die Akzeptanzkriterien ein.

Rangfolge

Das Product Backlog kann nach unterschiedlichen Kriterien geordnet sein, der Scrum Guide nennt als Beispiele Wert, Risiko, Priorität oder Notwendigkeit. Die Rangfolge legt diese Ordnung innerhalb des Product Backlog fest.

Schätzung (auch: Story Points)

Komplexität des Backlog Items, die vom Team geschätzte Größe (siehe Abschnitt 4.3)

Gruppe (auch: Epic)

Um inhaltlich zusammengehörige Backlog Items besser gruppieren zu können, bietet es sich an, das übergeordnete Gruppierungselement mit in das Product Backlog aufzunehmen (z.B. Reporting, Großkundenverwaltung). Im Kontext von User Stories werden diese Gruppen Epics genannt, d.h. große User Stories, die aufgrund ihrer Größe weder geschätzt noch innerhalb eines einzelnen Sprints entwickelt werden können.

Notizen

Dieses Feld dient zur Aufnahme zusätzlicher Informationen. Hier können z.B. Links zu detaillierteren Anforderungen, Besonderheiten für den Test oder für die Realisierung wichtige Ansprechpartner stehen.

Über die oben beschriebene Grundstruktur hinaus sind weitere Spalten für andere, im jeweiligen Projekt benötigte Informationstypen denkbar.

Außerdem kann es durchaus Product Backlogs mit unterschiedlichen Schwerpunkten geben. Ein Product Backlog muss nicht immer ein Produkt in Form einer Anwendung für einen Benutzer beschreiben. Scrum ist nicht auf die Produktentwicklung beschränkt, so haben wir zum Beispiel einmal ein Softwarearchitekturprojekt mit Scrum durchgeführt. Ein anderes Mal ging es um den Aufbau einer neuen Entwicklungs- und Testumgebung. Für viele Arten von Projekten bietet sich ein Product Backlog als strukturierte Anforderungsdokumentation an.

4.2.2 Anforderungsworkshops

Nachdem der Product Owner allen Beteiligten im Projekt-Kick-off die Vision des Projekts vorgestellt hat, muss diese nun in konkrete Arbeitspakete heruntergebrochen werden. In traditionell geführten Projekten geschieht dies in der Regel dadurch, dass jemand aus dem Fachbereich sich hinsetzt und ein mehr oder weniger umfangreiches Dokument verfasst, das das zu erstellende Produkt und sein Verhalten bis ins letzte Detail exakt beschreibt. In Scrum-Projekten hingegen versucht man so früh wie möglich, das Entwicklungsteam einzubinden. Dazu bietet es sich an, Anforderungsworkshops mit dem Team durchzuführen. In der Vorbereitung eines Scrum-Projekts können diese Workshops sich je nach Projektgröße über mehrere Tage hinziehen. Als Visualisierung der Workshop-Ergebnisse schlägt Roman Pichler ein Product Vision Board vor [URL:Pichler g]. Im laufenden Sprint werden neu hinzugekommene oder veränderte Anforderungen in der Regel in den meist wöchentlich stattfindenden Backlog Groomings (siehe Abschnitt 5.4) besprochen. Anforderungsworkshops können daher unterschiedliche Schwerpunkte und damit unterschiedliche Strukturen haben, die wir im Folgenden beschreiben.

Produktgestaltungsworkshop

Für einen Produktgestaltungsworkshop ist inhaltlich bis auf die Vision und viele gute Ideen keine weitere Vorbereitung notwendig. Der Product Owner trifft sich mit dem kompletten Scrum-Team, und alle zusammen überlegen sich »ihr« Produkt. Aus ersten Ideen werden Epics, aus Epics werden Backlog Items bzw. User Stories.

> **Praxistipp:**
>
> Diese Workshops sind keine Zwei-Stunden-Workshops, die man neben dem Tagesgeschäft erledigt. Denken Sie in ganzen Tagen, je nach Projektgröße können mehrere Tage notwendig sein. Vielleicht können Sie sich mit Ihrem Team außerhalb der Firma zurückziehen, um Ablenkungen zu vermeiden.

Besonders wichtig an diesen Workshops ist der psychologische Aspekt. Alle Teammitglieder gestalten gemeinsam »ihr« Produkt, es wird also nicht von einer Einzelperson vorgegeben. Leider wird diese Form eines Anforderungsworkshops viel zu oft übersprungen, weil aktuelle Organisationsformen es immer noch vorsehen, dass Product Manager Produkte entwerfen, die von den Technikern anschließend gebaut werden sollen.

> **Praxistipp:**
>
> Wenn Sie in der Situation sind, ein neues Team aufzubauen, um ein neues Produkt zu schaffen, binden Sie das Team so früh wie möglich ein. Das Team wird es Ihnen auf lange Sicht durch Loyalität danken.

Big-Picture-Workshop

Um mit dem Team einen gesamten Überblick über Abhängigkeiten und die ausstehenden Aufgaben zu erhalten, empfiehlt es sich, gemeinsam in einem Workshop ein »Big Picture« zu erstellen. Vor diesem Workshop liegt bereits ein Entwurf eines Product Backlog mit Backlog Items vor. Idealerweise ist es im Rahmen eines oben beschriebenen Produktgestaltungsworkshops entstanden, in der Praxis wird es aber meist durch den Product Owner erstellt. Oft wird das Team in diesem Workshop zum ersten Mal mit den Backlog Items konfrontiert. Ziel ist es, das Entwicklungsteam zu informieren und das »Big Picture« zu vermitteln. Auf diese Weise möchte man eine erste Einschätzung des Teams hinsichtlich Machbarkeit und technischer Abhängigkeiten erlangen. Meist bekommt man als Zugabe fachliche Verbesserungsvorschläge (was wiederum ein Plädoyer für die Durchführung eines Produktgestaltungsworkshops mit dem Team ist).

Eine Agenda für einen Big-Picture-Workshop könnte folgendermaßen aussehen:

- Der Product Owner stellt die Vision vor und erläutert die daraus resultierenden Backlog Items. Wir empfehlen für diesen Schritt den Einsatz einer Story Map, die wir in Abschnitt 4.2.4 detailliert beschreiben. An dieser Stelle muss sich der Product Owner den kritischen Fragen des Teams stellen, indem er zum Beispiel den Wert für Backlog Items, die sich nicht klar erkennbar auf die Vision auszahlen, erklären muss.
- Die Backlog Items werden (moderiert vom Scrum Master) einzeln durchgegangen. Mittels der TTM-Matrix (siehe Abschnitt 4.2.6) nähert sich das Team der Komplexität der Backlog Items und dokumentiert die Ergebnisse. Oft werden in diesem Schritt Abhängigkeiten erkannt, die eine veränderte Reihenfolge oder eine Zerlegung der Backlog Items notwendig machen. Die Änderungen werden gemeinsam durchgeführt.

- Mit dem gewonnenen fachlichen Verständnis und dem Gefühl für die Komplexität wird als letzter Schritt ein Estimation durchgeführt. Da es sich meist um eine größere Menge von Backlog Items handelt, empfehlen sich hier das Team Estimation Game oder Magic Estimation (vgl. Abschnitt 4.3.4).

In den folgenden Abschnitten beschreiben wir Hilfsmittel für eine besondere Ausprägung von Backlog Items, die User Stories.

4.2.3 User Stories

User Stories stellen eine Spezialform der allgemeinen Backlog Items dar, die sich in Softwareentwicklungsprojekten jedoch immer mehr durchgesetzt und durch Mike Cohn [Cohn 2004] eine weite Verbreitung gefunden hat. Ralf Wirdemann beschreibt User Stories im Zusammenhang mit Scrum sehr ausführlich in seinem Buch [Wirdemann 2011], sodass wir hier nur kurz ein paar Dinge in Erinnerung rufen wollen, bevor wir konkrete Praxistipps geben. Wikipedia definiert eine User Story folgendermaßen:

> *Eine User Story (»Benutzergeschichte«) ist eine in Alltagssprache formulierte Softwareanforderung. Sie ist bewusst kurz gehalten und umfasst in der Regel nicht mehr als zwei Sätze.*

Eine typische User Story folgt folgendem Muster [Cohn 2004]:

> *»Als [Benutzerrolle] möchte ich [Ziel], sodass [Grund für das Ziel].«*

Alistair Cockburn hat einmal gesagt, eine User Story sei ein Versprechen zur Kommunikation über den Inhalt der User Story, eine unseres Erachtens sehr treffende Definition.

Gute User Stories berücksichtigen das sogenannte INVEST-Prinzip (vgl. Glossar), sie erfüllen also die Anforderungen in Abbildung 4–7.

Abb. 4–7
INVEST-Prinzip

I	INDEPENDENT (UNABHÄNGIG)
N	NEGOTIABLE (VERHANDELBAR)
V	VALUABLE (WERTHALTIG)
E	ESTIMABLE (SCHÄTZBAR)
S	SMALL (KLEIN)
T	TESTABLE (TESTBAR)

Akzeptanzkriterien

Akzeptanzkriterien sind ein untrennbarer Bestandteil einer User Story, ohne sie wäre eine User Story nicht vollständig. Sie sind Bestandteil der Umsetzungsvereinbarung, die der Product Owner und das Entwicklungsteam während des Sprint Planning treffen, der Product Owner muss sich also genau überlegen, welche Akzeptanzkriterien für die Erledigung eines Backlog Items wichtig sind. Für das Entwicklungsteam sind Akzeptanzkriterien nicht nur zu erreichende Ziele, sondern es lassen sich daraus auch recht einfach Unit Tests und Akzeptanztests ableiten.

> **Praxistipp:**
>
> Ermutigen Sie das Entwicklungsteam, User Stories ohne Akzeptanzkriterien abzulehnen. Unterstützen Sie den Product Owner, indem Sie gemeinsam mit ihm vor den relevanten Treffen (Backlog Grooming, Sprint Planning) durch die User Stories gehen und fehlende Akzeptanzkriterien aufzeigen.

Akzeptanzkriterien zu schreiben bedeutet allerdings nicht, das bekannte Pflichtenheft oder Fachkonzept aus dem traditionellen Projektmanagement auf Scrum zu übertragen. Sie geben zunächst nur den Rahmen vor, in dem sich das Team während des Sprints bewegen kann. Details werden im Dialog zwischen dem Product Owner und dem Entwicklungsteam geklärt und ggf. in den Akzeptanzkriterien ergänzt.

Bereits 2001 hat Ron Jeffries in [URL:Jeffries] mit dem prägnanten Kürzel »CCC« (vgl. Abb. 4–8) auf die Wichtigkeit dieses Dialogs aufmerksam gemacht. Das erste »C« steht für »Card«, also die Karte, auf die die User Story geschrieben wird. Das zweite »C« steht für »Conversation«, also die Fokussierung auf den Dialog, den Product Owner und Entwicklungsteam während des Sprints führen müssen. »Confirmation«, das dritte »C«, steht für die Akzeptanzkriterien.

Abb. 4–8 *»CCC«-Kürzel*

Auch wenn die Details noch ergänzbar und verhandelbar sind, steht der Rahmen, also die Akzeptanzkriterien mit Ende des Sprint Planning fest. Vergessene Kriterien einer bereits in der Umsetzung befindlichen

User Story dürfen nicht einfach nachträglich durch den Product Owner hinzugefügt werden, sondern sollten in eine neue User Story in einem neuen Sprint einfließen.

Praxistipp:

Manchmal handelt der Product Owner mit dem Team aus, dass ein zusätzliches Akzeptanzkriterium noch berücksichtigt wird, dafür aber eine andere User Story wegfällt, weil die Funktion (engl. Feature) sonst nicht hätte veröffentlicht werden können. Dies sollte jedoch die Ausnahme sein, denn andernfalls korrumpiert man den Gedanken von Scrum, dass der Sprint ein geschützter Bereich ist, in dem keine Änderungen mehr vorgenommen werden dürfen. Früher oder später wird es sonst zum Normalfall, kurzfristig noch etwas zu ändern. Besser ist es, den Product Owner dahingehend zu unterstützen, dass er genügend Zeit und Domänenwissen hat, um hinreichend gute User Stories und Akzeptanzkriterien zu schreiben.

Selbst wenn anstelle von ausformulierten User Stories die allgemeineren Backlog Items zum Einsatz kommen, ist die Benutzung von Akzeptanzkriterien sinnvoll, weil sie ein gemeinsames Verständnis des erwarteten Ergebnisses zwischen Product Owner und Entwicklungsteam herstellen.

Nachdem alle User Stories vorliegen, wird es Zeit, sie den Stakeholdern vorzustellen und möglicherweise sogar im ganzen Unternehmen öffentlich zu machen, um auf diese Weise Feedback zum geplanten Produkt zu bekommen. Dafür bieten sich Story Maps an, die wir im folgenden Abschnitt beschreiben.

4.2.4 Story Maps

Der Scrum Guide 2011 [URL:Schwaber] sagt über das Product Backlog:

> *»Das Product Backlog ist eine geordnete Liste mit allem, was in dem Produkt benötigt werden könnte. Es ist die einzige Quelle von Anforderungen für jedwede Änderungen an dem Produkt. [...] Das Product Backlog wird häufig nach Wert, Risiko, Priorität und Notwendigkeit angeordnet. Die Product Backlog Einträge an der Spitze bestimmen die unmittelbaren Entwicklungsaktivitäten. Je höher die Rangfolge, desto mehr Betrachtung hat ein Product Backlog Eintrag erfahren – und desto größer ist der Konsens über seine Inhalte und seinen Wert.«*

In der Tat findet man meist Product Backlogs, die nach dem Geschäftswert sortiert sind, d.h., diejenigen Items werden am höchsten priorisiert, die den größten Wert für das Unternehmen darstellen. Dies ist durchaus sinnvoll, hat aber zur Folge, dass zusammengehörige Funktionalitäten in kleinere Items zerlegt werden und sich verteilt in der Listendarstellung des Product Backlog wiederfinden, sodass der Bezug verloren geht. Wer schon einmal versucht hat, seinen Stakeholdern das Produkt anhand des Product Backlog zu erklären oder es ihnen einfach nur zum Lesen gegeben hat, weiß, dass dies aussichtslos ist.

Jeff Patton hat sich mit dieser Thematik beschäftigt und die sogenannten Story Maps entwickelt. Sie erlauben es, das gesamte Produkt zu visualisieren und damit übersichtlich, erklärbar und einfacher priorisierbar zu machen. Jeff Patton [URL:Patton] sagt dazu:

> *»We spend lots of time working with our customers. We work hard to understand their goals, their users, and the major parts of the system we could build. Then we finally get down to the details – the pieces of functionality we'd like to build. In my head I see a tree where the trunk is built from the goals or desired benefits that drive the system; big branches are users; the small branches and twigs are the capabilities they need; then finally the leaves are the user stories small enough to place into development iterations. After all that work, after establishing all that shared understanding I feel like we pull all the leaves off the tree and load them into a leaf bag – then cut down the tree.*
>
> *That's what a flat backlog is to me. A bag of context-free mulch.«*

Das Konzept der Story Maps möchten wir Ihnen im nächsten Abschnitt vorstellen.

Erstellen einer Story Map

Zu Beginn macht man sich auf einer groben Ebene Gedanken über sein Produkt und zerlegt es in Epics. Im Falle der SidP GmbH könnten folgende Epics vorkommen:

- Als Konferenzteilnehmer möchte ich einen Überblick über alle Vorträge bekommen, um mich zu orientieren.
- Als Konferenzteilnehmer möchte ich Vorträge markieren können, um später über meine Teilnahme zu entscheiden.
- Als Konferenzteilnehmer möchte ich mich gleich für anmeldepflichtige Veranstaltungen anmelden können, damit ich nicht später umständlich Zettel ausfüllen muss.

- Als Konferenzteilnehmer möchte ich einen Vortrag bewerten können, um zur Verbesserung der Veranstaltung beizutragen.
- Als Konferenzteilnehmer möchte ich einen Vortrag oder einen Referenten weiterempfehlen können.

Als Nächstes folgt die Visualisierung. Dazu benötigt man eine große Fläche an der Wand oder auf dem Fußboden sowie Post-its oder Moderationskarten für die Epics und Stories.

Praxistipp:

Da die Story Map ein Werkzeug für die gesamte Laufzeit der Produktentwicklung darstellt, sollte man darauf achten, dass sie transportabel ist. Daher empfehlen wir, zunächst zwei bis drei Flipchart-Blätter (besser noch: das braune Packpapier für Metaplanwände) nebeneinander quer an die Wand zu hängen. Bei Bedarf können sie nach rechts oder nach unten erweitert und auch zusammengelegt und aufgerollt werden. Als Karten für die Epics und Stories empfehlen wir Post-its.

Die Epics ordnet man auf dem Zeitstrahl von links nach rechts an. Links stehen die Epics, die als Erstes umgesetzt werden sollen.

Praxistipp:

Bei der Anordnung der Epics ist es hilfreich, den Workflow mit den Augen des Benutzers zu sehen. In welcher Reihenfolge führt der Benutzer die Tätigkeiten aus? Diese Anordnung hilft auch bei der Erläuterung der Story Maps für Außenstehende.

Im nächsten Schritt beschäftigt man sich mit den Epics und zerlegt sie in einzelne User Stories. Die User Stories ordnet man unterhalb der Epics an, sodass Spalten mit Epics als Spaltenüberschriften entstehen. Das Ergebnis sieht etwa so aus wie in Abbildung 4–9 gezeigt.

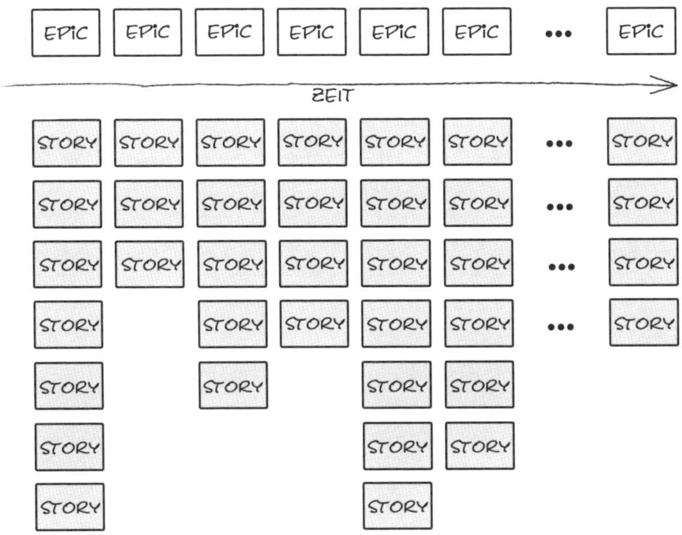

Abb. 4–9
Erster Entwurf einer Story Map

Jeff Patton vergleicht dieses Bild mit einer Wirbelsäule und davon abgehenden Rippen, daher hat sich für die Epic-Reihe der Begriff »Backbone« (Wirbelsäule) durchgesetzt.

Im nächsten Schritt geht man die einzelnen Stories jedes Epics durch und priorisiert sie untereinander. Dem MuSCoW-Prinzip (vgl. Glossar) folgend ordnet man die wichtigsten, unverzichtbaren User Stories weiter oben an als die »Nice to have«-Stories.

Für die am höchsten hängenden Stories, die absoluten Muss-Stories, hat Alistair Cockburn den Begriff des »Walking Skeleton« geprägt, eine Analogie, die hervorragend zu der Wirbelsäule und den Rippen passt. Man kann sich das dadurch beschriebene Minimalsystem als etwas vorstellen, was irgendwie funktioniert, dabei aber durchaus benutzerunfreundlich und funktional reduziert daherkommt. Alistair Cockburn [URL:Cockburn] definiert das Walking Skeleton wie folgt:

> *»A* ***Walking Skeleton*** *is a tiny implementation of the system that performs a small end-to-end function. It need not use the final architecture, but it should link together the main architectural components. The architecture and the functionality can then evolve in parallel.«*

Praxistipp:

Verwenden Sie für das Walking Skeleton andersfarbige Karten, um es auch optisch abzugrenzen (vgl. Abb. 4–10).

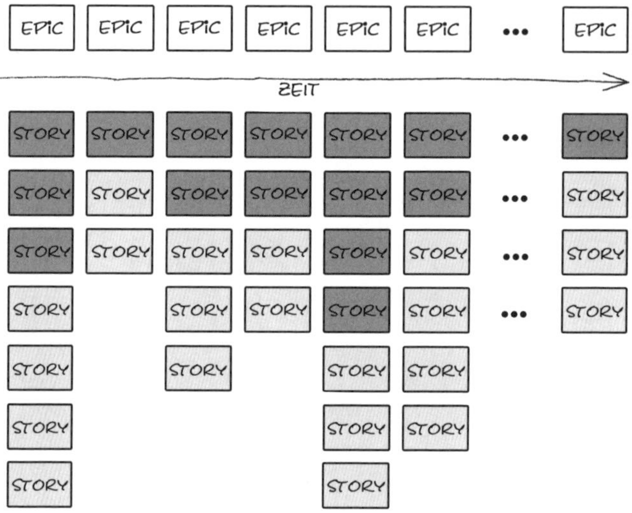

Abb. 4–10
Walking Skeleton

Mit dieser Story Map hat man etwas, was als Gesprächsgrundlage mit den Stakeholdern und auch dem Entwicklungsteam dienen kann. Man erkennt das gesamte Produkt auf einen Blick und sieht sofort, welche »Komfortfunktionen« für die einzelnen Epics für später geplant sind.

Wie es sich für ein gutes Product Backlog gehört, sollte man die Story Map öffentlich sichtbar machen und im Teamraum aufhängen. Auf diese Weise wird sie immer wieder für Feedback und Diskussionen sorgen und kann weiterentwickelt werden. Wenn User Stories in ein Sprint Backlog aufgenommen werden, werden sie in der Story Map entsprechend markiert (siehe Abb. 4–11).

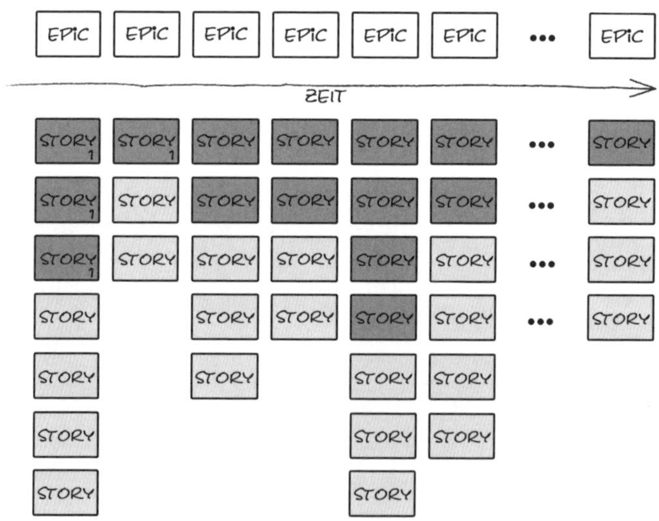

Abb. 4–11
Im Sprint befindliche User Stories

Eine öffentlich ausgehängte Story Map kann richtig genutzt ein sehr starkes Marketinginstrument für das Projekt darstellen, insbesondere, wenn nach jedem Sprint die erledigten User Stories in der Story Map entsprechend markiert werden (vgl. Abb. 4–12).

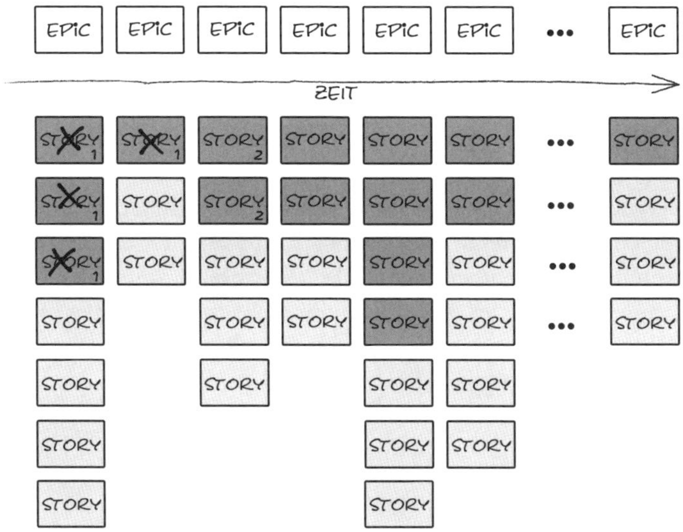

Abb. 4–12
Markieren erledigter User Stories

Nachdem man die Story Map erstellt hat und mit der Ausarbeitung der Details der User Stories beginnt, wird man oft feststellen, dass einige User Stories immer noch recht groß sind. Im folgenden Abschnitt stellen wir ein paar Techniken zur Zerlegung von User Stories vor, die bei der Einhaltung der INVEST-Kriterien helfen.

4.2.5 Zerlegung von User Stories

Schneiden macht das Team glücklich

Im letzten Backlog Grooming hat Casper ein paar User Stories vorgestellt, die einfach zu groß waren, um vom Team geschätzt zu werden. Der Auftrag an Casper war klar: »Zerlege die Stories so in kleinere, sinnvolle Einheiten, dass wir schätzen können und auch eine Chance haben, die Stories in einem Sprint umsetzen zu können.« Casper war zunächst völlig perplex, handelte es sich doch aus seiner Sicht um zusammenhängende Funktionalität, die man nicht weiter trennen kann. Auf Hinweis von Finn hat er sich jedoch ein paar Techniken zur Zerlegung von User Stories angeeignet und bittet nun das Team zu einem erneuten Backlog Grooming, damit alle gemeinsam an den Stories und den Akzeptanzkriterien arbeiten können.

Nachfolgend werden verschiedene Zerlegungstechniken für User Stories vorgestellt und an konkreten Beispielen erläutert.

Vertikales Schneiden

Das vertikale Schneiden stellt gewissermaßen eine übergeordnete Regel für das Schneiden von User Stories dar. Sie besagt, dass User Stories immer nach fachlichen Gesichtspunkten geschnitten werden müssen, um jederzeit eine benutzbare Funktionalität zur Verfügung zu haben. Es ist zum Beispiel sinnlos, in einer User Story die Datenbank aufzusetzen, in einer weiteren die Geschäftslogik und in einer dritten das Frontend. Diese Vorgehensweise wäre das sogenannte horizontale Schneiden. Keine dieser User Stories bietet für sich einen Mehrwert, und keine kann allein benutzt werden. Stattdessen sollte man User Stories schreiben, die alle drei Architekturschichten betreffen, aber jede für sich einen Durchstich vom Frontend bis zur Datenbank darstellen und Funktionalität für den Benutzer liefern.

Zerlegen nach Workflow

Stellen wir uns einmal die folgende User Story vor:

Als Konferenzbesucher möchte ich besuchte Vorträge bewerten, um den Vortragenden und den Veranstaltern Feedback zu geben.

Der Product Owner hat folgenden Ablauf in den Akzeptanzkriterien dokumentiert:

Der Benutzer wählt einen zu bewertenden Vortrag aus und vergibt eine Schulnote von eins bis sechs. Wenn eine Benotung zwischen drei und sechs eingegeben wird, ist zusätzliches Feedback als Freitext Pflicht, bei einer eins oder zwei ist es optional. Um Missbrauch oder Beleidigungen vorzubeugen, werden die Bewertungen nicht sofort freigegeben, sondern vorher durch einen Administrator geprüft.

Mit diesem Kontext ist schnell klar, dass es sich nicht um eine kleine User Story handelt, sondern vermutlich sogar um ein Epic (vgl. Abb. 4–13).

Das Schneiden einer User Story nach dem Workflow bedeutet, dass die User Story in Einzelschritte aufgeteilt wird, die den Workflow sukzessive vervollständigen. Zunächst würde man eine User Story schreiben, die eine Funktionalität ohne Workflowschritte abbildet. In unserem o.g. Beispiel lautet diese User Story genau wie die Original User Story, aber die Akzeptanzkriterien werden dahingehend geändert, dass nur noch das Bewerten mit einer Schulnote stattfindet. Wenn diese User

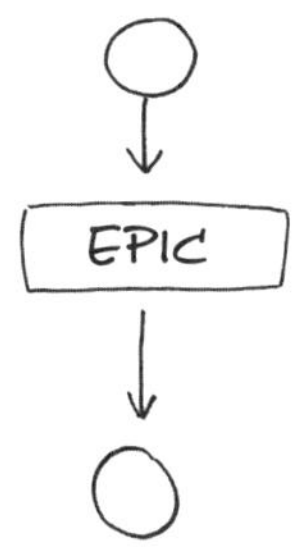

Abb. 4–13
Epic mit Workflow

Story umgesetzt wird, hat man eine einfache Funktionalität geschaffen, die dem Nutzer aber durchaus Mehrwert bietet.

Im Folgenden werden die einzelnen Schritte des Workflows sukzessive hinzugefügt, wobei wichtig ist, dass mit jeder User Story wieder eine werthaltige Funktionalität zur Verfügung steht.

In der ersten User Story geht es lediglich um die Abgabe einer Bewertung (vgl. Abb. 4–14).

Story 1: Als Konferenzbesucher möchte ich meine Bewertung durch ein optionales, frei einzugebendes Feedback ergänzen.

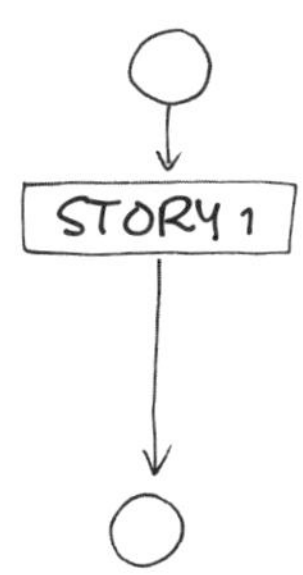

Abb. 4–14
Einfache User Story ohne Workflow

Als Nächstes folgt eine User Story, die die gewünschten Pflichtfelder ergänzt (vgl. Abb. 4–15).

Story 2: Als Vortragender möchte ich bei einer lediglich befriedigenden oder schlechteren Bewertung ergänzendes Feedback bekommen, um mich zu verbessern.

Abb. 4–15
Ergänzung eines Workflowschrittes

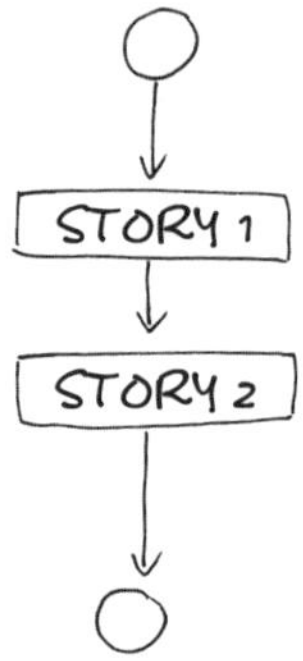

Anschließend kommt die Prüfkomponente hinzu, die möglicherweise auf einer komplett anderen technischen Plattform umgesetzt wird und damit hervorragend herausgelöst werden kann (siehe Abb. 4–16).

Story 3: Als Vortragender möchte ich vor beleidigendem oder stark destruktivem Feedback verschont werden, um mich ganz auf die konstruktiven Hinweise konzentrieren zu können.

Abb. 4–16
Ergänzung eines weiteren Workflowschrittes

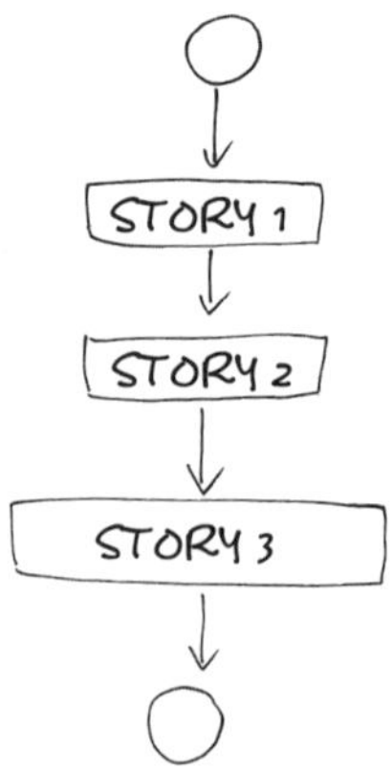

Mit dem Schneiden nach dem Workflow verletzt man zwar das I (Independent) der INVEST-Kriterien, gewinnt aber in den anderen Kriterien so viel Sicherheit hinzu, dass dies durchaus akzeptabel sein kann. Es bleibt natürlich immer eine Einzelfallentscheidung, die aber leichter fällt, wenn man weiß, was man tut und warum man es tut.

Zerlegen nach Geschäftsregel

Als Konferenzteilnehmer möchte ich Vorträge mit flexiblen Zeiten suchen, um meinen Terminplan offen halten zu können.

Der Begriff »flexible Zeiten« beinhaltet verschiedene Ausprägungen, die jede für sich für eine eigene User Story gut sein kann:

- mit einer Dauer von 45 Minuten zwischen 14 Uhr und 16 Uhr
- am frühen Nachmittag
- Beginn um 10 Uhr ± eine halbe Stunde

Zerlegen nach Komplexität

Manchmal geht der Product Owner mit einer vermeintlich simplen User Story in den Dialog mit dem Entwicklungsteam und ist völlig überrascht, welche Fragen plötzlich auftauchen. »Was ist mit X?«, »Hast du auch an Y gedacht?« und »Was soll passieren, wenn der Benutzer ...?«, sind Fragen, die beantwortet werden wollen. Die einfache User Story wird plötzlich größer und größer, und der Product Owner kann möglicherweise auch nicht alle Fragen aus dem Stegreif beantworten.

In diesen Fällen empfiehlt es sich, die ursprüngliche User Story in ihrer einfachsten Form beizubehalten und für die bisher nicht bedachten Variationen und Ergänzungen eigene User Stories zu schreiben.

Zerlegen nach Datentyp

*Als Vortragender möchte ich interessierten Konferenzbesuchern **Zusatzinformationen** zu meinem Vortrag zur Verfügung stellen, sodass sie besser über eine Teilnahme an dem Vortrag entscheiden können.*

Interessant. Um welche Arten von Informationen geht es denn dabei? Nichts Besonderes, lediglich ein paar Word- und PDF-Dateien, einen Videomitschnitt eines anderen Vortrags, die Präsentation an sich und eine sehr interessante Podcast-Folge zum Thema.

Wie man leicht sieht, wird diese User Story schnell sehr groß. Hier bietet es sich an, eine Trennung nach Datentypen vorzunehmen:

*Als Vortragender möchte ich interessierten Konferenzbesuchern **Textunterlagen** zu meinem Vortrag zur Verfügung stellen, sodass sie besser entscheiden können, ob der Vortrag für sie interessant ist.*

*Als Vortragender möchte ich interessierten Konferenzbesuchern **Videomaterial** zur Verfügung stellen, sodass sie meinen Vortragsstil beurteilen können.*

*Als Vortragender möchte ich interessierten Konferenzbesuchern **Audiomaterial** zu meinem Vortrag zur Verfügung stellen, sodass sie besser entscheiden können, ob der Vortrag für sie interessant ist.*

Selbst hier könnte man noch weitergehen und zum Beispiel nach Word- und PDF-Dateien oder unterschiedlichen Videoformaten unterscheiden. Oft ist dies aber gar nicht nötig, und die verschiedenen Formate werden Bestandteil der Akzeptanzkriterien.

Zerlegen nach Dateneingabe

Als Konferenzteilnehmer möchte ich mir eine Liste mit für mich interessanten Vorträgen erstellen, um nicht versehentlich einen davon zu verpassen.

Dem verwöhnten Benutzer erscheint bei dieser User Story möglicherweise gleich ein Touchscreen vor dem geistigen Auge, auf dem man Vorträge kategorisiert und sortiert und so zu einer Liste von interessanten Vorträgen kommt. Vielleicht ist das auch genau das Szenario, das der Product Owner in vorangegangenen Nutzertests extrahiert hat. Und vielleicht ist es auch mit den heutigen technischen Möglichkeiten so einfach, dass das Entwicklungsteam nur müde lächelt. Aber nehmen wir einmal an, zumindest Letzteres wäre nicht so. Welche Möglichkeiten hätte man, das Feature trotzdem in einer einfacheren Variante umzusetzen? Hier einige Vorschläge, die in jeder Ausbaustufe nutzbar sind:

- Notizblockfunktion, um interessante Vorträge zu notieren
- Setzen eines Lesezeichens auf einen interessanten Vortrag
- Markieren von Vorträgen in einer Liste als Favorit, Anzeige in der Favoritenliste
- Drag & Drop von Vorträgen aus der Programmübersicht in die Favoritenliste
- Drag & Drop von Vorträgen aus der Programmübersicht in einen Kalender, Warnung bei Terminüberschneidungen

Zerlegen nach Aufwand

Als Konferenzbesucher möchte ich die Konferenzgebühr per Kreditkarte bezahlen, um nicht mit den Taschen voller Bargeld herumlaufen zu müssen.

Als Akzeptanzkriterien nennt der Product Owner Visa, Master Card, Diners Club und American Express.

Der erste Impuls ist hier meist, die User Story in vier Stories aufzuteilen, je eine für jede Kreditkarte. Spätestens im Estimation bekommt man jedoch Schwierigkeiten, denn konsequenterweise müssten alle User Stories ähnlich komplex geschätzt werden. Tatsächlich wird es aber so sein, dass die generelle Infrastruktur bereits mit der ersten

Story aufgesetzt wird und anschließend von den anderen genutzt wird. Das heißt, eine User Story müsste deutlich größer sein als die anderen, aber welche wird die erste sein?

Man kann sich aus diesem Dilemma befreien, indem man aus der obigen User Story zwei statt vier Stories macht.

Story 1: Als Konferenzbesucher möchte ich die Konferenzgebühr mit genau einer Kreditkarte (Visa, MC, DC, Amex) bezahlen, um nicht mit den Taschen voller Bargeld herumlaufen zu müssen.

Diese Story schafft die technischen Voraussetzungen. Dabei ist es zum Zeitpunkt der Schätzung egal, welche Karte genutzt werden soll, dies kann kurzfristig festgelegt werden.

Mit einer zweiten User Story werden alle anderen Zahlungsmöglichkeiten per Kreditkarte umgesetzt. Dabei wird vorausgesetzt, dass die erste Story bereits erledigt wurde:

Story 2: Als Konferenzbesucher möchte ich die Konferenzgebühr mit einer beliebigen Kreditkarte (Visa, MC, DC, Amex) bezahlen, um nicht mit den Taschen voller Bargeld herumlaufen zu müssen.

Die beiden neuen User Stories sind zugegebenermaßen nicht unabhängig (I von INVEST), jedoch tritt die Abhängigkeit sehr viel deutlicher hervor als bei der Trennung in vier User Stories.

Zerlegen nach Komfort

Als Inhaltsverantwortlicher für die Applikation möchte ich Inhalte auf einfache Art und Weise managen können, um sie für den Benutzer immer auf dem aktuellen Stand zu halten.

Bei dieser User Story erkennt selbst der untrainierte Betrachter, dass es sich dabei um ein Fass ohne Boden handeln kann. Ein erster Schritt der Trennung besteht darin, den Begriff »**managen**« aufzuspalten:

Als Inhaltsverantwortlicher für die Applikation möchte ich Inhalte auf einfache Art und Weise ***erzeugen*** können.

Als Inhaltsverantwortlicher für die Applikation möchte ich Inhalte auf einfache Art und Weise ***bearbeiten*** können, um Änderungen kurzfristig einpflegen zu können.

Als Inhaltsverantwortlicher für die Applikation möchte ich Inhalte auf einfache Art und Weise ***löschen*** können.

Als Nächstes sehen wir uns die Formulierung »**auf einfache Art und Weise**« an. Hier kann man leicht qualitativ unterscheiden, indem man zunächst eine SQL-Kommandozeile anbietet, in einem zweiten Schritt vorformulierte Skripte auf dem Server bis letztendlich hin zu einer weltweit und von jedem Gerät erreichbaren Weboberfläche.

Auch die Erzeugung von Inhalten kann noch weiter zerlegt werden, z.B. in zunächst manuelle Eingabe über den Import von Excel-Dateien bis hin zur automatischen Einarbeitung eines Feeds.

Zerlegen nach Benutzerrolle

Als Benutzer der Applikation möchte ich im Fehlerfall eine aussagekräftige Fehlermeldung angezeigt bekommen, sodass ich sofort erkenne, wie ich weiter vorgehen kann.

Diese User Story ist offensichtlich sehr allgemein gehalten. Je nach Perspektive des Betrachters drängen sich sofort ein paar Fragen auf:

- Welcher Arten von Fehlermeldungen sind gemeint?
- Welche Benutzer sind gemeint?
- Wie sollen die Fehlermeldungen angezeigt werden?

Möglicherweise werden alle diese Fragen bereits durch die Akzeptanzkriterien beantwortet. Sinnvoll kann jedoch eine Aufspaltung der User Story nach der Benutzerolle in die folgenden drei Stories sein:

Als Benutzer der iPhone- oder Webapplikation möchte ich im Fehlerfall eine aussagekräftige Fehlermeldung angezeigt bekommen, sodass ich sofort erkenne, wie ich weiter vorgehen kann.

Als Supportmitarbeiter möchte ich vom anrufenden Benutzer eine eindeutige Fehler-ID genannt bekommen, um dem Anrufer schnell und zielgerichtet helfen zu können.

Als Entwickler der Applikation möchte ich, dass die Applikation im Fehlerfall ausführliche Stack-Traces mit Fehler-IDs und Zeitpunkt des Auftretens protokolliert, damit ich einem gemeldeten Fehler schnellstmöglich auf die Spur komme.

Zerlegen nach Performance

Als Konferenzbesucher möchte ich die Vorträge nach bestimmten Stichworten durchsuchen, um Vorträge für meine persönlichen Interessen zu finden.

Um die mögliche technische Komplexität aus dieser User Story herauszunehmen, könnte man sie unter Performanceaspekten teilen:

- langsam, Ergebnis nach 15 Sekunden reicht, in der Zwischenzeit wird eine Suchanimation gezeigt
- schnell, das Ergebnis steht nach spätestens zwei Sekunden zur Verfügung

Zerlegen nach Forschungsanteil

Manchmal trifft man auf User Stories, die eine große Unsicherheit beinhalten, weil das Entwicklungsteam zurzeit noch keine Idee hat, wie die User Story umgesetzt werden soll. Dies kann zum Beispiel an einer dem Team noch unbekannten Technologie liegen, an unbekannten Schnittstellen oder auch an noch nicht getroffenen Architekturentscheidungen. In solch einem Fall kann man die User Story in einen Forschungsteil und einen Implementierungsteil aufteilen. Bemühen wir noch einmal unser Beispiel mit der Kreditkarte.

> *Als Konferenzbesucher möchte ich die Konferenzgebühr mit genau einer Kreditkarte (Visa, MC, DC, Amex) bezahlen, um nicht mit den Taschen voller Bargeld herumlaufen zu müssen.*

Der Forschungsteil dieser User Story würde die Frage »Wie binden wir unser System an das Kreditkartensystem an?« beantworten, während der Implementierungsteil auf der Antwort aufsetzt und damit viel klarer wird.

> **Praxistipp:**
>
> Vereinbaren Sie mit dem Entwicklungsteam eine Timebox für Forschungs-Stories, wie beispielsweise drei Stunden oder einen Tag. Erfahrungsgemäß verliert man hier sehr schnell den Fokus, weil so viele interessante Dinge auftauchen, die aber genau genommen nichts mit der vorliegenden Aufgabe zu tun haben.

Daumenregeln für die Zerlegung von User Stories

Oft wird man vor der Situation stehen, dass man eine User Story nach mehreren der oben genannten Methoden schneiden kann. Dann stellt sich die Frage, welche Aufteilung man wählen sollte. Wir richten uns nach den folgenden Daumenregeln.

- **Wähle die Aufteilung, die es ermöglicht, auf Teile der User Story zu verzichten.** Das 80:20-Prinzip besagt, dass der größte Geschäftswert einer User Story aus einem relativ kleinen Teil der Funktionalität entsteht. Wenn eine Teilungsvariante geringwertige Funktionalität enthüllt und eine andere nicht, liegt der Verdacht nahe, dass Aufwand in den Stories versteckt ist, der letztendlich dem Benutzer keinen Mehrwert mehr bietet. In diesem Fall ist es meistens besser, mit der 80:20-Lösung zu gehen und auf einen Teil der Anforderung zu verzichten.

- **Wähle die Aufteilung, die mehr ähnlich große User Stories liefert.** Eine User Story mit acht Story Points in vier User Stories mit je zwei Story Points zu splitten ist besser als zwei User Stories mit drei und fünf Story Points. Der Product Owner bekommt so mehr Freiraum beim Priorisieren einzelner Teile der Gesamtfunktionalität.

Wenn schließlich alle Backlog Items (bzw. User Stories) vorliegen, kann man zum Schätzen übergehen. Um das Team dabei zu unterstützen, setzen wir die im Folgenden beschriebene Things-that-matter-Matrix ein.

4.2.6 Things-that-matter-Matrix

Wie war das gleich noch mal?

Im Sprint Planning besprach das Team ein Backlog Item, dessen Beschreibung elektronisch vorlag und das Finn an die Wand projiziert hatte. Dann folgte das nächste, das nächste, das nächste, bis alle relevanten Backlog Items für den Sprint besprochen waren. Am Ende fragte Finn, welche Backlog Items das Team in den Sprint übernehmen will, und plötzlich ging es los: »Kannst du das Item XY noch mal kurz zeigen?«, »Gehörten da eigentlich die Designs dazu?«, »Für Item YZ war nur ein Smoketest notwendig, richtig?«.

Glücklicherweise hatte Finn im Rahmen eines Big-Picture-Workshops zu Beginn des Projekts gemeinsam mit Casper und dem Entwicklungsteam alle Backlog Items besprochen und die für das Team wichtigen Informationen in einer Matrix festgehalten. Vor dem Sprint Planning hatte er die damals dokumentierten Informationen für die vorgesehenen Backlog Items auf einem Flipchart zusammengeschrieben und an die Wand gehängt. Auf einen Blick kann das Entwicklungsteam nun erkennen, welche Backlog Items voraussichtlich einen besonders hohen Testaufwand haben, ob es externe Abhängigkeiten gibt und vieles mehr.

Während des Estimation oder des Sprint Planning fällt uns häufig auf, dass ein Team Backlog Items zum Vergleich heranzieht, über die wir gerade vor ein paar Minuten gesprochen haben. Das ist einerseits sehr gut, da wir die Teammitglieder immer wieder ermutigen, Backlog Items zueinander in Beziehung zu setzen, andererseits führt der permanente Wechsel zwischen den Backlog Items auch dazu, dass man ggf.

den Fokus verliert. Als visuelles Hilfsmittel für das Team haben wir die »Things-that-matter-Matrix« (TTM-Matrix) von [URL:King] schätzen gelernt. Sie strukturiert die Backlog Items in einer übersichtlichen Tabelle und hilft dem Team dabei, ein besseres Gefühl für die Backlog Items zu entwickeln und sie auf einer selbst definierten Ebene miteinander zu vergleichen.

Vorbereitungen

Es wird eine Tabelle auf ein Flipchart gezeichnet, und in die erste Spalte werden die IDs der Backlog Items eingetragen. Alle weiteren Spalten enthalten noch keine Überschriften. Zu Beginn des Workshops, in dem die TTM-Matrix erstellt werden soll, erklärt der Scrum Master den Aufbau und das Ziel der Matrix und bittet das Team, sich für einige Kategorien zu entscheiden, die als Spaltenbeschriftungen eingetragen werden. Dies können zum Beispiel Programmiersprachen, andere Teams oder technische Abstraktionsebenen sein, die dem Team helfen, die Komplexität der Items einzuschätzen. Abbildung 4–17 zeigt ein Beispiel einer leeren TTM-Matrix.

	BACKEND	CSS	JAVASCRIPT	TESTVORBEREITUNG	TESTDURCHFÜHRUNG	UX DESIGN	UX QA
1546							
1593							
1657							
1532							
1534							
1567							
1708							
1579							
1536							

Abb. 4–17
Leere TTM-Matrix

Um kenntlich zu machen, dass eine Kategorie für ein Backlog Item relevant ist, wird bei der Besprechung der einzelnen Backlog Items ein Kreuz in das entsprechende Feld eingetragen. Eine ausgefüllte Tabelle kann dann etwa aussehen wie die in der nachfolgenden Abbildung 4–18.

	BACKEND	CSS	JAVASCRIPT	TESTVORBEREITUNG	TESTDURCHFÜHRUNG	UX DESIGN	UX QA
1546	X			X	X		
1593	X	X	X		X		X
1657		X	X			X	X
1532	X			X	X		
1534		X	X	X	X		X
1567	X	X					
1708	X				X		
1579	X				X		
1536		X	X	X	X		

Abb. 4–18
Einfache TTM-Matrix

Sowohl während des Schätzens als auch während des Sprint Planning hilft die Matrix dem Team dabei, die Komplexität einzelner Backlog Items herauszuarbeiten und zu bewerten. Es ist klar ersichtlich, welche Bereiche berührt werden, ob es in einem Bereich zu einer besonders hohen Arbeitsbelastung kommen könnte, ob externe Unterstützung notwendig sein wird, ob es Abhängigkeiten zu anderen Backlog Items gibt und eine Menge mehr.

Praxistipp:

Die in Abbildung 4–18 gezeigte Matrix stellt eine recht einfache Variante dar. Wenn man die Felder nicht nur ankreuzt, sondern beispielsweise mit T-Shirt-Größen S bis L oder einer beliebigen anderen Skala versieht, erhält man einen besseren Überblick, wie intensiv die einzelnen Bereiche betroffen sind (vgl. Abb. 4–19).

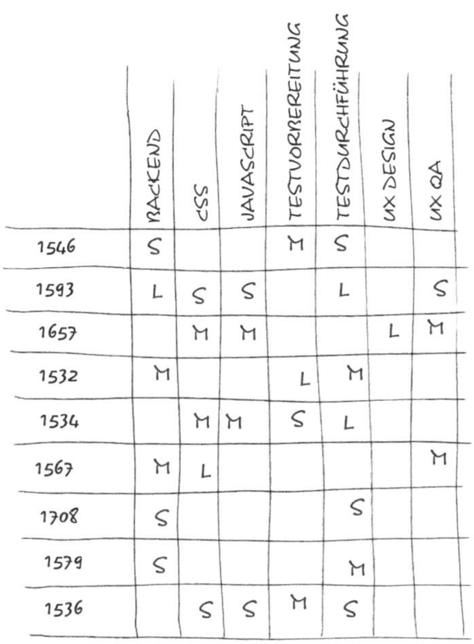

Abb. 4–19
TTM-Matrix mit Aufwandsschätzungen

Wir empfehlen die Variante mit T-Shirt-Größen, da sie mit geringfügig mehr Aufwand zu Beginn einen großen Mehrwert im Laufe der späteren Sprint Plannings bietet.

4.2.7 Technische Backlog Items

In vielen Teams wird diskutiert, ob es technische Backlog Items geben darf und ob diese Bestandteil des Product Backlog sein sollten. Diese Backlog Items enthalten zum Beispiel Themen wie das Aufsetzen einer Demonstrationsumgebung, die Verbesserung der Datenbankperformance, die Ausfallsicherheit des Systems usw. Der Scrum Guide [URL:Schwaber] legt sich im Abschnitt »Product Backlog« dazu nicht eindeutig fest, dort ist zu lesen:

> *»Das Product Backlog ist eine geordnete Liste mit allem, was in dem Produkt benötigt werden könnte. [...] Das Product Backlog führt alle Features, Funktionen, Anforderungen, Verbesserungen und Fehlerbehebungen auf, welche die Änderungen an dem Produkt in zukünftigen Auslieferungen ausmachen.«*

In der Konsequenz findet man teilweise technische Backlogs, die diese Backlog Items enthalten. Manchmal sind diese aber auch Bestandteil des Product Backlog. In beiden Fällen ist jedoch für einen Außenstehenden in diesen Backlog Items kein offensichtlicher Mehrwert erkennbar. Und wie soll ein Product Owner technische Backlog Items wie Ausfallsicherheit priorisieren? Manche Teams reservieren dafür in den Sprints einen Teil ihrer Kapazität, sodass an diesen Themen gearbeitet werden kann.

Da wir jedoch in der Regel mit User Stories arbeiten, bevorzugen wir den von Ralf Wirdemann in [Wirdemann 2011] beschriebenen Weg, technische Anforderungen in User Stories umzuformulieren. Der Vorteil liegt darin, dass die Backlog Items dann einen erkennbaren Mehrwert liefern und vom Product Owner problemlos priorisiert werden können. Dazu bedient man sich unter anderem des Tricks, Hilfsrollen wie zum Beispiel »CTO« oder »Vertriebsmitarbeiter« hinzuzunehmen, die zwar keine Benutzer des Systems sind, es aber ermöglichen, die Anforderung werthaltig und priorisierbar zu machen:

> *Als Vertriebsmitarbeiter möchte ich einem potenziellen Kunden die Anwendung auf einem Demosystem zeigen, um ihn von den Vorteilen für sein Unternehmen zu überzeugen.*

Ein häufig diskutiertes Thema in den Teams sind Refactorings bzw. der Abbau technischer Schulden. In einem Projekt sollten sich eigentlich keine technischen Schulden entwickeln können, allerdings hat man in den wenigsten Fällen die Chance, ein Produkt »auf der grünen Wiese« zu entwickeln. Meist erweitert man ein bestehendes System und »erbt« die technischen Schulden. Wenn für ein Backlog Item beispielsweise alter Code angepasst werden muss, der so unübersichtlich ist, dass das Neuentwickeln sinnvoller und weniger fehlerträchtig erscheint als das Ändern, ermutigen wir unsere Teams dazu, diese Dinge offen anzusprechen und in die Schätzung des Backlog Items einfließen zu lassen. Dies kann natürlich bedeuten, dass eine vermeintlich kleine Änderung jetzt einen erheblichen Aufwand nach sich zieht. In der Regel lässt sich ein Product Owner durch die Vorteile wie bessere spätere Wartbarkeit, geringere Fehlerwahrscheinlichkeit, Wiederverwendbarkeit, Testbarkeit usw. schnell überzeugen.

Von dem oben angesprochenen technischen Backlog raten wir grundsätzlich ab. Das Prinzip des Product Backlog ist es, alle Anforderungen in einem Backlog zu bündeln. Jede zusätzliche Quelle von Anforderungen fördert die Unübersichtlichkeit. Und wo schon zwei Backlogs existieren, ist ein drittes nicht mehr weit entfernt.

4.2.8 Häufige Probleme

Das Product Backlog ist nicht öffentlich sichtbar

Viel zu oft fristen Product Backlogs ein Schattendasein. Sie werden in den Tiefen des lokalen Benutzerverzeichnisses des Product Owners versteckt und dürfen manchmal zu Backlog Groomings oder Sprint Plannings ans Tageslicht.

Damit ein Product Backlog seine Kraft entfalten kann, muss es sichtbar sein. Die Mitglieder des Entwicklungsteams müssen jederzeit in der Lage sein, das aktuell in Arbeit befindliche Backlog Item im Kontext zu sehen und sich über geplante, das aktuelle Backlog Item möglicherweise beeinflussende Backlog Items zu informieren. Mindestens alle Stakeholder, besser noch alle Mitarbeiter im Haus sollten das Product Backlog einsehen können.

Praxistipp:

Drucken Sie die Spalten ID, Epic und Beschreibung (vgl. Abschnitt 4.2.1) des Product Backlog möglichst groß aus und hängen Sie es an einer zentralen Stelle aus, zum Beispiel in der Kaffeeküche, im Eingangsbereich oder im Pausenraum. Noch einfacher ist es, wenn sie Story Maps verwenden, weil dann der Fluss durch das System und die Zuordnung zu Epics noch deutlicher werden. Aktualisieren Sie diese Aushänge nach jedem Review, damit jeder sehen kann, welche Fortschritte es gibt.

Das Product Backlog ist nicht weit genug im Voraus durchdacht

Durch die iterative Vorgehensweise von Scrum werden neue Erkenntnisse und Feedback früh in den Entwicklungsprozess eingebracht und adaptiert. Dies führt auch dazu, dass noch nicht alle Anforderungen bis zum Projektende sauber durchdacht und formuliert wurden. Nichtsdestotrotz sollte der Product Owner dem Team in seiner Planung und Ausarbeitung des Product Backlog immer zwei bis drei Sprints voraus sein, um bei unerwarteten Hindernissen handlungsfähig zu sein und andere Backlog Items vorziehen zu können.

Erstaunlicherweise treffen wir oft auf Scrum-Teams, in denen der Product Owner gerade mal den aktuellen Sprint geplant hat, sich während dieses Sprints um den nächsten kümmern will und dazu sogar noch Unterstützung vom Team benötigt. Die Gründe dafür sind vielfältig, es geht von Zusatzaufgaben in der Linie über unzählige Abstimmungsmeetings mit anderen Product Ownern bis hin zu Doppelfunktionen (Product Owner und Abteilungsleiter).

Praxistipp:

Arbeiten Sie gemeinsam mit dem Product Owner, um diese Zeitfresser aufzudecken. Machen Sie diese transparent, zeigen Sie die Konsequenzen eines für das Entwicklungsteam nicht verfügbaren Product Owners auf und machen Sie klar, dass so die Vorteile eines Vorgehens mit Scrum nicht zur Geltung kommen. Verweisen Sie auf das Risiko, dass das Entwicklungsteam ohne entsprechende Vorbereitung durch den Product Owner möglicherweise demnächst nicht mehr effizient auf das Projektziel hinarbeiten kann, was Auswirkungen auf den geplanten Releasetermin haben kann.

Die Backlog Items sind zu detailliert beschrieben

Besonders Teams mit einer Historie in traditionellen Projektmanagementmethoden neigen oft dazu, spätestens im Sprint Planning vom Product Owner perfekt ausspezifizierte Anforderungen zu erwarten. Unerfahrene Scrum Master und Product Owner steuern oft nicht gegen, sodass an dieser Stelle die Kraft der Kommunikation und des schnellen Feedbacks verloren geht. Darüber hinaus verschanzen sich solche Teams oft auch hinter dem »geschützten Sprint« und verweigern kurzfristige Anpassungen mit Hinweis auf die Spezifikation.

Praxistipp:

Bei den User Stories wird es durch das mittlere »C« sehr schön deutlich: Kommunikation ist ein wesentlicher Bestandteil eines Backlog Items. Führen Sie Ihr Team durch die Grundlagen von Backlog Items, erläutern Sie, warum sie eben nicht komplett ausspezifiziert sein müssen. Verweisen Sie auch auf die Schätzungen, die ja per Definition nur relativ grob sind, eben weil in jedem Backlog Item eine gewisse Unsicherheit steckt.

Das Team ist nicht in die Erstellung der User Stories eingebunden

Manche Product Owner interpretieren ihre Rolle so, dass sie allein für das Product Backlog verantwortlich sind. Dies führt dazu, dass sie akribisch über das Product Backlog wachen und sämtliche Backlog Items allein schreiben. Dabei geht natürlich das Wissen des Entwicklungsteams nicht in das Produkt ein. Das Entwicklungsteam arbeitet täglich an dem Produkt, testet es, beschäftigt sich inhaltlich damit. Selbst wenn es nicht zur späteren Zielgruppe gehört, kann es doch gute Hinweise zur Benutzbarkeit geben oder sogar eigene Produktideen vorschlagen.

Praxistipp:

Weisen Sie in der beschriebenen Situation den Product Owner darauf hin, dass sich seine Verantwortung auf die Existenz und die Priorisierung des Product Backlog beschränkt und dass es durchaus sinnvoll ist, das Team einzubinden. Führen Sie die oben beschriebenen Anforderungsworkshops durch (vgl. Abschnitt 4.2.2) und sorgen Sie für regelmäßig stattfindende Backlog Groomings.

User Stories sind nicht aus der Sicht des Benutzers geschrieben

Wie in Abschnitt 4.2.3 erwähnt, sollen User Stories aus der Sicht eines Benutzers geschrieben werden. Vereinzelt trifft man aber auch auf User Stories nach dem Muster:

Als Product Owner möchte ich, dass die Funktionalität XY umgesetzt wird, damit sie dem Benutzer zur Verfügung steht.

Hier hat offensichtlich jemand eine User Story geschrieben, weil es eben so gefordert war. Dabei wurde das ursprüngliche Backlog Item in die User-Story-Struktur gepresst, ohne den Sinn und Wert einer User Story zu verstehen.

Praxistipp:

Sorgen Sie dafür, dass der Schreiber dieser vermeintlichen »User Stories« ein entsprechendes Training bekommt. Konfrontieren Sie auf keinen Fall das Team mit dieser Form der Anforderung; ein gutes Team wird sie umgehend ablehnen, weil sie nicht aus der Sicht eines Benutzers geschrieben ist. Arbeiten Sie gemeinsam mit dem Product Owner an einer Überführung der Anforderungen in korrekte User Stories.

User Stories enthalten keinen Wert für den Benutzer

Wert für den Benutzer zu schaffen ist eines der wichtigsten Ziele von Scrum. Daher sollte aus jeder Anforderung klar erkennbar sein, welchen Wert sie bietet. User Stories verfügen daher über den »sodass«- oder »um zu«-Teil, der diesen Wert beschreibt. Oft wird der aber weggelassen, weil sich der Wert vermeintlich von allein erschließt oder weil tatsächlich kein benennbarer Wert vorhanden ist.

Praxistipp:

Ermutigen Sie das Entwicklungsteam, den Wert von User Stories für den Benutzer zu hinterfragen. Wenn der Product Owner den Wert nicht darlegen kann, ist es völlig legitim, die Existenz der User Story in Frage zu stellen. Meist helfen hier schon die oben beschriebenen Zerlegungstechniken für User Stories (vgl. Abschnitt 4.2.5).

4.2.9 Checklisten

Product Backlog

- DEEP-Kriterien beachten
- Product Backlog nicht überstrukturieren, um den Pflegeaufwand gering zu halten
- Backlog Items nicht zu detailliert spezifizieren, um Raum für Ideen und Kommunikation zu lassen
- Sichtbarkeit und leichte Erreichbarkeit sicherstellen
- Mitarbeit des ganzen Scrum-Teams sicherstellen
- Product Backlog für zwei bis drei Sprints im Voraus aktuell halten

Anforderungsworkshops

- **Generell**
  - Art des Workshops festlegen (Produktgestaltung, Big Picture, ...)
  - Klare Zielvorstellung formulieren und kommunizieren
  - Agenda festlegen und kommunizieren
  - Moderationstechniken planen und vorbereiten
  - Benötigte Hilfsmittel für die Moderation bereitstellen
- **Produktgestaltung**
  - Vorhandensein der Vision sicherstellen
  - Hinreichend Zeit einplanen, ggf. sogar mehrere Tage, um das bestmögliche Ergebnis zu erzielen
  - Workshop außerhalb der Firma durchführen, um Störungen zu vermeiden
  - Workshop frühestmöglich durchführen, um das Entwicklungsteam frühzeitig einzubinden
- **Big Picture**
  - Vorhandensein der Vision sicherstellen
  - Vorhandensein eines Entwurfs für ein Product Backlog sicherstellen, ggf. mittels eines Produktgestaltungsworkshops

User Stories

- INVEST-Prinzip berücksichtigen
- Zerlegungstechniken für User Stories anwenden
- Card, Conversation, Confirmation (CCC-Kriterien) berücksichtigen
- Keine User Story ohne Akzeptanzkriterien schreiben

Story Maps

- Epics ermitteln
- Epics in eine sequenzielle Reihenfolge bringen
- Pro Epic zugehörige User Stories ermitteln
- User Stories nach Wichtigkeit sortiert unter den Epics anordnen
- Walking Skeleton festlegen und zugehörige User Stories farblich markieren
- Story Map öffentlich aushängen, um Transparenz über den Projektumfang herzustellen
- Erledigte User Stories auf der Story Map markieren, um den Fortschritt aufzuzeigen

TTM-Matrix

- Hinreichend Flipcharts mit Tabellen vorbereiten
- Zu Beginn Kategorien beim Entwicklungsteam abfragen
- Backlog Item für Backlog Item vom Product Owner erklären lassen, Kategorien vom Team beurteilen lassen, Ergebnisse auf den Flipcharts dokumentieren
- Prüfen, ob gleiche Schätzungen ähnliche Muster in der TTM-Matrix haben, ggf. nachfragen
- TTM-Matrix für das Team sichtbar aushängen oder zumindest im Wiki sichtbar machen

4.3 Schätzungen

Der Product Owner benötigt Schätzungen, um seine Planung vorzubereiten und gegenüber den Stakeholdern auskunftsfähig zu sein. Für das Team ist die Planung der nächsten Schritte wichtig, denn es will auf ein gemeinsames Ziel, eine Vision, hinarbeiten und Klarheit erhalten. Auch die Organisation oder der Kunde verlangt Transparenz, da sie daran interessiert sind, was als Nächstes umgesetzt wird und bis wann. Dafür sind für den Product Owner zwei Werte interessant:

- Die Größe der Backlog Items, die durch Schätzungen ermittelt wird. Er erkennt daran unter anderem, welche Backlog Items noch in kleinere Einheiten zerlegt werden müssen.
- Die Anzahl der Story Points, die in einem Sprint vom Team bearbeitet werden können, die sogenannte Velocity.

In Scrum liegt die Verantwortung für die Schätzungen beim selbstorganisierten Team, das im Mittel ca. 5–10% seiner Kapazität für diese Planungsaufgaben einsetzen sollte. Da jedoch jedes Entwicklungsteam das Prinzip »Selbstverantwortung« unterschiedlich schnell verinnerlicht, wirkt dieses Planen – mit dem viele Entwickler eigentlich gar nichts zu tun haben wollen – manchmal störend.

Stabile Rahmenbedingungen sind die Grundlage für die Einhaltung von Schätzungen. Die Komplexität, die gerade in der Softwareentwicklung enorm ist, kann sich durch ein ständig wechselndes und instabiles Umfeld erhöhen. Daher ist es notwendig, für klare Strukturen zu sorgen, die dem Team die Gewissheit geben, dass es Vergleiche zu bereits umgesetzten Backlog Items herstellen kann. Dieser Punkt ist sehr wichtig für das Funktionieren eines Teams, da es sich für die Fertigstellung verpflichtet und für die Umsetzung der Backlog Items einsteht. Diese Rahmenbedingungen zu schaffen ist Aufgabe des Scrum Masters.

Am Anfang heißt es daher oft, Überzeugungsarbeit zu leisten und offene Fragen aus dem Weg zu räumen. Es gilt dann immer wieder in Erinnerung zu rufen, dass alle als Team agieren und für die Entwicklung des Produkts zuständig sind, damit also auch für die Planung.

Wenn man sich mit Schätzungen auseinandersetzt, sollte man immer im Blick behalten, dass es sich nur um eine grobe Annahme auf Basis der verfügbaren Informationen handeln kann und niemals um eine konkrete Vorhersage der Zukunft.

4.3.1 Estimation

In einem Schätzmeeting (Estimation) schätzt das Entwicklungsteam die Größe der vom Product Owner vorgestellten Backlog Items anhand der Komplexität. Der Termin sollte insbesondere seitens des Product Owners gut vorbereitet sein. Es ist eine Aufgabe des Scrum Masters, den Product Owner darin zu unterstützen, ein sortiertes und ein öffentlich zugängliches Product Backlog zur Verfügung zu stellen.

Praxistipp:

Sorgen Sie dafür, dass die Backlog Items bereits vor dem Estimation mit einem oder mehreren Vertretern aus dem Entwicklungsteam in einem separaten Treffen mit dem Product Owner besprochen und zur Reife getrieben werden. Dies erleichtert im Anschluss das Schätzen der Anforderungen und reduziert den Zeitaufwand für den Rest des Teams. Hier können offene Fragen geklärt, Arbeiten aufgeteilt und nächste Schritte geplant werden, um für die Schätzung gewappnet zu sein.

Ein Estimation sollte nach Bedarf stattfinden, jedoch mindestens einmal in jedem Sprint. Hierzu ist eine Regelung mit dem Product Owner zu finden. In der Praxis haben sich zweiwöchentliche Sprints in vielen

Teams und Unternehmen durchgesetzt. Ein einstündiges Estimation pro Sprint-Woche ist eine gute Basis, um einen kontinuierlichen Informationsfluss, aktuelle Schätzungen und hinreichend Feedbackschleifen zu gewährleisten. In bereits fortgeschrittenen Projekten sind die Estimations oft auch Bestandteil der regelmäßigen Backlog Groomings (vgl. Abschnitt 5.4). Sollte Bedarf für weitere Estimations bestehen, können weitere Treffen eingeplant werden. Gerade in der Anfangsphase von Projekten ist der Bedarf oft größer.

Praxistipp:

Das Team sollte niemals während eines Estimation erstmalig mit neuen Backlog Items konfrontiert werden, denn sonst entsteht schnell das Gefühl »Wir sollen uns mal kurz was ansehen, dann etwas schätzen und wenn die Schätzung nachher nicht stimmt, kriegen wir Ärger.« Idealerweise wurden die Backlog Items gemeinsam mit dem Team schon einige Tage vorher erstellt.

Man sollte das Team über die regelmäßigen Estimations hinaus ermutigen, sich über die Backlog Items, die Architektur und das Design Gedanken zu machen. Diese Gedanken und Gespräche finden quasi immer und überall statt. Es gibt dazu keine formalen Vorgaben im Scrum Guide, jedoch hat sich ein wöchentliches Treffen des kompletten Scrum-Teams bewährt, in dem die nächsten Backlog Items durchgegangen werden. Meist erfolgt dies zusammen mit dem Estimation. Dies fördert eine Kultur des »eigenständigen Mitentwickelns«.

4.3.2 Schätzeinheiten

In der Literatur gibt es unterschiedliche Meinungen darüber, ob man den Aufwand oder die Komplexität schätzen sollte. Mike Cohn [Cohn 2005] empfiehlt das Schätzen in Tagen. Jeff Sutherland oder auch Boris Gloger halten an Story Points fest. Eine feste Vorgabe seitens des Scrum Guide gibt es nicht.

Wir bevorzugen das Schätzen anhand von Story Points aus folgenden Gründen:

- **Die Dauer der Umsetzung eines Backlog Items hängt stark davon ab, wer daran arbeitet.** In einem Scrum-Team verfügen in der Regel nicht alle Teammitglieder über die gleiche Erfahrung, sodass man für eine Aufwandsschätzung bereits während des Estimation festlegen müsste, wer das Backlog Item umsetzen soll. Das allerdings widerspricht dem Selbstorganisationsgedanken des Teams, das kurzfristig in der Lage sein muss, sich anders als geplant aufzustellen. Eine Schätzung in Komplexität ist immer eine Schätzung des gesamten Teams, nicht einer Einzelperson.

- **Menschen schätzen besser relativ als absolut.** Wenn man beispielsweise am Strand steht und aufs Meer schaut, kann man ziemlich leicht feststellen, ob eine Boje sich vor, hinter oder neben einem Schiff befindet. Man kann aber kaum mit hinreichender Gewissheit sagen, ob sich Schiff oder Boje 500 Meter oder 700 Meter vom Strand entfernt befindet. Schätzungen in Story Points bieten einen impliziten Puffer, wogegen eine stundenbasierte Schätzung von 4 Stunden nach 4,5 Stunden oft bereits kritisch hinterfragt wird. Ergebnisse von relativen Schätzungen wie beispielsweise in Story Points sind nachweislich genauer als absolute Schätzungen in Personentagen.
- **Die Grundannahme für Schätzungen sind keine Aufwände, sondern die relative Komplexität von Backlog Items zueinander.** Es geht um die Aussage, wie komplex ein Backlog Item im Verhältnis zu einem anderen Backlog Item ist, also um das relative Verhältnis von Anforderungen zueinander. Für die Ermittlung der Velocity des Teams ist es letztendlich egal, in welcher Einheit man schätzt, solange sie in sich konsistent ist und vom Entwicklungsteam gleichermaßen interpretiert wird und nicht mit der Velocity anderer Teams verglichen wird.

Story Points

Story Points sind eine Bezeichnung für eine abstrakte Größe, die die Komplexität eines Backlog Items beschreibt. Man könnte einen beliebigen Begriff benutzen, solange er nichts Messbares beschreibt. Wenn ein Backlog Item auf acht Story Points geschätzt wird, bedeutet dies einfach, dass ihm die Zahl 8 zugeordnet wird. Alle Backlog Items, die diesem in der Komplexität nahekommen, bekommen auch eine 8.

Leider werden wir immer noch oft gefragt, wie viele Personentage oder -stunden denn eine 8 bedeutet. Dies kann nicht für ein Team beantwortet werden und schon gar nicht generell, da eine 8 für jedes Team etwas anderes bedeutet und auch innerhalb eines Teams eine gewisse Bandbreite vorhanden ist. Nach einigen Sprints kann man eine Tendenz erkennen, dass ein Team beispielsweise im Mittel 28 Story Points je Sprint umsetzt, aber selbst dies ist in Bezug auf Tage oder Stunden eine nicht verwertbare Information, da sich dies mit jeder Veränderung im Umfeld des Teams und der Anzahl der Netto-Sprint-Arbeitsstunden ändern kann.

Personentage oder -stunden

Aus dem traditionellen Projektmanagement kennt man noch die Schätzungen in Tagen oder sogar Stunden. Dabei wird für ein bestimmtes Arbeitspaket (in unserem Fall: Backlog Item) geschätzt, wie lange die Umsetzung dauern wird. Aus der Summe der Schätzungen wird anschließend der Gesamtaufwand berechnet.

T-Shirt-Größen

Einige Teams ordnen den Backlog Items sogenannte T-Shirt-Größen zu, um sich komplett von Zahlen zu lösen. Man benutzt dazu meist die folgenden Werte: XS, S, M, L, XL, XXL.

Dies ist eine schöne Variante, wenn man verhindern möchte, dass Zahlenwerte implizit doch wieder auf Personentage umgerechnet werden. Allerdings werden die Abstände zwischen den Schätzwerten nicht deutlich, und eine Velocity lässt sich auch nur berechnen, wenn man die T-Shirt-Größen wieder auf Zahlenwerte umrechnet.

4.3.3 Schätzskalen

Wie auch bei den Einheiten gibt es bei den Skalen keine Vorgaben in Scrum. Im Folgenden stellen wir Ihnen ein paar Skalen vor, die sich bewährt haben.

> **Praxistipp:**
>
> Welche Skala Sie auch wählen, schränken Sie die Anzahl der verfügbaren Kategorien ein. Die Fibonacci-Reihe beispielsweise kennt 10 unterschiedliche Schätzwerte, die unserer Erfahrung nach keinen Sinn ergeben, da insbesondere die großen Werte so sehr mit Unsicherheit und Risiken behaftet sind, dass sie wertlos sind. Wir haben gute Erfahrungen mit der Beschränkung auf vier bis maximal sechs Kategorien gemacht.

Fibonacci-Reihe

Die 2005 von Mike Cohn [Cohn 2005] eingeführte modifizierte Fibonacci-Reihe ist nach wie vor der Klassiker der Schätzskalen. Sie lautet 0, 1, 2, 3, 5, 8, 13, 20, 40, 100. Man erkennt leicht, dass die Abstände mit der Höhe der Werte immer weiter auseinanderliegen. Dies liegt daran, dass jede Zahl keinen absoluten Wert darstellt, sondern einen Bereich und dass mit steigender Komplexität auch das Risiko und die Unsicherheit größer werden. Eine 8 bedeutet beispielsweise »irgendwo zwischen 5 und 13«, während eine 20 »irgendwo zwischen 13 und 40« bedeutet. Ein Vorteil dieser numerischen Skala ist der, dass man damit eine Velocity berechnen kann. Die Fibonacci-Reihe ist unser Favorit, allerdings lassen wir die 0 komplett weg und beschränken uns auf Werte bis maximal 13, manchmal sogar nur bis 8.

Lineare Skala

Relativ selten kommt eine einfache lineare Skala zum Einsatz, z.B. 1, 2, 3, 4, 5, 6. Wie auch die T-Shirt-Größen zeigt sie nicht, wie viel größer ein Backlog Item ist, das sich in einer höheren Kategorie befindet. Weiterhin neigt man sehr schnell dazu, wieder in die Schätzung in Personentagen zurückzufallen, indem die Backlog Items entsprechend klein geschnitten werden, sodass sie maximal sechs Personentage dauern.

Zweierpotenzen (Powers of Two)

Diese Variante wird manchmal genutzt, um eine klare Abgrenzung zwischen den Werten zu haben (vgl. Abb. 4–20). Die Einordnung in die jeweils nächsthöhere Kategorie bedeutet »Das Item ist doppelt so komplex wie die Backlog Items der niedrigeren Kategorie«.

Abb. 4–20
Zweierpotenzen

ZWEIERPOTENZ	WERT
2^0	1
2^1	2
2^2	4
2^3	8
2^4	16
2^5	32

Es gibt viele Möglichkeiten, Schätzwerte für Backlog Items zu ermitteln. Am bekanntesten und verbreitetsten ist Planning Poker, das von James Grenning als Erstem beschrieben und später von Mike Cohn [Cohn 2005] populär gemacht wurde. Planning Poker werden wir aufgrund seines hohen Bekanntheitsgrades nicht weiter vertiefen, es kann bei Roman Pichler [Pichler 2008] nachgelesen werden.

Beim Schätzen von Backlog Items geht es um das Erzielen eines Konsenses innerhalb des Teams. Schätzverfahren lassen sich im Wesentlichen in folgende Gruppen einordnen:

- **Zuordnung von Schätzwerten zu Backlog Items.** Hier wird ein Backlog Item einzeln besprochen und vom Team mit einem Schätzwert versehen. Zu dieser Gruppe gehört zum Beispiel Planning Poker.

- **Zuordnung von Backlog Items zu Schätzwerten.** Bei dieser Gruppe liegen die Schätzwerte offen aus, und die Backlog Items werden ihnen zugeordnet. So funktioniert zum Beispiel Magic Estimation.
- **Zuordnung von Backlog Items zu Backlog Items.** Schätzwerte werden anfangs nicht genutzt, sondern die Backlog Items werden direkt zueinander in Relation zueinander gesetzt und die Gruppen erst am Ende mit Schätzwerten versehen. Das Team Estimation Game ist ein Beispiel für diese Gruppe.

4.3.4 Initiale Schätzverfahren

Schock im Kick-off

Gleich zu Beginn des Kick-offs präsentierte Casper seine Vision und schaffte es, dass das ganze Team Feuer und Flamme für die neue App war. Auch Casper selbst hatte sich in den letzten Tagen schon viele Gedanken gemacht und informierte das Team, dass er bereits ein Product Backlog mit 150 Backlog Items geschrieben hatte, die er möglichst bald mit dem Team schätzen wollte.

Schlagartig änderte sich die Stimmung im Raum. Die Euphorie war dahin. Finn bemerkte dies natürlich sofort und hakte nach. Dabei kam heraus, dass die Teammitglieder bisher nur Planning Poker als Schätzverfahren kannten und schlechte Erfahrungen damit gemacht hatten. Estimations arteten in technische Diskussionen aus, Teammitglieder hielten sich zurück, weil sie nicht mehr wussten, worum es ging, oder weil sie den Termin mit ihrer Beteiligung nicht unnötig verlängern wollten. Viele Schätzungen wurden nach zehn Minuten abgebrochen, weil das Team sich nicht einigen konnte. Selbst mit einem gut strukturiert durchgeführten Estimation würden sie mit Planning Poker zwei bis drei Tage allein für das Schätzen benötigen. Und im Endeffekt wären die Schätzungen sowieso nur sehr grob und müssten später verifiziert werden, also warum sollte man sich das antun?

Als erfahrener Scrum Master konnte Finn die Kollegen glücklicherweise sofort beruhigen. Er versprach, dass sie für die initiale Schätzung kein Planning Poker spielen würden und dass sie die 150 Backlog Items innerhalb von zwei bis drei Stunden geschätzt haben würden. Das Team vertraute Finn und seiner Erfahrung, und das Kick-off konnte gutgelaunt fortgesetzt werden.

Zu Beginn eines neuen Projekts kommt es oft vor, dass der Product Owner vorgearbeitet hat und ein Product Backlog mit mehr als 100 Backlog Items präsentiert. Da es sich in den meisten Fällen um Backlog Items handelt, in deren Erstellung das Team nicht eingebunden war, sind diese Items in der Regel noch recht oberflächlich und auch noch nicht zu Ende durchdacht. Aus diesem Grund empfiehlt es sich, Schätzverfahren einzusetzen, die zügig zu einer ersten, gemessen an der aktuellen Qualität der Backlog Items guten Einschätzung der Komplexität führen.

Praxistipp:

Unzureichend vorbereitete oder zu große Backlog Items können vom Team zurückgegeben werden. Es nützt niemandem, für unklare Anforderungen eine Fantasieschätzung abzugeben: Eine Schätzung um der Schätzung willen ist sinnlos.

In den Scrum-Trainings lernt man meist Planning Poker als universelle Schätzmethode kennen. Dabei ordnen die Teammitglieder den vom Product Owner vorgestellten Backlog Items so lange Komplexitätspunkte (Story Points) zu, bis das Team sich auf einen gemeinsamen Wert geeinigt hat. Zwischenzeitlich werden die Items immer wieder diskutiert. Dieses Verfahren ist per se gar nicht schlecht, weil es auf ein gemeinsames Verständnis des Backlog Items für alle Beteiligten abzielt.

Praxistipp:

Als Scrum Master sollte man darauf achten, wie sich Teammitglieder während des Estimation verhalten. Festzustellen ist häufig, dass einige eher eine passive Rolle einnehmen und andere den aktiven Part. Schätzungen sollten im Konsens des Teams gemeinsam entstehen und nicht als aufgezwängt wahrgenommen werden. In einigen Fällen ist es sogar sinnvoll, dass man ein Gespräch mit einem passiven Teilnehmer sucht, um die Gründe für seine Zurückhaltung zu ermitteln. Vielleicht ist er nicht in der Lage, das Problem zu verstehen, einfach nur schüchtern oder desinteressiert. In jedem Fall sind dies Gründe, denen nachgegangen werden sollte.

Unter den oben beschriebenen Umständen halten wir Planning Poker nicht für eine geeignete Methode. Zum einen dauert das Schätzen eines umfangreichen Backlogs sehr lange (10–15 Backlog Items pro Stunde sind ein erreichbarer Erfahrungswert), zum anderen haben die Items meistens noch nicht die Qualität, um sich detailliert mit ihnen auseinanderzusetzen. Warum auch sollte man seine Zeit damit verschwenden, sich Gedanken über Items zu machen, die möglicherweise gar nicht oder durch zwischenzeitliches Feedback stark verändert umgesetzt werden.

Praxistipp:

Estimations sollten immer in einer Timebox (vgl. Glossar) durchgeführt werden, damit die Konzentration erhalten bleibt und alle fokussiert mitarbeiten.

Die Vorsortierung des Product Backlog durch den Product Owner sorgt dafür, dass stets die aktuell wichtigsten Backlog Items zuerst geschätzt werden.

Wir stellen Ihnen zwei Verfahren vor, mit denen man umfangreiche Product Backlogs sehr schnell und effektiv schätzen kann.

Team Estimation Game

Das Team Estimation Game wurde im Jahr 2008 von Steve Bockman [URL:Duan a] vorgestellt. Es eignet sich hervorragend für große Product Backlogs, da es deutlich schneller zu Ergebnissen kommt als Planning Poker. Wir haben das Team Estimation Game mit verschiedenen Teams durchgeführt und kommen im Schnitt auf eine Zeit von ungefähr einer Minute pro Backlog Item; oft geht es sogar deutlich schneller. Teammitglieder, die es gewohnt waren, Planning Poker zu spielen, reagieren sehr positiv auf dieses schnelle und kurzweilige Verfahren. Neulinge heben oft den Spaßfaktor hervor, denn es wird oft und viel gelacht, insbesondere wenn bei einem Backlog Item Uneinigkeit herrscht und es mehrfach hin- und zurückbewegt wird.

Wir haben das Team Estimation Game auch mit einem auf zwei Standorte verteilten Team gespielt. Dazu haben wir über Skype eine Verbindung zwischen zwei entfernten Rechnern hergestellt und mit einem geteilten Bildschirm gearbeitet.

Vorbereitungen

Alle Backlog Items, die geschätzt werden sollen, werden auf separate Karten geschrieben und liegen verdeckt auf dem Tisch. Es wird eine freie Fläche (z.B. eine Metaplanwand) benötigt, an der die Karten mittels Pins befestigt werden können. Manche Teams benutzen auch Post-its an der Wand.

Praxistipp:

Stellen Sie sicher, dass Sie genügend Platz haben, um alle Backlog Items gleichzeitig nebeneinander zu platzieren. Drucken Sie die Backlog Items am besten groß und gut lesbar aus.

Das Scrum-Team ist komplett vertreten. Der Scrum Master in seiner Funktion als Moderator informiert zu Beginn alle über die Regeln des Verfahrens und legt eine Timebox für die Durchführung fest.

Praxistipp:

Weisen Sie den Product Owner bereits im Vorfeld in seine Rolle während des Team Estimation Game ein.

Falls das Team das Verfahren noch nicht kennt, schreiben Sie die Regeln auf ein Flipchart und hängen Sie es gut sichtbar an die Wand.

Durchführung

Jemand aus dem Entwicklungsteam nimmt sich die oberste Karte, liest diese laut vor und hängt sie an die Wand. Grundsätzlich kann der Product Owner bei Bedarf um eine kurze Erläuterung des Backlog Items gebeten werden.

Praxistipp:

Es hat sich bewährt, die Karte durch den Product Owner vorlesen zu lassen, weil die Stimme und die Lautstärke des Vortragenden gleich bleiben und das Team sich daran gewöhnen kann. Die Teammitglieder sprechen oft unterschiedlich laut oder vergessen sogar manchmal, die Story überhaupt vorzulesen. Zudem kann der Product Owner gleich einige Erläuterungen zu dem jeweiligen Item geben und die Akzeptanzkriterien nennen.

Das nächste Teammitglied nimmt die folgende Karte, liest sie laut vor und hängt sie ebenfalls an die Wand. Es gibt dabei drei Möglichkeiten (vgl. Abb. 4–21):

- Das Backlog Item ist ähnlich komplex wie das erste. Dann wird die Karte neben die bereits an der Wand hängende Karte gehängt.
- Das Backlog Item ist weniger komplex als das bereits hängende, die neue Karte wird über die bereits an der Wand hängende gehängt.
- Das Backlog Item ist komplexer als das bereits hängende, die neue Karte wird unter die bereits an der Wand hängende gehängt.

Abb. 4–21
Ausspielen von Karten

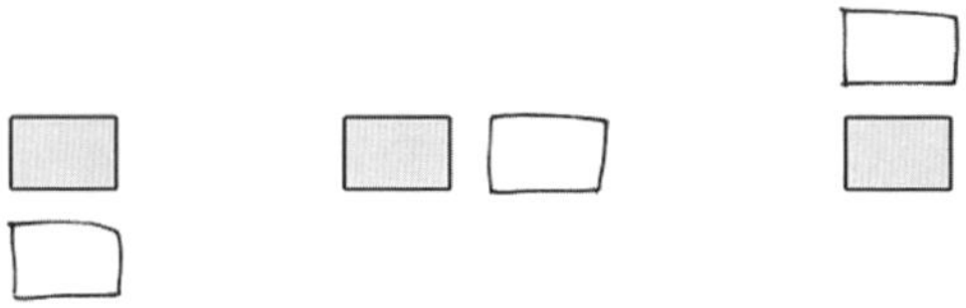

Ab der dritten Karte kann der Spieler aus den folgenden Optionen wählen:

- Ausspielen der obersten Karte wie oben beschrieben
- Umhängen einer bereits gespielten Karte, verbunden mit einer kurzen Erklärung – dabei sind keine Diskussionen erlaubt
- Aussetzen, weil das Teammitglied die Anforderung z.B. überhaupt nicht einschätzen kann

Praxistipp:

Umhängen: Die umgehängte Karte wird markiert (z.B. mit einem farbigen Klebepunkt). Wenn eine Karte mehrfach umgehängt wird, wird sie schließlich aus dem Spiel genommen, da sie offensichtlich noch nicht hinreichend verstanden wurde.

Aussetzen: Die Karte eines aussetzenden Spielers sollte nicht einfach zu einem späteren Zeitpunkt neu verlesen werden, sondern sie sollte als »frei verfügbar« an die Wand gehängt werden. So kann ein nachfolgender Spieler sie anstelle einer neuen Karte vom Stapel wählen, weil das Thema vielleicht gerade seinem Spezialgebiet entspricht.

Spielende

Diese Runde ist beendet, wenn keine Karten mehr auf dem Tisch liegen und alle Spieler aussetzen oder aber wenn die vorgesehene Timebox vorbei ist. Das ganze Team versammelt sich vor der Wand mit den Karten und begutachtet das Ergebnis. Gemeinsam können nun noch Karten verschoben werden.

Praxistipp:

Auch dieser Schritt sollte mit einer Timebox versehen und diese dem Team mitgeteilt werden, damit die Teilnehmer fokussiert bleiben und sich nicht in Diskussionen verlieren. Die Timebox kann natürlich je nach Größe des Backlogs variieren, maximal 10 Minuten sind ein guter Erfahrungswert.

Man hat nun sehr schnell einen Überblick über die Komplexität des gesamten Product Backlogs erlangt, ohne dass man sich in Lösungsdiskussionen für einzelne Backlog Items verlaufen hat. Man wird bei den Karten an der Wand eine Blockbildung beobachten, die sich nach dem Ende des Spiels hervorragend auf die aus Planning Poker bekannte Fibonacci-Reihe (1, 2, 3, 5, 8, 13, 20, 40, 100) projizieren lässt. Sollten es zu viele Blöcke sein, kann man gemeinsam mit dem Team überlegen, ob und wie man Blöcke zusammenfasst, z.B. indem man die beiden »kleinsten« zu einem Block zusammenfügt. Abbildung 4–22 zeigt ein Beispiel eines Ergebnisses des Team Estimation Game.

Abb. 4–22
Team Estimation Game final

Praxistipp:

Wenn ein sehr großes Product Backlog (>150 Backlog Items) vorliegt, kann man die Gruppierung auch bereits nach etwa 100 Backlog Items vornehmen, um ein Zerfasern zu vermeiden. Falls Sie schon vor dem Schätzen wissen, wie viele Kategorien der Scrum-Fibonacci-Reihe Sie zulassen wollen, können Sie vorher mit Klebeband Markierungen an der Wand anbringen, um die Anzahl der Kategorien einzuschränken. Erfahrungsgemäß sind (je nach Projekt) Backlog Items ab einer bestimmten Komplexität zu groß, um sinnvoll mit ihnen zu arbeiten. Die Größe kann nicht generell festgelegt werden, sie unterscheidet sich von Projekt zu Projekt. Wir empfehlen, solche Backlog Items mit der Bitte um Zerlegung an den Product Owner zurückzugeben.

Vorteile

Das Verfahren kommt extrem schnell zu einem Ergebnis, weil die Backlog Items nicht diskutiert werden, sondern die Einschätzung einer einzelnen Person erfragt wird. Der Fokus liegt auf der gemeinsamen Konzentration auf das Wesentliche (das Schätzen), nicht bei einer zu diesem Zeitpunkt nicht erforderlichen Detaildiskussion. Die bei einigen Backlog Items notwendige Perspektive anderer Teammitglieder ergibt sich durch die Möglichkeit, Karten umzuhängen oder sie im letzten Schritt im Team zu diskutieren. Weiter ist sichergestellt, dass sich alle Teammitglieder aktiv an der Schätzung beteiligen.

Nachteile

Das Verfahren funktioniert sequenziell, d.h., es ist immer nur ein Spieler aktiv. Obwohl das Spiel recht zügig abläuft, kann es bei größeren Teams etwas dauern, bis man wieder an der Reihe ist. Manchmal führt dies dazu, dass Spieler unkonzentriert sind und nicht zuhören, während andere Spieler an der Reihe sind, sodass sie ggf. wichtige Informationen verpassen.

Wir hören manchmal, dass durch das Weglassen der Diskussion bei diesem Verfahren die »Weisheit der Vielen« (engl. »Wisdom of crowds«) nicht genutzt wird. Durch das abschließende gemeinsame Begutachten des Ergebnisses wird dies jedoch weitestgehend egalisiert. Zudem hat man bereits eine Grundlage, von der man ausgehen kann. Die Ergebnisse des Team Estimation Game sind nach unserer Erfahrung trotz der sehr viel schnelleren Vorgehensweise keineswegs schlechter als die des Planning Poker.

Magic Estimation

Magic Estimation wurde 2008 von Lowell Lindstrom auf einer Veranstaltung für Scrum-Trainer als »Affinity Estimation« vorgestellt [URL:Mar] und von Boris Gloger [Gloger 2008] zu Magic Estimation verfeinert.

Vorbereitung

Alle Backlog Items müssen auf einzelnen Karten vorliegen. Man benötigt einen Tisch, der idealerweise von allen Seiten zugänglich ist. Auf dem Tisch werden Karten mit T-Shirt-Größen ausgelegt (XS, S, M, L, XL, XXL). Anschließend versammelt sich das ganze Team um den Tisch, und die Backlog Items werden zufällig und gleichmäßig unter den Teilnehmern aufgeteilt.

Durchführung

Die Durchführung gliedert sich in zwei Runden:

Erste Runde

Alle Mitspieler spielen gleichzeitig. Sie lesen sich ihre Backlog Items durch und verteilen sie nach ihrer persönlichen Einschätzung auf die auf dem Tisch befindlichen T-Shirt-Größen. Bei Bedarf darf der Product Owner zu den Backlog Items befragt werden. In dieser Runde sind keine Diskussionen erlaubt, alle verteilen still ihre Backlog Items auf dem Tisch.

Sobald erste Karten auf dem Tisch liegen, ergibt sich schnell ein einheitlicher Maßstab, und alle Spieler können ihre Karten relativ zu den bereits liegenden Karten positionieren. Die Runde ist beendet, wenn alle Spieler ihre Karten abgelegt haben (siehe Abb. 4–23).

Abhängig von der Anzahl der zu schätzenden Stories dauert dies in der Regel nicht länger als ein paar Minuten.

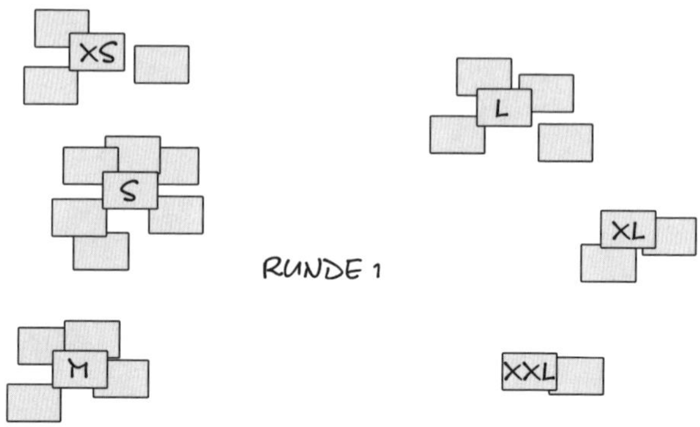

Abb. 4–23
Magic Estimation: Ende Runde 1

Zweite Runde

Nun versammelt sich das gesamte Entwicklungsteam um den Tisch und sieht sich das Ergebnis an. Wenn jemand der Meinung ist, dass ein Backlog Item bei einem falschen Wert liegt, schlägt er dem Team mit einer kurzen Erklärung eine Verschiebung vor. Der Vorschlag wird kurz diskutiert, und das Team trifft eine gemeinsame Entscheidung. Die zweite Runde ist vorbei, sobald niemand mehr eine Karte verschieben möchte (vgl. Abb. 4–24).

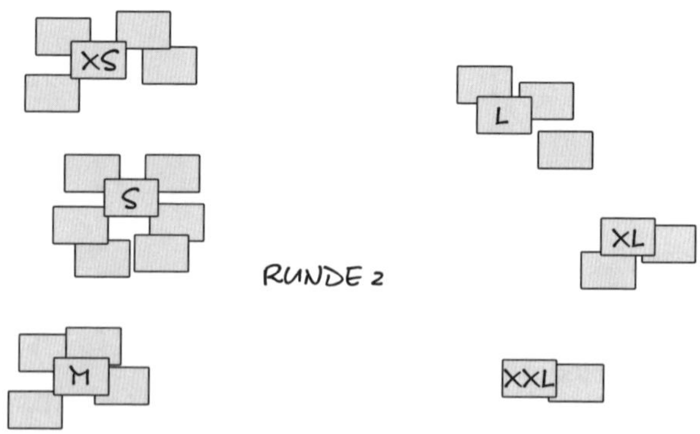

Abb. 4–24
Magic Estimation: Ende Runde 2

Praxistipp:

Wenn sich eine Diskussion zwischen zwei benachbarten Schätzwerten ergibt, die keine neuen Argumente mehr liefert, sollte das Team im Zweifel den größeren Wert wählen. In diesen Fällen besteht eine Unsicherheit, die mit steigender Komplexität des Backlog Items zunimmt. Wenn die Diskrepanz allerdings zu groß ist, sollte das Backlog Item dem Product Owner mit der Bitte um Klärung zurückgegeben werden.

Im letzten Schritt werden die T-Shirt-Größen durch die Scrum-Fibonacci-Sequenz ersetzt (vgl. Abb. 4–25).

Abb. 4–25
T-Shirt-Größen und Story Points

T-SHIRT-GRÖSSE	STORY POINTS
XS	1
S	2
M	3
L	5
XL	8
XXL	13

Praxistipp:

Wir verzichten darauf, die Fibonacci-Werte von Beginn an zu nutzen, weil wir möchten, dass das Team sich komplett vom Denken in Zahlen löst. Zahlen werden unbewusst immer wieder miteinander oder mit Tagen oder Stunden verglichen. Wir möchten erreichen, dass sich das Team auf »größer, gleich, kleiner« konzentriert und die Stories nur relativ zueinander schätzt.

Unserer Erfahrung nach reichen Einschätzungen bis 13 Story Points völlig aus, daher die Einschränkung auf lediglich sechs Kategorien. Alles, was darüber liegt, ist in der Regel zu groß, um es sinnvoll zu schätzen oder in einem Sprint daran zu arbeiten.

Vorteile

Wie auch beim Team Estimation Game kommt man mit Magic Estimation sehr schnell zu einem Ergebnis. Durch die parallele Abarbeitung verhindert man, dass Teammitglieder unkonzentriert sind, und wird im Vergleich zum Team Estimation Game sogar noch etwas schneller. Während wir mit Planning Poker manchmal nach 10 Minuten die Schätzung abbrechen mussten, weil sich keine Einigung abzeichnete, beträgt die durchschnittliche Schätzzeit pro Backlog Item mit Magic Estimation etwa 30 Sekunden.

Nachteile

Bei Magic Estimation wird die Kommunikation mit dem Product Owner noch weiter reduziert. Zudem findet sie, wenn überhaupt, nicht mehr mit dem ganzen Team, sondern nur noch zwischen dem Product Owner und einzelnen Teammitgliedern statt. Daher bietet sich Magic Estimation vor allem dann an, wenn das Team den Kontext des Projekts bereits sehr gut kennt und wenig Klärungsbedarf durch den Product Owner besteht.

4.3.5 Schätzvarianten

Ein Product Backlog ist ein dynamisches Dokument, das vom Product Owner regelmäßig überarbeitet wird und sich entsprechend verändert. Insbesondere Schätzungen von großen Product Backlogs, die zu Beginn eines Projekts durchgeführt wurden, sollten durch das Entwicklungsteam überprüft werden, sobald die Umsetzung der Backlog Items näher rückt. Oft haben sich vermeintliche Schwierigkeiten in Luft aufgelöst, neue sind hinzugekommen oder ehemals vorhandene technische Abhängigkeiten sind durch die zwischenzeitliche Weiterentwicklung der Architektur nicht mehr vorhanden.

Praxistipp:

Neue Backlog Items, die durch Teilung bereits bekannter Backlog Items entstanden sind, sollten durch den Product Owner eindeutig dem ursprünglichen Backlog Item zugeordnet werden. Fehlt diese Transparenz, läuft man Gefahr, dass das Team die Verteilung der Funktionalität auf mehrere Backlog Items nicht erkennt und Schätzungen dadurch verfälscht werden.

Während eines Sprints gibt es in der Regel mindestens ein Estimation, in dem der Product Owner dem Entwicklungsteam neu hinzugekommene oder geänderte Backlog Items für die folgenden Sprints vorstellt und um eine Schätzung bittet. Dazu sind die initialen Schätzverfahren meist zu aufwendig, und man bemüht einfachere Verfahren.

Relativer Vergleich

Der relative Vergleich funktioniert ähnlich wie das Team Estimation Game, ist aber weniger aufwendig. Der Scrum Master wählt aus den letzten Sprints je ein oder zwei Reference Items aus jeder Komplexitätskategorie und hängt sie an die Wand. Die neuen oder geänderten Backlog Items werden vom Product Owner vorgelesen, und das Team diskutiert kurz, mit welchem bereits an der Wand befindlichen Item das neue Item vergleichbar ist. Anschließend wird das neue Item neben das ausgewählte gehängt.

Praxistipp:

Bitten Sie das Entwicklungsteam, Ihnen Backlog Items aus den letzten Sprints als Reference Items zu nennen, deren tatsächliche Komplexität mit der Schätzung übereinstimmte. Sie verbessern so die Qualität der neuen Schätzung.

Aus einer Hand

Bei dieser Schätzmethode reicht eine Hand. Man legt einfach eine passende Skala fest (z.B. 1, 2, 3, 5, 8) und verteilt diese auf die fünf Finger einer Hand. Die Faust spiegelt dabei die Null wider und bedeutet dementsprechend, dass für dieses Backlog Item kein Aufwand mehr anfällt. Der Product Owner erklärt das Backlog Item, der Scrum Master zählt bis drei, und alle zeigen gleichzeitig ihre Entscheidung.

Laser Sword Estimation

Für die Laser-Sword-Methode verteilt der Scrum Master vor dem Estimation Laserpointer an das Team. An einer Wand oder einem Flipchart hängt vorbereitet die Scrum-Fibonacci-Skala. Sobald ein Backlog Item vom Product Owner vorgestellt wurde, nutzen die Teammitglieder gleichzeitig ihren Laserpointer, um auf einen Wert der Skala zu zeigen. Dadurch wird das Zeigen von Karten beim Planning Poker simuliert. Ansonsten gelten die gleichen Regeln wie beim Planning Poker.

Die Methode bietet die Möglichkeit der schnellen Schätzung in größeren Gruppen, wahrt eine gewisse Anonymität und visualisiert die abgegebenen Schätzungen für alle besser.

Ouija Board Estimation

Die agile Softwareentwicklung hat für viele auch etwas Spirituelles, und so ist auch der Einsatz eines Ouija Board (oder auch Talking Board) als Abwandlung gerechtfertigt. Paul Goddard [URL:Goddard] hat dieses Verfahren zuerst beschrieben. Dabei wird die Fibonacci-Skala im Kreis auf einem Tisch angebracht, und die Teammitglieder versammeln sich um den Tisch. Der Product Owner stellt nun jeweils nacheinander ein Backlog Item vor. Dieses wird mit dem Team besprochen und dann in der Mitte des Spielbretts platziert. Jedes Teammitglied legt nun einen Finger auf die Karte und versucht, diese in die Richtung der eigenen Schätzung zu bewegen. Sollte das Backlog Item sich nicht durch das kollektive Verschieben in Richtung eines Schätzwertes bewegen lassen, wird wie beim Planning Poker nachgefragt und neu gestartet. Bewegt sich die Karte in der dritten Runde immer noch nicht auf einen Schätzwert zu, wird das Backlog Item aus dem Spiel genommen und es werden später weitere Informationen vom Product Owner eingeholt.

Durch die Anwendung des Ouija Board werden vor allem die Unterschiede von aktiven und passiven Teammitgliedern sichtbar. Anhand des Fingerdrucks auf der Karte erkennt man, ob jemand eine Karte aktiv zu einer Zahl schieben möchte oder jemand sich passiv treiben lässt.

Technische Hilfsmittel wie iPhone oder iPad

Generell ist es in einem Estimation nicht notwendig, dass jemand sein Notebook mitbringt. Ausnahme: der Product Owner, der die Backlog Items an die Wand projiziert, weil er vielleicht visuelle Entwürfe vorstellen möchte. Laptops und mobile Geräte lenken ab. Bei Bedarf händigt der Product Owner jedem Teilnehmer eine Liste mit den zu besprechenden Backlog Items aus, während die inhaltliche Arbeit mit Karten oder Post-its an der Wand erfolgt.

Allerdings kann im mobilen Zeitalter zur Abwechslung auch die Nutzung von mobilen Geräten für die Abgabe von Schätzungen in Betracht gezogen werden. Dazu gibt es eine Reihe von Applikationen, die die Abgabe einer Schätzung über diese Geräte ermöglichen. Die Verwendung ist häufig nicht ganz einfach, und die oberste Regel für Teammitglieder bleibt es, sich auf das Schätzen zu konzentrieren und nicht auf das Mobilgerät.

4.3.6 Checklisten

Estimation

Für die Planung und Durchführung eines Estimation helfen Ihnen die nachfolgenden Hinweise.

- Vorbereitung
  - Hinreichend großen Raum buchen, der etwas Bewegungsfreiheit bietet
  - Raum bereits für eine halbe Stunde vor Beginn des Estimation buchen, um ggf. Vorbereitungen treffen zu können
  - Klare Zielvorstellung formulieren und kommunizieren, damit alle Teilnehmer das gleiche Verständnis haben
  - Agenda festlegen und kommunizieren

- Durchführung planen und vorbereiten, z.B. Team Estimation Game
- Benötigte Hilfsmittel für die Moderation bereitstellen
- Verfügbarkeit der technischen Ausrüstung sicherstellen
- Existenz eines Product Backlog sicherstellen
- Ggf. bereits geschätzte Backlog Items als Reference Items heranziehen
- Bei Bedarf Unterstützung von außerhalb des Teams einladen, z.B. Architekten oder Designer
- Schätzeinheiten und Schätzskalen vorher festlegen, z.B. im Kick-off-Workshop

- **Durchführung**
  - Pünktlich beginnen, auch wenn noch Teilnehmer fehlen
  - Notebooks und Mobiltelefone verbannen
  - Ablauf des Meetings und der verwendeten Methode erklären
  - Ggf. Timer ablaufen lassen, um die Timebox zu visualisieren
  - Auf zwischen den Zeilen geäußerte Hindernisse achten
  - Teilnehmer beobachten (aktiv, passive, engagierte, lustlose Teilnahme)
  - Alle Teilnehmer einbeziehen, um ein gemeinschaftliches Verständnis sicherzustellen
- **Nachbereitung**
  - Product Backlog mit den Ergebnissen aktualisieren und wieder für alle sichtbar machen
  - Sortierung der Backlog Items anpassen und ggf. Backlog Items überarbeiten

Was Sie im Blick behalten sollten

Im Nachfolgenden haben wir Ihnen gebündelt einige Praxistipps zusammengefasst, die Sie bei der Durchführung von Estimations einmal ausprobieren sollten:

- **Andere Blickwinkel nutzen:** Wenn sich das Team auf ungewohntem Terrain befindet, dann holen Sie sich einfach einen Experten mit in das Estimation, um durch das Gespräch mit dem Experten bessere Schätzungen zu erzielen.
- **Verständnis sicherstellen:** Prüfen Sie ab und zu, ob alle ein gemeinsames Verständnis von der Schätzeinheit und dem Reference Item haben. Was enthält das Reference Item und wann ist es »Done«?
- **Verschiedene Ansätze wählen:** Variieren Sie die Schätzmethode und prüfen Sie die Unterschiede und erfahren Sie etwas über die Bandbreite, in denen Schätzungen abgegeben werden.

- **Brechen Sie ab:** Wenn sich das Team nicht auf eine Schätzung einigen kann, dann brechen Sie ab und versuchen Sie nicht krampfhaft eine Schätzung zu erzielen. Das Backlog Item ist dann einfach noch zu unklar für die, die es am besten beurteilen können.
- **Größer ist besser:** Wenn es keine Einigung über eine Schätzung gibt, dann wählen Sie den größten Wert, der angegeben wurde. Halten Sie sich nicht damit auf, Schätzungen genau werden zu lassen. Bei der nächsten Besprechung des Backlog Items ist vielleicht vieles klarer.
- **Steigende Komplexität:** Mit dem Fortschritt des Projekts werden die Anforderungen durch Refactorings, Wartung etc. größer. Achten Sie darauf, dass diese Punkte bei der Schätzung beachtet werden.
- **Schätzungen anpassen:** Prüfen Sie die Schätzungen der Backlog Items kontinuierlich, sobald diese für die Planung eine Relevanz haben. Erste Schätzungen waren sicherlich nur sehr grob und vage. Lassen Sie neues Wissen einfließen und holen Sie sich ggf. ein einfaches Kopfnicken vom Team, soweit die Schätzung aus Entwicklersicht noch in Ordnung ist.
- **Schätzungen sind Schätzungen:** Machen Sie deutlich, dass es um keine genauen Aussagen geht (z.B. 8 Story Points), sondern die Schätzergebnisse einen Bereich abdecken (z.B. 8 Story Points bedeutet minimal 8 bis maximal 13 Story Points).
- **Teamschätzungen:** Kommunizieren Sie nie Schätzungen oder die Velocity an andere außerhalb des Teams zu Report- und Fortschrittszwecken. Kommunizieren Sie lediglich das Zeitintervall, das aus der Hochrechnung der Velocity resultiert und einen möglichen Endtermin definiert.

4.4 Releaseplanung

Die Konferenz rückt näher

In den Anforderungsworkshops hatte Casper gemeinsam mit dem Entwicklungsteam Backlog Items erstellt und geschätzt. Diese ergaben in Summe 350 Story Points. In einem Gespräch mit Herrn Hold erwähnte Casper den aktuellen Stand. Herrn Hold interessierte aber nur, dass die Applikation bis zur Konferenz fertig wird: »Wann kann ich denn die App ausprobieren?« Auf diese Frage war Casper vorbereitet. Gemeinsam hatte das Scrum-Team eine initiale Velocity ermittelt, die zeigt, dass vermutlich 25 bis 35 Story Points pro Sprint umgesetzt werden können. Bis zur Konferenz waren noch acht Sprints vorgesehen, was bedeutet, dass von den insgesamt 350 Story Points zwischen 200 und 280 bis zum geplanten Konferenztermin umgesetzt werden konnten.

Herr Hold war zunächst entsetzt, hatte er doch damit gerechnet, alle Funktionalitäten bis zur Konferenz geliefert zu bekommen. Casper und Finn erklärten ihm das Zustandekommen dieser Werte; sie versicherten Herrn Hold, dass das Product Backlog immer wieder überprüft und optimiert wird und dass die wichtigsten Backlog Items immer als Nächstes umgesetzt würden, sodass man bis zur Konferenz die nach dem aktuellen Stand bestmögliche Applikation zur Verfügung hätte.

Trotzdem wollte Herr Hold noch wissen, wie lange es denn dauern würde, wirklich alle Backlog Items umzusetzen, denn die nächste Konferenz würde nicht lange auf sich warten lassen. Auch auf diese Frage war Casper vorbereitet. Mit der angenommenen Velocity würde es vermutlich zwischen zehn und 14 Sprints dauern, bis der komplette Umfang geliefert werden könnte, natürlich immer unter der Voraussetzung, dass er sich zwischenzeitlich nicht ändert.

4.4.1 Releaseplan

Ein Releaseplan ist kein offizielles Scrum-Artefakt, es gibt daher auch keine eindeutige Definition. Allgemein kann man sagen, dass der Releaseplan eine nach Sprints gruppierte Liste von Backlog Items darstellt, die eine Identifikationsnummer (ID) und die Beschreibung aller bereits geschätzten Backlog Items des Product Backlog enthält.

Aus dem Releaseplan geht hervor, in welchem Sprint welche Backlog Items nach aktuellem Wissensstand vermutlich umgesetzt werden und zur Verfügung stehen. Für die Erstellung eines Releaseplans werden folgende Informationen benötigt:

- Schätzungen für die zu planenden Backlog Items und
- die Entwicklungsgeschwindigkeit des Teams, die Velocity.

Für den Releaseplan werden die geschätzten Backlog Items durch den Product Owner so auf die folgenden Sprints verteilt, dass die aktuelle Velocity des Entwicklungsteams möglichst nicht überschritten wird.

Praxistipp:

Machen Sie bei jeder Veröffentlichung des Releaseplans deutlich, dass es sich dabei um eine Prognose handelt, die nach aktuellem Wissensstand abgegeben wurde. Es ist durchaus möglich, dass sich Änderungen ergeben, weil neue Erkenntnisse gewonnen wurden. Diese können technischer Natur sein und/oder fachlicher Natur, wie Reaktionen auf Änderungen im Markt, neue Anforderungen usw.

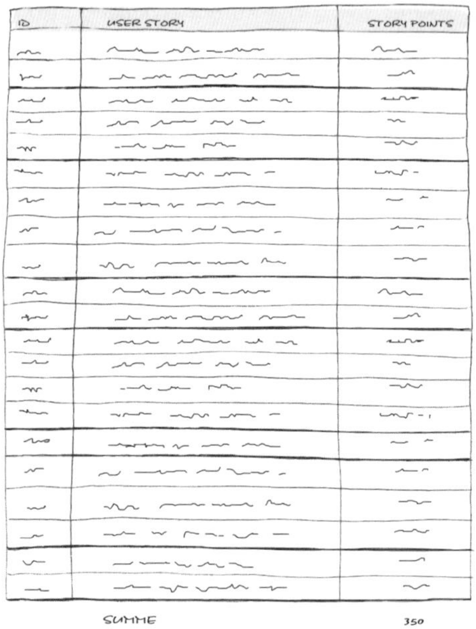

Abb. 4–26
Releaseplan mit festem Umfang

In einer idealen Scrum-Welt wird entweder der Projektumfang oder aber der Projektendetermin fixiert. Daraus ergeben sich bezüglich des Releaseplans die folgenden Fragen:

- **Fester Umfang:** »Dies ist das Produkt mit den gewünschten Funktionalitäten. Wie lange wird es dauern?« (vgl. Abb. 4–26)
- **Fester Termin:** »Wir müssen am ... pünktlich zur Messe fertig sein. Was kann bis dahin fertiggestellt werden?« (vgl. Abb. 4–27)

Wenn die Backlog Items geschätzt sind und die Velocity bekannt ist, kann der Product Owner diese beiden Fragen mit einem Releaseplan sehr schnell beantworten. Wie man schnell zu guten Schätzungen kommt, haben wir in Abschnitt 4.3.4 beschrieben.

Abb. 4–27
Releaseplan mit festem Termin

Wie aber geht man mit diesen Fragen um, wenn die Team-Velocity noch nicht bekannt ist?

Generell sollte die Velocity eines Scrum-Teams immer empirisch ermittelt werden, indem drei oder vier Sprints durchlaufen werden und sich in dieser Zeit eine stabile Velocity ergibt. Sollten dem Scrum-Team trotz bester Argumentation die ersten Sprints zur Velocity-Ermittlung versagt bleiben, gibt es Möglichkeiten, trotzdem zu einigermaßen verwertbaren Zahlen zu kommen, die wir im Folgenden beschreiben.

4.4.2 Initiale Velocity

Für die nachfolgend beschriebenen Varianten müssen jeweils Annahmen getroffen werden, die das Ergebnis beeinflussen, sodass es immer mit entsprechender Vorsicht zu interpretieren ist. In jedem Fall sollten die Ergebnisse nicht 1:1 angewendet, sondern je nach dem Projekt- oder Firmenumfeld mit entsprechenden Puffern versehen werden. Da aber diese Vorhersagen in den seltensten Fällen genau so eintreten, gaukelt man sich eine Genauigkeit vor, die (wie auch im traditionellen Projektmanagement) nicht gegeben ist. Diese Velocity darf maximal als Indiz gelten und sollte nicht für eine verbindliche Zusage gegenüber einem Kunden genutzt werden. Die Verfahren liefern im ersten Schritt nur Anhaltspunkte.

> **Praxistipp:**
>
> Setzen Sie die nachfolgenden Methoden nur ein, wenn Sie keine andere Wahl haben. Machen Sie sich mit den Nachteilen vertraut, bevor Sie die Methoden einsetzen und den Einsatz gegenüber dem Auftraggeber kommunizieren. Andernfalls laufen Sie Gefahr, falsche Erwartungen hinsichtlich der Genauigkeit zu wecken.

Simulation

Bei dieser Variante führt das Scrum-Team für mehrere Sprints virtuelle Sprint Plannings durch. Aus dem Durchschnitt der geplanten (und nicht tatsächlich erreichten) Sprint-Velocity bekommt man einen Anhaltspunkt für die Team-Velocity.

Voraussetzungen

- Die Sprint-Länge ist bekannt (oder wird jetzt festgelegt).
- Es sind hinreichend Backlog Items unterschiedlicher Größe vorhanden.
- Die Backlog Items sind geschätzt (oder werden jetzt geschätzt).
- Das virtuell planende Team ist später auch das umsetzende Team.

Durchführung

Man führt ein simuliertes Sprint Planning durch. Dazu bittet man das Entwicklungsteam, wie in einem echten Sprint Planning nacheinander Backlog Items für einen Sprint zu planen. Die Backlog Items müssen dafür im Vorfeld geschätzt worden sein. Wenn das Team sich damit besser fühlt, kann es die Backlog Items sogar in Tasks zerlegen. Diese Planung macht man mit den jeweils restlichen Backlog Items mehrmals hintereinander und berechnet am Ende den Durchschnitt der summierten Story Points aus jedem virtuellen Sprint. Mit dieser so ermittelten Velocity kann man nun einen vorläufigen Releaseplan für das Product Backlog erstellen und Dauer und Kosten schätzen.

> **Praxistipp:**
>
> Planen Sie ausreichend Zeit ein und machen Sie nach jedem simulierten Sprint Planning eine kurze Pause, damit die Planungen nicht ineinander übergehen und nachher nur noch »abgehakt« werden. Beginnen Sie jedes Sprint Planning beispielsweise mit einer Anekdote aus früheren Projekten oder einem lustigen Video, um die Gedanken der Teilnehmer kurzfristig in eine komplett neue Richtung zu lenken, damit sie anschließend neu starten können.

Vorteile

Die Simulation führt dazu, dass die Teammitglieder schon einen ersten Überblick über die anstehenden Aufgaben erhalten und weitere Informationen ermittelt und Fragen geklärt bzw. aufgenommen werden können. Zudem reicht diese frühe erste Planungsgröße oftmals für den Start eines Projekts. Außerdem kann der Vergleich der Summe der für die jeweiligen virtuellen Sprints geplanten Story Points als Instrument zur Qualitätssicherung dienen.

Nachteile

Die Velocity und der Releaseplan basieren lediglich auf einer angenommenen Leistung des Entwicklungsteams. Die Prognose und die spätere Auslieferung liegen jedoch insbesondere in den ersten Sprints oft deutlich auseinander. Außerdem fließen neue Erkenntnisse, die man mit jedem Sprint gewinnt, sowohl technisch als auch fachlich oder in der Zusammenarbeit, nicht in die Simulation ein. Daher ist der auf dieser Basis erstellte Releaseplan mit dem Hinweis zu kommunizieren, dass es sich um eine Simulation auf Basis der aktuell bekannten Größen handelt, die sich im Laufe der nächsten Wochen wahrscheinlich ändern werden.

Hochrechnung

Mit der Hochrechnung findet man heraus, wie viele Story Points in einer Stunde umgesetzt werden können, und rechnet damit die verfügbare Zeit in einem Sprint in potenziell umzusetzende Story Points hoch.

Voraussetzungen

- Die Sprint-Länge ist bekannt (oder wird jetzt festgelegt).
- Es sind hinreichend Backlog Items unterschiedlicher Größe vorhanden.
- Die Backlog Items sind geschätzt (oder werden jetzt geschätzt).
- Das virtuell planende Team ist später auch das umsetzende Team.

Durchführung

Das Entwicklungsteam wählt ein Backlog Item aus und schreibt alle notwendigen Tasks für die Erledigung des Backlog Items auf. Anschließend gibt es für jeden Task eine Zeitschätzung in idealen Stunden für die Umsetzung ab. Die Stunden für die einzelnen Tasks werden danach aufsummiert. Um Schwankungen auszugleichen, werden diese Schritte für mindestens zehn Backlog Items durchgeführt (vgl. Abb. 4–28).

Abb. 4–28
Hochrechnung – Schritt 1

STORY	STORY POINTS	AUFWAND [H]
STORY 65	13	150
STORY 54	8	93
STORY 33	5	55
STORY 72	13	132
STORY 58	13	144
STORY 86	8	99
STORY 23	8	100
STORY 86	3	22
STORY 11	8	105
STORY 4	5	44

Im nächsten Schritt werden die Story Points jedes einzelnen Backlog Items durch die Anzahl der insgesamt dafür benötigten Stunden geteilt, und der Durchschnitt über die gewonnenen Werte wird gebildet. Als Ergebnis erhält man die Anzahl Story Points, die in einer Stunde umgesetzt werden können.

Abb. 4–29
Hochrechnung – Schritt 2

STORY	STORY POINTS	AUFWAND [H]	SP/H
STORY 65	13	150	0,09
STORY 54	8	93	0,09
STORY 33	5	55	0,09
STORY 72	13	132	0,10
STORY 58	13	144	0,09
STORY 86	8	99	0,08
STORY 23	8	100	0,08
STORY 86	3	22	0,14
STORY 11	8	105	0,08
STORY 4	5	44	0,11
		DURCHSCHNITT:	0,09

Teilt man nun die in einem Sprint für das gesamte Entwicklungsteam verfügbare Zeit durch diesen Wert, erhält man die Anzahl der Story Points, die im Durchschnitt in einem Sprint geliefert werden können. Abbildung 4–29 zeigt einen Durchschnitt von 0,09 Story Points pro Stunde. Bei einer Teamverfügbarkeit von 300 Stunden pro Sprint kann man so eine potenzielle Velocity von 27 Story Points pro Sprint erreichen.

Vorteile

Im Vergleich zur Simulation geht das Entwicklungsteam mehr ins Detail, da das Herunterbrechen in Tasks und die Beschäftigung damit Bestandteile dieser Methode sind. Technische Abhängigkeiten und Schwierigkeiten können erkannt und adressiert werden, beeinflussen möglicherweise sogar die bereits abgegebenen Schätzungen.

Nachteile

Durch das Herunterbrechen auf Tasks und die auf zwei Nachkommastellen »genaue« Berechnung der Story Points pro Stunde suggeriert diese Methode eine präzise Berechenbarkeit der Velocity. Es ist diese vermeintliche Präzision, die das Konstrukt fragil macht. Wenn sich der Durchschnitt in Abbildung 4–29 lediglich um 0,01 von 0,09 auf 0,1 ändert, errechnet man bereits eine Velocity von 30 Story Points pro Sprint, d.h., für 300 Story Points benötigt man nur noch zehn Sprints statt elf.

Die »Genauigkeit« vernachlässigt komplett die Unschärfe, die beim Schätzen implizit integriert ist. Zur Erinnerung: Eine »Dreizehn« bedeutet »irgendwo zwischen acht und zwanzig«.

Praxistipp:

Wenn Sie eine der beiden Methoden anwenden, stellen Sie die Abhängigkeit des Ergebnisses von den getroffenen Annahmen dar, indem Sie beispielsweise bei der Hochrechnung wie oben den Durchschnitt variieren oder bei der Simulation eine leicht höhere oder niedrigere Velocity ermitteln. Alternativ berechnen Sie Best Case, Worst Case und Mittelwert. Zeigen Sie die Auswirkungen auf den Termin und den Umfang auf und weisen Sie auf den vorläufigen Charakter des Ergebnisses hin.

Nehmen Sie bei jeder Anpassung der Velocity und des Releaseplans Bezug auf diese Argumentation, damit sie in den Köpfen der Stakeholder nicht in Vergessenheit gerät.

4.4.3 Release-Burndown-Chart

Ein ähnliches Chart wie ein Sprint-Burndown-Chart (vgl. Abschnitt 5.2.3), das das Scrum-Team durch den Sprint begleitet und das den aktuellen Stand visualisiert, gibt es auch für ein Release. Mittels eines Release-Burndown-Charts kann man den Fortschritt eines Projekts im Hinblick auf ein geplantes Release verfolgen.

Nachdem man einen Releaseplan erstellt und die voraussichtliche Anzahl Sprints bis zum geplanten Termin oder Umfang ermittelt hat, kann man ein einfaches Release-Burndown-Chart erstellen, wie es Abbildung 4–30 zeigt.

Abb. 4–30
Einfaches Release-Burndown-Chart

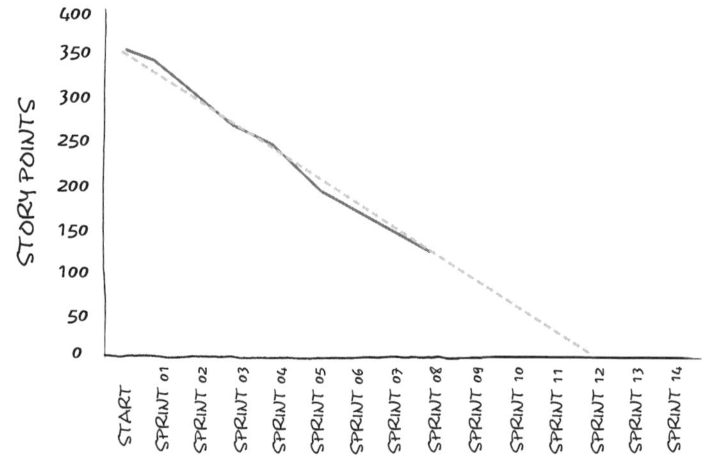

Die gestrichelte Gerade zeigt den linearen Verlauf, die durchgezogene Linie die nach jedem Sprint noch offenen Story Points. Anhand der Abweichung kann man feststellen, ob das Projekt noch im Plan ist.

Korridor

Wenn man den im Eingangsbeispiel erwähnten Rahmen von 25 bis 35 Story Points pro Sprint anstelle des linearen Verlaufs visualisiert, ergibt sich ein Korridor zwischen dem besten und dem schlechtesten Fall. Mit den geplanten Story Points pro Sprint aus dem Releaseplan kann man den aktuellen Verlauf mit den Planungsdaten verlängern und somit früh erkennen, ob das Release aus dem Ruder zu laufen droht (vgl. Abb. 4–31).

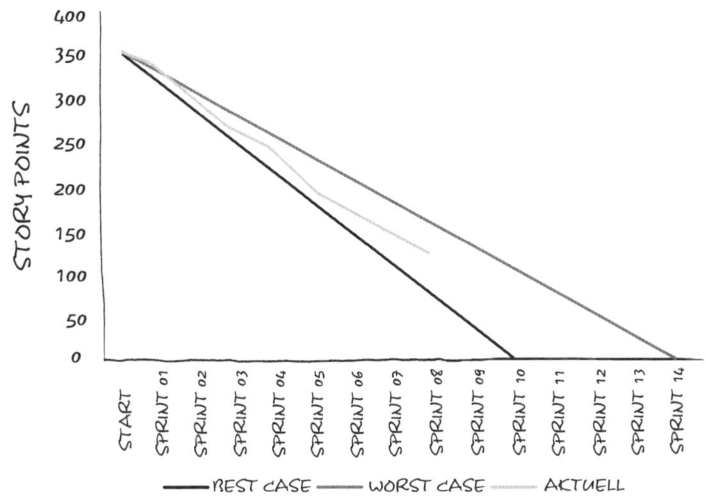

Abb. 4–31
Release-Burndown-Chart mit Korridor

Balkendiagramm

Eine Alternative zu den obigen Liniendiagrammen stellt ein Balkendiagramm dar. Nach jedem Sprint werden die restlichen Story Points bis zum Release abgebildet (vgl. Abb. 4–32). Noch nicht abgeschlossene Sprints werden mit den Plandaten aus dem Releaseplan ergänzt.

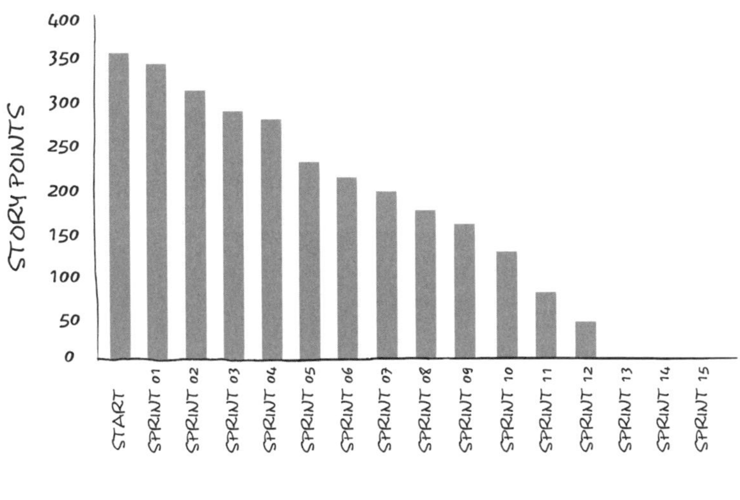

Abb. 4–32
Release-Burndown-Chart als Balkendiagramm

Seinen besonderen Charme gegenüber einem Liniendiagramm entwickelt ein Balkendiagramm, wenn man zusätzlich Änderungen am Projektumfang visualisiert. Mike Cohn [URL:Cohn h] hat dazu eine Darstellung vorgeschlagen, die sich im Projektalltag als sehr wirkungsvoll in Gesprächen mit dem Management erwiesen hat und die wir noch etwas erweitert haben.

In Abbildung 4–33 erkennt man unterhalb der Nulllinie zwei unterschiedlich gefärbte Blöcke. Der hellere Block symbolisiert Änderungen am Umfang des Projekts, die nach der initialen Planung hinzugekommen sind. Die dunkleren Bereiche stellen Anforderungen dar, die nichts mit dem eigentlichen Projekt zu tun haben. Diese sind zusätzlich an das Team herangetragen worden und mussten aufgenommen werden, wie zum Beispiel die Bereitstellung einer Schnittstelle für ein anderes Team. Mit dieser Darstellung kann man belegen, wann welche Art von Anforderungen in welchem Umfang hinzugekommen ist. Der Bereich oberhalb der Nulllinie enthält wie im einfachen Balkendiagramm die restlichen Story Points am Ende eines jeden Sprints (geliefert und geplant) sowie *zusätzlich* die neu hinzugekommenen Story Points unterhalb der Nulllinie. Auf diese Weise erkennt man leicht, dass sich die Fertigstellung auf Sprint 14 verschoben hat.

Abb. 4–33
Erweitertes Balkendiagramm

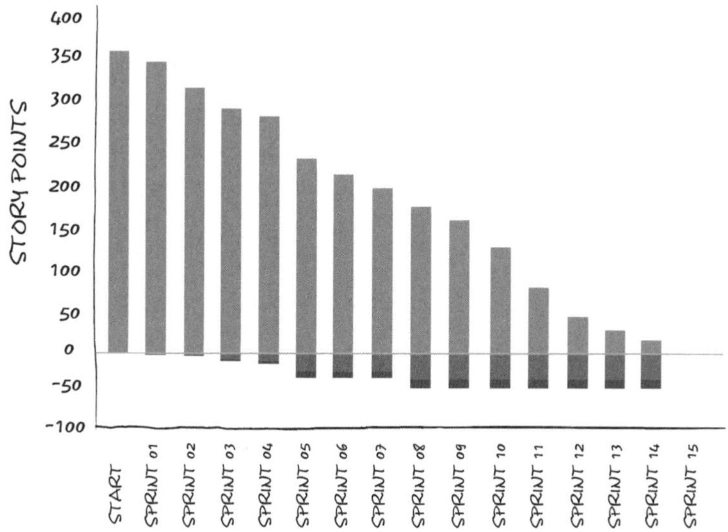

4.4.4 Häufige Probleme

Vergleich mit traditionellen Projekten

> *»Wieso könnt ihr nicht sagen, wie lange es dauern wird, andere Projekte können das doch auch?«*

Zu einem gegebenen Zeitpunkt X würde ein Unternehmen für ein traditionell durchgeführtes Projekt die Planungsphase beauftragen, um danach eine endgültige Entscheidung zu treffen. Da es diese Phase in einem Scrum-Projekt aber nicht gibt, wird oft implizit angenommen, dass die Zahlen schon vorliegen müssen, sonst hätte man ja gar keine Entscheidungsgrundlage. Wenn der Auftraggeber dem Scrum-Projekt aber die gleiche Zeit einräumen würde, die traditionelle Projekte für die Planung bekommen, wäre das Ergebnis ein voraussichtlicher Endtermin, erste Inkremente produktiv einsetzbaren Codes sowie eine Flexibilität bei der Anpassung der Anforderungen. Zusätzlich wäre kein Aufwand damit verschwendet worden, Arbeitspakete zu planen, die im Verlauf des Projekts möglicherweise gar nicht mehr umgesetzt werden.

Eine konstruktive Antwort auf die provokante Frage von oben wäre also:

> *»Gebt uns die gleiche Zeit, die ihr einem traditionell geführten Projekt für die Planungsphase geben würdet, dann können wir mit mindestens der gleichen Genauigkeit sagen, wie lange es dauern wird. Außerdem werden wir bis dahin zusätzlich produktiv einsetzbaren Code generiert haben.«*

Wenn der Auftraggeber überzeugt werden kann, den oft immensen Aufwand für die Planungsphase eines traditionellen Projekts lieber in den Projektstart eines Scrum-Projekts zu stecken, wird er erkennen, dass er spätestens nach der gleichen Zeit ebenso belastbare Zahlen für eine Projektentscheidung erhält. Der Vorteil bei Scrum-Projekten besteht darüber hinaus darin, dass

- das Projektteam schon als Team zusammen an dem Produkt gearbeitet hat und sich finden konnte,
- in der Zeit etwas Fertiges, produktiv Einsetzbares herausgekommen ist,
- man im Zweifelsfall das erarbeitete Ergebnis verwerfen könnte, um mit der gewonnenen Erfahrung von Neuem zu starten.

Praxistipp:

Fordern Sie die gleiche Zeit ein, die ein traditionelles Projekt für eine Planungsphase bekommt, wenn Sie mit dieser Frage konfrontiert werden. Verwenden Sie diese Zeit darauf, um erste nutzbare Inkremente zu entwickeln, das Product Backlog voranzutreiben und zu schätzen und letztendlich einen Releaseplan zu erstellen.

Fester Umfang und fester Termin

Immer wieder trifft man auf Projekte, die Umfang *und* Termin vorgeben, obwohl es doch inzwischen allgemein bekannt ist, dass dies in den seltensten Fällen funktioniert. Wenn man hier argumentativ nicht weiterkommt, kann man versuchen, den Umfang nicht zu detailliert festzulegen, sodass innerhalb eines gewünschten Features noch Kürzungspotenzial besteht. Indem man zunächst die wichtigsten Eigenschaften eines Features implementiert und veröffentlicht, bekommt man frühzeitig Feedback und kann darauf reagieren.

Praxistipp:

Wichtig zu verstehen ist, dass die Realität nicht geändert werden kann, sondern lediglich der Plan. Schon beim Projektbeginn sollte diese Erwartungshaltung überprüft und klar formuliert werden – worauf soll, wenn es hart auf hart kommt, verzichtet werden? Oftmals stehen ein Enddatum und das verfügbare Budget schon fest. Qualität ist meistens kein Faktor, an dem gespart werden sollte. Also scheint die einzig richtige und mögliche Wahl der Umfang oder die Umsetzungstiefe zu sein, wenn alle anderen Variablen fix sind.

Releaseplan wird nur nach Story Points erstellt

Der Releaseplan ist nicht nur ein Instrument zur Berechnung eines potenziellen Projektendetermins, sondern man soll auch erkennen können, wann eine bestimmte Funktionalität voraussichtlich zur Verfügung steht. Dies gilt insbesondere dann, wenn tatsächlich nach jedem Sprint ein Inkrement ausgeliefert werden kann. Aus diesem Grund ist es wichtig, den Releaseplan nicht unter dem Gesichtspunkt einer optimierten Story-Point-Auslastung zu erstellen, sondern es sollten Abhängigkeiten und sinnvolle Gruppierungen von Backlog Items berücksichtigt werden und natürlich sollte er der Sortierung des Product Owners folgen.

Praxistipp:

Im Backlog Grooming (siehe Abschnitt 5.4) arbeiten der Product Owner und das Entwicklungsteam an den Backlog Items. Nutzen Sie den Termin, um gleichzeitig den Releaseplan gemeinsam zu aktualisieren.

4.4.5 Checklisten

Releaseplan

- Schätzungen für alle auf dem Releaseplan gelisteten Backlog Items einholen
- Stabile Velocity abwarten, um Schwankungen zu minimieren
- Umfang oder Termin festlegen, nicht beides
- Technische und organisatorische Abhängigkeiten berücksichtigen
- Beim Veröffentlichen eines Releaseplans den Charakter einer Momentaufnahme betonen und auf zukünftige Anpassungen verweisen

Initiale Velocity

- Hinreichend geschätzte Backlog Items für das jeweilige Verfahren vorbereiten
- Sprint-Länge im Vorfeld festlegen, z.B. im Kick-off
- Sicherstellen, dass das virtuell planende Team auch das später umsetzende Team ist
- Ausreichend Zeit für die Durchführung einplanen
- Beim Veröffentlichen des Ergebnisses darauf hinweisen, dass es sich um eine extrem vage Prognose handelt
- Beim Benutzen des Ergebnisses, z.B. für die Erstellung eines Releaseplans, genügend Spielraum vorsehen

Release-Burndown-Chart

- Existenz einer stabilen Velocity sicherstellen
- Annahmen über durchschnittliche Best-Case- und Worst-Case-Velocity treffen
- Erstellen eines Release-Burndown-Charts auf Basis des Releaseplans
- Dokumentieren aller projektrelevanten und nicht projektrelevanten Zusatzanforderungen, um das erweiterte Balkendiagramm zu erstellen

4.5 Letzte Vorkehrungen

Obwohl es nun strammen Schrittes auf den tatsächlichen Entwicklungsstart zugeht, gilt es noch ein paar Voraussetzungen zu schaffen, damit man am ersten Tag des ersten Sprints auch tatsächlich mit dem Sprint Planning starten kann. In diesem Abschnitt beschreiben wir, wie man die letzten Schritte mittels eines Vorbereitungs-Sprints oder auch »Sprint Zero« organisieren kann, wie ein idealer Teamraum für ein Scrum-Team aussieht und welche Möglichkeiten man zur Gestaltung eines schlanken, aber effektiven Scrum-Boards hat.

4.5.1 Sprint Zero

Bitte anschnallen und die Sicherheitsgurte schließen!

In zwei Wochen sollte es endlich losgehen. Casper, Finn, Sergio und Jordi waren bereits vor Ort, Lara war momentan noch in einem anderen Projekt gebunden. Alva und Mina würden erst zwei Tage vor dem eigentlichen Start zum Team stoßen, um an der initialen Schätzung des Product Backlog teilzunehmen.

Um sicherzustellen, dass das Entwicklungsteam am ersten Tag von Sprint 1 wirklich mit der Implementierung starten kann, trafen sich alle bereits Anwesenden und planten einen Sprint Zero. Sie überlegten sich, welche Voraussetzungen für einen guten Start in den ersten Sprint erfüllt sein müssten. Dabei kamen erstaunlich viele Dinge ans Licht, um die sie sich in den folgenden zwei Wochen kümmern wollten. Das Spektrum reichte vom Zugang zum Gebäude über die Ausstattung des Teamraums und der Arbeitsplätze bis hin zu den Entwicklungsumgebungen und Serverlandschaften.

Die Anwesenden erstellten ein simples Scrum-Board an der Wand und schrieben für alle zu erledigenden Dinge Taskkarten. Das Team traf sich ab sofort täglich vor dem Scrum-Board zu einem Daily Scrum und arbeitete die Punkte sukzessive ab. Als Alva und Mina später dazustießen, sprachen sie dem Team ein großes Lob aus: Sie seien noch nie in ein so gut vorbereitetes Team gekommen, oft hätten sie die ersten Tage oder sogar Wochen mit organisatorischem und bürokratischem Kleinkram verbringen müssen.

Wenn man ein neues Projekt beginnt, muss man sich die Projektumgebung oft selbst organisieren oder doch zumindest sicherstellen, dass sie den eigenen Ansprüchen genügt. Gerade bei Scrum-Projekten möchte man gleich mit dem ersten Sprint Funktionalität implementieren und sich nicht erst noch mit organisatorischen Problemen herumschlagen, die man vorher hätte erledigen können. Trotzdem sind wir immer wieder überrascht, wie schlecht vorbereitet manche Teams in ihren ersten Sprint geschickt werden. Dabei ist es doch eigentlich ganz einfach – man führt vor Sprint 1 einen sogenannten Sprint Zero durch. In diesem vorgelagerten Sprint werden die Umgebung und der erste Sprint so vorbereitet, dass man sofort im Anschluss mit der Implementierung von Funktionalität beginnen kann. So vermeidet man die üblichen Probleme, zum Beispiel dass man keinen Zugang zum Entwicklungsserver hat, dass ein Entwickler gerne einen zusätzlichen Monitor hätte, dass die Stühle im Projektraum Rückenschmerzen verursachen u.v.m. Je nach Unternehmen und technischem Umfeld sieht ein Sprint Zero jedes Mal etwas anders aus.

Auch ein Kick-off-Workshop (vgl. Abschnitt 4.1) oder Anforderungsworkshops (vgl. Abschnitt 4.2.2) können im Sprint Zero organisiert werden, sofern diese Themen nicht schon vom Scrum Master angegangen wurden.

In Abschnitt 4.5.5 befindet sich eine Checkliste, die als Basis für die Planung eines Sprint Zero dienen kann.

4.5.2 Teamraum

Der Teamraum ist der Bereich, in dem das gesamte Scrum-Team zusammensitzt. Er fördert eine offene Zusammenarbeit und sollte durch das Scrum-Team mitgestaltet werden können. In diesem Zusammenhang hervorzuhebende Prinzipien des Agilen Manifests (*www.agilemanifesto.org*) sind:

- »*Build projects around motivated individuals. Give them the environment and support they need, and trust them to get the job done.*«
- »*The most efficient and effective method of conveying information to and within a development team is face-to-face conversation.*«

Diese beiden Prinzipien beschreiben notwendige Voraussetzungen für gute Arbeitsbedingungen und stellen heraus, wie wichtig es ist, dass die Teammitglieder zusammensitzen und ungestört interagieren können. Durch das Zusammensitzen soll eine intensive Kommunikation entstehen, die sich ohne physische Grenzen wie zum Beispiel Trennwände, geschlossene Türen oder sonstige erschwerende Bedingungen entwickeln kann. Moderne Bürokonzepte folgen oftmals dem Konzept einer flexiblen Anpassungsfähigkeit und der variablen Ausstattung von Büroflächen.

> **Praxistipp:**
>
> Strapazieren Sie als Scrum Master das Thema Teamraum bzw. Arbeitsumgebung. Es ist ein wesentlicher Faktor für die Produktivität eines Scrum-Teams, dass sich die Mitarbeiter wohlfühlen, da sie dort viel Zeit verbringen.

Folgende Argumente helfen bei der Argumentation für eine enge Zusammenarbeit in einem dedizierten gemeinsamen Arbeitsbereich bei Softwareentwicklungsprojekten:

- Die Interaktion und Kommunikation zwischen den Teammitgliedern wird auf informelle, persönliche und spontane Art und Weise gefördert.
- Die Zusammenarbeit bei der Bearbeitung von Aufgaben wird unterstützt.
- Arbeitsabläufe werden optimiert, und dabei wird gleichzeitig die Arbeitsproduktivität gesteigert.
- Ansprechbarkeit und Erreichbarkeit Einzelner verbessern sich durch die räumliche Nähe.
- Entscheidungswege werden verkürzt und eigenverantwortliches Handeln gefördert.
- Es kann sich eine Teamkultur entwickeln, die das Scrum-Team zu mehr macht als der Summe seiner einzelnen Mitglieder.

> **Praxistipp:**
>
> Nicht jeder ist für die Arbeit in offenen und transparenten Arbeitsumgebungen geschaffen. Achten Sie auf Signale wie z.B. anhaltend schlechte Laune, Gereiztheit, nicht offene Kommunikation oder dauerhaftes Tragen von Kopfhörern und suchen Sie das Gespräch mit der betroffenen Person, um die Gründe herauszufinden.

Nachfolgend gehen wir auf einige wesentliche Erfolgsfaktoren für eine gelungene Arbeitsumgebung eines Scrum-Teams ein.

Raumgröße

Um effizient, sicher und gesund arbeiten zu können, wird ein ausreichend großer Arbeitsplatz und Büroraum benötigt. Der Flächenbedarf für einen Bildschirmarbeitsplatz liegt in Deutschland für Gruppenbüros ab drei Personen bei 12 m². Dieser Wert steigt proportional mit der Anzahl der Personen, da mehr Personen im Raum gleichzeitig mehr Interaktion bedeuten. Gerade die enge Zusammenarbeit der Teammitglieder führt zu einem steigenden Lärmpegel, daher bedarf es ausreichend Raum, um den Störfaktor für Unbeteiligte, die nicht an einer Diskussion teilnehmen, auf einem niedrigen Niveau zu halten.

Praxistipp:

Achten Sie bei der Raumgröße unbedingt darauf, dass das Scrum-Team unbedrängt vor dem Scrum-Board stehen kann. Dieses elementare Werkzeug verliert stark an Nutzen, wenn es nicht jederzeit frei zugänglich ist und genutzt werden kann. Vor dem Scrum-Board stattfindende Diskussionen zwischen einzelnen Teammitgliedern sollten in der Nähe sitzende Kollegen nicht in ihrer Konzentration beeinträchtigen.

Dedizierter Arbeitsbereich

Idealerweise hat das Scrum-Team einen dedizierten, nach innen offenen, aber nach außen geschlossenen Arbeitsbereich zur Verfügung. Dieser sollte nicht in einem stark frequentierten Bereich des Unternehmens liegen, wie z.B. neben der Kantine, und auch kein Durchgangsbereich sein. Am besten wäre es, wenn er am Ende eines Gangs liegt und trotzdem einfach zu erreichen ist. Auf diese Weise kann das Scrum-Team ruhig und konzentriert arbeiten.

Große Wandflächen

Der Raum sollte über ausreichende vertikale Flächen verfügen, an denen man Arbeitsmaterialien befestigen kann. Wichtige visuelle Elemente wie das Task Board, die Burndown-Charts, die Vision oder andere sogenannte »Information Radiators« sollten Platz an den Wänden finden.

Praxistipp:

Sollten die bereitgestellten Räumlichkeiten nicht über hinreichende Flächen verfügen und auch ein Umzug in einen anderen Raum keine Option sein, denken Sie über die Anschaffung großer beweglicher Whiteboards oder mobiler Planungstafeln nach. Die Investition ist gering im Vergleich zu dem Wert für das Scrum-Team.

Whiteboards sollten generell zur Grundausstattung eines Scrum-Teams gehören, damit die Teammitglieder schnell einmal etwas notieren oder skizzieren können.

Persönlichkeit & Kontrolle

Das Scrum-Team sollte nicht nur bei der Gestaltung des Teamraums entscheiden dürfen, sondern sollte die Kontrolle über die Arbeitsumgebung haben. Für die Selbstorganisation des Teams ist dies ein wichtiges Element. Die Räume sollten nach Wunsch des Teams ansprechend eingerichtet sein, wenn man bedenkt, dass die Teammitglieder viel Zeit in dem Teamraum verbringen.

Büroausstattung

Dem Gedanken der flexiblen Ausrichtung folgend, sollten auch die Büromöbel möglichst modular verwendbar sein. Bewegliche Tische und Schränke oder flexible Stellwände sind hilfreich, um auf Veränderungen zu reagieren. Die Auswahl sehr guter ergonomischer Bürostühle mit verschiedenen Einstellungsmöglichkeiten ist ein Muss für einen Büroarbeitsplatz, denn diese haben direkten Einfluss auf die Produktivität eines Entwicklers. Die Schreibtische sollten groß genug sein, um eine problemlose Zusammenarbeit von zwei bis drei Menschen zu ermöglichen. Auch die Bereitstellung von zusätzlichen Hockern oder anderen Sitzgelegenheiten wie einer Couch sind willkommen. Pflanzen gehören zu einer guten Büroausstattung ebenso dazu, denn sie dienen nicht nur gestalterischen Zwecken, sondern sorgen auch für eine angenehme Atmosphäre.

Praxistipp:

Haben Sie an genügend Verteilersteckdosen gedacht? Diese ermöglichen das schnelle Hinzuschalten von weiteren Geräten. Auch LAN-Verteilerbuchsen sind für eine unkomplizierte und flüssige Zusammenarbeit mit mehreren Personen, die sich dazusetzen, hilfreich.

Hardware

Viele Unternehmen fragen ihre Mitarbeiter nicht, welche Ausstattung sie benötigen. Häufig werden alte Geräte oder »Standard«-Geräte verwendet, die den Mitarbeitern vorgesetzt werden. Die Bereitstellung von Hardware, so wie es sich ein Entwickler wünscht, ist einfach zu bewerkstelligen und führt zu einer größeren Zufriedenheit der Mitarbeiter. Schon allein die Wahl, welches Gerät aus einer Auswahl von zwei bis drei unterschiedlichen Modellen ein Mitarbeiter verwenden möchte, bringt Pluspunkte. Wir sind der Meinung, dass der Kauf eines leistungsfähigen Laptops inklusive Zubehör (Tastatur, Maus, Kopfhörer) und zweier großer Monitore pro Entwickler keine Wünsche offen lässt.

Praxistipp:

Softwareentwicklung ist ein kreativer Prozess und verlangt hochwertige Arbeitsmittel. Der Kauf von Hardware verursacht keine immensen Kosten und ist neben einem guten Gehalt ein wesentlicher Motivationsfaktor.

Internetanbindung

Eine gute Infrastruktur inklusive LAN- und WLAN-Anbindung ist notwendig, um eine reibungslose Zusammenarbeit, aber auch die Möglichkeit zum Rückzug ohne Einschränkung zu erzielen.

Ruhe- und Rückzugsorte

Das Team wird eine Menge Lärm produzieren. Wenn es möglich ist, dann sind weitere Störquellen wie Drucker, Türen, Aufzüge, Baustellen, Küchen oder Personen außerhalb des Teams aus dem Einzugsgebiet eines Teamraumes fernzuhalten. Angeschlossene Räume oder Bereiche, in denen ungestört gesprochen, telefoniert oder entspannt werden kann, sind wünschenswert.

Praxistipp:

Legen Sie Regeln mit dem Team fest, wie man sich bei privaten Telefonaten, Gesprächen mit anderen Kollegen oder beim Essen verhalten sollte.

Lichtquellen

Ausreichend natürliches Licht wirkt sich positiv auf die Stimmung der Menschen aus und sollte deshalb ausreichend vorhanden sein. Ein freier Blick und die Wahrnehmung der Tageszeiten sind für den Energiepegel eines Menschen wichtig. Sollte der Bedarf an natürlichem Tageslicht nicht gedeckt werden können, sollten entsprechend leistungsfähige Stehlampen oder andere Lichtquellen angeschafft werden.

Raumklima

Für eine angenehme Zusammenarbeit mehrerer Menschen auf einem engen Raum muss für angemessene Frischluftzufuhr und Möglichkeiten zur Temperatursteuerung gesorgt werden. Fenster sollten möglichst zu öffnen sein, alternativ sollte es eine Klimaanlage geben. Außerdem sollte die Raumtemperatur regelbar sein.

Praxistipp:

Sollte Ihr Teamraum nicht über eine Klimaanlage verfügen, besorgen Sie für die Sommermonate Ventilatoren. Besorgen Sie diese frühzeitig, denn wenn es draußen erst mal richtig heiß ist, entstehen schnell Lieferengpässe. Bewährt haben sich kleine Tischventilatoren, sodass jeder Mitarbeiter eine eigene Einstellung wählen kann.

Teammonitoring

Für viele Teams heute undenkbar ist das Fehlen eines dedizierten Computers zum Live-Monitoring der Entwicklungsumgebung. Die wichtigsten Zahlen oder der Zustand des Integrationsservers sollte durch die Projektion auf eine Wand oder über große, gut sichtbare Monitore immer präsent sein.

Spaß und Spiel

Freude und Spaß gehören zu einem produktiven Team ebenso dazu wie die konzentrierte Arbeit am Produkt. Das Dekorieren von Wänden mit motivierenden oder lustigen Bildern sowie Teamfotos ist ebenso gestattet wie die Verwendung von Spielzeug oder Sportgerät. Das könnten zum Beispiel ferngesteuerte Hubschrauber, schrille Wecker, mechanische Roboter oder Lichtschwerter aus Plastik sein. Daneben lassen Tischtennisplatten, alte Spielautomaten oder Kickertische das Entwicklerherz höher schlagen und sorgen für Ausgleich, kollaborative Erlebnisse und jede Menge Spaß.

Home Office

Die Arbeit von zu Hause aus wird heutzutage von immer mehr Unternehmen unterstützt und steht neben dem Gehalt und einer vernünftigen Arbeitsumgebung ganz oben auf der Liste von Arbeitnehmern. Heutzutage ist es möglich, in ständiger Verbindung mit seinen Teamkollegen zu bleiben und von zu Hause aus zu arbeiten.

Allerdings kann die Arbeit von zu Hause aus in einem Scrum-Team auch zu einem Hindernis werden, da eine der wesentlichen Stärken, der direkte Austausch, verloren geht.

Praxistipp:

Sprechen Sie dieses Thema frühzeitig an und legen Sie im Rahmen der Teamregeln die Eckpunkte für die Nutzung von Heimarbeitszeit innerhalb eines Sprints fest. Achten Sie darauf, dass die Möglichkeit moderat und nur in begründeten Fällen genutzt wird, damit Sie nicht eines Tages allein im Büro sitzen.

4.5.3 Scrum-Board

Urlaubsvertretung

Finn war für zwei Wochen im Urlaub und hatte Sören, einen Scrum-Master-Kollegen, gebeten, ihn in der Zwischenzeit zu vertreten. Als Sören zum ersten Mal den Teamraum betrat, sah er sich zunächst das Scrum-Board an. Er bemerkte eine Reihen- und Spaltenstruktur sowie viele verschiedenfarbige Post-its unterschiedlicher Größe, die scheinbar willkürlich auf dem Scrum-Board angeordnet waren. »Das kann doch nicht sein«, dachte sich Sören, »ich muss als Scrum Master doch in der Lage sein, das Scrum-Board eines anderen Teams zu interpretieren!« Aber so sehr er sich auch bemühte, einige Zusammenhänge erschlossen sich ihm einfach nicht. Er bat Mina um Hilfe.

> ***Sören:*** *Warum habt ihr so viele unterschiedliche Farben bei den Taskkarten?*
>
> ***Mina:*** *Die Farben haben nichts zu sagen, wir nehmen einfach die Post-its, die gerade da sind.*
>
> ***Sören:*** *Und die Größe der Post-its, hat die irgendeine Aussagekraft?*
>
> ***Mina:*** *Ich glaube nicht, jedenfalls habe ich noch nie darüber nachgedacht.*
>
> ***Sören:*** *Ich sehe keine Überschriften über euren Spalten. Vier Spalten könnte ich mir noch erklären, aber ihr habt fünf?*
>
> ***Mina:*** *Wir hatten mal eine Spaltenbeschriftung auf Post-its, aber die sind irgendwann abgefallen. Macht aber nichts, wir wissen ja, wofür die Spalten stehen. In der ersten Spalte stehen die Backlog Items, in der zweiten die offenen Tasks, in der dritten die Tasks, die gerade in Arbeit sind, in der vierten die Tasks, die kürzlich fertig geworden sind und im nächsten Daily Scrum in die fünfte Spalte, die »Done«-Spalte, verschoben werden sollen.*
>
> ***Sören:*** *Mit der Erklärung ist es für mich nachvollziehbar, aber stört euch nicht diese farbliche Unruhe auf dem Scrum-Board? Das Auge kommt kaum zur Ruhe, und man versteht die Zusammenhänge nicht. Wie soll sich ein neues Teammitglied denn mit dem Scrum-Board zurechtfinden? Und wie soll jemand, der euch besucht und sich ein Bild vom aktuellen Sprint machen will, auf einen Blick erkennen, wo ihr steht?*

Mina: Hmm, ja, stimmt eigentlich. Da schmoren wir wohl ein bisschen im eigenen Saft. Kannst du uns ein paar Tipps geben, wie wir das Scrum-Board übersichtlicher gestalten können?

Sören: Klar. Ich überlege mir ein paar Vorschläge, und dann sprechen wir mit dem gesamten Team darüber. Schließlich ist es euer Scrum-Board, entscheiden müsst ihr selbst.

Ein Blick auf das Scrum-Board (oder auch Task-Board) eines Entwicklungsteams sagt viel über das Team aus. Die oben beschriebene Situation ist gar nicht so abwegig, wie sie auf den ersten Blick erscheint. Gerade unerfahrene Teams mit unerfahrenen Scrum Mastern laufen Gefahr, ihr Scrum-Board nicht optimal zu nutzen.

Struktur des Scrum-Boards

Das Scrum-Board ist in erster Linie ein Werkzeug zur Organisation für das Entwicklungsteam. Es soll dem Team helfen, den Gesamtüberblick über die Aufgaben im Sprint zu behalten, die Aufgaben zu strukturieren und jederzeit eine Fortschrittskontrolle zu haben. Am Scrum-Board wird geplant, koordiniert, diskutiert und entschieden. Es stellt gewissermaßen die Informationszentrale des Entwicklungsteams während des Sprints dar. Gerade weil die Ansprüche an das Scrum-Board hoch sind, sollte es in einer simplen Struktur gehalten werden. Je komplexer die Struktur, desto pflegeaufwendiger und fehleranfälliger ist das Scrum-Board und wird damit unzuverlässig. Ein kompliziertes Werkzeug wird weniger benutzt als ein simples. Abbildung 4–34 zeigt ein einfaches, aber meist ausreichendes Scrum-Board.

Zeilen und Spalten

Die Anzahl der Zeilen richtet sich nach der zu erwartenden Anzahl Backlog Items pro Sprint, die sich wiederum nach der Granularität des Product Backlog richtet. Die Zeilenhöhe sollte jeweils ein Vielfaches der Taskkarten betragen, damit diese bequem aufgehängt werden können. Auch dieser Wert ist natürlich kontextabhängig; wir haben gute Erfahrungen mit der zwei- bis dreifachen Höhe einer Taskkarte (A5- oder A6-Format) gemacht.

Weiter benötigt man lediglich vier Spalten für ein hocheffizientes Scrum-Board: »Backlog Item«, »Offen«, »In Arbeit«, »Fertig«. Jegliche zusätzliche Spalte erhöht den Pflegeaufwand und damit die Gefahr, nicht mehr korrekte Informationen darzustellen. Vereinfacht gesagt gibt es nur Arbeit, die »nicht fertig« bzw. »fertig« ist.

Backlog Item

In dieser Spalte werden die Backlog Items aufgehängt. Die Karten sollten etwas größer sein als die Taskkarten, um das Backlog Item unterscheiden zu können. Die Karten sollten eine eindeutige Bezeichnung (ID), den Inhalt in einem Satz (zum Beispiel als User Story) und die Akzeptanzkriterien enthalten. Die Breite dieser Spalte sollte etwa ein Siebtel der zur Verfügung stehenden Gesamtbreite des Scrum-Boards haben.

Offen (Open)

In diese Spalte werden während des Sprint Planning II (siehe Abschnitt 5.2) alle Tasks gehängt, die zur Erledigung des zugehörigen Backlog Items notwendig sind. Da diese Spalte zu Beginn alle Tasks sichtbar aufnehmen muss, empfehlen wir als Breite etwa drei Siebtel des Scrum-Boards.

In Arbeit (Work in Progress, WIP)

In diese Spalte werden während des Sprints die Taskkarten gehängt, die sich gerade in Bearbeitung befinden. Da dies selten alle Taskkarten gleichzeitig sind, reicht hier eine Breite von einem Siebtel der Gesamtbreite.

Praxistipp:

Manche Teams limitieren die Anzahl der Taskkarten, die in dieser Spalte hängen dürfen, um sicherzustellen, dass sie wirklich fokussiert an den Themen arbeiten.

Fertig (Done)

In dieser Spalte sammeln sich alle erledigten Taskkarten und zu guter Letzt das vom Product Owner akzeptierte Backlog Item. Da hier die Sichtbarkeit jeder einzelnen Karte keine so große Rolle spielt wie in der Spalte »Offen« und erledigte Karten deshalb oft übereinandergehängt werden, ist hier eine Breite von zwei Siebteln der Gesamtbreite ausreichend.

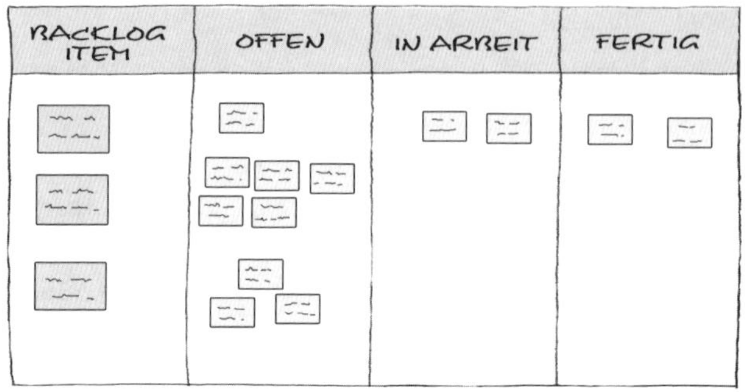

Abb. 4–34
Einfaches Scrum-Board

Physis des Scrum-Boards

Ein Scrum-Board kann man in praktisch jeder Umgebung erstellen. Es gibt große Scrum-Boards, die ganze Wände füllen, und kleine Scrum-Boards, die auf einem Fenster oder einer Tür Platz finden.

Wand

Scrum unterstützt Transparenz in allen Bereichen. Durch ein großes Scrum-Board an einer Wand wird diese optimal unterstützt. Jeder, der in den Teambereich kommt, kann durch ein gut gepflegtes Scrum-Board den aktuellen Stand im Sprint erkennen. Meist arbeitet man an der Wand mit Post-its, da man diese schnell verschieben kann und sie keine Spuren an der Wand hinterlassen.

Praxistipp:

Achten Sie darauf, dass Sie Post-its mit hoher Klebkraft benutzen, die nach mehrmaligem Umhängen noch haften. Es ist sehr mühsam, jeden Morgen heruntergefallene Post-its wieder an die richtige Stelle zu hängen.

Es gibt heutzutage viele Hilfsmittel, um Wände nutzbar zu machen. Eventuell lohnt sich auch die Anschaffung einer Wandfolie, auf der nicht nur Post-its gut haften, sondern mit abwaschbaren Stiften auch Zeichnungen und Notizen angebracht werden können.

Glaswand

Moderne Großraumbüros sind oft durch Glaswände unterteilt. Diese eignen sich hervorragend für ein Scrum-Board mit Post-its. Meist handelt es sich um aus mehreren Teilen zusammengesetzte Glasflächen, deren Nähte man als senkrechte Trenner für die Spalten des Scrum-Boards verwenden kann.

Klebestreifen

Wenn die Beschaffenheit der Wand es nicht zulässt, dass Post-its daran haften bleiben, bieten sich Klebestreifen an. Dazu klebt man zunächst einen Streifen Gewebeband über die volle Breite des Scrum-Boards. Anschließend klebt man ein Post-it als »Abstandhalter« auf diesen Streifen und klebt einen neuen Streifen mit etwa 2 cm Abstand unter die Unterkante des Post-its. Damit hat man den Abstand zwischen zwei Klebestreifen und kann das Scrum-Board entsprechend aufbauen.

> **Praxistipp:**
>
> Auch bei den Klebestreifen gilt: Besorgen Sie Klebeband mit hoher Klebkraft (z.B. Gewebeband). Wenn ein oder mehrere Streifen sich von der Wand lösen, ist das Chaos vorprogrammiert.

Planungstafel

Oft stehen keine hinreichend großen Wandflächen zur Verfügung, um sie als Scrum-Board zu benutzen, oder es ist seitens des Unternehmens nicht gestattet, die Wände zum Beispiel mit Post-its zu bekleben. In diesem Fall bietet sich eine bewegliche Planungstafel an. Diese haben in der Regel eine Fläche von 1,80 m × 1,80 m, auf der man das Scrum-Board erstellen kann. Diese Fläche sollte auch minimal zur Verfügung stehen, um mit mehreren Personen aktiv am Scrum-Board arbeiten zu können. Angebracht ist eher sogar noch eine größere Fläche. Dazu benutzt man entweder Post-its oder Moderationskarten und Nadeln. Verglichen mit ganzen Wänden verfügen Planungstafeln zwar nur über eine relativ kleine Fläche, sie sind jedoch sehr flexibel, wenn man das Scrum-Board mit in ein Meeting oder eine Präsentation nehmen möchte.

> **Praxistipp:**
>
> Falls das Entwicklungsteam die Backlog Items in so viele Tasks zerlegt, dass eine Planungstafel nicht ausreicht, stellen Sie einfach eine zweite daneben und verdoppeln damit die Breite des Scrum-Boards.

Magnetwand

Manche Teams benutzen Whiteboards als Scrum-Board oder verfügen über in die Wände eingearbeitete magnetische Platten. Sie befestigen daran oft Moderationskarten mit kleinen Magneten oder benutzen flache, magnetische Scheiben in unterschiedlichen Größen als Karten.

Virtuell

Für virtuelle Scrum-Boards gibt es viele kostenlose bis hin zu kostenpflichtigen und kommerziellen Online-Tools. Sie alle verbindet ein gemeinsamer Nachteil: die Virtualität. Kein Team kann sich vor ihnen versammeln, um eine Diskussion zu führen, die Haptik des Anfassens und Verschiebens einer Karte fällt weg, niemand kann auf einen Blick den Fortschritt des Sprints oder einzelner Backlog Items erkennen, wenn er den Teamraum betritt. Außerdem muss jemand, der das virtuelle Scrum-Board sehen oder bearbeiten will, sich zunächst in einem System anmelden dürfen und zum Scrum-Board navigieren. Dies alles führt dazu, dass ein Scrum-Board seine Vorteile nicht voll entfalten kann und das Entwicklungsteam oder einzelne Teammitglieder sich andere Wege suchen, ihre Aufgaben zu strukturieren.

Für verteilte Teams (vgl. Abschnitt 3.4) stellen virtuelle Scrum-Boards eine interessante Alternative dar.

Empfehlung

Für die Beschaffenheit des Scrum-Boards können wir keine eindeutige Empfehlung geben, da die räumlichen und organisatorischen Voraussetzungen zu unterschiedlich sind. Generell ziehen wir ein großes, offen sichtbares Scrum-Board vor, da es die Transparenz im Team und der Organisation erhöht sowie als Treffpunkt für Diskussionen des Scrum-Teams dient. Letztendlich ist die physikalische Beschaffenheit des Scrum-Boards egal, solange man es sinnvoll strukturiert und es vom Entwicklungsteam als Werkzeug anerkannt und benutzt wird.

Farben und Formen

Das gezielte Einsetzen von Farben und unterschiedlichen Karten- oder Post-it-Größen am Scrum-Board kann die Übersichtlichkeit sowohl für das Scrum-Team als auch für den neutralen Betrachter enorm erhöhen. Darüber hinaus können durch geschickte Farb- und Formauswahl zusätzliche Informationen transportiert werden, um den Überblick über den Sprint zu behalten und Verbesserungspotenziale zu erkennen. Unser Beispiel zu Beginn des Abschnitts beschreibt zwar auch viele verschiedene Formen und Farben, jedoch fehlte diesen eine Bedeutung, wie wir sie im Folgenden vorstellen.

Wir arbeiten in der Regel mit drei verschieden großen Post-its, die wir in der Folge als »groß«, »mittelgroß« und »klein« bezeichnen. Die auf den nächsten Seiten beschriebenen Farben stellen Vorschläge dar, die sich in unserer Praxis bewährt haben.

Praxistipp:

Entscheiden Sie sich einmal zu Beginn eines Projekts für die Farben, die Sie für die folgenden Situationen verwenden wollen, und behalten Sie diese Farbcodierung bei.

Backlog Items

Die Backlog Items stehen in der ersten Spalte des Scrum-Boards. Dazu drucken wir jedes Backlog Item mit seinen Akzeptanzkriterien auf einer halben DIN-A4-Seite aus, schneiden es aus und kleben es auf ein großes Post-it. Die Farbe des Post-its ist egal, da man es unter dem Ausdruck kaum sieht.

Tasks aus dem Sprint Planning II

Diese Tasks werden während des Sprint Planning II auf grüne, mittelgroße Post-its geschrieben. Durch die einheitliche Farbe ergibt sich am Ende des Sprint Planning II ein harmonisches Bild.

Später hinzugekommene Tasks

Wenn im Laufe des Sprints neue Tasks hinzukommen, werden diese auf gelbe, mittelgroße Post-its geschrieben. Auf diese Weise kann man später erkennen, wie viele neue Taskkarten nach dem Sprint Planning II hinzugefügt worden sind. Dies kann eine völlig normale Situation sein, weil das Team erst im Sprint herausgefunden hat, was genau getan werden muss. Es kann aber auch ein Indiz dafür sein, dass im Sprint Planning II nicht sauber gearbeitet wurde, und damit ein Thema für die Retrospektive werden. Würde man die Farbcodierung nicht vornehmen, verlöre man diese Information. Durch die gelbe Farbe wird »Achtung, möglicher Handlungsbedarf« signalisiert.

Fehler von außerhalb

Wenn es ein Fehler in den laufenden Sprint schafft, der nichts mit dem Sprint zu tun hat, schreiben wir ihn auf ein rotes, mittelgroßes Post-it. Rot macht deutlich, dass hier etwas Außergewöhnliches vorliegt.

Fehler im Sprint

Wenn während der Arbeit an einem Backlog Item ein Fehler festgestellt wird, der nicht sofort im Dialog behoben werden kann, wird er auf ein kleines, rotes Post-it geschrieben und in die Spalte »Work in Progress« gehängt.

Praxistipp:

Unerfahrene Teams fordern oft eine komplette Fehlerbeschreibung auf dem Post-it, damit jeder nachlesen kann, was das Problem ist. Ziel ist jedoch die Behebung des Fehlers, nicht seine Dokumentation. Fordern Sie das Team auf, den Fehler sofort im Dialog zu beseitigen, anstatt ihn zu dokumentieren und sich erst später drum zu kümmern.

Blocker

Blocker können jede Art von Hindernissen außer einem Fehler sein, die eine Fertigstellung eines Tasks und damit eines Backlog Items gefährden. Sei es, dass auf Designs gewartet werden muss, dass es Klärungsbedarf durch den Product Owner gibt, der nicht anwesend ist, oder dass das Sicherheitszertifikat für den Testserver abgelaufen ist. Diese Blocker kennzeichnen wir mit kleinen blauen Post-its, die auf die zugehörige Taskkarte oder auf das Backlog Item geklebt werden.

Praxistipp:

Achten Sie als Scrum Master auf diese Blocker, oft deuten sie auf Hindernisse hin, die Sie möglichst zügig beseitigen müssen. Bei der von uns verwendeten Farbcodierung fallen die blauen Blocker-Post-its auch von weitem ins Auge, sodass Sie oft schon durch bloßes Hochschauen von Ihrem Schreibtisch erkennen können, ob neue Blocker hinzugekommen sind.

Die oben vorgestellten Farb- und Formkombinationen könnten nach Belieben erweitert werden, zum Beispiel durch unterschiedliche Farben für fachliche und technische Blocker. Wir haben jedoch die Erfahrung gemacht, dass in diesem Fall weniger mehr ist und eine weitere Differenzierung eher für Verwirrung als für Klarheit und Transparent sorgt.

Praxistipp:

Sowohl für das Team als auch für Außenstehende bietet es sich an, die gewählten Farb- und Formenkombinationen neben dem Scrum-Board als Legende abzubilden.

4.5.4 Häufige Probleme

Überstrukturierte Scrum-Boards

Wir sind in unserer Praxis mitunter auf Teams gestoßen, die bis zu zehn Spalten auf ihrem Scrum-Board hatten. Die Pflege dieser Spalten ist natürlich recht aufwendig, was oft dazu führt, dass der Status am Scrum-Board nicht aktuell war. Außerdem wurde eine Menge Platz verschwendet, denn eine Taskkarte kann sich immer nur in genau einer Spalte befinden, sodass viele Spalten sehr dünn besiedelt oder gar leer waren. Auf diese Weise wurde die zur Verfügung stehende Wandfläche nicht optimal genutzt.

Teams mit solchen Scrum-Boards haben fast immer eine stark prozessorientierte Vergangenheit. Sie versuchen, die bekannten Übergabepunkte, zum Beispiel von der Entwicklung zum Testen, so abzubilden, wie sie es aus ihrem bisher benutzen Projektmanagement- oder Ticketverwaltungssystem kennen.

Praxistipp:

Versuchen Sie, das Team weg von der Prozesssicht hin zu den Grundlagen von Agilität im Allgemeinen und Scrum im Besonderen zu führen. Bemühen Sie das Agile Manifest und die agilen Werte. Weisen Sie auf die Vorteile von vertrauensvoller Zusammenarbeit hin, auf das gemeinsame Ziehen am gleichen Strang. Wenn Sie das Gefühl haben, dass das Team bereit ist, Ihnen zu folgen, schlagen Sie ein Experiment vor, für einen Zeitraum von zwei oder drei Sprints ein vereinfachtes Scrum-Board zu benutzen.

Verwirrende Farbvielfalt oder unübersichtliche Eintönigkeit

Auf einem sehr bunten Scrum-Board findet das Auge keinen Bezugspunkt und damit keine Orientierung. Für den Außenstehenden sieht es sehr chaotisch aus, selbst wenn das Team sich inzwischen darauf zurechtfindet. Meist kommen solche Scrum-Boards zustande, weil einfach die gerade verfügbaren Post-its oder Moderationskarten genommen werden.

So wie ein Wildwuchs an Farben und Formen zu Unübersichtlichkeit führen kann, so kann es auch die Benutzung einer einzigen Post-it- oder Moderationskartengröße in einer einzigen Farbe sein. Alles verschwimmt zu einem Einheitsbrei, eine Differenzierung nach Dringlichkeit, Zusammengehörigkeit, zeitlicher Abhängigkeit usw. ist kaum möglich.

Praxistipp:

Besprechen Sie mit dem Team, wie das Scrum-Board vermutlich auf Außenstehende wirkt. Schlagen Sie eine Bedeutung der Farben und Formen vor. Falls das Team keine Änderung vornehmen möchte, schlagen Sie ein Experiment für die Dauer eines Sprints vor und unterstützen Sie das Team aktiv, indem Sie während des Experiments bei der Pflege des Scrum-Boards mitwirken.

Noch besser: Fragen Sie Außenstehende, wie das Board auf sie wirkt.

Unzureichende Pflege des Scrum-Boards

Wenn ein Scrum-Board vom Team nicht gepflegt wird, liegt dies meist daran, dass das Team es nicht als »sein« Werkzeug akzeptiert. Es ist fast immer ein Signal dafür, dass im Team nicht genügend kommuniziert wird. Das Schreiben der Karten wird als Pflicht angesehen, nicht als Strukturierungswerkzeug oder Kommunikationsunterstützung.

Praxistipp:

Machen Sie dem Entwicklungsteam klar, dass das Scrum-Board das Werkzeug des Teams ist, die Informationsachse des Sprints. Schlagen Sie dem Team dazu ein Experiment vor: Ein Teammitglied, das mitten im Sprint aus dem Urlaub zurückkommt oder nach ein paar Tagen Krankheit wieder gesund ist, soll nur anhand des Scrum-Boards einschätzen, was bereits erledigt, ist, wie der aktuelle Stand ist und was als Nächstes erledigt werden muss.

4.5.5 Checklisten

Sprint Zero

Welche Punkte Sie für die Planung und Durchführung eines Sprint Zero beachten sollten, erfahren Sie gebündelt in der folgenden Checkliste.

- Teamraum
  - Hinreichend großen Teamraum für das gesamte Scrum-Team organisieren, dabei auf möglichst viele große Wandflächen achten
  - Bequeme, ergonomische Bürostühle organisieren
  - Höhenverstellbare Tische mit ausreichender Arbeitsfläche besorgen
  - Computer mit ausreichender Leistung organisieren, inklusive Mäuse und Tastaturen
  - Ausreichende Anzahl an Netzwerkkabeln bestellen
  - Genügend LAN-Verteiler und Steckdosen im Teamraum sicherstellen, ggf. Verlängerungen und Mehrfachsteckdosen besorgen

  - Große, qualitativ hochwertige Monitore organisieren, ggf. sogar zwei pro Entwicklerarbeitsplatz
  - Genügend Schlüssel zum Teamraum bereitstellen
  - Kaffeemaschine organisieren und bereitstellen, ggf. organisatorische Regelungen klären
  - Arbeitsmaterial wie z.B. Metaplanwände, Nadeln, Karten, Post-its, Klebeband, Flipchart, Stifte bereitstellen
  - Gemeinsam mit dem Team Verhaltensregeln im Teamraum festlegen, z.B. Telefonieren, Raumtemperatur
- **Entwicklungsumgebung**
  - Benötigte Serverumgebung bereitstellen und ggf. konfigurieren lassen
  - Bei Bedarf Zugriffsrecht auf Entwicklungsmaschinen bereitstellen
  - Benötigte Lizenzen besorgen und einrichten lassen
  - Zugangsberechtigungen zu den Entwicklungsmaschinen einrichten
  - Benötigte Clientsoftware organisieren und installieren lassen
  - Ggf. Wikispace mit entsprechenden Berechtigungen einrichten lassen
  - Ggf. Trackingtool mit entsprechenden Berechtigungen einrichten lassen
- **Organisatorisches**
  - Hausausweise für externe Mitarbeiter beantragen
  - Vertraulichkeitserklärungen vorbereiten
  - Zugänge zu allen benötigten technischen Systemen so vorbereiten, dass sie nach Unterschrift durch den Nutzer nur noch freigeschaltet werden müssen
- **Scrum-Board**
  - Freie Wandfläche mit Platz zum Versammeln sicherstellen, ggf. auf Metaplanwände ausweichen
  - Gemeinsam mit dem Entwicklungsteam die Struktur des Scrum-Boards festlegen
  - Ggf. Post-its mit hoher Klebkraft besorgen
  - Color Coding des Scrum-Boards mit dem Entwicklungsteam vereinbaren, dabei Anzahl von Farben und Formen möglichst gering halten und in einer Legende beschreiben

Weiterführende Informationen zum Thema »Vorbereitung« haben wir im Anhang zusammengestellt. Unter *http://www.scrum-in-der-praxis.de/literaturempfehlungen/vorbereitung* aktualisieren wir diese ständig.

5 Die Durchführung

Wenn alle Vorbereitungen abgeschlossen sind, startet die eigentliche Projektdurchführung. Dieser Teil stellt gewissermaßen das Herzstück eines Scrum-Projekts dar, denn er wird wie ein rhythmischer Herzschlag so lange wiederholt, bis das Produkt veröffentlicht werden kann. Abbildung 5–1 veranschaulicht den Prozess.

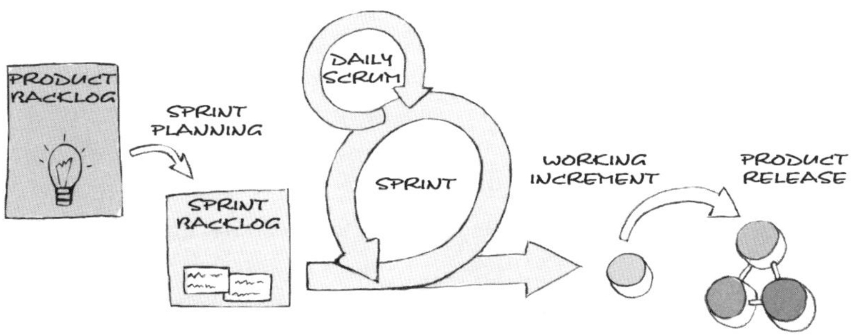

Abb. 5–1
Der Scrum-Prozess

In diesem Kapitel durchlaufen wir einen kompletten Sprint. Wir beginnen den Sprint mit dem Sprint Planning und gehen dann über in die tägliche Synchronisation des Entwicklungsteams, die im Daily Scrum stattfindet. Dieses kurze Treffen bietet erstaunliches Potenzial, aber auch jede Menge Stolperfallen, die wir ansprechen. Anschließend folgt die Pflege des Product Backlog im Backlog Grooming. Während dieses Events bearbeitet das Scrum-Team gemeinsam das Product Backlog, schätzt die Komplexität von Backlog Items und plant nächste Schritte. Nachdem wir die Vorteile eines gut vorbereiteten und interessant gestalteten Reviews herausgestellt haben, beschreiben wir mehrere Varianten für die Durchführung einer Retrospektive, die das Scrum-Team bei der ständigen Verbesserung der Arbeitsweise unterstützt.

5.1 Sprint Planning I

Ready, Steady, Go!

Montagmorgen, kurz vor 9:30 Uhr. Das Team kam erholt aus dem Wochenende und traf sich voller Tatendrang zum Sprint Planning für den anstehenden Sprint. Während Finn noch letzte Vorbereitungen erledigte, erzählten sich die anderen Anekdoten vom Wochenende. Sergio war am Samstag auf einer Party und war erst so spät zu Hause, dass er den ganzen Sonntag im Bett verbracht hatte. Mina und Lara waren zusammen im Kino und schwärmten von dem Film mit ihrem Lieblingsschauspieler. Punkt 10:00 Uhr unterbrach Finn freundlich die Gespräche und wies auf die Timebox hin. Das Team hatte maximal 3 Stunden für das Sprint Planning eingeplant, davon je 1,5 Stunden für Sprint Planning I und II.

Zu Beginn fragte Finn die Verfügbarkeit der Teammitglieder ab. Lara plante ein verlängertes Wochenende und steht daher zwei Tage weniger zur Verfügung. Jordi hatte einen Zahnarzttermin, ging aber davon aus, dass es keine Nachwirkungen gäbe, sodass er dem Team voll zur Verfügung stünde. Sergio merkte an, dass er im übernächsten Sprint eine ganze Woche Urlaub geplant hätte, aber Finn bat ihn, ihn nach dem Sprint Planning noch mal darauf anzusprechen, da es nichts mit dem aktuellen Sprint zu tun hat. Die von den Kollegen genannten Verfügbarkeiten notierte Finn auf einem Flipchart und bildete die Summe.

Als Nächstes bat Finn Casper, dem Team das von ihm vorgeschlagene Sprint-Ziel zu erläutern und einen Überblick über die von ihm gewünschte Funktionalität für den Sprint zu geben. Bereits im Vorfeld hatten die beiden gemeinsam am Product Backlog gearbeitet und einen Block von User Stories identifiziert, der ihrem Empfinden nach in einen Sprint passen könnte und auch fachlich sinnvoll zusammenpasste. Casper erklärte die Funktionalität zunächst im Zusammenhang aus Sicht des späteren Benutzers. Anschließend ging er ins Detail und begann, einzelne User Stories vorzustellen. Dabei achtete er darauf, dass er die Reihenfolge so wählte, dass die ersten vier Stories die Grundfunktionalität beschrieben, während ab der vierten Story nur noch Ergänzungen hinzugefügt wurden. Für jede Story nannte er die Akzeptanzkriterien, die für eine erfolgreiche Erledigung notwendig sind.

Die Teammitglieder stellten Fragen zu den einzelnen User Stories, waren aber im Wesentlichen bereits damit vertraut, weil sie in einem der letzten Anforderungsworkshops an den Inhalten mitgearbeitet hatten. Nach jeder Story fragte Casper, ob diese im nächsten Sprint umge-

setzt werden kann, und bis zur sechsten Story nickten alle Teammitglieder einhellig. Bei der sechsten User Story wendete Lara ein, dass ihr nicht genügend Informationen vorliegen, und auch Mina zögerte, weil sie in den bereits ausgewählten User Stories bereits eine Menge Testaufwand sah. Das Team beschloss letztendlich, es bei den sechs Stories zu belassen. Casper war glücklich, konnte er doch davon ausgehen, dass bis auf ein kleines Extra eine komplette Funktionalität zur Verfügung stehen würde. Im letzten Schritt überprüften alle zusammen noch einmal das Sprint-Ziel und einigten sich auf eine griffige Formulierung.

Das Sprint Planning kennzeichnet den Beginn eines Sprints. Der vorherige Sprint ist abgeschlossen, und es geht mit neuen Inhalten fokussiert mit dem nächsten Sprint weiter.

Praxistipp:

Oft beginnen Sprints an einem Montag, vermutlich weil der Montag sowieso den Beginn einer Arbeitswoche symbolisiert. Es gibt aber keine Vorschrift, einen Sprint immer an einem Montag beginnen zu lassen. Manchmal gibt es äußere Rahmenbedingungen (zum Beispiel 4-Tage-Wochen, keine Verfügbarkeit wichtiger Stakeholder), die einen anderen Wochentag sinnvoller erscheinen lassen. Finden Sie gemeinsam mit dem Team den für die gegebene Situation idealen Wochentag.

Im ersten Teil des Sprint Planning vereinbaren Product Owner und Entwicklungsteam das *Was* für den neuen Sprint. Wichtigste Voraussetzung ist eine gute Vorbereitung des Product Owners. Er muss wissen, was er im nächsten Sprint umgesetzt haben möchte, und muss dies dem Team hinreichend erklären können. Außerdem müssen die Akzeptanzkriterien klar sein. Je besser die Vorbereitung des Product Owners ist, desto einfacher ist es für das Entwicklungsteam, Backlog Items in den Sprint zu nehmen und eine Prognose abzugeben. Im Idealfall verfügt der Product Owner nicht nur über die Backlog Items für den nächsten Sprint, sondern auch über ein gut durchdachtes und priorisiertes Release-Backlog, das alle zum jetzigen Zeitpunkt bekannten Backlog Items bis zum nächsten Release enthält (vgl. Abschnitt 4.2.4).

Das Team sollte im Sprint Planning niemals mit komplett neuen Anforderungen konfrontiert werden, und wir ermutigen unsere Teams, solche Backlog Items nicht in den Sprint zu übernehmen. Das Risiko ist einfach zu groß, dass man damit in ein zurzeit nicht erkennbares Wespennest sticht. Das Sprint Planning ist dazu da, bekannte Backlog Items noch einmal durchzusprechen, das gemeinsame Verständnis zu verifizieren und sie für den Sprint einzuplanen. Für die inhaltliche Arbeit gibt es Anforderungsworkshops.

Praxistipp:

Es ist nichts dagegen einzuwenden, wenn der Product Owner im Sprint Planning noch eine Ergänzung anfragt, die offensichtlich klein und unkritisch ist. Sollte es sich um ein neues Backlog Item handeln, dann muss dies im Sprint Planning noch geschätzt werden. Oft kann man solche Anforderungen aber auch als Akzeptanzkriterium in ein bereits bestehendes Backlog Item integrieren, z.B. eine vorher nicht geforderte Sortierreihenfolge in einer Liste oder die Anzeige einer zusätzlichen Information. Fragen Sie in dem Fall das Team, ob sich dadurch die ursprüngliche Schätzung ändert.

5.1.1 Teamverfügbarkeit

Zu Beginn des Sprint Planning I ist es wichtig, dass alle Teammitglieder über die Verfügbarkeit der Teammitglieder informiert sind, um die Inhalte des Sprints entsprechend zu planen. Wenn beispielsweise der einzige Frontendentwickler während des Sprints für eine Woche im Urlaub ist, sollte dem Rechnung getragen werden, indem Backlog Items mit weniger komplexem Frontendanteil ausgewählt werden. Wir erfragen die Verfügbarkeit mit einer Granularität von einem halben Tag, da dies als Überblick vollkommen ausreicht.

Fokusfaktor

Erfahrungsgemäß stehen die Teammitglieder nie zu 100% ihrer Anwesenheit für den Sprint zur Verfügung. Je nach Unternehmen liegt die Verfügbarkeit der Mitarbeiter meist zwischen 50% und 90%. Diesen Wert nennen wir Fokusfaktor. Bei der nicht für den Sprint verfügbaren Zeit kann es sich zum Beispiel um Teammeetings aus der Linie handeln, um Gespräche mit Vorgesetzten, um Sonderaufgaben; es mag viele Gründe geben. In kleinen Unternehmen haben die Scrum-Teams oft Wartungsaufgaben oder müssen sich nebenbei um den operativen Betrieb kümmern. Eine besondere Herausforderung stellte einmal ein Team dar, dessen Mitglieder zusätzlich zur Projektarbeit für die Wartung eines Legacy-Systems verantwortlich waren, jedes Teammitglied für ein anderes. Dies sind alles Aufwände, die nichts mit dem Sprint zu tun haben und die daher von der Verfügbarkeit der Mitarbeiter abgezogen werden müssen. Wenn man sich einmal die Mühe macht, diese Zeiten und Aufwände zu erfassen, ist man oft erstaunt, wie wenig Zeit tatsächlich noch für die Schaffung neuer Funktionalität zur Verfügung steht.

Praxistipp:

Versuchen Sie, die zusätzlichen Aufgaben auf Kollegen außerhalb des Teams zu verteilen. Sofern es sich nicht um erkennbare Blöcke von Störungen handelt, bitten Sie das Team, während des Sprints alle Aufwände zu notieren, die nichts mit dem Sprint zu tun haben. Achten Sie auch während des Daily Scrum auf Formulierungen wie »Ich konnte nicht an dem Thema arbeiten, weil ...«. So kommen Sie Hindernissen auf die Spur, und die Auflistung bietet Ihnen eine gute Argumentationsgrundlage, den Fokusfaktor zu erhöhen.

Eine weitere gute Möglichkeit, Störungen zu identifizieren, besteht darin, die Teammitglieder am Ende des Sprints nach ihrer tatsächlichen Verfügbarkeit im Sprint zu fragen. Liegt diese niedriger als die geplante Verfügbarkeit, besteht Handlungsbedarf für den Scrum Master. Entweder müssen die Störungen beseitigt werden oder die tatsächliche Kapazität muss transparent dargestellt werden.

Die Anwesenheit wird mit dem persönlichen Fokusfaktor eines jeden Teammitglieds multipliziert und ergibt die Verfügbarkeit für den Sprint. Die Summe der individuellen Verfügbarkeiten ergibt die Teamverfügbarkeit.

Praxistipp:

Wenn man über ein achtköpfiges Team verfügt, aber nur einen Fokusfaktor von 50% ansetzen kann, hat man rechnerisch lediglich vier Personen zur Verfügung, Diese Situation sollten Sie unbedingt als Hindernis behandeln. Die Fokussierung des Teams wird stark beeinträchtigt, und eine Prognose ist nicht möglich, wenn die anderen Tätigkeiten spontan und ungeplant auftreten (z.B. User Support). Durch das aktive Angehen dieses Hindernisses beugen Sie auch Nachfragen des Managements vor, warum das (vermeintlich) achtköpfige, teure Scrum-Team denn so langsam ist und nur so wenig Ergebnisse liefert.

Geplante Abwesenheiten

Neben Urlaub kann es viele Gründe für geplante Abwesenheiten geben, zum Beispiel Schulungen, Arzttermine, Handwerker im Haus. Diese Abwesenheiten sollten allerdings nicht erst im Sprint Planning erwähnt werden, sondern sobald sie bekannt sind. Auf diese Weise kann zum einen der Product Owner seine Wünsche für den Sprint darauf ausrichten, dass wichtige Kollegen fehlen werden, zum anderen kann der Scrum Master versuchen, zumindest längerfristige Abwesenheit beispielsweise durch den Einsatz eines Freelancers zu kompensieren.

Praxistipp:

Führen Sie einen Jahres-Teamkalender, der offen im Teamraum aushängt. Markieren Sie auf dem Kalender die nächsten Sprints und bitten Sie das Team, alle Abwesenheiten dort einzutragen. Auf diese Weise sieht man früh, wer in welchem Sprint nicht oder nur teilweise anwesend ist, und kann den Releaseplan entsprechend daran ausrichten.

5.1.2 Planung ohne Story Points

Die Velocity eines Teams berechnet sich über die Teamleistung vergangener Sprints. Diese Teamleistung schwankt und wird für die Berechnung der Velocity nivelliert. Da die Schätzungen der Backlog Items nur sehr grob sind und eine Menge Unsicherheit enthalten, hat es keinen Sinn, im Sprint Planning I bis zur exakten Erreichung der Velocity zu planen. Ein Team mit einer Velocity von 30 Story Points, das im Sprint Planning I Backlog Items mit einer Summe von 27 Story Points auswählt, sollte nicht aufgefordert werden, noch ein weiteres Backlog Item mit drei Story Points auszuwählen. Das Aufaddieren der Story Points der Backlog Items bis zum Erreichen der Velocity gaukelt an dieser Stelle eine vermeintliche Planungspräzision vor, die de facto aber nicht vorhanden ist. Erinnern wir uns an das Estimation (vgl. Abschnitt 4.3): Jedes Backlog Item enthält eine gewisse Unsicherheit, die umso größer wird, je komplexer das Backlog Item ist. Wenn sich die 27 Story Points in obigem Beispiel aus drei mal acht Story Points und einmal drei Story Points zusammensetzen, bedeutet dies genaugenommen »irgendwo zwischen 17 und 44 Story Points«. Es ist also nicht sinnvoll, die Velocity »bis zum Anschlag« auszufüllen.

Wir haben sehr gute Erfahrungen damit gemacht, dem Entwicklungsteam während des Sprint Planning die Story Points der Backlog Items nicht zu zeigen, sondern es allein aufgrund fachlicher Inhalte und einer gesunden Portion Bauchgefühl entscheiden zu lassen. Wir arbeiten oft mit der TTM-Matrix (vgl. Abschnitt 4.2.6) und bieten dem Team im Sprint Planning I diese Information als Basis für die Auswahl der Backlog Items für den Sprint an.

Praxistipp:

Prüfen Sie nach Ende des Sprint Planning I für sich, ob die Summe der Story Points der ausgewählten Backlog Items in etwa der Velocity entspricht. Unsere Erfahrung zeigt, dass die Teams ein sehr gutes Bauchgefühl dafür haben, was im Sprint machbar ist. Sollte die Summe tatsächlich signifikant von der Velocity abweichen, beobachten Sie das Sprint Planning II sehr genau und sprechen Sie das Team am Ende darauf an. Möglicherweise waren Schätzungen zu hoch, vielleicht gibt es aber auch wirklich ein Problem. Machen Sie die Situation transparent und besprechen Sie sie.

5.1.3 Akzeptanzkriterien (How to demo)

In Abschnitt 4.2.3 haben wir die Wichtigkeit von Akzeptanzkriterien ausführlich besprochen. Im Sprint Planning kann das Team nun die Früchte guter Vorarbeit ernten, da viel weniger Nachfragen kommen.

Meist liegen die Akzeptanzkriterien als Liste vor und beschreiben, was wie funktionieren soll. Da am Ende des Sprints jedoch ein Review stattfindet, während dessen die neue Funktionalität *gezeigt* werden soll, ist diese Listendarstellung nur bedingt hilfreich. Wir schlagen unseren Teams im Sprint Planning I daher vor, die Akzeptanzkriterien unter der Perspektive des späteren Zeigens zu betrachten: »Wie zeigen wir dem Product Owner und den anderen Teilnehmern des Reviews, dass die Funktionalität tatsächlich wie erwartet umgesetzt wurde?« Das Ergebnis ist ein kleiner Workflow aus der Sicht eines Anwenders, der beispielsweise folgendermaßen aussehen könnte:

User Story

- Als Konferenzbesucher möchte ich interessante Vorträge markieren und als Zeitplan anzeigen.

Akzeptanzkriterien

- Markierungsmöglichkeit in der Vortragsliste
- Falls parallel liegende Vorträge ausgewählt werden, soll eine Warnung erscheinen.
- Es soll einen Zeitplan geben, der die markierten Vorträge in der Reihenfolge ihres Stattfindens anzeigt.

How to demo

- App aufrufen
- Sechs Vorträge auswählen, davon zwei, die sich mit anderen überschneiden
- Warnung bei der Auswahl der sich überschneidenden Vorträge anzeigen

- Zeitplan aufrufen, die sich überschneidenden Vorträge anzeigen lassen
- Entscheiden für einen der parallelen Vorträge und Löschen des jeweils anderen
- Zeigen des Zeitplans ohne Überschneidungen

Wie man leicht erkennt, wird plötzlich das Löschen eines Elements erwähnt, was jedoch nicht in den Akzeptanzkriterien stand. Das Ändern der Perspektive hilft dabei, solche Dinge bereits im Sprint Planning aufzudecken.

5.1.4 Sprint-Ziel

Zu jedem Sprint Planning gehört das Festlegen eines Sprint-Ziels. Das Sprint-Ziel ist das Maß, an dem das Team am Ende des Sprints gemessen wird. Selbst wenn ein niedriger priorisiertes Backlog Item nicht erledigt werden konnte: Solange das Sprint-Ziel erreicht wurde, gilt der Sprint als erfolgreich.

Im Verhältnis gesehen ist ein Sprint-Ziel für einen Sprint das, was für das Gesamtprojekt bzw. das nächste Release die Vision ist. Ein Sprint-Ziel beschreibt fachliche Anforderungen aus Sicht des Benutzers, die ihm einen Nutzen bringen und die am Ende des Sprints vorzeigbar sind. Es stellt gewissermaßen einen Meilenstein auf dem Weg zur Vision dar. Weiter hilft es dem Team, sich während des Sprints auf das Wesentliche zu fokussieren und Anforderungen bzw. Ergänzungen, die keinen Einfluss auf das Sprint-Ziel haben, in Absprache mit dem Product Owner niedriger zu priorisieren.

Das Sprint-Ziel wird zu Beginn des Sprint Planning vom Product Owner auf Basis der von ihm gewünschten Backlog Items vorgeschlagen und am Ende vom Entwicklungsteam akzeptiert oder gemeinsam angepasst.

Praxistipp:

Bitten Sie den Product Owner zu Beginn des Sprint Planning, dem Entwicklungsteam zu erläutern, welchen Einfluss das Sprint-Ziel auf die Produkt- oder Releasevision hat. Bitten Sie ihn außerdem im weiteren Verlauf des Sprint Planning immer wieder, die Relevanz des gerade besprochenen Backlog Items für das Sprint-Ziel zu erklären. Diese Ausführungen helfen dem Product Owner und dem Team, sich auf die wirklich wichtigen Features zu konzentrieren und sogenanntes »Goldplating«, also das für den Geschäftswert unwichtige Aufpolieren, zu vermeiden.

Wie man es schon aus dem traditionellen Projektmanagement kennt, sollten auch Sprint-Ziele SMART sein (vgl. Abb. 5–2).

SPEZIFISCH	EINDEUTIG UND KONKRET, SODASS JEDER DAS GLEICHE VERSTÄNDNIS HAT
MESSBAR	DOPPELT SO SCHNELL WIE V1.1, MINDESTENS 50 GLEICHZEITIGE BENUTZER, INNERHALB VON 2 SEKUNDEN
AKZEPTIERT	VOM TEAM UND VOM PRODUCT OWNER AKZEPTIERT
RELEVANT	MIT AUSWIRKUNG AUF DIE PRODUKT- ODER RELEASE-VISION
TERMINIERT	BIS ZUM ENDE DES SPRINTS ERFÜLLT

Abb. 5–2
SMART-Kriteren

»*Die nächsten fünf Backlog Items umsetzen*« ist ein sehr schlechtes Sprint-Ziel, »*Seitenauslieferung doppelt so schnell wie in V1.1*« hingegen erfüllt die SMART-Kriterien.

Praxistipp:

Drucken Sie das Sprint-Ziel in großer Schrift über mehrere DIN-A4-Seiten aus (Banner) und hängen Sie es über das Scrum-Board. So kann es sehr einfach für Diskussionen und Entscheidungen herangezogen werden.

Ein Feature muss nicht gleich von Anfang an mit allen Komfortfunktionen ausgestattet sein. Es reicht zum Beispiel aus, in einem Sprint eine Bezahlfunktion via Vorkasse anzubieten, um das Sprint-Ziel »Als Kunde möchte ich meine Bestellung bezahlen« zu erfüllen, um in Folge-Sprints Überweisung, PayPal und Kreditkarten anzubieten. Hier ist Fingerspitzengefühl des Product Owners gefragt, der Backlog Items entsprechend zuschneiden muss.

Praxistipp:

Kommunizieren Sie mit den Stakeholdern bzw. dem Management auf Basis des Sprint-Ziels, nicht auf der Detailebene der Backlog Items. Leider kommt es immer noch oft vor, dass ein nicht erledigtes Backlog Item mehr Aufmerksamkeit bekommt und länger diskutiert wird als ein erreichtes Sprint-Ziel, obwohl das Backlog Item nichts mit dem Sprint-Ziel zu tun hatte.

5.1.5 Slack

Manchmal gibt es im Team Diskussionen, ob ein weiteres Backlog Item in den Sprint aufgenommen werden sollte oder nicht. Meist läuft es dann darauf hinaus, dass es nicht mit hineingenommen wird, damit sich alle Teammitglieder auf das Sprint-Ziel einigen können. Für ein Team ist es frustrierend, sich auf ein Backlog Item zu verpflichten und es dann nicht erledigen zu können.

Um unseren Teams hier zu helfen, bieten wir ihnen an, das umstrittene Backlog Item als sogenannten Slack (dt. Schlupf, Puffer) mit in den Sprint zu nehmen. Das bedeutet, dass das Backlog Item als Letztes an das Scrum-Board kommt und Bestandteil des Sprint Backlog wird. Das Entwicklungsteam nimmt es jedoch nicht offiziell in die Prognose auf, sondern es wird im Fall der frühzeitigen Erledigung der anderen Backlog Items als Erstes nachgezogen. Am Scrum-Board werden das oder die optionalen Backlog Items gesondert markiert, zum Beispiel, indem die Karte eine andere Farbe hat oder indem es in einem größeren Abstand zu den anderen Backlog Items aufgehängt wird. Alternativ könnte das Team die fraglichen Backlog Items zunächst nicht in den Sprint aufnehmen und bei Bedarf den Product Owner nach weiteren Backlog Items fragen, aber wir beobachten, dass der Slack eine bessere Kontinuität in der Arbeit des Teams bewirkt.

Praxistipp:

Achten Sie darauf, dass die Benutzung von Slack Items nicht permanent zu niedrigen Prognosen beim Team führt. Es darf nicht der Eindruck entstehen, dass man sich auf nichts festlegen müsse, sondern einfach das abliefern könne, was gemütlich fertig geworden ist. Der Slack ist ein Angebot an das Team, sich mit der Prognose wohlzufühlen und möglicherweise »noch einen draufsetzen« zu können. Wenn der Slack missbraucht wird, schaffen Sie ihn wieder ab.

5.1.6 Häufige Probleme

Prognose zu niedrig

Es kann vorkommen, dass ein Entwicklungsteam sich wiederholt deutlich weniger Backlog Items für den Sprint auswählt, als es zu leisten imstande ist. Diese Backlog Items sind oft schon nach der Hälfte des Sprints erledigt, und das Team fragt beim Product Owner nach Nachschub. Oberflächlich betrachtet scheint dies zunächst kein Problem zu sein, da ja letzten Endes eine Menge geliefert wird und der Product Owner seinen Releaseplan basierend auf der tatsächlichen Velocity erstellen kann. Wenn man aber mal hinter die Kulissen blickt, kommt man zu anderen Erkenntnissen.

Diese Situation kann bedeuten, dass das Team unsicher ist und mit Störungen im Sprint rechnet. Diese Beeinträchtigungen gilt es offenzulegen und das Vertrauen des Teams in die Schutzfunktion des Scrum Masters und den Prozess zu stärken.

Es kann auch sein, dass ein Team die Backlog Items nicht gut genug kennt und sich seiner eigenen Schätzungen nicht sicher ist. In diesem Fall muss früher angesetzt und die Zusammenarbeit des Teams und des Product Owners im Vorfeld des Sprint Planning verbessert werden.

Praxistipp:

Wenn Sie häufig eine zu niedrige Prognose in Ihrem Team feststellen, gehen Sie der Ursache auf dem Grund. Lassen Sie sich nicht dazu verleiten, es als nicht so problematisch abzutun, denn wie oben gezeigt liegen die Ursachen in der Regel tiefer und holen Sie später ein. Nutzen Sie Methoden wie »5 Whys« [URL:5 Whys], um Ursachen herauszufinden, oder spielen Sie »Fearless Journey« [URL:HartmannPreuss] mit dem Team.

Sprint Planning mitten am Tag

Wenn das Sprint Planning direkt nach dem Mittagessen stattfindet, empfinden viele Menschen eine gewisse Trägheit. Manche Kollegen beginnen früh mit der Arbeit, und wenn man bereits ein paar Stunden gearbeitet hat, ist es sehr schwer, sich für weitere zwei bis drei Stunden zu konzentrieren.

Praxistipp:

Am besten planen Sie gemeinsam mit dem Team das Sprint Planning zum frühestmöglichen Termin am Vormittag ein, zu dem das komplette Team anwesend ist.

Intransparente Restaufwände

Es kann (hoffentlich selten) der Fall eintreten, dass ein Backlog Item im letzten Sprint nicht erledigt werden konnte und nun als Kandidat für den neuen Sprint bereitsteht. Diese Backlog Items werden meist ohne weitere Besprechung mit in den anstehenden Sprint übernommen.

Praxistipp:

Bitten Sie den Story Owner (vgl. Abschnitt 5.2.2) des Backlog Items, die noch ausstehenden Aufgaben kurz für das gesamte Team zu erläutern, damit alle Teammitglieder auf dem gleichen Stand sind.

Anteilige Story Points bei Restarbeiten

Manchmal wurde ein großes Backlog Item im letzten Sprint nicht akzeptiert und auch nicht gezeigt, weil es noch nicht 100% »Done« war. Manche Teams erwarten, dass der bereits geleistete Aufwand dem letzten Sprint in Form von Story Points anteilig zugerechnet und im anstehenden Sprint nur mit den restlichen Story Points geplant wird. Dies widerspricht aber dem Konzept der Velocity, denn konsequenterweise fließen die Story Points eines Backlog Items erst dann in die Velocity des Teams ein, wenn das Backlog Item komplett erledigt wurde und damit auch der Geschäftswert bereitgestellt wurde. Die Berechnung der Velocity ist so ausgelegt, dass solche Schwankungen ausgeglichen werden.

Praxistipp:

Lassen Sie keine anteiligen Story Points zu. Erläutern Sie dem Team stattdessen die Berechnung der Velocity anhand von Beispielen und zeigen Sie den Ausgleich über die Zeit auf.

Nichtbeachtung der Definition of Ready

Idealerweise hat das Team mit dem Product Owner eine Definition of Ready (vgl. Abschnitt 4.1.4) vereinbart, sodass die Erwartungen für das Sprint Planning klar sind. Manchmal stellt man aber fest, dass aus unterschiedlichen Gründen nicht alle vereinbarten Vorarbeiten erledigt wurden, die DoR also nicht erfüllt wurde.

Praxistipp:

Die Entwickler tun sich keinen Gefallen damit, solche Backlog Items trotzdem zu akzeptieren. Erfahrungsgemäß sorgen die ungeklärten Punkte im Sprint für Verzögerung und Diskussionen und können letztendlich sogar dazu führen, dass das Sprint-Ziel nicht erreicht wird. Ermutigen Sie die Entwickler, diese Backlog Items abzulehnen und als Konsequenz daraus ggf. sogar ein anderes Sprint-Ziel zu vereinbaren. Nicht zuletzt wird auch dem Product Owner klar, dass er seine Vorbereitung verbessern muss.

Technische Diskussionen

Technische Diskussionen im Sprint Planning I sind ein Spezialfall der Nichtbeachtung der DoR, den wir aufgrund der Häufigkeit seines Auftretens hier noch einmal gesondert herausheben. Im Sprint Planning I geht es um das Verstehen der fachlichen Anforderungen. Technische Diskussionen über die Umsetzung haben hier nichts verloren, dafür gibt es das Sprint Planning II oder die vorausgehende Besprechung der Backlog Items in Vorbereitung auf den Sprint. Falls ein Backlog Item ohne vorhergehende technische Diskussion nicht ausgewählt werden kann, ist die Definition of Ready nicht erfüllt.

Praxistipp:

Ermutigen Sie das Entwicklungsteam, das Backlog Item abzulehnen, wenn es sich damit nicht sicher fühlt.

Viele große Backlog Items

Wenn ein Sprint nur aus großen Backlog Items besteht, erhöht dies das Risiko, dass das letzte Backlog Item in der Liste nicht mehr umgesetzt werden kann und damit möglicherweise sogar das Sprint-Ziel verfehlt wird. Außerdem implizieren große Backlog Items in der Regel mehr Codereviews, Nachbesserungen, Nachfragen usw.

Praxistipp:

Achten Sie als Scrum Master auf eine ausgewogene Auswahl an Backlog Items für den Sprint. Schlagen Sie vor, einige kleinere Backlog Items mit aufzunehmen, deren Nichterledigung das Sprint-Ziel an sich nicht gefährdet. Machen Sie dabei aber klar, dass die Prognose auch diese Backlog Items beinhaltet und dass es sich nicht um Slack (vgl. Abschnitt 5.1.5), sondern um ein Sicherheitsnetz handelt.

Eventuell können die großen Backlog Items auch weiter aufgebrochen werden (vgl. Abschnitt 4.2.5).

Ungleichmäßige Auslastung des Teams

Die Auswahl der Backlog Items für den Sprint sollte so erfolgen, dass nicht alle die Unterstützung des erfahrensten Entwicklers benötigen. Das Team läuft sonst Gefahr, dass es sich dann nur in Ansätzen um die Themen kümmern kann und viele Änderungen und Nachbesserungen nötig werden.

Praxistipp:

Wirken Sie als Scrum Master darauf ein, dass Backlog Items so ausgewählt werden, dass die Verfügbarkeit und fachliche Kompetenz aller Teammitglieder möglichst optimal ausgenutzt werden. Setzen Sie zum Beispiel die TTM-Matrix (vgl. Abschnitt 4.2.6) ein, um dem Team eine Entscheidungshilfe zu geben.

Deployment nicht geplant

Oft enden Sprints an einem Freitagnachmittag mit einem Review und einer Retrospektive. Das vorgestellte Inkrement noch am gleichen Tag zu deployen ist vielen Firmen zu riskant, sodass dies meist in der Folgewoche stattfindet. Insbesondere bei kleinen Firmen sind jedoch die Entwickler auch gleichzeitig diejenigen, die das Deployment durchführen, sodass die dafür benötigte Zeit sowie die Zeit für eventuell auftretende Probleme vom nächsten Sprint abgeht. Dieser Aufwand wird in der Regel nicht geplant oder wird in den Fokusfaktor eingerechnet. Dies hat jedoch den Nachteil, dass der Aufwand damit »unsichtbar« wird.

> **Praxistipp:**
>
> Nehmen Sie ein Deployment-Item in jeden Sprint mit auf. Dieses Item wird ebenso mit Tasks am Scrum-Board geplant wie alle anderen Backlog Items.

Ungutes Bauchgefühl

Die oben beschriebenen Probleme bei der Durchführung eines Sprint Planning lassen sich in der Regel klar erkennen und benennen. Es kann aber auch vorkommen, dass man einfach nur ein ungutes Bauchgefühl hat, das man nicht weiter beschreiben kann. In solch einem Fall empfehlen wir, das Sprint Planning als solches gemeinsam mit dem Team zu besprechen und die Meinung des Teams dazu zu hören.

> **Praxistipp:**
>
> Nehmen Sie das Sprint Planning als Thema für eine Retrospektive auf. Auch wenn Scrum ein Sprint Planning als Muss vorschreibt, kann es von Zeit zu Zeit hinterfragt und verbessert werden. Die Retrospektive bietet durch ihre Struktur einen idealen Rahmen für derartige Fragestellungen.

5.1.7 Checklisten

Sprint Planning I

Für die Planung und Durchführung eines Sprint Planning, gibt es so manches zu beachten. Nachfolgend haben wir Ihnen eine Prüfliste mit den wichtigsten Punkten zusammengestellt.

- Vorbereitung
  - Hinreichend großen Raum buchen, der dem gesamten Scrum-Team und ggf. Gästen Platz bietet. Den Raum am besten für die gesamte Projektlaufzeit im Voraus buchen.
  - Raum bereits für eine halbe Stunde vor Beginn des Sprint Planning buchen, um ggf. Vorbereitungen treffen zu können
  - Termin möglichst früh am ersten Tag des Sprints planen
  - Fokusfaktor der Teammitglieder ermitteln
  - Durchführung planen und vorbereiten
  - Benötigte Hilfsmittel für die Moderation bereitstellen

- Verfügbarkeit der technischen Ausrüstung sicherstellen, z.B. Projektor, Videokonferenzsystem
- Existenz eines geordneten Product Backlogs und ausreichend vorbereiteter Backlog Items sicherstellen

- **Durchführung**
  - Pünktlich beginnen, auch wenn noch Teilnehmer fehlen
  - Notebooks und Mobiltelefone verbannen
  - Ggf. Timer ablaufen lassen, um die Timebox zu visualisieren
  - Teamverfügbarkeit abfragen und inkl. Fokusfaktor visualisieren, dabei Feiertage, Urlaub und sonstige geplante Abwesenheiten berücksichtigen
  - Einhaltung der Definition of Ready einfordern
  - Auf zwischen den Zeilen geäußerte Hindernisse achten
  - Technische Diskussionen unterbinden
  - Bei der Planung möglichst auf Story Points verzichten, sondern diese am Ende nur zur Überprüfung heranziehen
  - Prognose des Entwicklungsteams erfragen
  - Ggf. Slack vereinbaren
  - Sprint-Ziel mit SMART-Kriterien festlegen

- **Nachbereitung**
  - Ausgewählte Backlog Items für das Sprint Planning II ausdrucken
  - Ggf. elektronische Tools aktualisieren
  - Ggf. Sprint-Dokumentation aktualisieren, z.B. im Wiki

5.2 Sprint Planning II

Jetzt geht es in die Details

Der erste Teil des Sprint Planning hatte lediglich eine Stunde gedauert. Finn fragte das Team, ob es nach einer kurzen Pause gleich mit dem zweiten Teil weitermachen und sich in fünf Minuten vor dem Scrum-Board treffen wollte. Casper ging zurück an seinen Schreibtisch, bot aber an, bei Fragen gern zur Verfügung zu stehen.

Jordi hatte freundlicherweise die Story- und Taskkarten des letzten Sprints vom Scrum-Board entfernt, sodass es wieder verwendet werden konnte. Finn hatte alle ausgewählten User Stories mit den relevanten Informationen ausgedruckt und in die erste Spalte gehängt. Nun besprach das Team ein Backlog Item nach dem anderen und überlegte sich eine technische Lösung für die Erfüllung der Akzeptanzkriterien. Diese Lösung brachen die Teammitglieder anschließend in einzelne Tätigkeiten herunter und schrieben sie auf Taskkarten, die in die

Spalte »offen« des Scrum-Boards gehängt wurden. Bei der dritten Story ergab sich eine Nachfrage an Casper, die aber schnell geklärt werden konnte.

Am Ende einer weiteren Stunde war das Scrum-Board gut gefüllt, und das Team war zuversichtlich, dass es alle Tasks notiert hatte. Finn bat das Team, noch einmal für eine Minute in sich zu gehen und zu beurteilen, ob die Planung realistisch ist und alle bereit waren, den Umfang als Prognose für den Sprint an Casper zu melden. Alle bejahten dies. Alva zählte 91 Tasks im Status »offen« und erstellte ein Sprint-Burndown-Chart für das Team. Anschließend gingen alle gemeinsam zum Mittagessen, um nachmittags gleich mit der Entwicklung loslegen zu können.

Nachdem im Sprint Planning I das *Was* zwischen dem Team und dem Product Owner vereinbart wurde, muss im Sprint Planning II das *Wie* geklärt werden. Leider ist die Meinung, dass das Sprint Planning II lediglich das Herunterbrechen der Backlog Items in einzelne Aufgaben (Tasks) bedeutet, immer noch weit verbreitet. Da es jedoch in Scrum kein explizites technisches Design gibt, ist das Sprint Planning II der einzige und richtige Zeitpunkt dafür. Aber Achtung: Es ist nicht das Ziel des Sprint Planning II, ein perfektes Design oder eine perfekte Planung zu erstellen. Ziel ist ein Konzept, das klar genug ist, sodass Teams starten können, es aber noch genügend Raum zum Lernen und Anpassen gibt.

Zunächst sollte sich das Team also auf eine technische Lösung für die fachlichen Anforderungen einigen. Die Tasks beschreiben alle zum jetzigen Zeitpunkt bekannten Aufgaben, um ein Backlog Item in den Status »Done« zu überführen. Der Product Owner wird für das Sprint Planning II nicht zwingend gebraucht, ist aber ein gern gesehener Gast, um Fragen zu klären.

Praxistipp:

Falls der Product Owner nicht am Sprint Planning II teilnimmt, bitten Sie ihn, dass er sich zumindest verfügbar hält. Falls es Rückfragen gibt, achten Sie als Scrum Master auf die Inhalte der Fragen. Diese sind ein Indiz dafür, ob die Anforderungen und Akzeptanzkriterien im Vorfeld ausreichend besprochen worden sind.

In Abschnitt 4.5.3 haben wir ausführlich verschiedene Modelle von Scrum-Boards besprochen und Tipps gegeben. Diese kommen uns jetzt zugute.

Praxistipp:

Drucken Sie die Akzeptanzkriterien mit auf die Karten für die Backlog Items. Dies erleichtert es den Teammitgliedern, die Kriterien zur Überprüfung heranzuziehen und sich auf das Wesentliche zu fokussieren.

5.2.1 Tasks

Tasks zur Erledigung eines Backlog Items sind nicht zwingend nur technische Aufgaben. Wenn beispielsweise die Erstellung einer Benutzerdokumentation zu den Akzeptanzkriterien oder zur Erfüllung der Definition of Done gehört, ist dies auch eine Aufgabe, die vom Team erledigt und damit eingeplant werden muss. Bei der Arbeit mit Taskkarten gibt es ein paar Dinge zu beachten, die wir im Folgenden aufzeigen wollen.

Taskkarten

Die einzelnen Aufgaben, die zur Erledigung des Backlog Items führen, werden durch das Team festgelegt und auf Taskkarten geschrieben. Der Scrum Master begleitet den Prozess und achtet darauf, dass alle Teammitglieder mitarbeiten und zu Wort kommen.

Größe der Tasks

Wir empfehlen als maximale »Größe« eines Tasks die Durchführbarkeit innerhalb eines Tages. Auf diese Weise sind die Aufgaben feingranular genug, dass jedes Teammitglied versteht, was zu tun ist. Außerdem erkennen das Team und der Scrum Master so leichter, wenn eine Taskkarte länger als einen Tag im Status »Work in Progress« verbleibt, sodass hier nachgefragt werden kann.

Schätzungen von Tasks

Gelegentlich trifft man noch auf Teams, die nicht nur Backlog Items, sondern auch Tasks schätzen. Die Schätzung von Tasks ist ein Relikt aus der Vergangenheit. Wir raten davon ab, da es einen erhöhten Planungsaufwand für das Team mit sich bringt, dabei aber keineswegs die Planungssicherheit erhöht. Wenn das Team konsequent auf die Einhaltung der Ein-Tages-Einschränkung für Tasks achtet, stellt dies bereits eine mehr als hinreichende Feinplanung dar.

Color Coding

Im Sprint Planning II stellen wir dem Team einen einfarbigen Satz von Post-its zur Verfügung, der für die Planung der Tasks benutzt wird. Idealerweise bleibt die Farbe über die Sprints hinweg konstant. Auf diese Weise kommt zunächst optisch eine gewisse Ruhe auf das Scrum-Board. Alle Tasks, die nach dem Sprint Planning II ergänzt werden, bekommen eine andere Farbe. Die Anzahl der neu hinzugekommenen Taskkarten im Verhältnis zu den ursprünglich geplanten gibt wichtige Aufschlüsse:

- Wie gut konnte das Team die Aufgabe abschätzen?
- Wie sicher ist das Team in der Materie?
- Gibt es Störungen von außerhalb?

Diese Informationen helfen dabei, Hindernisse und Verbesserungsmöglichkeiten aufzudecken und anzugehen.

Codereview

Qualitätsbewusste Teams haben in der Regel ein Codereview in ihrer Definition of Done verankert und führen dies durch, bevor sie Code oder einzelne Teile davon freigeben. Manche Teams belassen es bei Pair Programming, andere führen vielleicht noch ein finales Codereview durch. Fast alle planen aber lediglich die Umsetzung und vernachlässigen den Aufwand für Codereviews und mögliche Nacharbeiten.

Praxistipp:

Schlagen Sie dem Entwicklungsteam vor, für die Durchführung des Codereviews einen eigenen Task zu planen. Dieser wandert erst dann in den Status »Done«, wenn es keine Beanstandungen mehr gibt. So wiegt man sich nicht in der vermeintlichen Sicherheit, dass keine Aufgaben mehr für ein Backlog Item anstehen.

Nachverhandeln

Es kann vorkommen, dass das Entwicklungsteam während des Sprint Planning II feststellt, dass ein Backlog Item in diesem Sprint nicht oder nicht im gewünschten Umfang umzusetzen ist. Dafür kann es verschiedene Gründe geben, zum Beispiel eine vorher nicht erkannte technische Abhängigkeit, eine falsche Annahme oder Unterschätzung der technischen Komplexität. In diesem Fall sucht das Team sofort die Rücksprache mit dem Product Owner, der sich für solche Fälle während des Sprint Planning II verfügbar halten sollte. Gemeinsam überprüfen die Entwickler und der Product Owner die Auswirkung auf das Sprint-Ziel und entscheiden über nächste Schritte. Sofern das Sprint-Ziel nicht beeinträchtigt wird, könnte das Backlog Item einfach aus dem Sprint genommen oder durch ein anderes ersetzt werden. Wenn das Backlog Item dem INVEST-Prinzip für gute User Stories (vgl. Abschnitt 4.2.3) entspricht, kann es möglicherweise in seinem Umfang reduziert oder in zwei Backlog Items aufgeteilt werden. Eventuell muss das Sprint-Ziel angepasst werden. Wichtig ist, Transparenz zu schaffen und gemeinsam zu einer Entscheidung zu gelangen.

Praxistipp:

Insbesondere unerfahrene Teams neigen dazu, auch die oben beschriebenen Backlog Items zu planen und umzusetzen, obwohl sie bereits im Sprint Planning erkennen, dass es möglicherweise Probleme geben wird. Ermutigen Sie Ihr Team aktiv, Bedenken zu äußern und den Dialog zu starten.

5.2.2 Story Owner

Wir beobachten häufig, dass ein Backlog Item vom Entwicklungsteam als »Done« betrachtet wird, ohne dass eine finale Überprüfung der Akzeptanzkriterien oder der Definition of Done stattgefunden hat. Jedes Teammitglied verlässt sich darauf, dass ein anderes Teammitglied die Punkte noch einmal geprüft hat. Bei der Vorstellung des Backlog Items beim Product Owner oder gar beim Review wird plötzlich deutlich, dass noch etwas fehlt. Um dies zu vermeiden, schlagen wir unseren Teams oft vor, einen sogenannten »Story Owner« zu benennen. Allgemein gesprochen sorgt der Story Owner dafür, dass ein Backlog Item unter Beachtung aller vereinbarten Rahmenbedingungen in den Status »Done« überführt wird. Der Story Owner ist nicht notwendigerweise die Person, die alle Schritte selbst erledigt, sondern dafür verantwortlich, dass sie erledigt werden. Die konkrete Ausprägung der Aufgabe ist teamabhängig; folgende Tätigkeiten könnten zum Beispiel dazugehören:

- **Sicherstellen der Fertigstellung der Arbeit an den höchstpriorisierten Backlog Items:** Wenn der Story Owner des obersten, noch nicht erledigten Backlog Items am Scrum-Board sieht, dass jemand aus dem Team an weniger hoch priorisierten Backlog Items arbeitet, sollte er denjenigen bitten, zunächst die Arbeit am höher priorisierten Backlog Item zu unterstützen.
- **Überprüfung der Definition of Done,** bevor das Backlog Item dem Product Owner gezeigt wird
- **Einholen der Akzeptanz des Product Owners**

Praxistipp:

Achten Sie darauf, dass diese Aufgabe nicht zu viel Gewicht bekommt, indem Sie sie nicht als »Rolle« bezeichnen. Es handelt sich eher um eine »Patenschaft«, die nicht mit den drei Scrum-Rollen gleichzusetzen ist.

Insbesondere bei Teams mit wenig Erfahrung in der Selbstorganisation ist dies ein gutes Hilfsmittel, um den Fokus auf die notwendigen Aufgaben zu lenken.

5.2.3 Sprint-Burndown-Chart

Ein Sprint-Burndown-Chart ist ein Werkzeug des Entwicklungsteams für das Entwicklungsteam. Es gibt innerhalb eines Sprints Aufschluss über den Fortschritt des Sprints und bietet dem Team ein Frühwarnsystem für mögliche Probleme und Hindernisse. Es sollte gut sichtbar direkt neben dem Scrum-Board aufgehängt werden und in jedem Daily Scrum aktualisiert werden.

Bis zur Version 2011 des Scrum Guide war das Sprint-Burndown-Chart ein Pflichtelement in Scrum, inzwischen ist es optional. In unserer Praxis hat sich diese Art der teaminternen Fortschrittsmessung jedoch außerordentlich bewährt, daher legen wir unseren Teams auch heute noch nahe, dieses Instrument zu nutzen.

Sprint-Burndown-Charts gibt es in den unterschiedlichsten Ausprägungen. Es gibt auch Burnup-Charts, die die Information aus einer anderen Perspektive darstellen. Shane Duan [URL:Duan b] hat einen interessanten Artikel darüber geschrieben.

Das klassische Burndown-Chart wird durch ein Liniendiagramm dargestellt. Es fängt bei einem gegebenen Maximum (z.B. Anzahl offener Tasks nach dem Sprint Planning) an und protokolliert jeden Tag den dann aktuellen Wert. Verglichen mit einem angenommenen linearen Verlauf kann man so den aktuellen Fortschritt visualisieren und ggf. steuernde Maßnahmen einleiten. Abbildung 5–3 zeigt ein regulär verlaufendes Burndown-Chart am Ende eines zweiwöchigen Sprints.

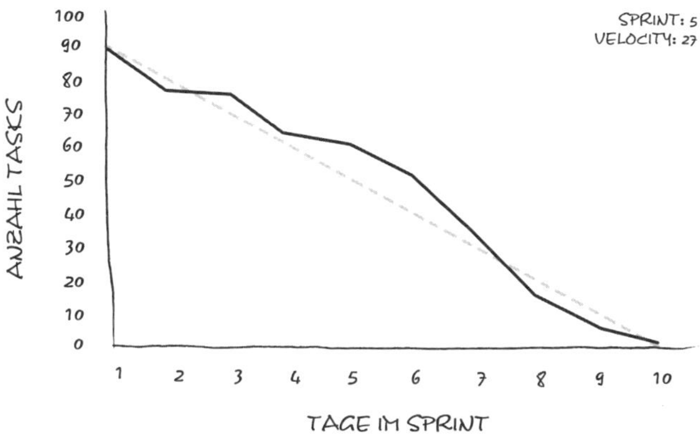

Abb. 5–3
Sprint-Burndown-Chart

Wie man in der Abbildung sieht, bewegt sich die tatsächliche Erledigung von Tasks um die lineare Ideallinie herum. Dies spricht sowohl für eine gute Planung des Teams als auch für eine gute Arbeit des Product Owners und des Scrum Masters, die offensichtlich gute Vorarbeit geleistet und eine störungsarme Umgebung geschaffen haben.

Praxistipp:

Wenn nach dem Sprint Planning II noch Tasks hinzukommen, erkennt man dies nicht ohne Weiteres in dem obigen Chart. Lassen Sie das Team daher bei jedem Daily Scrum die neu hinzugekommenen Taskkarten (vgl. Abschnitt 4.5.3) zählen und die Zahl neben den jeweiligen Linienpunkt des Tages schreiben.

Der Anfang vom Ende

Im Sprint Planning II hatte unser Entwicklungsteam die ausgewählten Backlog Items in 91 Tasks heruntergebrochen und anschließend gleich mit der Arbeit begonnen. Im Daily Scrum an Tag 2 war erst ein Task erledigt worden, aber da vom ersten Tag ja nur der Nachmittag zur Verfügung stand, machte sich niemand deshalb Sorgen. Am Tag 3 jedoch waren immer noch 86 von 91 Tasks offen, und Finn sprach das Team am Ende des Daily Scrum darauf an. »Ja«, sagte Jordi, »das liegt daran, dass wir uns zunächst mit der Anbindung an die Datenbank beschäftigt haben, das hat ziemlich viel Zeit gekostet. Ist aber kein Problem, die anderen Tasks sind viel kleiner.« Als erfahrener Scrum Master kannte Finn solche Argumente, entschied sich aber dafür, nicht steuernd einzugreifen. Als jedoch am vierten Tag immer noch 86 Tasks unerledigt waren, äußerte er dem Team gegenüber offen seine Bedenken über den Verlauf des Sprints. Die Teammitglieder waren zerknirscht, hatten sie doch tatsächlich am Vortag erneut viel Zeit mit der

Datenbankanbindung verbracht. Auf Finns Frage, ob das Sprint-Ziel überhaupt noch zu erreichen sei, verwies das Team auf mehrere bereits in Arbeit befindliche Tasks und erklärte, dass es aus ihrer Sicht noch zu früh sei, Gegenmaßnahmen zu ergreifen. Das Sprint-Ziel sei nicht gefährdet. Finn ließ sich überzeugen, noch einen weiteren Tag abzuwarten, und tatsächlich wurden bis zum nächsten Daily Scrum 18 Taskkarten erledigt. Entgegen seinem Bauchgefühl entschied Finn, das Team lediglich darauf hinzuweisen, dass die Anzahl der Tasks nach wie vor deutlich über der Ideallinie liegt. Mina äußerte ebenfalls Bedenken, weil sie befürchtete, dass am Ende nicht mehr genügend Zeit zum Testen zur Verfügung stehen würde, aber der Rest des Teams versprach ihr, sie tatkräftig zu unterstützen. Spätestens beim Daily Scrum des siebten Tages wurde allerdings allen klar, dass das Erreichen des Sprint-Ziel in weite Ferne gerückt war. Letztendlich wurden 42 von 91 Taskkarten nicht erledigt und drei Backlog Items konnten nicht fertiggestellt werden.

Die folgende Abbildung 5–4 zeigt einen Sprint-Verlauf wie in obigem Beispiel. Rückwirkend betrachtet erkennt man leicht, dass der Sprint schon sehr früh aus dem Ruder gelaufen ist, es aber versäumt wurde, entsprechende Maßnahmen einzuleiten.

Abb. 5–4
Sprint läuft aus dem Ruder.

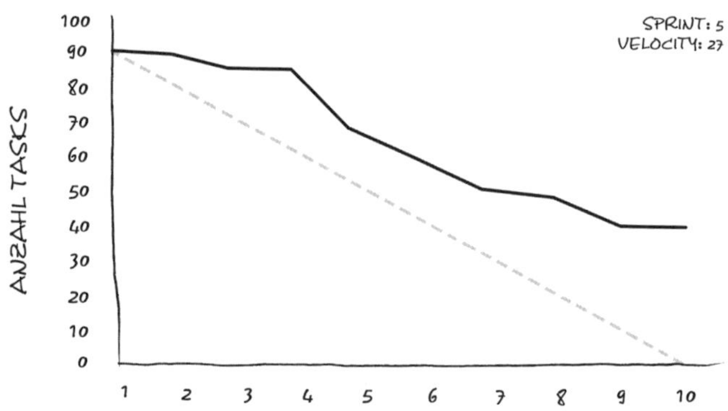

Bereits am dritten Tag hätten in diesem Beispiel erste Alarmglocken läuten müssen. Am vierten Tag scheint es einen Fortschritt gegeben zu haben, jedoch konnte die anfangs verlorene Zeit nicht wieder aufgeholt werden.

Praxistipp:

Gehen Sie als Scrum Master potenziellen Problemen sofort nach. Gewiss, der Grat zwischen Vertrauen in das Team (»Das ist kein Problem, das kriegen wir hin«) und einem echten Problem kann sehr schmal sein. Vertrauen Sie jedoch nicht blind, sondern behalten Sie die Situation im Auge. Klären Sie mit dem Team, inwieweit sie selbst durch Beseitigung von Hindernissen helfen können. Prüfen Sie mögliche Optionen, die im Falle der Stagnation in Frage kommen. Bringen Sie das Thema im Daily Scrum täglich wieder in Erinnerung.

Das Team hat einen Lauf

Im Sprint Planning II hatte unser Entwicklungsteam die ausgewählten Backlog Items in 91 Tasks heruntergebrochen und anschließend gleich mit der Arbeit begonnen. Im Daily Scrum an Tag 2 waren erst zwei Tasks erledigt worden, aber da vom ersten Tag ja nur der Nachmittag zur Verfügung stand, machte sich niemand deshalb Sorgen. Im Laufe des zweiten Tages nahm das Team richtig Fahrt auf und erledigte 20 Tasks. Beschwingt durch den Erfolg und den Spaß an der Arbeit setzte sich dieser Trend fort, und bereits im Daily Scrum am sechsten Tag signalisierte das Team Casper, dass er am folgenden Tag vermutlich Backlog Items nachliefern müsse. Unglücklicherweise war Casper darauf jedoch nicht vorbereitet, sodass das Team an den letzten Tagen ein paar überfällige Refactorings erledigte.

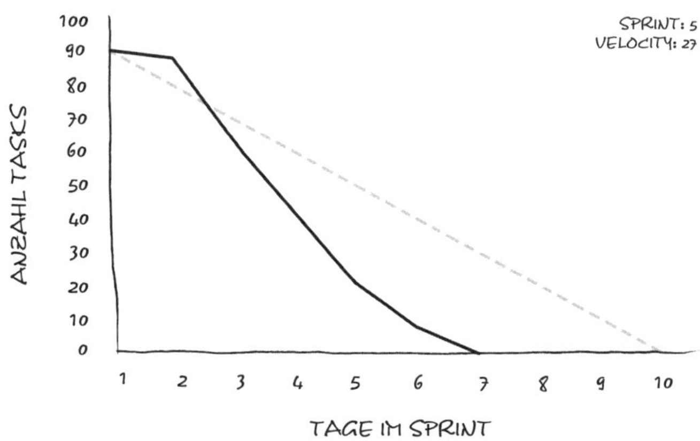

Abb. 5–5
Sprint-Ziel frühzeitig erreicht

Manchmal kommt es vor, dass das Team viel schneller fertig wird, als ursprünglich erwartet wurde (vgl. Abb. 5–5). Dies scheint auf den ersten Blick erfreulich zu sein, schließlich kann das Team beim Product Owner weitere Backlog Items anfragen, um sie im Sprint noch umzusetzen. Wenn es sich um einen Einzelfall handelt, kann man es in der

Regel auch dabei belassen. Falls es jedoch häufiger vorkommt, sollte man einen Blick hinter die Kulissen werfen und prüfen, woran es liegt. Hat das Team Angst vor dem Scheitern? Fühlt es sich inhaltlich unsicher? Befürchtet es Störungen von außerhalb?

Praxistipp:

Auch wenn das Sprint-Burndown-Chart in erster Linie ein Werkzeug des Teams für das Team ist, können auch Sie als Scrum Master eine Menge Informationen daraus ziehen. Behalten Sie das Sprint-Burndown-Chart im Auge und gehen Sie signifikanten Abweichungen vom linearen Verlauf frühzeitig nach.

5.2.4 Häufige Probleme

Dominante Teammitglieder

Manchmal trifft man auf sehr dominante Teammitglieder, die die Aufgaben quasi diktieren, während ein anderes Teammitglied sie notiert und an die Wand hängt. Der Rest des Teams schweigt. Auf diese Weise geht die »Weisheit der Vielen« verloren, und letzten Endes werden lediglich die Ideen eines oder zweier vermeintlich erfahrener Kollegen umgesetzt.

Praxistipp:

In dieser Situation sollten Sie zweigleisig vorgehen. Suchen Sie zunächst das Gespräch mit den dominanten Teammitgliedern und bitten Sie sie, auch stillere Teammitglieder mit einzubeziehen. Sprechen Sie außerdem mit den ruhigeren Entwicklern und ermutigen Sie diese, sich aktiv einzubringen und auch mal eine andere als die vorherrschende Meinung zu äußern.

Zu große Tasks

Wenn die Tasks zu groß sind, also die Bearbeitungsdauer von einem Tag überschreiten und damit länger im Status »Work in Progress« bleiben, wird es am Scrum-Board schnell unübersichtlich. Tasks ziehen sich in die Länge, schnelles Feedback verzögert sich und das Risiko des Scheiterns wird erhöht. Im Extremfall kann es sogar passieren, dass ein Sprint-Ziel nicht erreicht wird, weil das Team sich unnötig lange mit einem Task aufgehalten hat.

Praxistipp:

Falls Sie im Daily Scrum feststellen, dass eine Taskkarte im Status »Work in Progress« verbleibt, haken Sie sofort nach. Vielleicht ist es nur eine minimale Restarbeit, dann ist es in Ordnung. Sobald aber noch signifikanter Aufwand anfällt, drängen Sie darauf, dass der Task in kleinere Einheiten zerlegt wird (vgl. Abschnitt 5.3).

Parallele Planung

Relativ häufig beobachten wir, dass Teammitglieder schon mal »ihre« Tasks für ein Backlog Item aufhängen, anstatt gemeinsam mit dem Team die Lösung zu erarbeiten. Dies ist nicht im Sinne von Scrum, denn ein Entwicklungsteam soll als eine Einheit fungieren. Dafür ist es wichtig, dass alle Teammitglieder die Zusammenhänge kennen und auch wissen, was in den Bereichen gemacht wird, die nicht ihrem Spezialgebiet entsprechen.

Praxistipp:

Wenn Sie diese Form der Planung bemerken, sollten Sie unbedingt eingreifen. Vermitteln Sie Ihrem Team den Nutzen der gemeinsamen Planung, stellen Sie die Vorteile für das Team und den Einzelnen heraus, fordern Sie die gemeinsame Planung ein. Dies ist kein Punkt für Kompromisse.

Fehlende Realitätsprüfung

Gegen Ende des Sprint Planning II beobachten wir oft, dass Teammitglieder ungeduldig werden. Alles scheint geplant, und sie wollen nun endlich loslegen. In der Regel geht das Team dann auseinander und beginnt die Arbeit am ersten Backlog Item. Allerdings wird meist vergessen, den Sprint als Ganzes auf Machbarkeit zu überprüfen.

Praxistipp:

Bitten Sie die Teammitglieder am Ende des Sprint Planning II, eine Minute in sich zu gehen und jeder für sich zu bewerten, ob die Planung realistisch ist. Sollte jemand Zweifel äußern, bitten Sie das Teammitglied, diese zu erklären. Anschließend bespricht das Team die Zweifel und findet gemeinsam eine Lösung, die im Extremfall auch eine neue Planung bedeuten kann. Als letzter Schritt der Realitätsprüfung sollte die finale Prognose des Teams hinsichtlich des Sprint-Ziels und der ausgewählten Backlog Items stehen.

5.2.5 Checklisten

Sprint Planning II

Nachdem das Sprint Planning I stattgefunden hat, gibt es auch im Sprint Planning II wichtige Punkte zu beachten. Welche das sind, lesen Sie zusammengefasst in dieser Checkliste.

- Vorbereitung
  - Scrum-Board von Resten des letzten Sprints befreien
  - Ausgewählte Backlog Items in die entsprechende Spalte des Scrum-Boards hängen
  - Ausreichend Post-its oder Karten in den vereinbarten Farben bereitstellen
  - Den Product Owner bitten, sich verfügbar zu halten
- Durchführung
  - Backlog Items in Tasks mit max. einem Tag Dauer zerlegen, dabei die vereinbarten Color Codings beachten
  - Festlegen eines Story Owners für jedes Backlog Item
  - Ggf. Rücksprache mit dem Product Owner halten
  - Prognose aus dem Sprint Planning I prüfen und ggf. bestätigen
  - Sprint-Burndown-Chart erstellen
- Nachbereitung
  - Sprint-Ziel und Sprint Backlog kommunizieren, z.B. an das Management

5.3 Daily Scrum

Das Daily Scrum ist ein täglicher Termin des Scrum-Teams, in dem sich die Teammitglieder gegenseitig auf den aktuellen Stand bringen. Es sollte vor dem Scrum-Board stattfinden, da das Team die inhaltliche Arbeit so vor Augen hat und Aktualisierungen vornehmen kann. Da es sich um ein sogenanntes Stand-up-Meeting handelt, erfolgt der Austausch im Stehen und innerhalb einer Timebox von maximal 15 Minuten. Das Daily Scrum ist grundsätzlich offen für alle Interessierten. Es handelt sich dabei aber keineswegs um eine öffentliche Debatte, denn lediglich das Scrum-Team darf sprechen. Alle anderen Teilnehmer haben den Status interessierter Gäste, die im Anschluss Fragen stellen dürfen.

Herstellen der Ordnung

Casper war ein sehr engagierter Product Owner, der voll hinter dem Produkt stand und den Anwendern zum geplanten Veröffentlichungstermin so viele praktische Funktionen wie möglich zur Verfügung stellen wollte. Sergio hatte sehr lange in traditionell geführten Projekten gearbeitet und muss sich immer noch an die agile Arbeitsweise und die Selbstorganisation gewöhnen. Das führte dazu, dass er während des Daily Scrum immer wieder Blickkontakt zu Casper aufnahm, da er ihn als eine Art »Chef« betrachtete, für den er arbeitet und an den er berichtet. In seinem Eifer nutzte Casper diese Gelegenheit, indem er während des Daily Scrum auf Sergio einging, ihm Fragen stellte und Vorschläge zur weiteren Vorgehensweise machte, die von Sergio wiederum oft als Anweisungen interpretiert wurden.

Finn hatte dies mit beiden Kollegen bereits besprochen, dennoch trat die Situation von Zeit zu Zeit immer noch auf. Da das Team sich sehr gut verstand und immer für einen Spaß zu haben war, griff Finn beim nächsten Mal zu einer »drastischen« Maßnahme. Als Casper wieder auf Sergio einging, fasste er ihn von hinten an den Schultern, drehte ihn um und führte ihn aus dem Kreis. Er stellte ihn vor einer Wand ab, sodass kein Blickkontakt zum Team mehr möglich war. Die Aktion zog großes Gelächter nach sich, und Casper kam später zu Finn, um sich zu bedanken: » Ich weiß, du hast ja recht, es tut mir auch leid. Ich will ja nur helfen. Aber danke, dass du mich noch mal so deutlich drauf hingewiesen hast.«

Damit die Timebox von 15 Minuten eingehalten werden kann, ist das Daily Scrum sehr straff organisiert. Jedes Teammitglied kommt nacheinander an die Reihe und beantwortet die folgenden drei Fragen:

- Was habe ich seit dem letzten Daily Scrum erreicht?
- Was will ich bis zum nächsten Daily Scrum erreichen?
- Was hindert mich momentan daran, meine Arbeit bestmöglich zu erledigen?

> **Praxistipp:**
>
> Fragen Sie danach, was *erreicht* wurde, und nicht danach, was *getan* wurde. Sie laufen sonst Gefahr, dass Teammitglieder lediglich ihre Zeiten rechtfertigen, anstatt sich zielgerichtet zu synchronisieren.

Die ersten beiden Fragen sind sowohl für die Teamkollegen im Hinblick auf Abhängigkeiten oder notwendige Unterstützung interessant als auch für den Scrum Master. Er kann den Fortschritt beobachten, kann prüfen, ob die Tasks klein genug sind, und implizite Hindernisse erkennen. Die Antworten auf die dritte Frage sind natürlich klare Handlungsaufforderungen für den Scrum Master. Aber auch alle anderen Teilnehmer können wertvolle Fortschrittsinformationen aus dem Daily Scrum mitnehmen.

Praxistipp:

Konzentrieren Sie sich als Scrum Master auf die zweite und dritte Frage, nicht auf die erste. Die erste Frage ist zwar auch wichtig, aber noch wichtiger ist die Fokussierung auf die Zukunft und die Hindernisse, die es zu beseitigen gilt.

Teamsynchronisation

Eines muss leider immer wieder betont werden, insbesondere dann, wenn der Product Owner und der Scrum Master am Daily Scrum teilnehmen. Das Daily Scrum ist ein Termin zur Synchronisation des Teams und kein Report, schon gar nicht an den Product Owner oder den Scrum Master. Es ist ein Treffen des Teams für das Team.

Sogar erfahrene Teammitglieder neigen immer wieder dazu, sich beim Sprechen einen Fixpunkt zu suchen, der meist im Scrum Master oder Product Owner gefunden wird.

Praxistipp:

Wenn Sie beobachten, dass Teammitglieder an den Scrum Master oder den Product Owner »berichten«, weisen Sie freundlich darauf hin, dass das Team der Empfänger der Information ist. Fordern Sie den Sprechenden auf, Blickkontakt zu den anderen Teammitgliedern aufzunehmen. Unterstützen Sie diese Aussage mit einer öffnenden Bewegung mit beiden Armen in Richtung Team. Das hilft zumindest kurzfristig weiter. Sollte dieser Fall regelmäßig auftreten, sollten Scrum Master und Product Owner außerhalb des Teamkreises stehen. Und wenn die Stimmung im Team gut ist, können sich die beiden auch mal demonstrativ umdrehen, um jeden Blickkontakt zu vermeiden.

5.3.1 Die vierte Frage

Insbesondere bei eingespielten Teams, die sowieso sehr eng zusammenarbeiten, können die Daily Scrums sehr zügig über die Bühne gehen. Oft passiert es dabei, dass Hindernisse nicht mehr explizit benannt werden, sondern irgendwo im Grundrauschen verschwinden. So entsteht der Eindruck, dass alles prima läuft. Am Ende des Sprints kann dann das böse Erwachen kommen.

Ein erfahrener Scrum Master erkennt im Daily Scrum, wenn ihm das Projekt entgleitet. Um dem entgegenzusteuern, gibt es eine vierte Frage, die der Scrum Master jedem einzelnen Teammitglied am Ende des Daily Scrum stellen kann:

- »Wie schätzt du auf einer Skala von eins (unrealistisch) bis zehn (sicher) die Wahrscheinlichkeit ein, dass wir das Sprint-Ziel erreichen werden?«

Auf diese Weise bekommt der Scrum Master von jedem Teammitglied eine persönliche Einschätzung der Lage und kann bei Werten kleiner als 10 nach den Gründen fragen. Erfahrungsgemäß kommen hier bisher unentdeckte oder als unlösbar angenommene Hindernisse ans Licht, die der Scrum Master umgehend auf sein Impediment Backlog (vgl. Abschnitt 3.2.1) nehmen und bearbeiten kann.

Praxistipp:

Alternativ stellen Sie die vierte Frage dem gesamten Team und bitten wie beim Planning Poker um gleichzeitige Abstimmung mit dem Daumen. Daumen hoch bedeutet »ja«, Daumen runter bedeutet »nein«, Daumen waagerecht bedeutet »Ich bin mir nicht sicher«.

Ein weiterer Vorteil ist der, dass auf diese Weise Hindernisse im Team aktiv besprochen werden. Möglicherweise stellt sich dann auch heraus, dass sie längst gar keine Hindernisse mehr sind:

> *Die Admin-Rechte sind kein Problem mehr, ich habe heute Morgen mit Bruno von der IT gesprochen, wir bekommen den Zugang noch heute Vormittag, und ich stelle die Zugangsdaten ins Wiki ein.*

Mit dem Impediment Backlog wird dem Team deutlich signalisiert, dass sich jemand um die Hindernisse kümmert, sodass die Einschätzung im Normalfall beim nächsten Daily Scrum besser wird.

Natürlich ist die vierte Frage nicht auf genau die oben beschriebene Frage beschränkt. In seinem Blog erwähnt Chris Sims [URL:Sims] vier weitere Möglichkeiten, das Daily Scrum mit einer vierten Frage zu variieren:

- »Was hast du gestern dazugelernt?«
- »Was hat dich gestern überrascht?«
- »Haben wir neue technische Schulden aufgebaut?«
- »Wie hat sich gestern dein Leben verändert?«

Wie man sieht, kann man letztendlich beliebige offene Fragen wählen.

Praxistipp:

Stellen Sie einmal einen Sprint lang jeden Tag eine andere vierte Frage. Variieren Sie dabei zwischen ernsten fachlichen Fragen (z.B. nach technischen Schulden, Sprint-Ziel) und nicht ganz so ernsten Fragen (z.B. Lebensveränderung). So kommen Sie spielerisch an interessante Informationen, und das Team erwartet mit Spannung die »Frage des Tages«.

5.3.2 Happiness-Index

Manchmal kommt es vor, dass man als Scrum Master oder als Teammitglied so ein merkwürdiges Gefühl hat, dass im Team irgendetwas nicht stimmt. Man kann es nicht an einem konkreten Sachverhalt festmachen, aber irgendeine Art Stimmung ist da, die einem seltsam vorkommt. Da man es weder einordnen noch beschreiben kann, kann man das Team auch nichts anderes fragen als: »Fällt euch das nicht auch auf?«

In solch einer Situation kann der Scrum Master mit einem sogenannten Happiness-Index arbeiten. Dazu erstellt er auf einem Flipchartblatt an der Wand eine Tabelle, wie in Abbildung 5–6 gezeigt:

Abb. 5–6
Happiness-Index

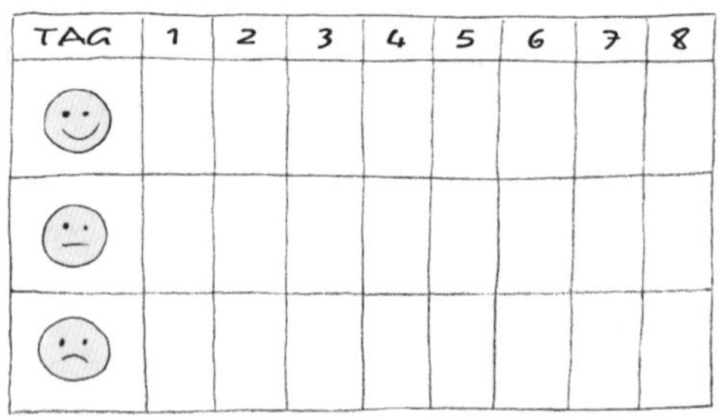

Nun lässt er jedes Teammitglied bei jedem Daily Scrum einen Klebepunkt in das Feld kleben, das der jeweiligen Stimmungslage entspricht. So bekommen alle einerseits sofort mit, wenn jemand unzufrieden ist, und das Team erhält andererseits eine Stimmungsdokumentation über den Sprint, die es z.B. als Aufhänger in der Retrospektive benutzen kann.

5.3.3 Häufige Probleme

Bei einem 15-minütigen, klar strukturierten und täglich stattfindenden Event glaubt man zuerst nicht, dass es dabei auch Probleme geben kann. Dabei kann selbst bei einer scheinbar so simplen Veranstaltung eine Menge schiefgehen.

Verspätungen

Verspätungen stören das Daily Scrum, sowohl durch die Unterbrechung als auch, weil der Verspätete Informationen verpasst, die ggf. wiederholt werden müssen. Es kann schon einmal vorkommen, dass jemand zu spät kommt. Wenn es aber zur Regelmäßigkeit wird, muss der Scrum Master eingreifen.

Praxistipp:

Erläutern Sie dem Team Ihr Problem mit der Situation und lassen Sie es selbst eine Lösung finden.

In der Literatur werden oft bei Verspätungen Strafen vorgeschlagen, z.B. ein Strafgeld oder Backen eines Kuchens für das Team. Wir versuchen eher, dem Team den Sinn und Zweck des Daily Scrum nahezubringen, und setzen dabei auf Überzeugung. Wenn das Team allerdings von sich aus Strafen beschließt, akzeptieren wir das.

Es gibt tatsächlich den Fall des chronischen Zuspätkommers, der einfach nicht anders kann. Und wenn es nur dreißig Sekunden sind, er kommt im Regelfall immer dann dazu, wenn das Team schon steht und jemand spricht. Eine schnelle Verurteilung hilft in diesen Fällen nicht, da es diverse Gründe sein können, die denjenigen vom pünktlichen Erscheinen abhalten können. Hier sind Experimente, Aufmerksamkeit und Einfallsreichtum gefragt.

Praxistipp:

Wenn es sich um einen morgendlichen Zuspätkommer handelt, sammeln Sie im Team für einen Wecker und schenken Sie ihn dem Kollegen. Falls das nicht reicht, vereinbaren Sie mit ihm eine Zeit, zu der Sie ihn morgens zu Hause anrufen und zum Losfahren ermuntern. Der nächste Schritt könnte sein, dass alle Teammitglieder der Reihe nach anrufen.

Boris Gloger hat einmal in einem Workshop davon gesprochen, dass er einen Kollegen morgens einfach von zu Hause abgeholt hat.

Achten Sie bei all diesen Varianten darauf, dass es nicht in eine Bestrafung ausartet, sondern dass es ein in aller Sinne hilfreich gedachter Ansatz bleibt, dem Kollegen zu helfen und ihm zu zeigen, dass das Team ihn braucht.

Abwesenheiten

Wenn man in einem Scrum-Team arbeitet, gehört dazu ein Commitment zum Team, in dem man arbeitet, und zum Scrum-Projekt. Das bedeutet auch, dass Termine zur Erreichung des Sprint-Ziels Vorrang vor anderen Terminen haben. Es mag durchaus vorkommen, dass man mal ein Daily Scrum verpassen muss, weil man einen Arzttermin hat. In diesem Fall sollte das Teammitglied sich *vorher* beim Team abmelden und die Antworten auf die drei Fragen einem anderen Teammitglied mitgeben.

Praxistipp:

Wir empfehlen unseren Teams, Abwesenheiten vom Daily Scrum kurz vorher an den teaminternen E-Mail-Verteiler zu senden und auch die Antworten auf die drei Fragen gleich zu geben. So ist jeder im Team informiert. Der Scrum Master bringt die E-Mail mit ins Daily Scrum und liest die Antworten noch einmal in der Runde vor.

Unvorbereitete Teilnehmer

Das Daily Scrum findet täglich statt, es kommt nicht überraschend, also kann man sich durchaus darauf vorbereiten. Nichts ist anstrengender als Teammitglieder, die erst einmal nachdenklich an die Decke starren: »Ja, was habe ich denn eigentlich gemacht ...?«

Praxistipp:

Vereinbaren Sie gemeinsam mit dem Team, welche Informationen im Daily Scrum ausgetauscht werden sollen, und machen Sie Vorschläge, wie diese vorbereitet werden können, wie zum Beispiel:

- Abgearbeitete Tasks kurz vorher reflektieren
- Notizen aus Gesprächen mit Dritten durchsehen
- Hindernisse vorher identifizieren
- Nächste Aufgaben planen

Detailtiefe

Manche Kollegen neigen dazu, zu sehr ins Detail zu gehen. Andere können dann teilweise den Ausführungen nicht mehr folgen, verlieren das Interesse und verpassen damit möglicherweise etwas Wesentliches für die eigene Arbeit. Oder es kommen Rückfragen auf, deren Beantwortung den Rahmen des Daily Scrum sprengen würde.

Praxistipp:

Bitten Sie die Beteiligten, die Detaildiskussionen nach dem Daily Scrum in kleinerer Runde zu führen. Blocken Sie zu diesem Zweck nach dem Daily Scrum eine weitere halbe Stunde in den Kalendern der Teammitglieder, damit keine anderen Termine in diesem Zeitraum geplant werden. Dieser Zeitraum kann auch für Diskussionen mit hinzugezogenen Experten genutzt werden.

Überziehen

Wenn wir ein neues Team übernehmen und mit den Teammitgliedern sprechen, beklagen diese sich häufig darüber, dass Daily Scrums nicht innerhalb der Timebox von 15 Minuten stattfinden, sondern sich über eine halbe Stunde oder noch länger hinziehen. Die Akzeptanz des Daily Scrum sinkt und die Sinnhaftigkeit wird hinterfragt.

Praxistipp:

Achten Sie darauf, dass das Daily Scrum zielgerichtet und in der vorgegebenen Zeit durchgeführt wird. Kern sind die oben genannten drei Fragen, alles andere kann später in kleinerer Runde direkt zwischen den Beteiligten besprochen werden. Es hat sich bewährt, während des Daily Scrum die Punkte zu sammeln, die weiterer Diskussion bedürfen, und diese Diskussion möglichst direkt danach zu führen. Erklären Sie das Daily Scrum für beendet und eröffnen Sie die Diskussion. So abgegrenzt gewinnt das Daily Scrum wieder an Profil und Inhalt.

Inhaltslosigkeit

Teammitglieder, die aus welchen Gründen auch immer seit dem letzten Daily Scrum keinen Fortschritt im Projekt erreichen konnten, neigen oft dazu, diverse Dinge aufzuzählen (Teammeetings, Telefoninterviews, ...), mit denen sie ihre Zeit verbracht haben. Dies ist aber nicht zielgerichtet und hilft dem Team nicht weiter.

Rechtfertigung

Alva hat seit dem letzten Daily Scrum keinen Fortschritt hinsichtlich des Sprint-Ziels erzielt. Es ist ihr unangenehm, das so direkt zuzugeben, also rechtfertigt sie sich, indem sie aufzählt, was sie gestern alles machen musste:

»Also, morgens hatte ich zuerst das wöchentliche Meeting mit den Architekten. Das hat eine halbe Stunde länger gedauert als geplant, da hat es sich bis zum Mittag nicht mehr gelohnt, irgendwo tiefer einzusteigen, also habe ich Mails beantwortet. Nach dem Mittag war ich mit

Jordi zum Pair Programming verabredet, aber dann rief die Personalabteilung an, ob ich spontan eine Stunde mit in ein Bewerbungsgespräch gehen kann, weil Horst-Rüdiger sich krankgemeldet hat. Anschließend war Teammeeting, und dann kam der User Support auf mich zu, weil es ein Problem mit dem Code aus meinem letzten Projekt gab.

Heute werde ich mich zusammen mit Jordi um die Story mit den Lesezeichen für interessante Vorträge kümmern.«

Finns Ohren werden beim Zuhören immer größer. Als Alva fertig ist, sagt er: »Vielen Dank, Alva, bitte lass uns gleich im Anschluss über die ganzen Störungen sprechen, da zeichnen sich gleich mehrere Hindernisse für mich ab, die ich angehen muss.« Beim nächsten Daily Scrum bittet er das Team gleich zu Beginn, sich auf das Erreichte im Sinne des Sprint-Ziels zu beschränken.

Praxistipp:

Wenn Sie beobachten, dass ein Teammitglied sich lediglich dafür rechtfertigt, nichts erreicht zu haben, bieten Sie Hilfe für das Beseitigen der Hindernisse an. Fordern Sie alle Teammitglieder dazu auf, sich auf das Erreichte im Sinne des Sprint-Ziels zu fokussieren. Achten Sie dabei darauf, diese beiden Schritte zeitlich zu trennen, damit das entsprechende Teammitglied nicht bloßgestellt wird.

Selbstdarsteller

Es kommt vor, dass man Personen im Team hat, die sich gern in den Vordergrund stellen. Ein gutes Indiz dafür ist die häufige Verwendung des Wortes »Ich« und die Herausstellung der eigenen Arbeitsergebnisse. Ein gutes, selbstorganisiertes Team spricht diesen Punkt offen im Team an, oft ist es aber mit zumindest temporärer Missstimmung verbunden.

Praxistipp:

Stellen Sie intern und gegenüber Außenstehenden immer wieder das Team und die Verantwortung des Teams in den Vordergrund. Meistens reicht das schon aus, um Selbstdarsteller wieder ins Team einzubinden oder die Selbstdarstellung im Team zu vermeiden. Sollte dies nicht helfen, muss ein persönliches Gespräch mit dem Teammitglied erfolgen.

Sit-in statt Stand-up

Das Daily Scrum ist ein Stand-up-Meeting, das bedeutet, es wird komplett im Stehen abgehalten. Dies dient dazu, es kurz und knapp zu halten und fokussiert zu bleiben. Außerdem bewirkt das Stehen eine aktivere Gehirntätigkeit, und man ist konzentrierter.

Praxistipp:

Wenn Teammitglieder auf ihren Stühlen sitzen bleiben oder sich vor dem Scrum-Board auf Tische setzen, fordern Sie sie mit einer freundlichen Handbewegung (beide Hände mit den Handflächen nach oben bewegen) zum Hinstellen auf und erläutern Sie ggf. noch einmal den Sinn des Stehens.

Suche nach Lösungen

Im Daily Scrum werden wie schon oben beschrieben keine Lösungen diskutiert, sondern die Teammitglieder bringen sich auf den gleichen Stand. Oft kommt es jedoch zu Diskussionen, weil eine Lösung für ein konkretes Problem gefunden werden muss. Das Daily Scrum ist jedoch nicht das richtige Forum dafür.

Praxistipp:

Bitten Sie auch hier die Beteiligten, die Lösungsfindung nach dem Daily Scrum durchzuführen. Vielleicht ist es sogar sinnvoll, jemanden von außerhalb des Teams hinzuzuziehen (vgl. Praxistipp zur Detailtiefe weiter oben).

Hilfestellung bei Problemen

Manchmal beschreibt ein Teammitglied ein Problem und ein anderes Teammitglied kennt die Lösung. Es reicht vollkommen aus, wenn das Problem kurz benannt wird und derjenige mit »Komm auf mich zu, ich kann dir weiterhelfen« antwortet. Meist ist die Lösung nicht von allgemeinem Interesse.

Mehrere Backlog Items gleichzeitig in Arbeit

Die reine Scrum-Lehre sagt, dass das gesamte Team erst ein Backlog Item fertigstellen soll, bevor das nächste begonnen wird. In der Praxis beobachtet man allerdings oft, dass aus unterschiedlichen Gründen bereits an nachfolgenden Backlog Items gearbeitet wird. An dieser Stelle muss der Scrum Master situationsbedingt sehen, wie er damit umgehen will. Kritisch wird es allerdings, wenn fast alle Backlog Items gleichzeitig von unterschiedlichen Teammitgliedern bearbeitet werden. In diesem Fall gehen die Vorteile der Zusammenarbeit verloren.

Praxistipp:

Wenn Sie diese Situation trotz Trainingsmaßnahmen und Gesprächen immer noch vorfinden, decken Sie zu Beginn des Sprints alle Backlog Items bis auf das oberste ab. Je nach Größe des Scrum-Boards benutzen Sie dazu Flipchartpapier oder bringen Sie von zu Hause ein altes Bettlaken mit, das Sie vor die folgenden Backlog Items hängen. Achten Sie darauf, dass die Aktion einen spaßigen Charakter behält und nicht als Bestrafung oder Gängelung wahrgenommen wird. Erklären Sie wieder und wieder, warum die sequenzielle Abarbeitung der Backlog Items wichtig ist.

Verspäteter Beginn

Das Daily Scrum findet täglich zur gleichen Zeit am gleichen Ort statt, d.h., man kann sich darauf einstellen. Es kann immer vorkommen, dass die Bahn Verspätung hat oder dass man im Stau steht. Es darf aber nicht passieren, dass das Daily Scrum »irgendwann zwischen 9 und 10 Uhr« anfängt, »wenn alle da sind«.

Praxistipp:

1 Lassen Sie das Team gemeinsam einen Termin für das Daily Scrum bestimmen. Auf diese Weise kann niemand später geltend machen, dass der Termin ihm ja eigentlich gar nicht passt.
2 Stellen Sie allen Teammitgliedern den Daily-Scrum-Termin mit einer Erinnerung 5 Minuten vor dem Start in den Kalender.
3 Achten Sie darauf, dass ein Daily Scrum pünktlich beginnt, damit sich nicht schon bei kleinen Dingen ein Disziplinmangel einschleicht, der sich später auf andere Themen wie z.B. das Einhalten von Zusagen überträgt. Stehen Sie am besten selbst schon ein bis zwei Minuten vor dem Daily Stand-up auf und rufen laut »Stand-up«, spielen Sie Bob Marleys »Get up, stand up« oder AC/DCs »Hells Bells«, damit Sie nicht alle Kollegen einzeln zusammentrommeln müssen.
4 Starten Sie pünktlich, auch wenn noch nicht alle da sind.

Natürlich freut man sich, wenn Gäste das Daily Scrum besuchen, zeigt es doch deren Interesse am Fortschritt des Projekts. Es darf aber nicht dazu kommen, dass die Gäste den Ablauf stören oder gar dominieren.

Praxistipp:

Wenn die Möglichkeit besteht, dass die Gäste nicht mit den Regeln des Daily Scrum vertraut sind, zögern Sie nicht, darauf hinzuweisen, dass einzig und allein das Scrum-Team redeberechtigt ist und dass Verständnis- und Ergänzungsfragen gern anschließend gestellt werden können.

Unübersichtlichkeit

Im Daily Scrum werden mindestens die Tasks besprochen, die am Scrum-Board im Status »Work in Progress« stehen. Je nach Anzahl dieser Tasks verliert man leicht den Überblick, welche Tasks noch nicht angesprochen wurden.

Praxistipp:

Markieren Sie Taskkarten im Status »Work in Progress«, die besprochen wurden, aber im Status bleiben, mit einem kleinen Klebepunkt. Bei diesen Karten zeichnen sich mögliche Hindernisse ab, die der Scrum Master angehen sollte. Es sollten nur Karten im Status »Work in Progress« verbleiben, die entweder während des Daily Scrum aus dem Status »Open« verschoben wurden oder tatsächlich nicht angesprochen wurden.

Führen Sie das Daily Scrum storyzentriert anstelle von personenzentriert durch. Das bedeutet konkret, dass alle Stories mit ihren Tasks der Reihe nach besprochen werden und nur die Teammitglieder, die an der Story gearbeitet haben, etwas dazu sagen. Wenn am Ende des Daily Scrum jemand gar nichts gesagt hat, kann der Scrum Master reagieren und nachfragen.

In Abschnitt 4.5.3 beschreiben wir weitere Möglichkeiten, die Übersicht am Scrum-Board zu behalten.

Sprechreihenfolge

Oft treffen wir Teams, die vom Scrum Master eine Ansage erwarten, wer beginnen soll. Meist geht es danach im Uhrzeigersinn weiter. Sollte jemand zu spät zum Daily Scrum erscheinen, hängt es von seiner Platzierung im Halbkreis ab, ob er noch im Rahmen des Uhrzeigersinns an der Reihe ist oder am Schluss spricht. Allerdings ist es ein – wenn auch nur kleiner – Eingriff in die Selbstorganisation des Teams, wenn der Scrum Master den ersten Sprecher festlegt.

Praxistipp:

1 Fordern Sie das Team auf, selbst zu entscheiden, wer beim Daily Scrum anfängt und wer danach weitermacht. Meist läuft es im Uhrzeigersinn weiter.
2 Eine feste Reihenfolge wie zum Beispiel der Uhrzeigersinn kann dazu führen, dass Teilnehmer nicht aufpassen, bis sie an der Reihe sind. Um die Reihenfolge zufällig zu gestalten, geben Sie dem gerade Sprechenden einen beliebigen Gegenstand, der ihn als Sprecher kennzeichnet (ugs. engl. »Talking Stick«), Anschließend wird der Gegenstand an einen frei auszuwählenden nächsten Sprecher weitergereicht. Wählen Sie einen Gegenstand, der nicht zerbrechlich ist (zum Beispiel einen kleinen Ball oder einen Stift), da er oft geworfen wird. So ein Gegenstand ist außerdem ein gutes Mittel, um Teilnehmer und Gäste des Daily Scrum vom Dazwischenreden abzuhalten.
3 Setzen Sie Karten ein, um die Sprechreihenfolge immer wieder neu und selbstorganisiert festzulegen. Man nimmt entweder ein paar Karten aus einem Standardkartenspiel oder einen Satz Planning-Poker-Karten. Jedes Teammitglied zieht zu Beginn des Daily Scrum eine Karte und spricht zum durch die Karte festgelegten Zeitpunkt.

Lautstärke

Manchmal hört sich der Beitrag eines Teammitglieds folgendermaßen an: »Gestern habe ich nuschelnuschelnuschel, heute will ich nuschelnuschelnuschel, und Hindernisse habe ich nicht.« Diese Leute nennen wir »Scrum-Zombies«, weil sie leidenschaftslos und gefühllos auftreten.

Praxistipp:

Aktivieren Sie Scrum-Zombies und alle anderen Teammitglieder, indem Sie sie bitten, zum Scrum-Board zu gehen und auf den Task zu zeigen, den sie gerade bearbeiten. Bitten Sie sie, sich dabei zum Team umzudrehen und zum Team zu sprechen.

5.3.4 Checklisten

Daily Scrum

Hier finden Sie eine hilfreiche Checkliste für die Gestaltung eines Daily Scrum.

- Pünktlich beginnen
- Sicherstellen, dass das Daily Scrum nicht als Report, sondern als Teamsynchronisation genutzt wird
- Teilnehmer auffordern, sich auf das Daily Scrum vorzubereiten

- Sicherstellen, dass Abwesende dem Team vorab ihre Ergebnisse und Planungen mitteilen, z.B. über einen E-Mail-Verteiler, damit sie im Daily Scrum berücksichtigt werden können
- Externe Lärmquellen unterbinden, z.B. laute Gespräche oder Telefonate
- Diskussionen und Lösungsfindungen aus dem Daily Scrum heraushalten und auf später verschieben
- Auf die Einhaltung der Timebox achten
- Nur Sprint-relevante Informationen zulassen, keine Rechtfertigungen
- Das Daily Scrum als Stand-up durchführen, niemand setzt sich hin
- Nicht angesprochene Taskkarten hinterfragen
- Ggf. Zusatzfragen stellen, z.B. die vierte Frage
- Happiness-Index aktualisieren
- Sprint-Burndown-Chart aktualisieren
- Verspätungen ansprechen und gemeinsam mit dem Team Lösungen suchen

5.4 Backlog Grooming

Durchkämmt die Wüste!

Regelmäßig traf sich das komplette Scrum-Team, um gemeinsam am Product Backlog zu arbeiten und die nächsten Schritte zu planen. Zunächst trugen alle das Feedback zusammen, das sie während des letzten Reviews aufgenommen hatten. Einige Reviewteilnehmer hatten Casper nach dem Review auch persönlich angesprochen und Vorschläge gemacht. Alle gemeinsam besprachen die Punkte und prüften, ob sie einen Wert für die Produktvision besitzen. Einige Anregungen wurden in die Akzeptanzkriterien bestehender Backlog Items aufgenommen, einige wurden zu neuen Backlog Items entwickelt und einige wurden verworfen.

Nachdem das Feedback verarbeitet wurde, betrachtete das Scrum-Team gemeinsam die Backlog Items, die im Product Backlog weit oben standen. Ein Epic war noch nicht weiter unterteilt worden, aber Casper war sich noch nicht sicher, ob es überhaupt jemals umgesetzt werden sollte, daher wurde es zunächst ignoriert. Unter Caspers Führung erstellten alle gemeinsam die Akzeptanzkriterien für vier zukünftige Backlog Items, die in einem der nächsten Sprints erledigt werden sollten.

Im nächsten Schritt wurden die neuen und geänderten Backlog Items geschätzt bzw. erneut geschätzt. Finn hatte dazu ein paar bereits erledigte Backlog Items unterschiedlicher Größe aus den letzten Sprints mitgebracht, damit das Entwicklungsteam die neuen Backlog Items in Relation zu den erledigten schätzen konnte.

Nachdem alle Backlog Items geschätzt waren, machte Casper einen Vorschlag, welche Backlog Items in den nächsten zwei bis drei Sprints umgesetzt werden sollten. Zwei der neuen, eben aus dem Feedback erstellten Backlog Items waren auch dabei, weil sie sehr einfach umzusetzen sind. Mina hatte Einwände gegen ein Backlog Item, weil es sehr aufwendig zu testen wäre, wenn nicht ein anderes, für später vorgesehenes Backlog Item vorher erledigt würde. Casper überlegte kurz und entschied dann, dass das andere Backlog Item höher priorisiert wird und ein Kandidat für den nächsten Sprint sein würde. Lara wies darauf hin, dass die vorgesehenen Backlog Items sehr viel Aufwand beim Design bedeuteten, und schlug vor, zunächst zwei andere Backlog Items vorzuziehen. Alva bot an, ihr bei den Designs zu helfen, und Lara nahm den Vorschlag dankend an.

Zum Abschluss des Backlog Grooming aktualisierten alle gemeinsam den Releaseplan. Damit traf das Team gewissermaßen schon eine Vorauswahl für den nächsten Sprint. Die neuen Backlog Items wurden zunächst ans Ende gestellt, damit Casper etwas Zeit hat, sie zu priorisieren. Auf Basis der Team-Velocity wurden die nächsten Sprints grob mit Backlog Items gefüllt. Anschließend informierte Casper alle Stakeholder über die Aktualisierung des Releaseplans.

5.4.1 Ziele

Obwohl das Backlog Grooming kein offizielles Scrum-Event ist, gehört es doch zum Repertoire fast aller Scrum Master. Es gibt dem Scrum-Team die Möglichkeit, gemeinschaftlich am Produkt zu arbeiten und es aktiv mitzugestalten. Dabei erzeugt das Backlog Grooming ein gemeinsames Verständnis über die kommenden Produktentwicklungsschritte, die zu klärenden Fragen oder technischen Herausforderungen. Neben dem Entwicklungsteam profitiert auch der Product Owner vom Backlog Grooming, da er einerseits eine Menge Feedback aus dem Team erhält und andererseits in seiner Entscheidungsfindung durch das Team unterstützt wird. Die Sortierung und die dadurch entstehende Priorisierung des Product Backlog bleibt weiterhin in der Verantwortung des Product Owners.

Da das Entwicklungsteam sich bereits im Backlog Grooming intensiv mit den Backlog Items befasst, gibt es den angenehmen Nebeneffekt, dass die Sprint Plannings sehr viel schlanker durchgeführt werden können. Es gibt meist nur noch ein paar wenige klärende Fragen, aber keine Grundsatzdiskussionen mehr.

In seinem Artikel [URL:Sonmez] vergleicht John Sonmez sehr anschaulich das Product Backlog mit einer unaufgeräumten Wohnung, deren Bewohner umziehen möchten. Wenn nun die Umzugshelfer (Entwickler) am Tag des Umzugs (Sprint-Beginn) dieses Chaos (ungepflegtes Product Backlog) vorfinden, verschwenden sie wertvolle Zeit, weil sie warten müssen, bis der Bewohner (Product Owner) die Dinge so sortiert, dass sie umgezogen (entwickelt) werden können. Wäre dies vorher passiert (Backlog Grooming), würde der Umzug (Sprint) viel effizienter vonstattengehen.

Das Ergebnis des Backlog Grooming ist ein Product Backlog, das inhaltlich auf dem aktuellen Stand ist, soweit möglich und sinnvoll geschätzte Backlog Items enthält und vom kompletten Scrum-Team mitgetragen wird. Darüber hinaus ergibt sich ein aktualisierter Releaseplan, der dem Scrum-Team und der Organisation einen Überblick über die voraussichtliche Verfügbarkeit von Funktionalitäten und über die nach heutigem Stand aktuelle Restlaufzeit des Projekts gibt.

Bis vor einiger Zeit gab es statt des Backlog Grooming ein regelmäßiges Estimation. Man hat jedoch mehr und mehr festgestellt, dass es über das Estimation hinaus noch eine Menge zu besprechen und zu planen gibt und dass die Einbindung des Entwicklungsteams in die Entscheidungsfindung des Product Owners einen enormen Mehrwert für das Projekt darstellt. So ist aus dem ehemaligen Estimation das heutige Backlog Grooming geworden, das in der Regel ein Estimation als Teil der Agenda enthält. Auch unterscheidet es sich deutlich von einem Sprint Planning, da das Team im Backlog Grooming das Projekt gemeinsam mittelfristig auf einer strategischen Ebene plant, wohingegen es im Sprint Planning lediglich operativ die nächsten Schritte plant. Daher haben beide Meetings ihre Berechtigung. Mike Cohn beschreibt, warum das Backlog Grooming möglicherweise bald zu einem Scrum-Standard-Meeting wird [URL:Cohn i].

5.4.2 Agenda

Die Dauer und Häufigkeit eines Backlog Grooming hängen u.a. vom jeweiligen Projektkontext ab, insbesondere auch von der Sprint-Länge. Für zweiwöchige Sprints hat sich bei uns ein wöchentlicher Termin von 90 Minuten Dauer bewährt, der im Einzelfall auch mal abgesagt werden kann, wenn sich nicht genügend Themen finden, die eine Unterbrechung des Entwicklungsteams rechtfertigen würden. Das komplette Scrum-Team nimmt teil, ggf. bei Bedarf ergänzt um Spezialisten, die bei konkreten Fragestellungen behilflich sein können. Folgende Agenda kann als Orientierung für die Durchführung dienen:

- Feedback sammeln
  - Review
  - Gespräche, E-Mails, Flurfunk
  - Sonstige Quellen
- Feedback besprechen und Entscheidungen treffen
  - In ein bestehendes Backlog Item übernehmen
  - Neues Backlog Item erstellen
  - Verwerfen
- Zukünftige Backlog Items verfeinern
  - Bald umzusetzende zuerst, danach die weiteren
  - Akzeptanzkriterien festlegen
  - Technische Tasks integrieren
- Schätzen
  - Geänderte Backlog Items
  - Neue Backlog Items
- Backlog Items für den nächsten Sprint identifizieren und gegen die Definition of Ready prüfen
- Releaseplan aktualisieren

Das überarbeitete Product Backlog und der Releaseplan werden im Anschluss an alle interessierten Personen kommuniziert.

Praxistipp:

Versehen Sie die einzelnen Agendapunkte vor jedem Backlog Grooming mit einer Timebox. Die Dauer hängt natürlich vom aktuellen Stand des Projekts ab und variiert damit jedes Mal. Halten Sie diese Zeitbegrenzungen ein, sonst laufen Sie Gefahr, aus jedem Backlog Grooming ohne aktualisierten Releaseplan herauszugehen.

5.4.3 Varianten

Wie ein Backlog Grooming letztendlich durchgeführt wird, liegt im Ermessen des Product Owners. Wir stellen im Folgenden zwei Varianten vor, die sich bewährt haben.

Zweistufige Backlog Groomings

Es ist denkbar, nicht in jedem Backlog Grooming die gesamte Agenda zu durchlaufen, sondern nur Teile davon. In zweiwöchigen Sprints könnte man zum Beispiel in der Woche nach dem letzten Review zunächst das Feedback sammeln und verarbeiten. Der Product Owner kann darüber nachdenken und Vorschläge für neue Backlog Items entwickeln, die dann im Backlog Grooming der zweiten Woche besprochen, geschätzt und priorisiert werden, bevor man mit der Vorbereitung des nächsten Sprints beginnt.

Praxistipp:

Folgen Sie immer der gleichen Agenda, damit das Scrum-Team sich an den Rhythmus gewöhnt. Schreiben Sie die Agenda in die Einladung oder veröffentlichen Sie sie in einem Wiki, damit jeder sie vor Augen hat.

Vorbereitete Backlog Groomings

Bei dieser Variante werden neue Backlog Items vor dem Backlog Grooming vorbereitet. Der Product Owner wird dabei meist von einem Interaction Designer und einem erfahrenen Entwickler aus dem Entwicklungsteam unterstützt. Zudem können zur Vorbereitung der Backlog Items weitere Experten hinzugezogen werden, wenn beispielsweise Texte verfasst werden müssen oder eine Marketingkampagne in den Startlöchern steht. Der Vorteil besteht darin, dass die neuen Backlog Items nicht nur den Wunsch des Product Owners darstellen, sondern auch hinsichtlich Machbarkeit bereits von den anderen Kollegen geprüft und angepasst wurden. Dadurch muss sich das restliche Team im Backlog Grooming nicht mehr mit dieser Basisarbeit befassen. Auf der anderen Seite wissen allerdings auch nicht mehr alle Teammitglieder, warum ein bestimmter Weg verworfen bzw. der gewählte Weg eingeschlagen wurde.

Praxistipp:

Lassen Sie das Entwicklungsteam selbst entscheiden, ob immer die gleichen Personen die Vorbereitung mit dem Product Owner durchführen sollen. Sie vermeiden dadurch, dass sich in einem per Definition nicht hierarchischen Team eine von außen verordnete Quasi-Hierarchie entwickelt oder bei den unbeteiligten Teammitgliedern Bequemlichkeit entsteht.

5.4.4 Häufige Probleme

Der Releaseplan wird nicht aktualisiert

Der Releaseplan enthält eine in Sprints gruppierte Liste aller Backlog Items bis zu einem Release. Aus ihm kann man grob ablesen, für welchen Sprint bestimmte Funktionalitäten geplant sind und wann mit einem Release zu rechnen ist. Er stellt also ein wichtiges Instrument für die Transparenz des Projekts im Unternehmen dar. Leider kommt es oft vor, dass er nur einmal zu Beginn eines Projekts erstellt wird, um die Frage des Managements nach der Dauer des Projekts zu beantworten.

Praxistipp:

Nutzen Sie den Releaseplan als Kommunikationsinstrument, um die Erwartungshaltungen zu managen. Halten Sie ihn immer aktuell, verwenden Sie ihn regelmäßig als Grundlage für Diskussionen bezüglich der Laufzeit und zeigen Sie Veränderungen auf. Auch Scrum-Projekte verlaufen niemals exakt so, wie sie zu Beginn geplant wurden, der Releaseplan ist ein gutes Medium, um Veränderungen transparent zu machen.

Eine Agenda fehlt

Wir haben schon Backlog Groomings gesehen, in denen sich das Team versammelte, sich gegenseitig vergewisserte, dass es nichts Neues gäbe, und wieder an die Entwicklungsarbeit gegangen ist. Mit einer Agenda hätte man mindestens einen Blick auf die Backlog Items am Horizont geworfen und hätte die Kandidaten für den nächsten Sprint identifiziert.

Ein Backlog Grooming findet nicht statt

Manche Teams schaffen es, Backlog Groomings als unnütze Zusatzmeetings wegzudiskutieren, die nicht mal zu den vorgeschriebenen Meetings von Scrum gehören. Die Pflege des Product Backlog liegt doch sowieso beim Product Owner, und schließlich gibt es ja das Sprint Planning, in dem sich das Team mit den Backlog Items auseinandersetzt. Und das bisschen Schätzen kriegt man da auch noch unter.

Praxistipp:

Machen Sie dem Team den Unterschied zwischen einem Backlog Grooming und einem Sprint Planning klar, am besten an einem anschaulichen Beispiel wie dem oben beschriebenen Umzug. So begegnen Sie am besten Fragen des Teams, warum dieses Extra-Meeting denn unbedingt stattfinden muss.

5.4.5 Checklisten

Backlog Grooming

Hier finden Sie ein paar hilfreiche Checklisten für die Vorbereitung und Durchführung eines Backlog Grooming:

- Vorbereitung
  - Hinreichend großen Raum buchen, der dem gesamten Scrum-Team und ggf. Gästen Platz bietet. Den Raum am besten für die gesamte Projektlaufzeit im Voraus buchen
  - Raum bereits für eine halbe Stunde vor Beginn des Backlog Grooming buchen, um ggf. Vorbereitungen treffen zu können
  - Klare Zielvorstellung formulieren und kommunizieren, damit alle Teilnehmer das gleiche Verständnis haben
  - Agenda festlegen und kommunizieren
  - Benötigte Hilfsmittel für die Moderation bereitstellen
  - Verfügbarkeit der technischen Ausrüstung sicherstellen, z.B. Projektor, Videokonferenzsystem
- Durchführung
  - Pünktlich beginnen, auch wenn noch Teilnehmer fehlen
  - Notebooks und Mobiltelefone verbannen
  - Ggf. Timer ablaufen lassen, um die Timebox zu visualisieren
  - Feedback sammeln und auswerten, ggf. ins Backlog übernehmen
  - Backlog Items für die nächsten Sprints, die noch nicht der Definition of Ready entsprechen, weiter ausarbeiten
  - Ungeschätzte oder geänderte Backlog Items schätzen
  - Potenzielle Backlog Items für den nächsten Sprint für das Sprint Planning vorbereiten
  - Releaseplan aktualisieren
- Nachbereitung
  - Ergebnisse dokumentieren bzw. aktualisieren
  - Releaseplan anpassen und ggf. kommunizieren
  - Gründe für nicht berücksichtigtes Feedback dokumentieren und Feedbackgeber informieren

5.5 Review

Das Review ist die Ziellinie eines Sprints. Das ganze Team arbeitet mit Hochdruck darauf hin und kann anschließend durchatmen. Es ist ein informelles Treffen des Teams mit den Stakeholdern, in dem das

Ergebnis des Sprints mit der Vorhersage aus dem Sprint Planning verglichen wird. Dabei ist das Erreichen des übergeordneten Sprint-Ziels wichtiger als die Umsetzung jedes einzelnen Backlog Items in allen Details.

Das Grande Finale

Tag 9: Für Morgen war das Grande Finale, der Showdown, das Review vorgesehen. Das ganze Team freute sich schon, weil alle sehr stolz auf das Erreichte waren. Fast alle Stories waren bereits erledigt und von Casper akzeptiert, die letzten zwei waren Kleinigkeiten, die heute Nachmittag, spätestens aber morgen Vormittag fertig würden. Finn hatte heute im Daily Scrum noch mal an das Review erinnert und das Team gebeten, sich entsprechend vorzubereiten. Jordi hatte sich bereit erklärt, sich um die Vorbereitungen zu kümmern. Finn würde nachmittags noch eine Erinnerung an die bereits eingeladenen Teilnehmer schicken.

Tag 10: Das Team hatte sich eine halbe Stunde vor dem Beginn des Reviews getroffen und die technische Umgebung geprüft. Casper hatte die Eckpunkte des Reviews als Agenda auf ein Flipchart geschrieben. Einige unterschiedliche mobile Testgeräte standen zur Verfügung. Der Raum füllte sich, viele Leute waren am Ergebnis des Sprints interessiert.

Casper eröffnete das Review pünktlich und begrüßte die Teilnehmer. Er stellte die Agenda vor und lobte das Team für das Erreichen des Sprint-Ziels. Anschließend bat er das Team, das erste neue Feature vorzustellen. Sergio demonstrierte das Feature auf einem der Test-iPhones, das er mit einem Kabel an den Projektor angeschlossen hatte, damit alle zusehen können. Die Reviewteilnehmer waren beeindruckt, stellten viele Fragen und schlugen Änderungen und Ergänzungen vor. Das Team freute sich sehr über das positive Feedback. Einmal wurde Lara ein wenig rot, als ein Vorstandsmitglied das besonders gelungene Design ansprach. Wann immer möglich antwortete das Team, ansonsten war Casper der Ansprechpartner. Casper notierte sich alle Vorschläge der Teilnehmer.

Weiter ging es mit dem nächsten Feature, das von Mina auf einem Android-Handy vorgestellt wurde. Nach und nach wurden so alle Features aus dem Sprint demonstriert, wobei das Team darauf achtete, dass letztendlich jedes Teammitglied aktiv beteiligt war. Am Ende des Reviews war noch etwas Zeit übrig, und die Teilnehmer konnten die neuen Funktionen an den Testgeräten ausprobieren. Einige benutzten sogar ihre eigenen Geräte, weil das Team die Zugangsdaten für das Demosystem gut sichtbar im Raum platziert hatte.

Finn hatte die ganze Zeit gut aufgepasst, ob es Verbesserungsmöglichkeiten für den Ablauf des Reviews gab. Er hatte bemerkt, dass das Umstecken der Kabel, um die Geräte an den Projektor anzuschließen, etwas umständlich war und dass man anschließend noch auf die interne Umstellung des Projektors auf das neue Gerät warten musste. Er hatte sich als Aufgabe notiert, einen Umschalter zu besorgen, sodass alle Endgeräte zu Beginn angeschlossen werden können und das Umstecken der Kabel entfällt.

Am Ende des Reviews dankte Casper allen Teilnehmern für ihr Feedback und gab noch einen kurzen Ausblick, was in naher Zukunft geplant war. Das Review wurde pünktlich beendet.

Ziele eines Reviews

Ein Review verfolgt zwei wesentliche Zielsetzungen: Zum einen stellt das Team vor, was es in den letzten Wochen seit Beginn des Sprints erreicht hat. Zum anderen geben die Reviewteilnehmer wertvolles Feedback, das wiederum in die Verbesserung des Produkts einfließen kann.

Vorstellung der Arbeitsergebnisse

Ein Review ist immer auch eine Marketingveranstaltung für das Scrum-Team. Ein Team, das in der Lage ist, seine Arbeitsergebnisse eloquent und kurzweilig darzustellen, wird anders wahrgenommen als ein Team von wortkargen Eigenbrötlern.

Praxistipp:

Zu einem guten Selbstmarketing gehört auch die Erwähnung besonderer Hürden, die im Laufe des Sprints genommen wurden. Wenn also das Team beispielsweise auf ein organisatorisches Hindernis gestoßen ist, das das Sprint-Ziel gefährdet hat, dann kann man dies gern im Review erwähnen. Möglicherweise befindet sich unter den Stakeholdern jemand, der dieses Hindernis dauerhaft beseitigen kann, damit das nächste Team nicht die gleichen Schwierigkeiten hat.

Feedback

Ein wesentliches Ziel des Reviews ist es, Feedback von den Stakeholdern zu bekommen. Je früher man erfährt, dass die Richtung stimmt, desto selbstbewusster geht man den eingeschlagenen Weg weiter. Oder aber andersherum: Je früher man erkennt, dass der eingeschlagene Weg nicht die Erwartung der Stakeholder trifft, desto eher kann man mit ihrem Feedback den Weg korrigieren und in die richtige Richtung weitergehen.

Praxistipp:

Nicht immer kommt aktives Feedback von den Teilnehmern. Nutzen Sie die Chance, dass an Ihrem Produkt interessierte Personen anwesend sind, und fragen Sie aktiv nach Feedback.

Zeigen Sie bei den demonstrierten Features Punkte auf, deren Umsetzung knapp entschieden wurde, und geben Sie den Teilnehmern Anregungen durch die Darstellung der Diskussionspunkte zu diesen Features.

Stellen Sie mögliche Erweiterungen dar, bei denen Sie selbst noch nicht ganz sicher sind, ob und wie sie umgesetzt werden sollen. Aktivieren Sie die Teilnehmer, bieten Sie an, auch später gern noch Feedback entgegenzunehmen, wenn die ersten Eindrücke verarbeitet wurden.

Man sollte nie ohne Feedback aus einem Review herausgehen, sonst hat sich der Aufwand vermutlich nicht gelohnt. Im Zweifelsfall ist harte Kritik besser als Schweigen, denn mit der Kritik kann man arbeiten.

Praxistipp:

Sofern Sie als Stakeholder an einem Review teilnehmen: Versuchen Sie, nicht nur die Verbesserungspotenziale aufzuzeigen, sondern loben Sie explizit auch das Erreichte. Motivierte Teammitglieder werden die Folge sein. Versuchen Sie, Kritik mit positiven Aspekten zu verknüpfen.

Agenda

Der Scrum Guide sieht für zweiwöchige Sprints eine Reviewdauer von zwei Stunden vor. Darin ist auch enthalten, dass der Product Owner formal feststellt, welche Backlog Items erledigt worden sind und welche nicht.

Wir weichen an dieser Stelle etwas vom Scrum Guide ab, indem wir die erledigten Backlog Items bereits während des Sprints vom Product Owner akzeptieren lassen, nämlich sobald sie aus Sicht des Entwicklungsteams fertig sind. Dies hat zum einen den Vorteil, dass während des Sprints intensiver kommuniziert wird und Missverständnisse früher erkannt werden, und zum anderen, dass es Nachbesserungen ermöglicht. Außerdem ist es aus unserer Sicht für das Team unangenehm, wenn die Arbeitsergebnisse erstmalig vor den Augen der Stakeholder geprüft und möglicherweise sogar noch abgelehnt werden. Dieses Vorgehen hat den Nebeneffekt, dass ein Review für einen zweiwöchigen Sprint in der Regel nicht länger als eine Stunde dauert.

Eine typische Agenda bei unseren Reviews sieht folgendermaßen aus:

- Begrüßung (Product Owner)
- Vorstellung des Sprint-Ziels, Ankündigung der im Anschluss zu sehenden Funktionalität (Product Owner, ca. 5 Minuten)
- Zeigen der im letzten Sprint entstandenen Funktionalität, ergänzt um Anekdoten, Herausforderungen und deren Lösungen (Teammitglieder, ca. 30–40 Minuten)
- Fragen und Feedback von den Gästen (ca. 10 Minuten)
- Ausblick auf den nächsten Sprint und ggf. das Release (Product Owner, ca. 5 Minuten)
- Verabschiedung (Product Owner)

5.5.1 Vorbereitung

Das Review sollte idealerweise immer zur gleichen Zeit und immer im gleichen Raum stattfinden, es ist Bestandteil des Herzschlagrhythmus von Scrum. Der Scrum Master sollte dazu eine Serieneinladung verschicken und den Raum langfristig im Voraus buchen.

Die Vorbereitung des Reviews sollte keine zusätzliche Belastung für das Team darstellen, sondern sich idealerweise direkt aus dem Arbeitskontext ergeben. Da funktionierende Software gezeigt wird, fällt das Vorbereiten von aufwendigen Präsentationen komplett weg. Trotzdem sollte das Team sich vor dem Review kurz abstimmen, wer welche Features in welcher Reihenfolge zeigt und wie diese gezeigt werden (Storyboard).

Praxistipp:

Erinnern Sie das Entwicklungsteam im letzten Daily Scrum vor dem Review an die Vorbereitung. Lassen Sie eine Taskkarte schreiben, die zum aktuell bearbeiteten Backlog Item an das Scrum-Board gehängt wird.

Reservieren Sie den Raum einige Minuten vor Beginn des Reviews, sodass alles vor dem Review vorbereitet und eingerichtet ist.

Der Weckruf

In den letzten beiden Reviews war die Teilnehmerzahl leicht zurückgegangen. In Gesprächen mit den nicht erschienenen Gästen fand Finn heraus, dass zwei von ihnen den Serientermin gar nicht in ihrem Kalender hatten, sondern von einem Kollegen daran erinnert wurden. Zwei weitere hatten das Review unter der Last des Tagesgeschäfts einfach vergessen und ein einzelner Kollege hatte den Serientermin versehent-

lich komplett gelöscht, als er einmal für ein einzelnes Review absagen wollte. Alle waren sehr zerknirscht, da sie sich gern über die Fortschritte des Projekts informieren ließen und auch ihr eigenes Feedback das eine oder andere Mal umgesetzt wurde.

Finn beschloss daraufhin, am Tag vor dem Review eine erinnernde E-Mail an alle eingeladenen Gäste zu schicken. Damit sie nicht in der täglichen E-Mail-Flut unterging, wählte er eine etwas unkonventionelle Ansprache:

> *»Sie leiden unter Schlaflosigkeit, weil Sie so aufgeregt sind, was dieses großartige Scrum-Team beim nächsten Review zeigen wird? Sie können sich schon gar nicht mehr auf Ihre eigene Arbeit konzentrieren? Sie würden einen Finger Ihrer Hand geben, um Teil dieses Teams zu werden? Vielleicht können wir Ihr Leiden etwas lindern. Am kommenden Freitag findet um 15 Uhr im Raum ›Florenz‹ das nächste Review statt.*
>
> *Sie werden sehen, wie ein Konferenzbesucher sich seine persönliche Favoritenliste erstellt. Ein Konferenzbesucher bekommt eine Mitteilung, falls sich an einer Veranstaltung auf seiner Favoritenliste etwas ändert. Wir werden Ihnen zeigen, dass der komplette Bewertungsworkflow jetzt eingebaut wurde und hervorragend funktioniert. Und zur Krönung des Ganzen werden wir Sie mit Testgeräten ausstatten, sodass Sie die neuen Features selbst auf unserer Testumgebung ausprobieren können.*
>
> *Bis morgen, wir freuen uns auf Sie!*
>
> *Ihr SidP-Team«*

Praxistipp:

Wenn vor längerer Zeit einmal ein Serientermin für das Review eingestellt wurde, gerät dieser manchmal in Vergessenheit oder wird von vermeintlich wichtigeren Terminen verdrängt. Außerdem weiß man meist nicht, was im nächsten Review gezeigt wird. Aus diesem Grund empfiehlt es sich, am Tag vor dem Review noch einmal eine E-Mail mit einer Erinnerung zu versenden, die einen Ausblick auf die zu erwartenden Funktionalitäten gibt. Schreiben Sie die E-Mail ruhig einmal in einem etwas forscheren, wachrüttelnden Ton oder machen Sie einen Scherz. Natürlich moderat, in Ihre Firmenkultur passend, sodass das Review nicht etwa ins Lächerliche gezogen wird. Die Empfänger sollten aber merken, dass sie zu einer besonderen Veranstaltung eingeladen werden.

5.5.2 Varianten

Ein Review muss nicht immer dem Standardvorgehen entsprechen, wie wir es in unserem obigen Beispiel dargestellt haben. Für ein neues Team oder ein Unternehmen, das sich noch in der Einführungsphase von Scrum befindet, ist der Standard oft die beste Wahl. Wie auch bei den anderen Scrum-Events kann man aber auch bei den Reviews gelegentlich etwas Abwechslung hineinbringen.

Interaktives Review

Damit ein Review keinen Vorlesungscharakter bekommt, weil einer spricht und alle anderen zuhören, kann man die Teilnehmer auch aktiv einbinden. Der Sprechende kann einem Teilnehmer die Tastatur übergeben und ihn bitten, bestimmte Eingaben zu machen, bestimmte Dinge anzuklicken usw., während der Sprechende selbst an der Projektionswand steht und mit einem Zeigestock oder einem Laserpointer auf interessante Dinge hinweist.

Schauspiel

Bei dieser Variante denkt sich das Team eine fiktive Situation aus, z.B. dass sich zwei Freunde auf der Straße treffen oder zwei Geschäftspartner auf dem Golfplatz. Einer von ihnen hat sich gerade eine neue App auf sein Handy geladen. Er schwärmt dem anderen in den höchsten Tönen davon vor und zeigt ihm gleich die neuen Funktionen. Dieser zeigt sich mehr und mehr begeistert und stellt Fragen, die natürlich abgestimmte Steilvorlagen für ersteren sind und so von Feature zu Feature führen.

Die Darstellung kann problemlos erweitert werden, um das gesamte Team einzubinden, vielleicht spielt das Team eine Gang, die sich mit jedem neuen Feature gegenseitig das Handy aus der Hand reißt. Der Kreativität sind hier kaum Grenzen gesetzt. Man muss lediglich aufpassen, dass es den Teilnehmern auf unterhaltsame Weise Nutzen bringt und die Veranstaltung nicht ins Lächerliche abgleitet.

Abb. 5–7
Das Review als Bühne nutzen

Reviews auf Epic-Ebene

In Unternehmen, bei denen die Produktentwicklung durch mehrere Scrum-Teams erfolgt, haben wir mit der Zeit eine gewisse Reviewmüdigkeit beobachtet. Bedingt durch die große Anzahl an Reviews, die um die wertvolle Arbeitszeit der Stakeholder buhlen, besuchen diese mit der Zeit nur noch einige ausgewählte Reviews. Das bedeutet einerseits, dass sie nicht mehr alle Entwicklungen mitbekommen oder zumindest nicht mehr aktiv beeinflussen können, und andererseits, dass immer weniger Teilnehmer die Reviews besuchen, sodass bei den Teams der Eindruck von Desinteresse entsteht. In der Folge fragen sich die Teams, warum sie sich eigentlich immer so viel Mühe mit dem Herausputzen machen, »wenn es eh keinen interessiert«.

Um dieser Entwicklung zu begegnen, schlagen wir vor, die Reviews mehrerer Teams zu einem einzigen Review zusammenzufassen. Außerdem werden neue Features nicht mehr auf User-Story-Ebene vorgestellt, sondern auf Epic-Ebene, damit sich das Review nicht allzu sehr in die Länge zieht.

Praxistipp:

Achten Sie bei der Organisation und Durchführung darauf, dass fertige Software präsentiert wird und die neuen Features im Vordergrund stehen. Da die Präsentationszeit meist sehr gering ist, neigen Scrum-Teams oft dazu, Dinge wie Präsentationen, Bilder von den neuen Features oder Metriken wie zum Beispiel über die Zielerreichung vorzustellen.

5.5.3 Häufige Probleme

Team spricht zum Product Owner

Die Informationsempfänger im Review sind eindeutig die Gäste, die die Stakeholder repräsentieren. Manchmal versucht der Product Owner mit gutgemeinten Fragen das gerade sprechende Teammitglied in eine bestimmte Richtung zu lenken, was wiederum dazu führen kann, dass das Teammitglied beginnt, an den Product Owner zu berichten.

Praxistipp:

Gehen Sie den Ursachen auf den Grund. Meist handelt es sich in der beschriebenen Situation um ein unsicheres Teammitglied, das der Product Owner unterstützen will und das sich dankbar an den zugeworfenen Rettungsring klammert. Sprechen Sie Ihre Beobachtung nach dem Review an und bieten Sie Unterstützung dabei an, das Teammitglied an das Sprechen vor Publikum heranzuführen. Dies kann durch kleine Spezialthemen geschehen, die vor dem Team vorgestellt werden, oder durch Mitnehmen des Teammitglieds in eine Besprechung mit dem Management. Erwägen Sie nicht, das Teammitglied nie mehr präsentieren zu lassen, sondern unterstützen Sie es.

Product Owner ist überrascht

Es dürfte eigentlich nicht passieren, kommt aber trotzdem öfter vor, als man denkt: Jemand aus dem Team zeigt eine Funktionalität, die der Product Owner zum ersten Mal sieht und das auch deutlich zum Ausdruck bringt: »Ach, so habt ihr das umgesetzt, das wollte ich ja eigentlich anders haben.«

Praxistipp:

Die beschriebene Situation zeigt eindeutig, dass etwas in der Kommunikation und Abstimmung zwischen Team und Product Owner nicht stimmt. Mehr noch, durch die unverhohlene Überraschung des Product Owners wirkt dies auch noch hochgradig unprofessionell auf die Gäste.

Wenn diese Situation eintritt, sollte der Product Owner Haltung bewahren und seine Überraschung nicht zeigen. Im Nachgang muss untersucht werden, warum es dazu kommen konnte und wie die Kommunikation zwischen Entwicklungsteam und Product Owner verbessert werden kann.

Product Owner steht nicht zu seinen Entscheidungen

Es ist nicht akzeptabel, wenn der Product Owner ein Backlog Item gemäß den Akzeptanzkriterien akzeptiert hat, im Review aber bei der kleinsten Kritik einknickt und Änderungen zusagt. Der Product Owner muss zu seinen Entscheidungen stehen und sie vertreten können. Diese Situation zeigt, dass der Product Owner das Backlog Item entweder sehr schlecht vorbereitet hat oder aber nicht die Entscheidungsbefugnis hat, die er für seine Rolle benötigt. In beiden Fällen ist dies ein ernstes Problem, das unbedingt adressiert werden muss.

Nicht erledigte Backlog Items im Review

Wenn die Definition of Done des Entwicklungsteams erfüllt ist, ist es letzten Endes der Product Owner, der über die Akzeptanz eines Backlog Items und damit über die Präsentation im Review entscheidet. Wenn der Scrum Master aber feststellt, dass der Product Owner Backlog Items ins Review nehmen möchte, die noch nicht fertig im Sinne eines »Potentially Shippable Code« (vgl. Glossar) sind, ist es seine Pflicht, hier zu intervenieren.

Praxistipp:

Lassen Sie keine unfertigen Backlog Items im Review zu. Achten Sie auf bestimmte Reizwörter im Daily Scrum, zum Beispiel »nur noch«, »fast«, »eigentlich«, »99%«, »so gut wie«, »rein theoretisch«. Schreiben Sie diese Wörter auf Post-its, streichen Sie sie durch und hängen Sie sie neben das Scrum-Board.

Wenn in der Reviewvorbereitung Sätze wie »Auf meiner Maschine läuft es«, »Gerade hat es noch funktioniert« oder »Da ist nur noch ein kleiner Fehler drin« fallen, erfüllen die betroffenen Backlog Items offensichtlich nicht die Definition of Done. Legen Sie als Scrum Master ein Veto ein, wenn Product Owner oder Entwicklungsteam diese Backlog Items im Review zeigen wollen.

Als junge Scrum Master haben wir einmal unfertige Backlog Items für ein Review zugelassen und haben uns dabei für das Leben die Finger verbrannt. Diese vermeintlich fertigen Backlog Items haben in den Folge-Sprints noch so viel Aufwand für die tatsächliche Fertigstellung nach sich gezogen, dass andere, für die Folge-Sprints zugesagte Backlog Items nicht umgesetzt werden konnten und daher das Sprint-Ziel verfehlt wurde. Die ganze Situation hat schließlich zu einer Verzögerung des Releases geführt.

5.5.4 Checklisten

Review

Hier finden Sie ein paar hilfreiche Punkte für die Vorbereitung und Durchführung eines Review-Events.

- **Vorbereitung**
  - Hinreichend großen Raum buchen, der dem gesamten Scrum-Team und den erwarteten Gästen Platz bietet. Den Raum am besten für die gesamte Projektlaufzeit im Voraus buchen.
  - Raum bereits für eine halbe Stunde vor Beginn des Reviews buchen, um ggf. Vorbereitungen treffen zu können
  - Benötigte Hilfsmittel für die Moderation bereitstellen
  - Verfügbarkeit der technischen Ausrüstung sicherstellen, z.B. Projektor, Videokonferenzsystem
  - Durchführung gemeinsam mit dem Team planen und vorbereiten, z.B. spezielle Varianten
  - Sicherstellen, dass das Inkrement auf dem Demosystem funktioniert und alle Testdaten zur Verfügung stehen
  - Erinnerung an die eingeladenen Gäste schicken
- **Durchführung**
  - Pünktlich beginnen, auch wenn noch Teilnehmer fehlen
  - Notebooks und Mobiltelefone verbannen
  - Ggf. Timer ablaufen lassen, um die Timebox zu visualisieren
  - Gäste begrüßen
  - Überblick über das bevorstehende Review geben, dabei das Sprint-Ziel nennen
  - Ergebnisse auf interessante und motivierende Weise auf dem Demosystem vorstellen
  - Feedback, Fragen und Wünsche der Teilnehmer aufnehmen und notieren, um sie im nächsten Backlog Grooming auszuwerten
  - Ausblick auf den nächsten Sprint geben
  - Ggf. Zugänge zum Demosystem für die Teilnehmer bereitstellen, damit sie die neuen Funktionalitäten nach dem Review selbst ausprobieren können
- **Nachbereitung**
  - Ggf. Ideen, Ergebnisse und aufgetretene Fragen kommunizieren
  - Ggf. offene Fragen beantworten und Ideen in die Arbeit einfließen lassen

5.6 Retrospektive

Im Gegensatz zu den anderen Scrum-Events fällt die Retrospektive etwas aus der Reihe. Sie ist rückwärts gerichtet und dient dazu, sich über die Zusammenarbeit des letzten Sprints auszutauschen. Inkrementelles und iteratives Arbeiten profitiert von der laufenden Überprüfung der Zusammenarbeit und fordert laufend Feedback ein, um sich stetig zu verbessern.

Retrospektiven können sehr von Nutzen sein, da hier die Optimierung der Zusammenarbeit eine tragende Rolle spielt. Es bedarf jedoch einer sorgfältigen Vorbereitung durch den Scrum Master, damit dieses Event zielführend und ergebnisorientiert durchgeführt wird. Als Bestandteil des Agilen Manifests (vgl. Abschnitt 2.2) spielen Retrospektiven eine Schlüsselrolle im Streben nach ständiger Verbesserung. Sie werden als Abschlussevent eines jeden Sprints durchgeführt.

Für die Durchführung von Retrospektiven eignet sich das von [DerbyLarsen 2006] vorgestellte Schema, das das Event in fünf Phasen einteilt: Startphase, Informationen zusammentragen, Einsichten gewinnen, Entscheidungen herbeiführen, Beenden. In der *Startphase* werden die Anwesenden darauf vorbereitet, was sie erwartet. Vorrangige Aufgabe ist es, die Atmosphäre für die Retrospektive zu schaffen, bereits festgelegte Regeln zu wiederholen oder neue Regeln für das Meeting zu vereinbaren. Im nächsten Schritt werden *Informationen* zur vergangenen Iteration gesammelt. Diese können subjektiver und objektiver Natur sein. Wichtig ist, ein möglichst umfassendes Bild zu erlangen, um die Erinnerung der Teilnehmer anzuregen. Aus diesem Überblick gilt es nun, unter Zuhilfenahme verschiedenster Methoden *Einsichten* zu gewinnen. Diese Informationen dienen als Basis, um *Entscheidungen* darüber abzuleiten, was verbessert werden soll, wie diese Verbesserung erzielt werden kann und wer die verantwortliche Person dafür ist. *Am Ende* werden die Ergebnisse zusammengetragen, wiedergegeben und die Vereinbarungen wiederholt. Dieser Schritt dient auch dazu, Rückmeldungen über die Durchführung der Retrospektive einzuholen.

Praxistipp:

Als Scrum Master bzw. Moderator des Events nutzen Sie am Ende die Gelegenheit der Reflexion, um Verbesserungspotenziale für die Durchführung nachfolgender Retrospektiven zu ermitteln.

Eine klassische Retrospektive läuft nach dem Schema ab, dass ein Entwicklungsteam zu Beginn häufig eine »Timeline« erstellt, auf der die

Ereignisse des letzten Sprints festgehalten werden. Die Teilnehmer stellen der Reihe nach ihre persönlichen Ereignisse und Erlebnisse vor und fügen diese der Zeitachse hinzu. Anschließend werden die Fragen »Was lief gut?« und »Was können wir verbessern?« auf Post-its festgehalten und von den Teilnehmern vorgestellt. Die Verbesserungsvorschläge werden dann in einem weiteren Schritt anhand der Frage »Wer hat die Kontrolle über diese Verbesserung?« in zwei Spalten aufgeteilt. Die Aufteilung erfolgt nach Verbesserungen, die das Entwicklungsteam übernimmt oder die durch die Organisation, also den Scrum Master, übernommen werden. Im Anschluss wird das Ergebnis sortiert und eine Auswahl getroffen.

Praxistipp:

Teilnehmer einer Retrospektive sind normalerweise der Scrum Master in seiner Rolle als Moderator und das Entwicklungsteam. Die Beteiligung des Product Owners ist optional. Soweit das Entwicklungsteam zustimmt, empfehlen wir die Anwesenheit des Product Owners, da dieser sehr nah an den Themen des Entwicklungsteams ist und aufschlussreiche Informationen einbringen und auch gewinnen kann.

[DerbyLarsen 2006] oder auch [Kerth 2001] beschreiben in ihren Büchern Retrospektiven ausführlich. Aus diesem Grund möchten wir den Schwerpunkt in diesem Abschnitt auf diese wesentlichen Aspekte legen: die Wichtigkeit der guten Vorbereitung sowie die Vorstellung von Methoden und Variationen, die wir in der Praxis erfolgreich angewendet haben.

Ziel

Die Retrospektive des Sprints hat zum Ziel, dass Entwickler, der Scrum Master oder der Product Owner gemeinsam untersuchen, wie sie ihre Zusammenarbeit, Praktiken oder Prozesse verbessern können. Mit dem Finger auf andere zu zeigen ist einfacher, als auf sich selber zu schauen. Retrospektiven machen genau das, sie bringen ein Team zur Selbstreflexion und wollen einen Lerneffekt erzielen. Als Scrum Master ist man bestrebt, diesen Lerneffekt zu erreichen, denn er ist ein guter Hinweis darauf, ob wirklich eine Veränderung nach einer Retrospektive eintritt oder nicht. Wenn die Veränderung nicht eintritt, hat das Team auch nichts dazugelernt. Auch in diesem Fall geben die besprochenen Inhalte, definierten Ergebnisse und angewandten Techniken viel Aufschluss für einen Scrum Master.

Fokus

Es ist wichtig zu verstehen, dass der Fokus bei einer Retrospektive essenziell für den Erfolg bzw. das Ergebnis ist. Die Konzentration auf *ein* Thema hilft dem Team, den Fokus zu wahren und zu einem besseren Ergebnis zu gelangen. Ein Scrum Master muss sich in seiner Rolle als Moderator im Vorfeld darüber Gedanken machen, welches Thema fokussiert angegangen werden soll. Dies bedeutet nicht, dass er die Themen vorgibt, sondern dass er sich vorbereitet und die Retrospektive leitet.

Auch bei der Vereinbarung am Ende der Retrospektive zählt nicht die Verpflichtung des Teams, möglichst viele Verbesserungen umzusetzen, sondern gezielt eine bis zwei Maßnahmen auszuwählen. Andernfalls werden viele der Themen erneut in nachfolgenden Retrospektiven auftauchen.

Praxistipp:

Es kann auch manchmal hilfreich sein, Retrospektiven gezielt auf die Verbesserung von Scrum-Events auszurichten, um beispielsweise über die Durchführung und Qualität des Daily Scrum, des Reviews oder der Retrospektive zu sprechen.

Moderationsrolle

Ausschlaggebend für eine ergebnisorientierte und zielgerichtete Durchführung von Retrospektiven ist die gute Vorbereitung durch den Scrum Master. Wir strapazieren diesen Punkt bewusst, da wir aus der Praxis wissen, dass der Vorbereitung von Retrospektiven oftmals wenig Aufmerksamkeit geschenkt wird. Sei es aus Zeitmangel oder der fehlenden Auseinandersetzung mit dem Thema Retrospektive im Allgemeinen oder dem Team an sich. Der Nutzen von Retrospektiven kann in diesen Fällen mit zunehmender Dauer des Projekts sinken und kann ein Türöffner für schlechte Stimmung sein. Damit verliert man ein starkes Mittel zur Verbesserung der Teammoral, der Leistungsfähigkeit oder des Vertrauens in die Optimierung der Zusammenarbeit.

Praxistipp:

Nehmen Sie sich als Scrum Master unbedingt die Zeit für eine vernünftige Vorbereitung *jeder* Retrospektive. Für eine gezielte Vorbereitung helfen das offene Auge während des Sprints und das Verfassen von Notizen. Ein Zeitblock oder eine Erinnerung im Kalender hilft dem Scrum Master, sich einen Freiraum für die konzentrierte Vorbereitung der Retrospektive zu schaffen.

Eine Retrospektive sollte zielgerichtet gestaltet sein. Retrospektiven können mit der Zeit ihre Effektivität verlieren. Dann werden sie als langweilig empfunden, und das Ausfüllen der Post-its wird zur Routine. In diesen Fällen ist der Einsatz von variierenden Methoden hilfreich. Hierbei ist jedoch auf eine gute Balance zu achten, da ansonsten ein gegenteiliger Effekt erzielt wird. Gerade bei noch unerfahrenen Teams sollte man darauf verzichten, von Beginn an zu variieren, da ansonsten das Ergebnis darunter leidet und die Teilnehmer eher überfordert sind. Die ersten Retrospektiven sollten daher stets dem gleichen Schema folgen. Der spätere Einsatz von unterschiedlichen Methoden bedarf sowohl einer vorherigen Auseinandersetzung und Vorbereitung als auch der zielgerichteten Auswahl der Techniken. Entscheidend dafür sind die Teamstimmung, das erwartete Ergebnis und das Stadium (neu vs. produktiv vs. problembehaftet), in dem sich ein Team befindet.

Wir empfehlen jedem Scrum Master, sich in diesem Bereich stark zu engagieren und weiterzuentwickeln. Die Erfahrungen aus verschiedenen Retrospektiven, unter Anwendung diverser Techniken, sind ein wichtiger Grundstein für eine effektive Durchführung.

Praxistipp:

Es lohnt sich sehr, wenn Sie Zeit damit verbringen, sich Techniken zur Gestaltung und Durchführung von Workshops anzueignen. Es gibt zahlreiche Literatur zum Thema Kreativitäts-, Visualisierungs-, Workshop- und Moderationstechniken. Eine Investition in diese Bereiche zahlt sich für die Rolle als Scrum Master in jedem Fall aus. Sie finden im Anhang dieses Buches zahlreiche Empfehlungen zu Spielen, Methoden und Büchern.

5.6.1 Vorbereitung

Es ist nicht zielführend, generell Verbesserungen erzielen zu wollen. Wie angesprochen geht es um den zu erzielenden Lerneffekt beim Team. Das bedeutet manchmal ein Wachrütteln oder eine Teambildungsmaßnahme, die Türen öffnet und ein Bewusstsein für notwendige Änderungen schafft. Eine Retrospektive benötigt einen Fluss, damit diese stimmig ist und von Anfang bis Ende einem roten Faden folgt. Wir haben gute Erfahrungen damit gemacht, wenn sich ein Scrum Master im Vorfeld mit Themenschwerpunkten auseinandersetzt, die er während des Sprints oder über eine längere Periode beobachtet hat. Dabei helfen ihm seine Beobachtungen, Notizen oder die Informationen aus dem Sprint. Wichtig ist es, den Fokus für das Thema zu bestimmen und anhand dessen die Retrospektive aufzubauen. Dies bedeutet nicht, dass die Inhalte nicht mehr vom Team kommen, sondern dass ein unterstützender Rahmen gebildet wird, in dem es sich dann bewegen und gezielt Verbesserungspotenziale ergründen kann.

Praxistipp:

Wenn Sie einen Fahrplan für eine Retrospektive entwickeln, planen Sie auch Absicherungen ein, falls etwas nicht so funktionieren sollte. Methodenkenntnis und einen Alternativplan zu haben, wird Sie über die eine oder andere Schwierigkeit hinwegretten.

Wenn Sie merken, dass etwas nicht so funktioniert, wie Sie es gedacht haben, fragen Sie die Teilnehmer offen »Ist das hilfreich für euch?« und wechseln Sie ggf. zur Alternative.

Neben dem Verfassen einer ansprechenden Einladung, der Buchung eines adäquaten Raumes oder der Auswahl eines passenden Ortes (z.B. ein Park) ist auch die Beschaffung notwendiger Utensilien wichtig. Um beispielsweise die Kreativität zu fördern, nutzen einige Scrum Master Pfeifenreiniger (engl.: pipe cleaner), die gebogen und zu Figuren zusammengesteckt werden können. Natürlich gehören auch Süßigkeiten, Obst und Getränke für arbeitsintensive Retrospektiven oder Workshops dazu.

In Abschnitt 5.6.5 haben wir weitere Informationen für die Vor- und Nachbereitung einer Retrospektive zusammengestellt.

Praxistipp:

Wenn Sie die erste Retrospektive mit einem Team durchführen, ist es sinnvoll, Regeln vorzubereiten, die Sie später dann den Teilnehmern vorschlagen und erläutern können. Dies führt zu einer schnellen Festlegung der Regeln zu Beginn der Retrospektive. Beispiele für Regeln sind:

- Eine Person spricht, während die anderen zuhören
- Aussagen werden respektvoll behandelt
- Besprochenes bleibt innerhalb des Raumes
- keine Nutzung von Mobilfunkgeräten
- Diese Regeln sollten sichtbar bei jeder Retrospektive aufgehängt und, wenn notwendig, angepasst werden.

5.6.2 Struktur

Am besten wird der Raum schon einige Minuten vor dem eigentlichen Termin gebucht, um notwendige Vorbereitungen treffen zu können. Hierzu zählt das Anbringen erforderlicher Charts oder Grafiken (soweit vorhanden), das Bereitlegen der Arbeitsmaterialien, die Überprüfung der Hardware oder das Arrangement der Stühle und Tische.

Phase 1: Startphase der Retrospektive

Zu Beginn einer Retrospektive geht es um die Einstellung und Einstimmung der Beteiligten auf die folgenden Themen. Hier wird die Agenda vorgestellt, die Regeln werden besprochen und der Rhythmus für das Event bestimmt. Es ist wichtig, dass sich die Anwesenden vertrauen, um offen agieren zu können. Ob das notwendige Vertrauen bei den Anwesenden vorhanden ist, kann durch eine schnelle anonyme Abstimmung herausgefunden werden. Für Retrospektiven ist die »*Prime Directive*« von [Kerth 2001] sinnvoll, auf die ein Scrum Master explizit hinweisen sollte:

> *»Regardless of what we discover, we understand and truly believe that everyone did the best job they could, given what they knew at the time, their skills and abilities, the resources available, and the situation at hand.«*

Am besten geschieht dies während der Vereinbarung von gemeinsamen Regeln für die Retrospektive. Diese sollten auf einem Flipchart festgehalten, von den Teilnehmern unterzeichnet und jederzeit sichtbar aufgehängt werden.

Praxistipp:

Sorgen Sie am Anfang dafür, dass die Teilnehmer ankommen und beim Thema sind. Lockern Sie die Atmosphäre mit einem kurzen Spiel, einer Frage, einer Geschichte oder einem Erlebnis aus dem letzten Sprint auf. Versuchen Sie es doch einmal mit »Retrospective Cookies« [Weisbart 2011].

Phase 2: Informationen zusammentragen

Im nächsten Schritt werden die Daten der Iteration zusammengetragen, damit alle ein einheitliches Bild erhalten und die Perspektiven der Teamkollegen besser verstehen. Hier hat der Scrum Master eine große Auswahl an Möglichkeiten, die Daten zusammenzutragen (siehe Abschnitt 5.6.5). Grundlagen können Daten wie beispielsweise das Scrum-Board, Burndown-Chart, Happiness-Index, Arbeitsvereinbarungen, Backlog Items oder andere Ereignisse wie beispielsweise Meetings des Sprints sein.

Hilfreich ist es, wenn die Teilnehmer nicht nur aufgefordert werden, Post-its zu schreiben und diese vorzustellen, sondern auch aktiv und kreativ tätig zu werden. Die Aktivierung beider Gehirnhälften führt zu einer besseren Aufnahme des Gesagten und Geschriebenen (siehe Abschnitt 5.6.3). Mitunter führt es auch zu besseren Ergebnissen durch die kreativen Denkstrategien und öffnet manch verschlossenen Teilnehmer.

Praxistipp:

Achten Sie darauf, dass lediglich ein Thema pro Post-it notiert wird. Eine Begrenzung der Anzahl an Post-its pro Teilnehmer hilft den Fokus auf das Wesentliche zu wahren.

Am Ende dieser Phase sollten die Ergebnisse noch einmal vom Scrum Master vorgestellt, Besonderheiten diskutiert und der Übergang in den nächsten Schritt eingeleitet werden.

Praxistipp:

Nutzen Sie visuelle Hilfsmittel wie Bilder oder vorbereitete Flipcharts bei der Gestaltung der Agenda, variieren Sie das Zusammentragen von Informationen durch den Einsatz von verschiedenen Methoden oder Spielen. Diese erhöhen die Aufmerksamkeit, machen Sachverhalte leicht verständlich, heben diese hervor und prägen sich besser bei den Teilnehmern ein.

Phase 3: Einsichten generieren

In diesem Schritt erfolgt die Klärung des »Warum?«. Ziel ist es, bei den Teilnehmern Klarheit darüber zu schaffen, welche Ursachen die Probleme haben. Daraus abgeleitet können die Maßnahmen identifiziert werden, die eine Verbesserung des Problems ermöglichen. Die Teilnehmer werden aufgefordert, die Ergebnisse aus Phase 2 zu priorisieren und in Themenbereiche zu gruppieren. Anschließend werden Ideen generiert, welche Maßnahmen zur Behebung von Problemen und damit zur Verbesserung der Arbeit denkbar wären. Hier ist darauf zu achten, dass vorgeschlagene Lösungen hinterfragt werden. Oftmals sind die Lösungen offensichtlich, aber nicht zielführend, um zum Kern des Problems vorzustoßen.

Praxistipp:

Achten Sie auf die Beteiligung aller und beziehen Sie Personen mit ein, die sich nicht an der Diskussion oder Erarbeitung beteiligen. Vielleicht wird eine wichtige oder nützliche Information zurückgehalten, aus der eine andere oder weitere Maßnahme zur Verbesserung abgeleitet werden kann.

Phase 4: Entscheidung herbeiführen

Steht fest, welche Themen am wichtigsten für das Team sind, geht es um die Entscheidung, welche Maßnahmen (oder besser »Experimente«) im nächsten Sprint umgesetzt werden. Wichtig für die Selbstorganisation des Teams ist es, die Maßnahmen als Team beeinflussen zu können. Jemand aus dem Entwicklungsteam sollte für das Vorantreiben der Verbesserung verantwortlich sein.

Praxistipp:

Die ausgewählte Maßnahme sollte Teil des Product Backlog werden. Hilfreich kann es sein, für die Formulierung das SMART-Modell (vgl. Glossar) zu verwenden. Die Maßnahme sollte »spezifisch«, »messbar«, »akzeptiert«, »relevant« und »terminiert« sein.

Phase 5: Abschluss der Retrospektive

Die Ergebnisse werden am Ende zusammengefasst. Zudem wird definiert, wie diese dokumentiert und kommuniziert werden. Zum Abschluss der Retrospektive ist das kurze Einholen von Feedback (o.a. »Blitzlicht«) über Aufbau, Inhalt und Durchführung der Retrospektive sinnvoll, um daraus Verbesserungen abzuleiten.

Praxistipp:

Nutzen Sie als Scrum Master das Feedback, um sich persönlich und die Retrospektive weiterzuentwickeln, aber auch um die Wichtigkeit des Termins zu unterstreichen.

5.6.3 Varianten

Die von [DerbyLarsen 2006] entwickelten fünf Phasen helfen dem Team, die unterschiedlichen Standpunkte zu verstehen und einen Überblick über den Entwicklungsfortschritt des Teams zu bekommen.

Der Vertrag

Unser Scrum-Team traf sich an einem sehr sonnigen und heißen Tag zu einer Retrospektive. Kurz davor hatte das Review stattgefunden, in dem das Team die Ergebnisse des erfolgreichen Sprints präsentiert hatte. Finn, der sich in seiner Rolle als Scrum Master Gedanken über die Gestaltung der Retrospektive gemacht hatte, konnte sich schon denken, dass die Motivation, jetzt noch eine einstündige aktive Retrospektive abzuhalten, nicht gerade hoch war. Daher überlegte er sich

kurzerhand etwas, das allen gefallen und trotzdem noch einen Nutzen haben würde.

Als alle jammernd aufgrund der Hitze und erschöpft vom anstrengenden Sprint den Meetingraum betraten und Finn unmissverständlich zu verstehen gaben, dass eine Retrospektive jetzt das Letzte sei, was sie tun wollten, blieb seine Miene versteinert und ernst. Dies gehörte zur Taktik, und er wollte sich den Spaß nicht nehmen lassen. »So, dann lasst uns mal die letzten zwei Wochen reflektieren«, sagte er und fragte in die Runde, nachdem alle ihren Platz gefunden hatten: »Wie fühlt ihr euch denn heute?« »Nehmt euch bitte Post-its und Stifte und lasst uns beginnen.« Alva meldete sich mit einem gequältem »Och, muss das wirklich sein, es ist doch so warm!« zu Wort. Finn ließ nun locker und weihte das Team ein: »Okay, ich hab mir etwas überlegt...«, kurze Gedankenpause seinerseits, »... wir machen es heute etwas anders. Ihr schließt heute einen Vertrag mit euch. Wer fertig ist, darf sich aus dem Tiefkühlschrank nebenan ein Eis nehmen und gehen.« Auf einzelnen Gesichtern war Freude und auf einigen ein Fragezeichen zu sehen. Finn hatte vor der Retrospektive für das Eis gesorgt und es in einem Kühlschrank in der Nähe des Meetingraumes platziert. Zudem hatte er ein Blatt mit der Überschrift »Vertrag« für jeden ausgedruckt. Er sagte während des Austeilens der Verträge: »Ihr seht hier einige Fragen im Vertrag, die ihr bitte im Rückblick auf die vergangenen zwei Wochen ausfüllt.« Finn hatte folgende sechs Fragen formuliert, die jedes Teammitglied für sich selber beantworten sollte:

- *Was mir besonders gut gefallen hat in diesem Sprint ...*
- *Was mir gar nicht gut gefallen hat in diesem Sprint ...*
- *Was ich im nächsten Sprint nicht mehr tue ...*
- *Was ich im nächsten Sprint anfange zu tun ...*
- *Wer mich dabei unterstützen könnte ...*
- *Was mich bei der Umsetzung hindern könnte ...*
- *Wie ich diesen Hindernissen begegnen will ...*

Nach ca. 10 Minuten hatten alle ihre Fragen beantwortet. »Fügt bitte Datum und Unterschrift hinzu, steckt den Vertrag in den Briefumschlag, verschließt ihn und schreibt euren Namen darauf«, forderte er die Gruppe auf. »Ihr erhaltet die Verträge in einigen Wochen zurück, dann könnt ihr sehen, ob ihr eurem Vertrag treu geblieben seid.« Alle in der Runde lachten, aßen das Eis, und Finn schickte sie in das wohlverdiente Wochenende.

Die Verträge teilte er nach zwei weiteren Sprints zu Beginn der Retrospektive aus. Finn bat anschließend die Teammitglieder, die Punkte auf Karten zu schreiben, die sich jeder Einzelne vorgenommen hatte, die jedoch nicht umgesetzt wurden. Diese Karten wurden Teil der Retrospektive und wurden mit den anderen Ereignissen des Sprints besprochen.

Wichtig für Retrospektiven ist, dass die Techniken, die angewendet werden, auch ein Ergebnis erzielen und das Team lernt. Bei der Häufigkeit des Events von 1–2-mal oder sogar 2–4-mal im Monat verlangen viele Teams schnell eine Abwechslung. Gerade aus diesem Grund gibt es für Retrospektiven eine große Anzahl an unterschiedlichen Methoden und Formaten. Die situationsbedingte Auswahl und Abwandlung von Methoden bestimmt daher die Vorbereitung einer jeden Retrospektive.

Nachfolgend stellen wir fünf mögliche Versionen einer Retrospektive für unterschiedliche Situationen und Teams vor. Die verwendeten Methoden können modular eingesetzt und je nach Situation und Bedarf anders kombiniert werden. Wir wollen damit einen Ideenanstoß und Überblick über die Formate geben, mit denen wir sehr gute Erfahrungen in der Praxis machen konnten.

Die folgenden Retrospektiven eignen sich für eine Teamgröße von *5–10 Entwicklern inklusive Product Owner*. Unter der Annahme, dass die Retrospektive *zweiwöchentlich* stattfindet, sind die vorgestellten Variationen in *60–90 Minuten* durchführbar.

Energieimpuls-Retrospektive

Nach einem größeren Release oder einer lang anhaltenden Periode, in der das Scrum-Team Stress und anderen demotivierenden Faktoren ausgesetzt war, ist der Energielevel oftmals ganz unten. Um herauszufinden, wie es um den Energielevel steht, und um etwas für das Aufladen zu tun, führen wir die »Energieimpuls«-Retrospektive durch. Die Variante kann auch in Fällen verwendet werden, in denen das Team in der Orientierungsphase ist, es hier und da knirscht und sich alles nicht so einfach anfühlt.

Eigenschaften	Details
Dauer:	60 Minuten
Teamgröße:	5–10 Personen
Einsatzgebiet:	Stress-, Orientierungsphase
Themenschwerpunkt:	Persönliche Energietreiber und -nehmer ermitteln, Energieimpulse setzen, Teamgeist und Motivation fördern
Verwendete Techniken:	Energiepegel Energieaufladung Energielevel Energiemessung

Startphase

Minute 0–10: Zu Beginn werden die Teilnehmer über den Ablauf informiert. Dafür ist die Agenda auf einem Flipchart abgebildet. Ziel ist es, das Interesse zu wecken und die Teilnehmer einzustimmen. Der Scrum Master sollte eine positive und aktivierende Energie versprühen.

Praxistipp:

Stellen Sie die Agenda doch einfach mal in Form einer Uhr dar. Dies hat den Vorteil, dass Sie anhand eines visuellen Mittels immer auf den Fortschritt verweisen und für alle verdeutlichen können, ob Sie im Zeitplan liegen.

Da es in der Retrospektive um die *Energiepegel* der Teilnehmer geht, ist eine aktivierende Tätigkeit am Anfang sinnvoll. Alle stehen in einem Kreis, und der Scrum Master erklärt die Regeln der ersten Übung. Bei dieser ist jeder aufgefordert, seinen eigenen Energiepegel anzuzeigen. Der Scrum Master erklärt und verdeutlicht den Teilnehmern die Skala (beispielsweise Hand auf dem Boden bedeutet niedriger Energiepegel und nach oben ausgestreckte Arme hoher Energiepegel), in der sie den Energiepegel anzeigen können. Nachdem alle eingeweiht sind, zeigen alle gleichzeitig ihren Energiepegel. Alle können sich nun ein Bild über den Energielevel der Teilnehmer machen.

Danach bittet der Scrum Master die Teilnehmer, sich in zwei Reihen einander gegenüber aufzustellen (vgl. Abb. 5–8). Jede Seite bildet einen »Energiepol«. Die eine Seite sagt nun für eine Minute »ja« und die andere Seite »nein« (oder »Kanban« und »Scrum« oder etwas, was sich die Teilnehmer ausdenken). Jeder für sich, so laut, schnell, vehement oder ausdrucksstark, wie er möchte. Bei ungeraden Teilnehmerzahlen sollte der Scrum Master teilnehmen, aber die Zeit im Auge behalten. Die Übung macht wach, setzt Energie frei und lockert auf. Häufig wird viel gelacht und die erste peinliche Sekunde schnell überwunden. Eine Wiederholung der *Energieaufladung* lohnt sich, da sich beim ersten Mal einige noch nicht trauen, aus sich herauszugehen. Alle können danach wieder Platz nehmen.

Abb. 5–8
Zwei Gruppen stehen sich gegenüber und bilden »Energiepole«.

Praxistipp:
Ordnen Sie die Stühle während einer Retrospektive kreisförmig an, sodass sich alle gut sehen und austauschen können.

Informationen zusammentragen

Minute 10–20: Nach einer kurzen Erläuterung der Regeln für den anschließenden Teil können sich alle an den bereitliegenden Post-its und Markern bedienen. Jeder soll sich nun Gedanken über seinen *Energielevel* und die folgenden Fragen machen:

- »Woraus ziehe ich meine Energie?« und
- »Was entzieht mir Energie?«

Pro Frage sollten nicht mehr als drei Antworten gefordert werden, um den Fokus zu behalten. Sobald der Großteil der Teilnehmer zu sprechen beginnt, ist es das Zeichen für den Scrum Master, zum nächsten Schritt überzugehen.

Einsichten generieren

Minute 20–35: Die Post-its können nun auf die dafür vorbereiteten Flipcharts verteilt werden. Ein Flipchart kann dabei einen roten Blitz zeigen, der die Gruppe der Energienehmer symbolisiert. Ein grüner Blitz stellt die Gegenseite dar (vgl. Abb. 5–9). Die Vorstellung der Karten geschieht der Reihe nach mit einer kurzen Erläuterung jedes Einzelnen. Da den Teilnehmern freigestellt ist, private, teamspezifische oder unternehmensspezifische Aspekte auf die Karten zu schreiben, entsteht ein bunter Blumenstrauß an Energietreibern und -nehmern. Hierbei ist unbedingt auf die Zeit zu achten. Jeder im Team wird nun etwas über den anderen erfahren. Häufig sind dies auch Dinge, die sich gar nicht bei der Arbeit oder im Team abspielen. Diese Einsichten sind jedoch gewünscht.

Nachdem alle Teilnehmer fertig sind, geht der Scrum Master nach vorne und hebt noch einmal wichtige und interessante Aspekte hervor.

Abb. 5–9
Sammlung positiver und negativer Effekte

Entscheidung herbeiführen

Minute 35–55: Da nun jeder die Energietreiber des anderen kennt und gleiche Energiequellen aufgedeckt worden sind, geht es jetzt um die Beseitigung der Energienehmer. Die gesammelten Informationen werden nun vom Team in einem weiteren Schritt weiterverarbeitet. Der Scrum Master hat dafür eine Tabelle vorbereitet, die die Spalten »Organisation« und »Team« enthält. Das Team ist nun aufgefordert, die Energienehmer-Karten in die beiden Spalten zu verteilen. Dafür reichen fünf Minuten und die Selbstorganisation des Teams. Am besten ist es, wenn keine Diskussion erlaubt ist und zum »Stillen Sortieren« aufgefordert wird. Bei dieser Methode dürfen sich die Teammitglieder nicht unterhalten. Bei Meinungsverschiedenheiten müssen andere Wege gefunden werden, einen Konsens zu ermitteln. In diesem Schritt ist auch eine sofortige Gruppierung gleicher oder ähnlicher Karten sinnvoll (vgl. Abb. 5–10).

Praxistipp:

Animieren Sie alle mitzumachen. Wenn jemand sitzen bleibt, drücken Sie demjenigen eine Karte in die Hand und fordern Sie ihn höflich auf, diese aufzuhängen.

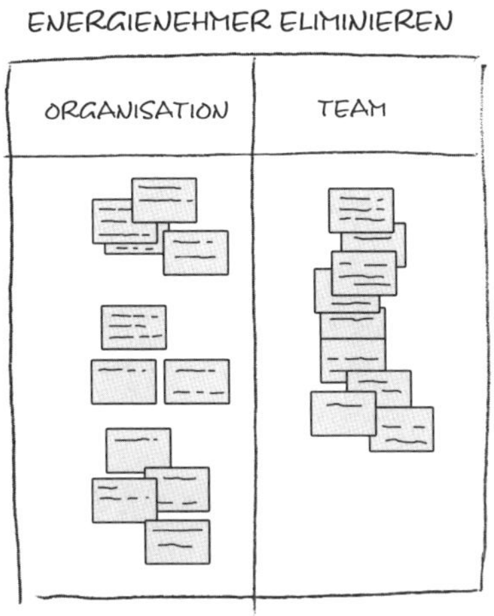

Abb. 5–10
Kategorisierung der Energienehmer

Das Bild zeigt nun, welche Themen vom Team selbst beeinflusst werden können und welche vom Scrum Master, ggf. mit Hilfe des Managements, bearbeitet werden müssen. Der Scrum Master fasst das Bild noch einmal zusammen und stellt bei Bedarf die eine oder andere Karte in Frage bzw. hält Rücksprache mit den Teilnehmern über die Position. Hierbei behält er jedoch die Zeit im Auge.

Sind alle Karten an der richtigen Position, ist die Entscheidung darüber zu treffen, welcher Energienehmer am dringendsten angegangen werden sollte. Die Abstimmung kann schnell über eine Punktebewertung erfolgen. Dazu erhält jeder genau einen Punkt, um diesen frei auf die verfügbaren Karten zu kleben. Die Teilnehmer werden mit folgender Frage aufgefordert, die Abstimmung vorzunehmen:

- »In die Beseitigung welcher Karte würdest du persönlich die meiste Energie stecken?«

Je nachdem wie das Ergebnis ausfällt, kann es ein organisatorisches Thema sein oder ein Thema, das das Team angehen möchte. Wichtig ist, dass im Anschluss die nächsten sinnvollen Maßnahmen besprochen und festgelegt werden. Wenn es ein organisatorisches Thema ist, sollte auch hier das Team mit einbezogen werden. Ist es ein Thema, das das Team direkt betrifft, ist ein Verantwortlicher zu finden, der sich um die Umsetzung der Maßnahme kümmert.

Praxistipp:

Das Team kann auch mehr als ein Thema auswählen. Sie sollten nur darauf achten, dass der Fokus dabei nicht verloren geht.

Endphase der Retrospektive

Minute 55–60: Der Scrum Master fasst am Ende das Ergebnis und die Erkenntnisse aus der Retrospektive kurz zusammen.

Zum Schluss werden die Teilnehmer gebeten, das Ergebnis der Retrospektive einzuschätzen. Passend zum Thema bietet sich eine *Energiemessung* an. Dafür werden auf einer Skala, die vor dem Termin auf ein Flipchart gezeichnet wurde, eine Einschätzung abgegeben. Die in Abbildung 5–11 gezeigten Fragen sind beispielhaft und können variiert werden. Die Energiemessung kann auch Fragen zum Inhalt oder der Durchführung der Retrospektive enthalten.

Die Ergebnisse sollten im Anschluss als Fotodokumentation festgehalten und mit den Teilnehmern geteilt werden. Die durch das Team aufgezeigten organisatorischen Energienehmer übernimmt der Scrum Master in das Impediment Backlog.

> **Praxistipp:**
>
> Wenn Sie Charts und Illustrationen einsetzen, bereiten Sie diese im Vorfeld vor. Sie werden während des Termins keine Zeit dafür haben, zudem würden die Aufmerksamkeit und der Ablauf darunter leiden.

Abb. 5–11
Flipchart Energiemessung

Gesundheitstropfen-Retrospektive

Bei dieser Retrospektive versucht man, die Kreativität aller zu nutzen, indem man sie dazu auffordert, eine Arzneipackung zu gestalten. Diese gilt als Metapher für den gerade beendeten Sprint und dient dazu, in einer kreativen Form die Erlebnisse des Sprints zu rekapitulieren. Der

Einsatz der Methode ist bei funktionierenden Teams eine willkommene Abwechslung, da sie viel Spaß macht und interessante Ergebnisse erzielt werden. Es ist sinnvoll, am Ende etwas mehr Puffer einzuplanen, denn beim kreativen Teil ist am besten, mit etwas Spielraum zu planen.

Eigenschaften	Details
Dauer:	60–90 Minuten
Teamgröße:	5–10 Personen
Einsatzgebiet:	Funktionierende Teams
Themenschwerpunkt:	Design einer Arzneipackung als Gruppenarbeit
Verwendete Techniken:	Auflockerungsrunde Freies Gestalten Effekt-und-Energietabelle Feedbackmessung

Startphase

Minute 0–10: Um die Teilnehmer auf den bevorstehenden kreativen Teil der Retrospektive einzustimmen, soll am Anfang eine kurze Auflockerung stattfinden. Dazu stehen alle Teilnehmer im Kreis, und ein Freiwilliger beginnt, etwas vorzumachen. Das kann beispielsweise ein Geräusch, eine Grimasse oder eine Bewegung sein. Alle müssen die Aktion des jeweiligen Vorgängers nacheinander im Uhrzeigersinn wiederholen. Danach ist der Nächste dran und fährt fort, bis alle an der Reihe waren. Diese Übung verursacht viel Heiterkeit und ist ein guter Startpunkt, um die Gedanken freizumachen. Danach bittet der Scrum Master die Teilnehmer, sich einen Platz zu suchen, und fährt mit der Vorstellung der Agenda fort.

Informationen zusammentragen und Einsichten generieren

Minute 10–30: Im Anschluss werden die Teilnehmer gebeten, sich in Gruppen von 2–4 Personen aufzuteilen. In Gruppenarbeit sollen sie nun ihr Arzneimittel in *kreativer Zusammenarbeit* auf Basis des vergangenen Sprints entwerfen. Alle können sich dabei frei entfalten, werden jedoch gebeten, folgende Eckpunkte zu berücksichtigen:

- »Entwickle einen Namen für die Arznei auf Grundlage des vergangenen Sprints.«
- »Definiere die Anwendungsgebiete und -art für die Arznei.«
- »Bestimme die Wirkungen und Nebenwirkungen der Arznei.«

Den Teilnehmern werden großformatige Blätter Papier, Whiteboards oder präparierte Umzugskartons inklusive weiterer Materialien wie Klebstoff, Marker oder Schere zur Verfügung gestellt. Unter Verwendung der Rahmenbedingungen werden die Teammitglieder dazu gebracht, den Sprint insgesamt zu rekapitulieren und in kreativer Form wiederzugeben. Der Fokus auf einen Namen für die fiktive Arznei spiegelt die Zusammenfassung des Sprints in wenigen Worten wider. Die Überlegung, für welche Gebiete die Arznei hilft, zielt auf die verbesserungswürdigen Dinge ab, die sich das Team vornehmen würde. Die Art der Anwendung kann schon einen Lösungsansatz aufzeigen, wie die Probleme behoben werden können. Der dritte Eckpunkt zielt darauf ab, die Wirkungen und Nebenwirkungen zu formulieren. Hierbei zwingt man die einzelnen Gruppen, darüber nachzudenken, welche Verbesserungen entstehen könnten und was dies für die Zusammenarbeit bedeutet. Die Gruppen sollten sich im Raum verteilen dürfen oder einen ruhigen Arbeitsplatz wählen können.

Praxistipp:

In der Rolle als Moderator sollten Sie den einzelnen Teams in Abständen eine Zeitansage machen, um die Chance zu erhöhen, dass am Ende ein Ergebnis vorliegt.

Minute 30–40: Nachdem die Timebox von 20 Minuten beendet ist, werden alle gebeten zusammenzukommen, um nun nacheinander ihr Medikament vorzustellen. Dieser Teil ist meist noch amüsanter als die Zusammenarbeit in der Gruppe, da das Thema und die Diversifikation der Ideen häufig sehr komisch sind – auch wenn kritische Aspekte behandelt wurden. Ein weiterer schöner Nebeneffekt ist neben dem kreativen Arbeiten auch das Präsentieren der Gruppe oder Einzelner vor einer großen Gruppe.

Währenddessen schreibt der Scrum Master die Verbesserungsideen stichpunktartig mit. Dazu nutzt er eine vorher vorbereitete Tabelle mit den Spalten »Idee«, »Größe«, »Effekt«, »Energie« und »Wer?«, wie in Abbildung 5–12 dargestellt [URL:Larsen b]. Nachdem er alle Themen notiert und in die Spalte »Idee« gehängt hat, überprüft er diese gemeinsam mit den Teilnehmern, nimmt Anpassungen vor und fügt weitere hinzu.

	GRÖSSE	EFFEKT	ENERGIE	WER?
IDEE 1				
IDEE 2				
IDEE 3				
...				

Abb. 5–12
Grundaufbau Effekt- und -Energietabelle

Praxistipp:

Das Aufschreiben kann der Moderator übernehmen, aber ebenso jeder Teilnehmer. Involvieren Sie die Teammitglieder so weit es geht in diese Arbeiten. Letztendlich profitieren sie von den Erkenntnissen und Ergebnissen und sind auch später selbstorganisiert für die Umsetzung zuständig.

Entscheidung herbeiführen

Minute 40–55: Haben alle ihre Arzneiprodukte vorgestellt und sind alle mit dem Ergebnis der Themensammlung einverstanden, geht es im nächsten Schritt um die Einschätzung der Größe. Dies bedeutet, jeder beantwortet für sich die Frage, wie viel Aufwand die Umsetzung der Idee verursacht. Hierzu kann man durch gleichzeitiges Anzeigen von Fingern (1 Finger für nicht aufwendig bis 5 Finger für aufwendig) schnell zu einem Ergebnis gelangen. Das Endresultat wird dann jeweils in die Tabelle unter »Größe« eingetragen und zeigt allen, wie das Bauchgefühl bezüglich des Aufwandes zur Durchführung insgesamt ist.

Praxistipp:

Auch eine Einschätzung anhand von Story Points ist in diesem Schritt denkbar. So kann das Team besser das Verhältnis zu bekannten Größen herstellen.

Im zweiten Schritt geht es darum, durch eine Punktebewertung des Teams zu ermitteln, welche Idee den maximalen Effekt auf die zukünftige Zusammenarbeit hätte. Ein Teammitglied gibt durch *Punktebewertung* in der Spalte »Effekt« an, was aus seiner persönlichen Sicht den größten Einfluss auf die Verbesserung des Teams hat. Pro Teammitglied sind 2–4 mögliche Punkte sinnvoll. Es spielt keine Rolle, ob jemand alle Punkte auf einen Verbesserungsvorschlag abgibt. Sobald jeder seine Punkte verteilt hat, werden diese zusammengerechnet und das Ergebnis wird notiert.

Zum Schluss ist eine letzte Bewertung durch das Team notwendig. Dafür erhält jeder einen Punkt für die Bewertung und beantwortet damit für sich die Frage »In welche Verbesserung würde ich persönlich die meiste Energie stecken, damit sie umgesetzt wird?«. Auch dieses Ergebnis wird summiert und in die entsprechenden Felder eingetragen (vgl. Abb. 5–13).

Für die anschließende Entscheidung heißt dies, dass man immer mit dem maximalen Effekt gehen sollte. Sobald keine klare Aussage getroffen werden kann, sollte man jedoch der Energie des Teams folgen.

Abb. 5–13
Beispielergebnis einer Retrospektive

	GRÖSSE	EFFEKT	ENERGIE	WER?
IDEE 1	13	••• 3	••••• 7	
IDEE 2	20	•••••• 6	•• 2	LARA
IDEE 3	8	• 1		
...				

Am Ende verpflichtet sich das Team zu dem Versuch, das Problem zu beheben. Ein Freiwilliger wird gesucht, der das Thema federführend vorantreibt. Es können auch mehrere Personen dafür in Frage kommen, die dann in die »Wer?«-Spalte eingetragen werden.

Endphase der Retrospektive

Minute 55–60: Der Scrum Master schließt die Retrospektive mit einer kurzen Zusammenfassung und der Bitte um ein kurzes Feedback. Dazu hat er ein Bild vorbereitet, auf dem ein Fieberthermometer (Abb. 5–14) zu sehen ist. Hierzu bittet er nun das Team, je ein Post-it mit Feedback zu verfassen und es dann auf das Chart zu kleben. Dabei reicht die Skala von 36 °C (normale Körpertemperatur) bis hin zu 40 °C (sehr hohes Fieber). Ein gutes Feedback erkennt man daran, dass die Karten im Bereich der Normaltemperatur liegen. Abweichungen davon beinhalten Verbesserungspotenzial.

Abb. 5–14
Fieberthermometer

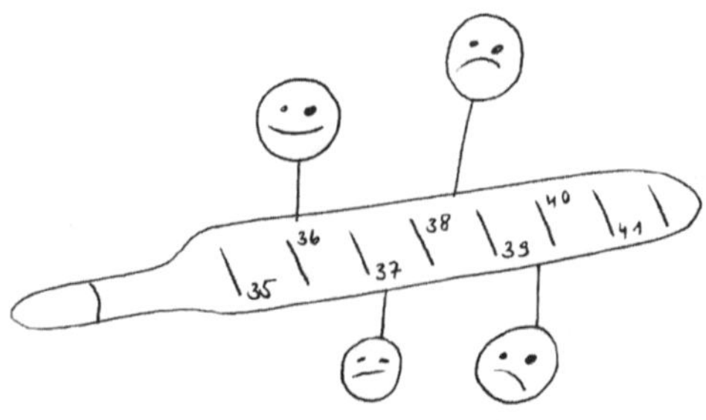

Die kreativen Medikamentendesigns werden zum Ende digitalisiert und mit einer Zusammenfassung der erzielten Ergebnisse an das Team versendet. Die Resultate sind alternativ auch im Teamraum aufzuhängen bzw. aufzustellen.

Agile-Werte-Retrospektive

Manchmal ist es erforderlich und hilfreich, die agilen Prinzipien und agilen Werte erneut in das Bewusstsein eines Entwicklungsteams zu rücken [URL:Hennessey]. Dies kann verschiedene Gründe haben und unterstützt ein Team dabei, wertbasiert zu agieren. Diese Form der Retrospektive zeigt allen auf, welche Werte in welcher Ausprägung gelebt werden. Die Grundidee der Retrospektive entstammt [URL:Miller].

Eigenschaften	Details
Dauer:	40–60 Minuten
Teamgröße:	5–12 Personen
Einsatzgebiet:	Nicht funktionierende Teams, Teams in der Storming-Phase
Themenschwerpunkt:	Auffrischung und Überprüfung der agilen Werte und Prinzipien
Verwendete Techniken:	Gedankenstütze Feedbacktür

Startphase

Minute 0–10: Zu Beginn ist es sinnvoll, kurz zu erörtern, was der Grund für die Art der Retrospektive und die Entscheidung ist, diese Retrospektive mit dem Team in dieser Form durchzuführen. Nach kurzer Einleitung und Präsentation der Agenda werden die Teilnehmer mit der Bitte um die Beantwortung einer Frage auf das Thema der Retrospektive eingestimmt. Während des *Check-in* [vgl. DerbyLarsen 2006] wird von den Teilnehmern die Beantwortung einer Frage in einem kurzen Satz oder wenigen Wörtern verlangt. Beispielsweise sind die Anwesenden aufgefordert, die Frage »Erkläre in einem Wort, welche Hoffnung du für die Retrospektive hast« oder »Nenne kurz ein Beispiel, welches agile Prinzip du im letzten Sprint angewendet hast« der Reihe nach zu beantworten (vgl. Abb. 5–15).

Abb. 5–15
Check-in-Runde

Minute 10–20: Nachdem jeder die Frage beantwortet hat, kann zum eigentlichen Thema übergeleitet werden. Es ist am Anfang hilfreich, einen Exkurs mit dem Team zu machen und noch einmal die Prinzipien des Agilen Manifests vorzustellen (vgl. Abschnitt 2.2).

Praxistipp:

Dieser Teil kann auch spielerisch gestaltet werden, indem man zusammen die agilen Prinzipien anhand von praktischen Beispielen des Teams entdeckt.

Man sollte darauf achten, die Teilnehmer aktiv mit einzubeziehen und nicht nur zu präsentieren. Wichtig ist dabei, den Zeitrahmen im Auge zu behalten.

Informationen zusammentragen und Einsichten generieren

Minute 20–40: Nach dieser Einführung stehen nun die agilen Werte »Fokus«, »Commitment«, »Respekt«, »Offenheit« und »Courage« im Fokus, die für ein Scrum-Team sehr wichtig sind. Der Scrum Master fängt an, einen Wert vorzustellen und in die Runde zu fragen:

- »Was meint ihr, wie leben wir diesen Wert?«

Danach bittet er die Teammitglieder anhand von Planning-Poker-Karten oder anderen leichtgewichtigen Schätzvarianten (vgl. Abschnitt 4.3), diesen agilen Wert einzuschätzen. Wenn es bei der Bewertung große Abweichungen gibt (beispielsweise 5 und 1), dann unterhalten sich die beiden Betroffenen darüber, warum sie den Wert so einschätzen. Die entstehenden Diskussionen können mit Blick auf die Zeit ein wenig laufen gelassen werden. Nachdem nun die anderen Teammitglieder diese Informationen hören konnten, wird die Einschätzung des Wertes wiederholt. Soweit es immer noch minimale Abweichungen gibt (zum Beispiel zwischen 4 und 5), sollte der niedrige Wert genommen werden. Der Scrum Master notiert nun das Ergebnis beim agilen Wert. Dies wird für jeden Wert durchgespielt, bis alle agilen Werte vom Team eingeschätzt wurden.

Durch das Schätzverfahren kommt man recht schnell zu einem Ergebnis und Konsens innerhalb der Gruppe. Richtig spannend sind die Diskussionen und Wahrnehmungen der einzelnen Teammitglieder. Diese geben dem Scrum Master wertvolle Hinweise über den Fortschritt seiner Arbeit und die Gelegenheit, Schwachpunkte oder Verständnisprobleme zu lokalisieren und Stärken des Teams zu unterstützen.

Entscheidung herbeiführen

Minute 40–50: Im Anschluss an die Einschätzung der Werte stellt der Scrum Master dann die Frage:

- »Welchen dieser agilen Werte wollt ihr bis zur nächsten Retrospektive verbessern?«

Hier kann man sich der Abstimmung mit Handzeichen bedienen oder eine Bewertung mit Punkten vornehmen. Häufig steht aber schon fest, dass der Wert mit der niedrigsten Bewertung ausgewählt wird. Nachdem feststeht, welcher Wert angegangen werden soll, stellt der Scrum Master dem Team die folgende Frage:

- »Was ist die eine konkrete Verbesserung, die ihr euch vornehmen wollt?«

Es geht hier wirklich um die Besinnung auf die Auswahl einer Aktivität. Es steht dem Team jetzt Zeit zur Verfügung, die Themen zu diskutieren und die Verbesserung zu überlegen. Am Ende sollte das Ergebnis ein Statement sein, das wie folgt notiert wird:

- »Wir glauben an den Wert [X] und nehmen uns daher vor [was wir tun wollen].«

Das Teamstatement sollte anschließend vom Team unterschrieben werden. Es wird jemand bestimmt, der stellvertretend für die anderen das Thema später vorantreibt.

Endphase der Retrospektive

Minute 50–60: Am Ende der Retrospektive sollten die gewonnenen Erkenntnisse zusammengefasst und das Team um Feedback zur Retrospektive gebeten werden. Für das Resümee pointiert der Moderator die wichtigsten Punkte der Diskussionen, die er sich im besten Fall während der Abstimmungsdiskussion notiert hat.

Am Ende bietet sich die Entwicklung einer kleinen *Gedankenstütze* für die Teilnehmer an. Jeder wird aufgefordert, auf 1–2 bereitliegenden Post-its einen Begriff zu notieren, der ihnen persönlich außerordentlich wichtig nach der Retrospektive erscheint und den sie nicht vergessen und zukünftig im Auge behalten wollen. Diese Gedankenstützen werden nun der Reihe nach mit einem kurzen Satz vorgestellt. Der Scrum Master empfiehlt, diese Notizen an einem Ort aufzubewahren, an dem diese auch wiedergefunden werden. Durch das Aufschreiben und Erzählen werden die Erinnerungen und Erkenntnisse noch einmal gefestigt und für jeden deutlich. Das Platzieren an einem Ort, der tagtäglich daran erinnert, ruft den Inhalt immer wieder ins Gedächtnis.

Um Feedback für den Scrum Master hinsichtlich der Moderation und Durchführung der Retrospektive einzusammeln, wurde vor dem Meeting die Ausgangstür in fünf Bereiche aufgeteilt. Jeder Teilnehmer wird beim Verlassen des Raumes gebeten, ein Feedback nach dem Schulnotensystem abzugeben. Jeder notiert dafür auf einem Post-it seine Einschätzung und hängt es in den dafür vorgesehenen Bereich [URL:Appelo b].

Das festgelegte Statement des Teams wird im Teamraum sichtbar aufgehängt. Auch alle anderen Werte finden dort Platz. Die Informationen zu den agilen Prinzipien können zusammengefasst an die Teilnehmer zu Informationszwecken, inklusive der Erkenntnisse aus den Diskussionen, versendet werden.

Liebes- und Hassbrief-Retrospektive

Eine schöne Abwechslung bringt das Schreiben von Liebes- und Hassbriefen in der Retrospektive. Diese Variante haben wir bei Danny Kovatch auf der AgileEE 2010 (*http://agileee.org*) kennengelernt und übernommen und dadurch viel Spaß in die Retrospektiven gebracht.

Eigenschaften	Details
Dauer:	60–75 Minuten
Teamgröße:	5–10 Personen
Einsatzgebiet:	Harmonische, erfahrene Teams
Themenschwerpunkt:	Erstellung von Hass- und Liebesbriefen an den Sprint
Verwendete Techniken:	Sprint-Gesicht Kurzzeit- & Langzeitziel Blitzlicht

Startphase

Minute 0–5: Zu Beginn der Retrospektive finden alle Teilnehmer an ihrem Platz einen Kreis aus Papier. Der Scrum Master bittet nun alle, einen Smiley zu malen, der ausdrücken soll, wie sich die Teilnehmer aktuell nach dem Sprint fühlen. Dieser Smiley wird dann von jedem auf das dafür vorgesehene Chart neben dem dazugehörigen Namen geklebt (vgl. Abb. 5–16).

Wenn alle wieder Platz genommen haben, beginnt der Scrum Master den entstandenen Überblick kurz zu erläutern und darauf einzugehen. Gegebenenfalls haben einige Smileys gemalt, die eher einen negativen Ausdruck widerspiegeln. In diesem Fall kann schon der direkte Austausch beginnen und kurz ins Detail gegangen werden. Dadurch können die Gründe besser verstanden werden. Dann wird die Einführung mit dem Hinweis geschlossen, dass am Ende der Retrospektive diese Übung wiederholt wird. Nun kann das weitere Vorgehen beschrieben und zum nächsten Punkt übergeleitet werden.

Abb. 5–16
»Sprint-Gesichter«

Informationen zusammentragen & Einsichten generieren

Minute 5–20: Für das Zusammentragen der Informationen teilen sich die Teilnehmer eigenständig in kleinere Gruppen von 2–4 Personen auf. Die Teilnehmer erhalten nun die Aufgabe, einen Liebesbrief an den Sprint zu formulieren. Dieser beginnt mit *»Lieber Sprint, ich liebe dich so sehr …«*. Hier sollen die positiven Dinge des Sprints zusammengetragen werden. Jede Gruppe kann selber entscheiden, in welchem Stil der Brief geschrieben wird. Manche bevorzugen eine Stichwortliste, manche schreiben Poesie und Prosa. Je nach Größe der Gruppen ist es sinnvoll, eine Timebox von 10 bis 15 Minuten zu setzen.

Minute 20–25: Anschließend liest jede Gruppe den anderen ihren Liebesbrief vor, während diese die »Dinge, die gut liefen« auf Post-its notieren und anschließend gut sichtbar an der Wand oder auf einem Blatt Flipchartpapier aufhängen.

Minute 25–45: Danach wird die Prozedur analog mit den Hassbriefen *»Lieber Sprint, ich hasse dich so sehr …«* durchgeführt. Nun hängen an der Wand viele Karten, aus denen Maßnahmen für zukünftige Sprints abgeleitet werden können.

Praxistipp:

Um Zeit zu sparen, können die Gruppen auch parallel an den Liebes- und Hassbriefen arbeiten. Die Ergebnisse werden dann im Anschluss ergänzt.

Der Hassbrief

»Lieber Sprint,

ich hasse dich so sehr, weil du schon wieder nicht dafür gesorgt hast, dass wir als Team vernünftig zusammengearbeitet haben. Es ist wirklich unerträglich zu sehen, wie wir wieder alles auf einmal machen und nicht nach der festgelegten Priorität arbeiten. Verstehst du denn nicht, dass dies nicht funktioniert? Ich hasse dich dafür, dass wir nicht darüber sprechen, was noch zu tun ist, und dich in kleinen Stücken fertigstellen, sondern denken, alles gleichzeitig schaffen zu können. Ich bin wütend auf den Urlaub von Finn, der uns als Scrum Master dabei geholfen hätte, den Fokus zu bewahren.

Zudem hasse ich dich, weil die bestellten Testgeräte immer noch nicht angekommen sind und wir dadurch nicht vernünftig den Fortschritt der App testen konnten. Bei der Gelegenheit sollten wir auch einmal an das iPad denken, das wir bei unseren Tests bisher noch gar nicht berücksichtigt haben.

Das ist wirklich nicht mehr zu ertragen, und ich hoffe, du verstehst meinen Standpunkt. Wenn wir es schaffen, die Probleme in den Griff zu bekommen, dann gebe ich uns noch eine echte Chance.

Jordi, Mina, Alva«

Entscheidung herbeiführen

Minute 45–60: Nun sind die Teilnehmer gefragt, eine Wahl für das Thema zu treffen, das sie verbessern möchten. Zu einer schnellen Entscheidung führt die Abstimmung des Teams mittels Punktevergabe.

Sobald die Entscheidung feststeht, werden die Teilnehmer gebeten, sich eigenständig ein *Langzeitziel sowie eine erste kurzfristige Aktion* zu überlegen, um eine Verbesserung herbeizuführen. Ein Langzeitziel könnte zum Beispiel der Wunsch nach einer Teststrategie sein, die das Entwicklungsteam erarbeiten möchte. Ein erster kurzfristiger Schritt dazu könnte ein Workshop aller sein, um sich über Meinungen und Ideen auszutauschen und weitere Schritte zu definieren. Diese Statements werden auf ein großes Blatt Papier notiert und später im Teamraum aufgehängt.

Endphase der Retrospektive

Minute 60–75: Am Ende der Retrospektive werden die Teilnehmer noch einmal aufgefordert, ihr jetziges »Gesicht« zu malen und in die dafür vorgesehene Spalte zu hängen.

Der Scrum Master schließt mit einem kurzen Blitzlicht und der Frage: »Was hat euch an der heutigen Retrospektive gefallen bzw. nicht gefallen?« Im Anschluss lohnt es sich, die Briefe zu digitalisieren und an einem Ort abzulegen. Diese dienen zu einem späteren Zeitpunkt als Gedankenstütze oder sorgen für etwas Heiterkeit.

Online-Retrospektive

Retrospektiven mit verteilten Teams bedürfen einer anderen Vorgehensweise [Eckstein 2009] und können aufgrund der virtuellen Durchführung nicht so stark variiert werden. Vor allem weil die Mitglieder sich ggf. nicht sehen können und der Einsatz einer Fremdsprache über ein Telefon oder eine Software zu weiteren Herausforderungen führt. Nachstehend schildern wir ein Beispiel für die Durchführung einer Retrospektive unter Einbeziehung verschiedener Standorte.

Wir haben neben einem vernünftigen Videokonferenzsystem den Einsatz von verschiedenen Onlinewerkzeugen schätzen gelernt, die eine Durchführung erleichtern bzw. für Abwechslung sorgen können.

Eigenschaften	Details
Dauer:	75–90 Minuten
Teamgröße:	5–10 Personen
Einsatzgebiet:	Verteilte Teams
Themenschwerpunkt:	Nutzung von Hardware und Software
Verwendete Techniken:	Check-in Onlinekollaboration Danksagung

Vorbereitung

Für die Durchführung einer virtuellen Retrospektive hilft für die Vorbereitung das vorherige Abfragen der Informationen bei den Teilnehmern. Der Scrum Master kann hier anonym die Themen vorab einsammeln und als Informationsquelle für den Aufbau oder die Durchführung des Events nutzen.

Es ist zudem sinnvoll, einen Schriftführer für die Dokumentation während des Gesprächs festzulegen, sollte dieses ausschließlich über ein Telefon abgehalten werden. Der Schriftführer notiert nicht nur Entscheidungen und Ergebnisse, sondern auch Zustimmungen und Ablehnungen.

Praxistipp:

Beachten Sie bei allem, was Sie tun, dass es möglichst leichtgewichtig ist und zu den komplexen Herausforderungen einer virtuellen Retrospektive passt. Die Herausforderungen einer Retrospektive von Angesicht zu Angesicht steigern sich um ein Vielfaches aufgrund der nonverbalen Kommunikation.

Startphase

0–10 Minute: Bevor es losgeht, empfiehlt sich die Durchführung einer Tonprüfung, um die Technik auf Funktionalität zu prüfen. Dazu kann die Beantwortung einer einfachen Frage, wie zum Beispiel »Sage in einem kurzen Satz, was dir gerade im Kopf herumgeht« oder »Wenn du ein Superheld wärst, als welcher Superheld nimmst du an der Retrospektive teil und warum?« verwendet werden, die jeder nacheinander beantwortet. Dies bietet eine gute Gelegenheit, in die Retrospektive überzuleiten, da es die Teilnehmer auf andere Gedanken bringt.

Im Anschluss ist die Wiederholung der Regeln, genannt durch den Moderator, notwendig. Diese Regeln können eine Sprechreihenfolge beinhalten, zum Beispiel die Festlegung, dass niemand dazwischensprechen darf oder er seinen Namen vorher ankündigt, bevor er etwas sagt. Dann kann zum eigentlichen Inhalt der Retrospektive übergegangen werden.

Informationen zusammentragen und Einsichten generieren

10–25 Minute: Der Scrum Master sitzt an seinem Computer und hat eine Online-Kollaborationssoftware wie beispielsweise Lino (*www.linoit.com*) geöffnet. Diese wird lokal an die Wand projiziert und via Bildschirmübertragung mit allen anderen Teilnehmern geteilt. Alle sind nun aufgefordert, sich kurz zu überlegen, welche Themen im

Sprint gut liefen und beibehalten werden sollten. Diese werden dann nacheinander von den Teilnehmern vorgetragen. Während eines Teilnehmerbeitrags dokumentiert der Scrum Master die darin angesprochenen Punkte der Teilnehmer, hier in Form von digitalen Post-its. Diese erscheinen dann für alle sichtbar auf der Oberfläche des Bildschirms.

Praxistipp:

Machen Sie sich unbedingt vor der Retrospektive mit der Bedienung der von Ihnen verwendeten Kollaborationssoftware vertraut. Spielen Sie dazu verschiedene Szenarien wie das Anlegen, Löschen, Ändern oder Verschieben eines Post-its durch. Legen Sie ggf. vorher verschiedene Bereiche an, die thematisch zusammengehörige Wand- oder Flipchartflächen darstellen.

25–30 Minute: Nach dieser ersten Runde mit den positiven Aspekten des Sprints und funktionierenden Praktiken des Teams kann ein kurzer mentaler Trenner wie ein Video, eine Geschichte oder ein Quiz den Kopf frei für andere Gedanken machen. Das Internet hält hier heutzutage viel geeignetes Material bereit.

30–45 Minute: Nun folgt analog zum ersten Durchlauf die Sammlung der Themen, die laut den Teilnehmern nicht gut gelaufen sind und die eingestellt oder verbessert werden sollten. Dies kann im Fall von Lino auch über das Versenden via E-Mail durch jeden einzelnen Teilnehmer geschehen. Die E-Mails erscheinen dann zum jeweiligen Vortragszeitpunkt auf der Oberfläche des Onlinetools.

Entscheidung herbeiführen

45–65 Minuten: Nachdem nun die Daten vorliegen, ist eine Entscheidung darüber zu treffen, welche Themen vom Team als wichtig angesehen werden und angegangen werden sollen. Dafür werden die digitalen Karten vom Moderator in Themenbereiche aufgeteilt. Wenn die Teammitglieder unterschiedlicher Meinung sind, was die Platzierung angeht, kann Einspruch eingelegt werden. Sobald die Themenbereiche gefunden sind, bittet der Moderator um Abstimmung, welcher Themenbereich als am wichtigsten empfunden wird.

Die Bestimmung des Themenbereichs und die Sammlung der Lösungsansätze erfolgen nun über eine weitere Onlinesoftware, wie zum Beispiel *www.typewith.me* (oder *www.piratepad.net*). Im Gegensatz zur mündlichen Abfrage ist die Diversifikation hier größer, und ruhige Teammitglieder neigen eher dazu, daran teilzunehmen. Zudem kann gleichzeitig die Abstimmung und Einigung aller Teilnehmer über die Lösungsansätze und die verantwortlichen Teammitglieder unter Zuhilfenahme der Onlinesoftware erfolgen.

Endphase der Retrospektive

65–75 Minuten: Am Ende der Retrospektive werden die Teilnehmer gebeten, sich bei den Teammitgliedern zu bedanken. Jeder sucht sich dafür ein Teammitglied aus, bei dem er sich für ein Ereignis innerhalb des vergangenen Sprints mit einem kurzen Statement *bedankt*. Dieses Vorgehen bietet Raum für Wertschätzung und schafft eine Bindung zwischen den Beteiligten, was gerade bei verteilten Teams notwendig ist.

Zum Schluss bittet der Moderator um Feedback via E-Mail, um Hinweise für die Verbesserung der Retrospektive zu erlangen. Die Ergebnisse werden später an alle Beteiligten versendet bzw. dokumentiert.

Praxistipp:

Für verteilte Teams kann es je nach Konstellation sinnvoll sein, eigene lokale Retrospektiven durchzuführen, da der Fokus oftmals auf der Kollaboration zwischen den lokal zusammensitzenden Teammitgliedern liegt. Zudem sind die Gegebenheiten an den verschiedenen Standorten oftmals unterschiedlich, sodass sich ein weiterer Termin und die Nutzung des Vorteils einer Retrospektive von Angesicht zu Angesicht lohnt.

5.6.4 Häufige Probleme

So vielfältig wie die Gestaltung und die Ergebnisse von Retrospektiven sein können, so vielfältig sind auch die Herausforderungen, die dabei entstehen können.

Retrospektiven finden nicht statt

Eine Retrospektive muss stattfinden, denn sie ist ein wichtiger Bestandteil der Weiterentwicklung eines Scrum-Teams und in den agilen Prinzipien verankert. Die Durchführung einer Retrospektive ist nicht optional, sondern ein Kernelement von Scrum. Häufig sehen Teammitglieder keinen Sinn in der Retrospektive, nehmen sie nicht ernst oder haben keine Lust darauf. Manche verzichten dann auf die Durchführung, oder es nehmen nicht alle teil. Oftmals sind die Ursachen dafür schlecht durchgeführte Retrospektiven oder ein fehlendes Bewusstsein für die Wichtigkeit bei den Beteiligten, was sich auf ihre Teilnahme auswirkt. Als Scrum Master ist es in diesen Fällen notwendig, die richtigen Akzente zu setzen und das Team über die Notwendigkeit aufzuklären.

Praxistipp:

Sagen Sie allen, wie wichtig die Teilnahme an der Retrospektive ist. Unterstreichen Sie dies, indem Sie die Sitzung nur stattfinden lassen, wenn alle Beteiligten anwesend sind.

Retrospektiven erzielen kein Ergebnis

»Wir wissen doch, wo unsere Probleme liegen, wir haben sie bisher nicht gelöst, daran ändert die Retrospektive auch nichts.« Wenn das Team in einer Retrospektive nicht lernt, entstehen keine Ergebnisse. Das führt zur Frage nach dem Sinn und Zweck des Events. Anders gesagt, kann es auch daran liegen, dass vom Team keine Verantwortung übernommen wird. Die Probleme sind zwar deutlich und sichtbar, das Finden und Anwenden der Lösungen wird jedoch nicht konsequent verfolgt. Die Ergebnisse sollten in Form von Backlog Items im Sprint Planning aufgenommen und Teil des Sprint Backlog werden. Dies führt unweigerlich zu einer Fokussierung und Umsetzung innerhalb einer Iteration.

Praxistipp:

Überprüfen Sie zu Beginn jeder Retrospektive gemeinsam mit dem Team, welche Ergebnisse und Verbesserungen erzielt wurden. Manchmal lohnt sich auch der zusammenfassende Blick auf die Ergebnisse vergangener Retrospektiven im Vergleich zu Verbesserungen im aktuellen Sprint.

Passen Sie auf, dass sich das Team nicht nur auf Themen einigt, die außerhalb des Einflussbereiches des Teams liegen.

Der unterschätzte Zeitfaktor

Auch für Retrospektiven gilt die Timebox. Oftmals sehen wir in der Praxis die Unterschätzung des Zeitfaktors. Auf der einen Seite führt die Überziehung der Zeit zu einer angespannten und gehetzten Atmosphäre, in der kein gezielter Austausch mehr stattfindet. Der Blick gilt dann häufig nur noch der Uhr, um die Zeit nicht noch weiter zu überziehen. Auf der anderen Seite führt ein abruptes Beenden dazu, dass Ergebnisse nicht ordnungsgemäß ermittelt und festgehalten werden. Meistens wird dann im Anschluss eine E-Mail versendet, in der vieles genannt wird, was besprochen wurde, aber keine Teamvereinbarungen enthalten sind. Es werden also keine nächsten Schritte definiert, und niemand bestimmt, wer für die nächsten Schritte zuständig ist. Diese Fälle sind natürlich sehr unglücklich, da sie die gesamte Vorbereitung zunichte machen und die Nachhaltigkeit verloren geht.

Praxistipp:

Wichtige Faktoren für die richtige Dauer einer Retrospektive sind die Abstände, in denen die Retrospektiven stattfinden, die Teilnehmeranzahl und die Schwere der Ereignisse, die zu einem Problem geführt haben (z.B. Events, Veränderungen). Planen Sie lieber mehr Zeit ein und beenden Sie dann frühzeitiger oder vereinbaren Sie den vernünftigen Abschluss der Retrospektive zu einem neuen Zeitpunkt (zum Beispiel am darauffolgenden Tag).

5.6.5 Checklisten

Was Sie bei der Vor- und Nachbereitung einer Retrospektive beachten sollten

Jede Retrospektive verlangt vom Scrum Master eine gute Vor- sowie Nachbereitung. Die folgenden Punkte sollten auf jeden Fall auf Ihrem Zettel stehen:

- **Einladung:** Verfassen Sie eine ansprechende Einladung, die Interesse weckt und im besten Fall schon etwas über die Agenda verrät.
- **Raum & Technik:** Buchen Sie einen großen Raum, in dem alle Teilnehmer Platz finden, und vergewissern Sie sich, dass die Technik funktioniert.
- **Zeitplanung:** Die Dauer einer Retrospektive hängt von der Anzahl der Teilnehmer, den Zeitabständen und den zu behandelnden Themen ab. Ausschlaggebend ist zudem die Professionalität des Teams sowie des Scrum Masters bei der Durchführung der Retrospektive.
- **Agenda & Regeln:** Verfassen Sie eine Agenda für den Termin und bringen Sie besprochene Regeln und die Prime Directive (vgl. Glossar) [Kerth 2001] mit in das Meeting und hängen diese für alle sichtbar auf.
- **Techniken & Spiele:** Machen Sie sich im Vorfeld mit den Spielen und Techniken vertraut, die Sie einsetzen möchten. Gegebenenfalls testen Sie diese im Kreise Ihrer Kollegen.
- **Schaubilder & Material:** Bereiten Sie Schaubilder, Tabellen, Grafiken u.Ä. für den Termin vor. Besorgen Sie rechtzeitig die Utensilien, die Sie für die Retrospektive benötigen, und prüfen Sie, ob diese funktionstüchtig sind.
- **Süßigkeiten:** Süßigkeiten oder Obst sind für den Energiehaushalt wichtig und sorgen zudem für gute Stimmung.
- **Spielzeug:** Bei vielen Menschen wird dadurch, dass sie etwas in der Hand halten, die Kreativität gefördert. Verwenden Sie etwas, was nicht die Aufmerksamkeit der Teilnehmer auf sich zieht, wie beispielsweise Pfeifenreiniger.

Die erste Retrospektive mit einem Team

Auf die erste Retrospektive mit einem Scrum-Team sollten Sie besonders Wert legen, da hier der Grundstein für alle nachfolgenden Termine gelegt wird.

- **Sinn und Zweck:** Erläutern Sie am Anfang die Hintergründe der Retrospektive. Sprechen Sie über die Ziele, Erwartungen und das Vorgehen.
- **Prime Directive:** »Regardless of what we discover, we understand and truly believe that everyone did the best job they could, given what they knew at the time, their skills and abilities, the resources available, and the situation at hand« [Kerth 2001]. Lesen Sie den Grundsatz laut vor und erklären Sie dem Team, dass unter dieser Prämisse alle Retrospektiven stattfinden. Hängen Sie die Prime Directive während der Durchführung der ersten Retrospektiven auf und verweisen Sie bei Bedarf darauf.
- **Regeln festlegen:** Stellen Sie Regeln für das Event auf. Definieren Sie vorab einige Punkte, die Sie nicht wünschen, und erweitern Sie die Liste mit dem Team. Beispiele sind: »Keine Unterbrechung anderer«, »Akzeptanz der Meinungen anderer – ohne zu urteilen«, »die eigene Meinung vertreten – nicht die anderer«, »keine Witze auf Kosten anderer« oder »keine mobilen Endgeräte«.
- **Vertrauensfrage stellen:** Neue Teams kennen sich noch nicht so gut. Stellen Sie daher anonym die Vertrauensfrage und sorgen Sie falls notwendig für eine vertrauensvolle Atmosphäre.
- **Genügend Zeit einplanen:** Die erste Retrospektive dauert erfahrungsgemäß länger. Planen Sie daher genügend Zeit für dieses erste Treffen ein.

Retrospektiven mit verteilten Teams

Die Durchführung von Retrospektiven, sobald keine Co-Location gewährleistet ist, stellt oftmals eine Herausforderung für alle Beteiligten dar. Eine gute Vorbereitung, Moderation und der Einsatz von elektronischen Hilfsmitteln sind Schlüsselkomponenten für den Erfolg. Hier einige Punkte, die für diese Fälle hilfreich sein können (vgl. Abschnitt 3.4).

- **Mithelfer bestimmen:** Finden Sie als Scrum Master jemanden im Team am anderen Ort, der Sie dort bei der Vorbereitung unterstützt.
- **Hardware einsetzen:** Steht kein professionelles Videokonferenzsystem zur Verfügung, sind Laptops in Kombination mit Beamern

sinnvoll, um gemeinsam oder in Gruppen Zugang zu den Informationen zu erhalten.

- **Online-Tools verwenden:** Es gibt neben Skype eine Reihe von nützlicher und frei zugänglicher Onlinesoftware, die den Austausch unter den Teammitgliedern erleichtert (z.B. *www.linoit.com*, *www.piratepad.net*, *www.corkboard.me*).
- **Zeit einplanen:** Die Vorbereitung der Retrospektive benötigt oftmals noch mehr Zeit, da alles vorher auf die Funktionsfähigkeit getestet werden muss. Planen Sie vor dem Meeting einige Minuten mehr ein, in denen sich alle zusammenfinden und auftretende Probleme vorab geklärt werden können.
- **Sprache bestimmen:** Um Nachteile in der Sprache zu vermeiden, ist eventuell die Vereinbarung mit dem Team sinnvoll, dass jeder in der jeweils schwachen Sprache spricht, wenn dies möglich ist. Dies bedeutet, ein deutscher Muttersprachler spricht Englisch, ein englischer Muttersprachler spricht Deutsch. So wird niemand bevorteilt, und alle sind gleichermaßen gefordert, eine Fremdsprache zu sprechen.

Ideen für Retrospektiven, die Sie ausprobieren sollten

Über die Jahre testet man in der Praxis viele Dinge, die situationsbedingt mal mehr oder weniger erfolgversprechend sind. Im Folgenden möchten wir Ihnen einige Anregungen für die Durchführung und Variation von Retrospektiven geben, die Sie dazu ermutigen sollen, etwas anderes zu probieren:

- **Verändern Sie Abläufe:** Eine Retrospektive ist nie gleich. Verändern Sie die Fragen, die Methoden oder Regeln. Es gibt keinen Standard für Retrospektiven.
- **Schaffen Sie Freiräume:** Verwenden Sie einen Raum ohne Tisch oder gehen Sie mit dem Team nach draußen auf eine Wiese. Wechseln Sie den Standort und verwenden Sie nicht den Teamraum für Retrospektiven, um Assoziationen zu verhindern.
- **Bilden Sie kleine Teams:** Fördern Sie die Teamarbeit mit der Bildung von Zweierteams oder kleineren Gruppen. Dies fördert die Selbstorganisation, bindet ruhige Teammitglieder ein und kann schneller zu Ergebnissen führen.
- **Schreiben Sie groß und deutlich:** Am besten, Sie verwenden große Buchstaben und schreiben mit einem dicken Marker. Fast leere Marker entsorgen Sie am besten umgehend.
- **Fragen Sie nach:** Offene Fragen sind wertvoll, um zum Kern von Problemen oder Ursachen vorzudringen (z.B. »Gibt es Ideen für

eine Lösung?«). Geschlossene Fragen helfen dabei, Orientierung zu geben (z.B. »Können wir zum nächsten Schritt übergehen?«). Vermeiden Sie Alternativ-, Suggestiv- oder rhetorische Fragen, da diese nicht zielführend sind und für Unruhe sorgen (z.B. »Wie lange wollt ihr noch darüber diskutieren?«).

- **Haben Sie Geduld:** Geben Sie dem Team ausreichend Zeit, um Antworten zu formulieren.
- **Erheben Sie Daten:** Machen Sie sich Notizen, bringen Sie Informationen aus dem Sprint mit ein oder bitten Sie das Team vorab, sich auf die Retrospektive vorzubereiten.
- **Notieren Sie sich Ergebnisse:** Sammeln Sie die bisher vereinbarten Ergebnisse und Vereinbarungen in einer Liste und markieren Sie, was erledigt bzw. offen ist. Auch dies sind hilfreiche Daten, die Sie bei Bedarf hinzuziehen können.
- **Fördern Sie die Selbstorganisation:** Lassen Sie das Team so viel wie möglich selbstständig tun und beziehen Sie es während der Durchführung mit in die Aufgaben ein – Schreiben, Malen oder Organisieren.
- **Gehen Sie richtig mit den Ergebnissen um:** Das Ergebnis einer Retrospektive ist für das Team gedacht. Sie sind verantwortlich für die Umsetzung der Verbesserung. Als Scrum Master unterstützen Sie es dabei, das Ziel zu erreichen, übernehmen aber keine direkte Aufgabe. Kommunizieren Sie die Ergebnisse nicht nach außen.
- **Fassen Sie Ergebnisse zusammen:** Auf einem Flipchart oder in einer E-Mail. Stellen Sie die Ergebnisse digital zur Verfügung und hängen Sie das Flipchart im Teamraum auf.
- **Suchen Sie nach Verbesserungen:** Nutzen Sie die Chance, nach einer Retrospektive Feedback zum Ablauf einzusammeln, um sie verbessern zu können.
- **Bilden Sie sich weiter:** Frage-, Sprach- und Moderationstechniken sind gut investierte Weiterbildungsinhalte, nicht nur um Retrospektiven abzuhalten.

Weiterführende Informationen zum Thema »Durchführung« haben wir im Anhang zusammengestellt. Unter *http://www.scrum-in-der-praxis.de/literaturempfehlungen/durchfuehrung* aktualisieren wir diese ständig.

6 Die Veröffentlichung

Sofern ein Scrum-Team nicht ein bereits veröffentlichtes Produkt betreut und regelmäßig nach jedem Sprint neue Funktionalitäten zur Verfügung stellt, kommt es nach einigen Sprints zur Veröffentlichung der ersten Produktversion. Im Idealfall sollen natürlich alle dafür notwendigen Arbeiten wie Trainings, Marketingaktionen etc. bereits in den Sprints zuvor stattgefunden haben. Allerdings findet man diese Situation fast nie vor, sodass wir in diesem Kapitel einen *Release-Sprint* beschreiben, der diese Tätigkeiten bündelt.

Nach dem Release oder oft auch erst nach mehreren Releases wird das Projekt beendet. In Abschnitt 6.2 beschreiben wir, wie ein Scrum-Projekt möglichst nachhaltig beendet werden kann.

6.1 Release-Sprint

Glanzpolitur

Alle wichtigen Features wurden zielgerichtet umgesetzt, und es war noch eine Woche Zeit bis zur Konferenz. Die App wurde als Beta-Version zum Download freigegeben und bereits einige Male heruntergeladen. Das Scrum-Team hatte sich für die kommende Woche vorgenommen, das Feedback der Benutzer zu analysieren und Fehler zu beheben. Außerdem sollte Werbung für die App gemacht werden, damit sie zum Start der Konferenz von möglichst vielen Konferenzteilnehmern genutzt würde. Als Herr Hold hörte, dass eine Woche vor der Konferenz keine neue Funktionalität mehr eingebaut werden sollte, rief er sofort Casper zu sich. Herr Hold forderte in einem Vier-Augen-Gespräch noch weitere Features, die ihm in Aussicht gestellt wurden. Casper konnte ihn jedoch überzeugen, dass diese Woche für den letzten Feinschliff und die Einweisung aller Personen benötigt wird. Außerdem würden neue Features nicht mehr hinreichend getestet werden können, und die Gefahr bestünde, dass sich Fehler einschleichen,

die dazu führen können, dass die App gar nicht erst benutzt wird oder schlechte Bewertungen erhält. Herr Hold kannte Casper inzwischen gut genug, um zu erkennen, dass die Argumentation durchaus Hand und Fuß hatte, und verließ sich auf Caspers Urteil.

Im Laufe der Woche legten alle Hand an, um die App noch einmal auf Hochglanz zu polieren und nichts dem Zufall zu überlassen. Zum Start der Konferenz steht eine sauber getestete, mit den wichtigsten Funktionen versehene und mit interessanten Inhalten gefüllte Applikation zur Verfügung.

In vielen Projekten wird der Fehler gemacht, bis zur letzten Minute noch irgendwelche Funktionen zu implementieren. Dabei ist allgemein bekannt, dass Softwareentwicklung unter Zeitdruck deutlich fehleranfälliger ist. Außerdem fehlt dadurch meist die Zeit für einen ausreichenden Test. Im schlimmsten Fall macht man sich in den letzten Tagen etwas kaputt, was Auswirkungen auf die gesamte Anwendung haben und ggf. sogar den Veröffentlichungstermin gefährden kann. Aus diesem Grund planen viele Scrum-Teams einen sogenannten Release-Sprint (auch Hardening Sprint genannt) ein. Er stellt gewissermaßen das Gegenstück zum Sprint Zero (vgl. Abschnitt 4.5.1) dar, der zu Beginn eines Scrum-Projekts alle Voraussetzungen für einen reibungslosen Start schafft. Ein Release-Sprint sollte vor jedem größeren Release stattfinden. Er dient dazu, alle losen Enden zu identifizieren und zu befestigen. Auch wenn der Name es vermuten lässt, muss die Dauer eines Release-Sprints nicht zwingend der Dauer eines regulären Sprints entsprechen. Er kann je nach Projekt und Produkt länger oder kürzer als ein regulärer Sprint sind. Es ist in der Regel aber unerheblich, ob vorher zwölf Sprints oder nur drei Sprints stattgefunden haben, der Release-Sprint sollte in der Dauer kaum variieren.

Die Durchführung eines Release-Sprints wird in der Community unterschiedlich gesehen. Gegenstimmen führen an, dass dann am Ende der Sprints kein »Potentially Shippable Code« entstanden sein kann. Sogar Ken Schwaber spricht sich gegen Release-Sprints aus und begründet es damit, dass funktionierende Teams über ein automatisiertes Releasemanagement verfügen. Unserer Meinung nach ist dies ein absolut erstrebenswertes Ziel, das wir in der Praxis jedoch in den seltensten Fällen umgesetzt vorgefunden haben. Wir betrachten Release-Sprints daher als einen Schritt, der unseren Teams auf diesem Weg weiterhilft.

Die Notwendigkeit eines Release-Sprints bedeutet keineswegs, dass während der regulären Sprints unsauber gearbeitet wurde. Im Gegenteil, man muss sich vor Augen führen, dass der von Scrum geforderte »Potentially Shippable Code«, der am Ende eines jeden Sprints zur Verfügung steht, nicht immer einen produktiv nutzbaren Code darstellt, insbesondere nicht in hochkomplexen Systemlandschaften.

Praxistipp:

Ein Release-Sprint ist kein Sprint für Aufräumarbeiten, in dem angehäufte technische Schulden oder Fehler im Produktionssystem bereinigt werden sollen, sondern er dient einzig und allein der Vorbereitung des Releases. Achten Sie darauf, dass er nicht missbraucht wird, und machen Sie Sinn und Zweck des Release-Sprints transparent.

Folgende Tätigkeiten sind typischerweise Bestandteil eines Release-Sprints, sofern sie für das jeweilige Projekt zutreffen:

- Finales Bereitstellen des Codes in der Produktivumgebung
- Finales Testen in der Produktivumgebung
- Datenmigration aus Altsystemen
- Aufsetzen und Konfigurieren von administrativen Systemen
- Vorbereitung der Veröffentlichung
- Aktualisierung der Systemdokumentation
- Übergabe des Systems an den operativen Betrieb
- Implementierung von Prozessänderungen in der Organisation
- Training der Anwender und des Supports
- Anstoß von Kommunikations- und Marketingmaßnahmen

Darüber hinaus kann es je nach Projekt natürlich weitere Themen geben, die während des Release-Sprints erledigt werden müssen.

Praxistipp:

In seiner Struktur ist ein Release-Sprint ein Sprint wie jeder andere auch, d.h., er kann auch genau so durchgeführt werden. Führen Sie ein Sprint Planning durch, halten Sie Daily Scrums ab, benutzen Sie ein Scrum-Board. Je nach Art der Aufgaben kann es sein, dass das Team für den Release-Sprint um Kollegen aus anderen Fachbereichen erweitert werden muss.

6.1.1 Häufige Probleme

Es werden nur Fehler behoben

Wenn der Release-Sprint lediglich dazu benutzt wird, letzte Fehler zu beheben, anstatt die Veröffentlichung bestmöglich vorzubereiten, ist bereits während des Projektverlaufs einiges schiefgegangen. Produktionsverhindernde Fehler darf es nicht geben, da sonst am Ende der Sprints kein »Potentially Shippable Code« entstanden ist.

Praxistipp:

Wenn diese Situation erst einmal eingetreten ist, müssen Sie da durch. Nehmen Sie es jedoch zum Anlass, für die Zukunft daraus zu lernen und keine Backlog Items im Review zuzulassen, die noch produktionsrelevante Fehler beinhalten.

Release-Sprint nicht geplant

Zu Beginn eines Projekts macht man sich oft noch keine Gedanken über die Veröffentlichung des Produkts, sondern berechnet die reine Entwicklungszeit. Da jedoch während des Projekts bekannte Dinge immer wieder auftreten, z.B. wird der Zeitplan verkürzt, das Budget wird gekürzt, die Fehlerliste steigt oder die Liste der offenen Aufgaben ist noch lang, entsteht unter Umständen Konfliktpotenzial mit dem Auftraggeber.

Die wenigsten Teams sind aber so perfekt, dass sie ein Produkt tatsächlich ohne einen Release-Sprint veröffentlichen können, sodass im letzten Sprint plötzlich Hektik ausbricht. Kleinere Änderungen müssen noch eingebaut werden, plötzlich taucht noch ein Fehler auf, hat mal jemand an die Performance gedacht? Wer macht eigentlich die Schulungen für den Vertrieb, und wissen die Kollegen im Betrieb überhaupt, dass sie für das Release eine Nachtschicht einlegen müssen? Hätte man eine Woche mehr investiert und die offenen Punkte fokussiert erledigt, dann hätte man vom ersten Tag an mit einem soliden Produkt starten können.

Praxistipp:

Planen Sie von Anfang an mit einem Release-Sprint. Planen Sie ihn selbst dann ein, wenn Sie zu Beginn noch nicht exakt sagen können, was genau in diesem Sprint gemacht werden muss. Sie werden im Laufe des Projekts so viel dazulernen, dass Sie den Sprint später problemlos mit notwendigen Aufgaben füllen können.

6.2 Lessons Learned

Der Anfang vom Ende

Alle waren froh, dass endlich der Tag der Konferenz gekommen war und die Besucher die neue App verwendeten. Casper, Lara und Jordi waren am Konferenztag vor Ort und hörten sich unter den Teilnehmern um, wie die App ankam. Alle Nutzer waren begeistert. Besonders die Funktion, Vortragende direkt zu bewerten und dies über die Monitore in der Lobby zu sehen, hielten alle für ein tolles Feature.

Während die anderen auf der Konferenz waren, bereitete Finn den Abschluss des Projekts vor. Dafür hatte er vor einigen Tagen eine Einladung an Herrn Hold und das Scrum-Team versendet und zur gemeinsamen Projektauswertung eingeladen. Als der Tag gekommen war, versammelten sich alle in großer Runde. Das tolle Ergebnis, mit dem die App bewertet wurde, und das gute Feedback in den persönlichen Gesprächen waren am Anfang beim gemeinsamen Kaffee immer noch Thema. Alle waren froh darüber, dass ihr Produkt so gut angenommen wurde. Gleichzeitig stellte sich jedoch etwas Wehmütigkeit ein, denn dieser Tag war gleichzeitig der letzte des Projekts.

Finn hatte den Raum mit allerhand Informationen aus den vergangen acht Monaten ausgeschmückt. Er leitete den Workshoptag mit einigen Anekdoten aus dem Projekt ein und versuchte damit, erste Erinnerungen und schöne wie kritische Momente in das Gedächtnis zu rufen. Zusammen mit Casper sprach er darüber, was durch das Team alles geschafft wurde. Dabei gab es zustimmendes Kopfnicken von vielen und beiläufige Aussagen wie »Ja, stimmt» oder »Das haben wir ja auch gemacht«. Im Anschluss ging Finn auf den großen Zeitstrahl über, den er über 5 Meter an einer der Wände aufgehängt hatte. In diesen Zeitstrahl hatte er die Sprints, Meilensteine und besondere Events, wie z.B. die ersten Nutzertests oder gemeinsame Feiern, verzeichnet. Für den nächsten Schritt hatte Finn sich überlegt, die Teilnehmer spielerisch mit einzubeziehen. Alle waren nun aufgefordert, den Zeitstrahl zu vervollständigen. Im Nachgang würden sie dann die lustigsten, nachhaltigsten und schrillsten Erinnerungen von allen nominieren. Es kam eine Menge Erinnerungen unter viel Gelächter, Zustimmung und manch hitziger Diskussion zustande, die nacheinander vorgestellt wurden.

Nach dem gemeinsamen Mittagessen ging es Finn vor allem darum, die Verbesserungen für nächste Projekte zu identifizieren. Dazu hatten alle vor der Pause die Themenbereiche verdichtet, die nun ihre volle Aufmerksamkeit erhielten. Dazu wurden kleinere Gruppen gebildet, die sich jeweils den wichtigsten Themenkreisen widmen sollten. Die Wichtigkeit wurde vorher durch eine Bewertung festgelegt. Alle erarbeiteten so Vorschläge, welche Punkte weiter gestärkt und beibehalten werden sollten und welche Lessons Learned sich für die Organisation ableiteten. Vor allem Herr Hold hatte Interesse und sichtliche Freude daran, sich über das Thema »Vernetzung mit anderen Teams« in seiner Gruppe auseinanderzusetzen. Nach gemeinsamer Vorstellung, Ergänzung und Definition, welche optimalen Vorgehensweisen und Lessons Learned erkannt wurden, endete der Workshoptag mit einem Ausblick. Herr Hold wies darauf hin, dass ein nächstes Projekt schon in den Startlöchern steht und er alles dafür tun würde, dass dieses Team daran arbeiten könnte.

In den Scrum-Flow ist das ständige Überprüfen auf Verbesserungen durch das Scrum-Team innerhalb der Sprint-Retrospektiven schon integriert. Zum Ende eines Scrum-Projekts wird leider oftmals nicht darauf geachtet, die gesammelten Erfahrungen festzuhalten, zumindest zu besprechen und sogenannte »Lessons Learned« für nachfolgende Projekte abzuleiten. Viele Projekte enden ohne diesen holistischen Blick und ohne die Dokumentation von gesammelten Erkenntnissen. Dabei gilt vor allem auch hier der Leitsatz des Agilen Manifests (*www.agilemanifesto.org*):

> *»We are uncovering better ways of developing software by doing it and helping others do it.«*

Wenn es bei Sprint-Retrospektiven also um kurzfristige Verbesserungen für das Scrum-Team geht, geht es bei Projekt-Retrospektiven um Verbesserungspotenzial und Lerneffekte für die Organisation, aus denen Lessons Learned abgeleitet werden können. Das Wissen und die Methoden zur Durchführung von Sprint-Retrospektiven (vgl. Abschnitt 5.6) können dabei auch für eine Projekt-Retrospektive angewendet werden. Der Unterschied zur Sprint-Retrospektive liegt in der Dokumentation der Lessons Learned als Abschlusspunkt des Projekts und dem Agieren auf einer höheren Ebene mit dem Blick auf das Gesamtprojekt. Zudem ist viel mehr Zeit einzuplanen. Je nach Inhalt, Projektlaufzeit und Teilnehmeranzahl empfehlen wir einen halben bis drei Tage für eine Projekt-Retrospektive. Inbegriffen sind dabei die Ermittlung und Dokumentation von Lessons Learned. Diese können auch separat innerhalb eines halben Tages bis einen Tag durchgeführt werden. Die Entscheidung darüber liegt beim Scrum Master (oder Moderator), der den Workshop organisiert.

Abb. 6–1
Lessons Learned: Der Blick zurück

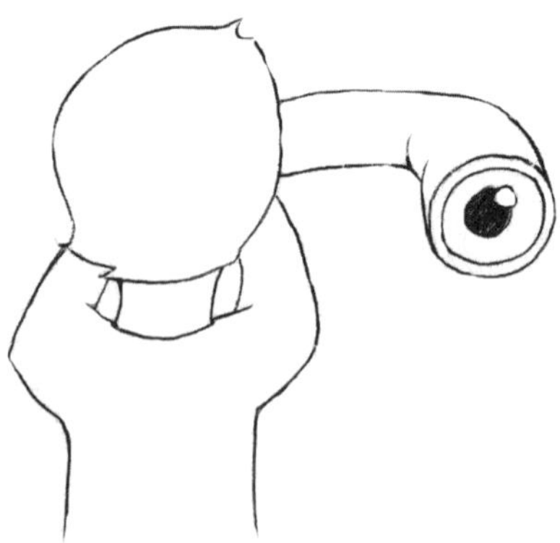

Die Ergebnisse des Workshops sind sinnvollerweise vor dem Start eines neuen Scrum-Projekts in Erinnerung zu rufen. Dazu kann beispielsweise ein Kick-off (vgl. Abschnitt 4.1) dienen.

Praxistipp:

Gerade wenn ein bereits eingespieltes Team gemeinsam ein neues Scrum-Projekt übernehmen soll, ist es sehr hilfreich, die gesammelten und verdichteten Erfahrungen aus dem Vorprojekt im Kick-off noch einmal zu besprechen und daraus ggf. sogar von Anfang an Rahmenbedingungen für das neue Scrum-Projekt abzuleiten. Sie vermeiden so, dass das Scrum-Team die gleichen Fehler noch einmal macht.

Ziele

Lessons-Learned-Workshops können unterschiedliche Zielsetzungen verfolgen. Im ersten Schritt ist deshalb zu klären, für welche Zielgruppe die Projekterfahrungen festgehalten werden sollen. Neben dem Scrum-Team könnten ggf. noch das Management, Beteiligte aus dem direkten Projektumfeld oder andere Projektteams Interesse daran haben. Wir halten es auf jeden Fall für sinnvoll, mindestens mit dem Scrum-Team eine schlanke Dokumentation der Erfahrungen vorzunehmen und sich ein Gesamtbild anhand von Eindrücken, Erlebnissen, Lerneffekten und Daten zu machen. [Kerth 2001] beschreibt folgende unterschiedliche Zielstellungen für Projekt-Retrospektiven:

- **Verbesserungen:** Das Gespräch über »Was ist gut gelaufen und sollte beibehalten werden?« und »Was sollten wir das nächste Mal nicht wiederholen und verbessern?« kann zur Optimierung der Organisation, Führung, Prozesse oder Kultur führen.
- **Erfolge:** Der Sprint-Rhythmus führt häufig dazu, dass Geschafftes und Erfolge nicht richtig wahrgenommen und gefeiert werden. Eine Projekt-Retrospektive kann dazu genutzt werden, über das Geschaffte nachzudenken, um einen positiven Abschluss und Motivation für neue Aufgaben zu finden.
- **Projektgeschichte:** Austausch der verschiedenen Blickwinkel, damit alle die Zusammenhänge und Entscheidungen verstehen und somit das »Was« und »Warum« klar ist.
- **Kollektives Wissen:** Wenn neue Projektteams gebildet werden, geht das errungene Wissen verloren, wenn es nicht festgehalten und dokumentiert wird.
- **Projektdaten:** Zusammenfassung der Aufwände, die in das Projekt geflossen sind, und der Resultate, die aus dem Projekt entstanden sind.

- **Beziehungen:** Projekte, in denen es heiß hergeht, müssen am Ende unter Umständen auf der Beziehungsebene geklärt werden, z.B. wenn die Beziehungen im Team durch eine anstrengende Projektendphase gelitten haben.

> **Praxistipp:**
>
> Wenn die Projektauswertung nicht aus dem Scrum-Team heraus durchgeführt, sondern von außerhalb des Teams »verordnet« wird, besteht die Gefahr, dass rückwirkend »Schuldige« gefunden werden sollen. Stellen Sie sicher, dass Sie als Scrum Master die Motivation dahinter verstehen, und versuchen Sie entsprechend mitzuwirken. Auch eine Ablehnung des Termins in diesem Falle ist denkbar.

Gründe

Die Erkenntnisse und Ergebnisse des Workshops sollten anschließend allen Projektbeteiligten und unmittelbar Interessierten zugänglich gemacht werden. Neben den oben genannten Zielen für eine Projektauswertung gibt es folgende Gründe, eine Projekt-Retrospektive nach Beendigung eines Scrum-Projekts durchzuführen:

- **Lernfaktor:** Alle Beteiligten ziehen ihren Nutzen aus der Reflexion eines Projekts, in dem erfolgreiche Praktiken dokumentiert, entstandene Fehler besprochen, verschiedene Blickwinkel aufgedeckt und die Verbesserungen in der Organisation bzw. nachfolgenden Projekten umgesetzt werden.
- **Beteiligung:** Das Scrum-Team und wichtige Stakeholder des Projekts verstehen notwendige Veränderungen, ermitteln gemeinschaftlich Verbesserungspotenziale und legen diese zusammen fest.
- **Wissenstransfer:** Nicht nur das Scrum-Team und Teilnehmer des Workshops ziehen einen Nutzen aus den Ergebnissen, sondern indirekt auch andere unbeteiligte Bereiche der Organisation.
- **Schlusspunkt:** Der Termin legt den Endpunkt eines Projekts fest, der individuell nach Projektsituation und -beteiligung aufschlussreich, informativ, erlösend, spaßig oder motivierend sein kann.

> **Praxistipp:**
>
> Auch wenn es gute Gründe für eine Projekt-Retrospektive gibt, werden Sie eventuell auf Widerspruch oder Desinteresse treffen. Kommunizieren Sie daher klar, warum Sie die Durchführung für sinnvoll halten und welche Vorteile damit verbunden sind.

Erkenntnisse

Wenn wir von Lessons Learned sprechen, dann müssen wir auch darüber sprechen, was der Begriff für uns in der Praxis bedeutet:

- **Im ersten Schritt** gilt es, gemeinsam über die Erfahrungen nachzudenken und diese für alle Anwesenden erlebbar und verständlich zu machen.
- **Im zweiten Schritt** sind die Unterschiede zum Status quo herauszustellen. Hierbei werden sowohl positive als auch negative Faktoren zutage kommen.
- **Im dritten Schritt** wird die Analyse über die aufgedeckten Unterschiede betrieben und am Ende verallgemeinernd das Lernresultat beschrieben, wie z.B. »Was sollten wir zukünftig tun, um XY zu verhindern?« oder »Was haben wir jetzt verstanden?«. Wichtig dabei ist, dass genau wie in Retrospektiven Aktionsschritte definiert werden. Zum Beispiel ist »Wir müssen noch Zeit in den Aufbau der Testumgebung stecken ...« kein klares Ergebnis, da man sich darunter nichts vorstellen kann und viele weitere Fragen entstehen. In diesem Schritt ist also wichtig, die Lektionen klar zu umreißen, für die Allgemeinheit verständlich zu dokumentieren und konkrete nächste Schritte daraus abzuleiten.
- **Der vierte Schritt** folgt häufig nicht, obwohl er im eigentlichen Sinne der wichtigste ist, da es hier um die aktive Ausübung geht. Dies bedeutet, die Einbeziehung der Ergebnisse in die tägliche Arbeit oder die Verbreitung des Wissens innerhalb der Organisation. Auch die Durchführung von notwendigen Handlungen, die erst zum Lerneffekt führen, wie zum Beispiel das zeitnahe Aufsetzen einer performanten Testumgebung, gehört dazu.

Praxistipp:

Halten Sie den Dokumentationsteil so schlank wie möglich und formulieren Sie Ergebnisse und die nächsten Schritte in klarer Form. Es ist vor allem wichtig, dass die direkt Beteiligten ihre Erfahrungen austauschen konnten. Die Dokumentation der Ergebnisse sollte nicht in seitenlangen Berichten münden, die am Ende keiner liest. Wir empfehlen die stichpunktartige Dokumentation in gleicher Art und Weise für alle Projekte der Organisation.

Im Nachfolgenden fassen wir einige wichtige Aspekte zusammen, die wir für die Durchführung und Erstellung von Lessons Learned gesammelt haben. Der Fokus liegt hierbei auf dem Zusammentragen der Daten und Informationen und dem Bereitstellen der Ergebnisse. Für die Durchführung gelten die Empfehlungen in Abschnitt 5.6 und die im Anhang des Buches aufgeführten Verweise.

Inhalte

Projekt-Retrospektiven sind gegenüber Sprint-Retrospektiven sehr komplex. Daher ist es noch wichtiger, sich auf die wichtigen Themen zu fokussieren: *das Scrum-Team, den Scrum-Prozess und den Projektverlauf*. Der Inhalt einer Projekt-Retrospektive entspricht keiner Norm und kann variabel gestaltet werden. Wenn die Entscheidung für die Durchführung gefallen ist, dann sollte man zu Beginn mit der Datensammlung und -aufbereitung beginnen.

Interview der Beteiligten

Nachdem das Ziel für die Projekt-Retrospektive festgelegt wurde, ist es ist hilfreich, im Vorfeld eine Befragung der Teilnehmer durchzuführen. Dies kann schnell anhand eines Fragebogens oder einer Umfrage geschehen. Selbstverständlich sind auch Befragungen anderer Personen außerhalb des Scrum-Teams denkbar, z.B. Stakeholder, Auftraggeber oder Mitglieder anderer Teams. Abgeleitete Ziele können aus diesem Schritt die Planung des Termins, die Aufbereitung der verdichteten Daten zu Informationszwecken oder die Ableitung von Schwerpunkten für die Retrospektive sein.

Praxistipp:

Mit diesem Schritt erreichen Sie im Vorfeld des Termins die Auseinandersetzung mit den Projektgeschehnissen. Stecken Sie Energie in die Ausarbeitung des Fragebogens, damit Sie relevante und verwertbare Daten erhalten.

Aufbereitung der Informationen

Auch das Scrum-Projekt gibt viele Informationen preis, die mit in die Aufbereitung einbezogen werden können. Dies können zum Beispiel folgende Daten sein:

- **Projektinformationen:** Vision, Meilensteine, Events, Teammitglieder, Rollen, Beziehungen zu anderen, Dauer, Kosten, Qualitätsgrad
- **Einflussfaktoren:** Gab es organisatorische Hindernisse? Welchen Einfluss hatten diese auf den Fortschritt?
- **Sichtweisen:** Innensicht des Teams, Außensicht beispielsweise des Managements, Support oder Kunden

- **Leistungskennzahlen (KPI):** Welche Ziele wurden erreicht? Welche nicht erreicht? Welche angepasst?
- **Ergebnisse der Retrospektive:** Was hat sich das Team vorgenommen? Was wurde davon umgesetzt? Welche Probleme wurden im Projektverlauf gelöst?
- **Technical Excellence:** Welche Fortschritte wurden erzielt? Welche Praktiken sind in die tägliche Praxis übergegangen? Wie viele Fehler gab es? Wie viele wurden repariert? Wie hoch ist die Testabdeckung?
- **Team-Charts:** Release-Charts, Velocity, Definition of Done, Definition of Ready
- **Nutzungskennzahlen:** Bewertungen, Kundenfeedback, Verkäufe
- **Erfolge:** Was wurde erreicht? Was waren Misserfolge? Welche Fehler gab es?

Praxistipp:

Es wichtig, dass Sie bei der Vielzahl der Informationen Prioritäten für den Workshop setzen. Nicht alle Informationen sind für jedes Unternehmen relevant oder verfügbar, daher achten Sie darauf, wie eingangs beschrieben die Zielsetzung für den Termin zu klären, um eine bestmögliche Vorbereitung zu erreichen.

Wenn all diese Informationen zusammengetragen sind, ist der Organisation des Termins die volle Aufmerksamkeit zu schenken.

Ergebnisse

Die Resultate, Best Practices und Aktionsschritte sollten für alle Beteiligten und Interessierten öffentlich zugänglich gemacht werden. Die Dokumentation der Erfahrung ist ein wichtiges Ergebnis. Dies geschieht am besten durch die zentrale Dokumentation in unternehmensinternen Kommunikationskanälen wie Wikis, Intranets oder verwendeter Projektsoftware. Zu gewährleisten sind dabei der einfache Zugang zu den Informationen und eine ausreichende Dokumentation. Ausreichend bedeutet, dass es so schlank zu halten ist, dass der Inhalt, der transportiert werden soll, auch für Dritte verständlich ist. Zumindest sollten enthalten sein:

- **Projektbeschreibung:** Um den Kontext und die Vergleichbarkeit herstellen zu können, ist ein kurzer Abriss zum Projekt nützlich.
- **Lessons Learned:** Die Dokumentation zielt auf folgende wesentliche Fragen ab: »Welche Probleme gab es und welche Lösungen wurden erarbeitet?« und »Welche Beobachtungen wurden gemacht und welche Hinweise können gegeben werden?«.

- **Aktionsplan:** Hier geht es um die Fragen »Welche positiven Erkenntnisse empfehlen wir anderen Projekten?« und »Welche negativen Punkte müssen zeitnah, spätestens jedoch bis zum nächsten Projekt beseitigt werden?«.

Praxistipp:

Bei der Veröffentlichung von Informationen aus dem Termin heraus ist Vorsicht geboten, da diese sehr sensitiv sein können. Achten Sie daher auf die vereinbarten Regeln zu Beginn des Termins. Der Fokus sollte eher auf der Erledigung und der Anwendung von Resultaten aus dem Termin liegen, als persönliche Meinungen zu dokumentieren.

Ein Scrum Master hat dafür Sorge zu tragen, dass die Ergebnisse auch über das Scrum-Team hinaus in andere Bereiche des Unternehmens gelangen. Gegebenenfalls machen es die Ergebnisse sogar erforderlich, Gespräche mit dem Management zu führen, um Veränderungen im Unternehmen durchzusetzen, damit andere Bereiche der Organisation von den Erfahrungen profitieren können.

Praxistipp:

Verfassen Sie nicht als Scrum Master (oder Moderator) den Bericht, sondern finden Sie aus der Gruppe der Teilnehmer Freiwillige, die diese Arbeit übernehmen. Sie erhalten somit verschiedene Blickwinkel und eine stärkere Identifikation mit den Ergebnissen. Als Hilfestellung können Sie einen Vorschlag für den Aufbau des Berichts machen und klarstellen, für welche Zielgruppe dieser später gedacht ist.

6.2.1 Häufige Probleme

Das Scrum-Projekt ist noch nicht einmal beendet und alles dreht sich schon um die nächsten Herausforderungen, Projekte oder Aufgaben. Das Team wird im schlechtesten Falle aufgelöst, und die Projekterfahrungen landen in der Schublade oder im Archiv des Wikis. Was kann man dagegen tun?

Zeitdruck

Das nächste Projekt steht schon in den Startlöchern, und die Mitglieder werden gezwungen, sich um wichtigere Dinge zu kümmern, als darüber zu sprechen, was gewesen ist. »Ja, die Idee ist gut, aber wir haben dafür jetzt keine Zeit, der Kunde steht unter Zeitdruck ...«, bekommt man dann zu hören, oder »Kannst du das nicht zusammentragen, ihr habt doch immer Retrospektiven gemacht, oder nicht?«.

Aussagen wie diese sind für einen Scrum Master nicht nur ein Signal dafür, dass er aktiv werden muss, sondern auch ein Zeichen, dass die Organisation oder das Management das Potenzial von Projekt-Retrospektiven oder Lessons Learned noch nicht verstanden hat.

Praxistipp:

Machen Sie deutlich, dass vor allem die Organisation ihren Nutzen aus dem Termin zieht, wenn das Wissen weitergereicht wird – auch über die Beschäftigungszeit von Projektteilnehmern hinaus.

Planen Sie im Voraus den Termin und nicht erst, wenn das Projekt nahe dem Ende ist. Die letzte Sprint-Retrospektive bietet sich für einen ausgeweiteten Rückblick und die Formulierung von Lessons Learned an.

Sündenbock

Scrum-Projekte können sehr facettenreich sein, was durch die Dynamik innerhalb und außerhalb des Teams bedingt sein kann. Je nach Projektausgang und Projektverlauf können noch offene Fragen im Raum stehen, für die durch die Geschäftsführung oder andere Stakeholder ein »Sündenbock« gefunden werden muss. Ist beispielsweise das Management Teil des Workshops, wird oftmals versucht, Antworten auf offene Fragen, die von diesen kommen, zu finden. Diese Teilnehmer sind sich oft nicht der Regeln von Meetings oder der agilen Werte bewusst oder ignorieren diese und wollen vielleicht nur ihren aufgestauten Frust oder Druck loswerden.

Praxistipp:

Schützen Sie als Scrum Master Ihr Team vor derartigem Konfliktpotenzial. Vor allem wenn neben dem Scrum-Team weitere Teilnehmer dabei sind, stellen Sie am Anfang des Termins Regeln auf.

Nachhaltigkeit

Die Projekterfahrungen werden in einem gemeinsamen Termin gesammelt und im internen Wiki dokumentiert. Der Scrum Master versendet einen Auszug inklusive Hinweis auf die Dokumentation, und drei Wochen später ist alles vergessen. Oder ein Termin findet statt, die Teilnehmerliste ist um ein Vielfaches geschrumpft, entsprechend dem Interesse an dem Erfahrungsaustausch. Nur ein Bruchteil ist dabei und kann von dem Termin profitieren.

Diese oder andere Beispiele sind nicht selten anzutreffen und führen dazu, dass die Nachhaltigkeit der Ergebnisse nicht gewährleistet werden kann. Ein Scrum Master muss Aktionspunkte, die ermittelt wurden, gemeinsam mit dem Management angehen und über die Fortschritte öffentlich berichten. Darüber hinaus sollten die Ergebnisse auch in die Planung neuer Projekte einfließen oder im Erfahrungsaustausch mit Kollegen geteilt werden. Auch die Vorstellung für die gesamte Firma oder Bereiche der Firma in Form einer Präsentation ist ein gutes Mittel, um Nachhaltigkeit oder auch Nachdruck zu erreichen.

Praxistipp:

Retrospektiven sind Rituale, denn es geht um die ständige Verbesserung. Gestalten Sie den Termin so gewinnbringend wie möglich für die Teilnehmer. Sorgen Sie nach Beendigung von Projekten und der Durchführung von Projekt-Retrospektiven dafür, dass die Resultate nicht in der Schublade landen, sondern zu Ergebnissen führen und Anwendung finden.

Weiterführende Informationen zum Thema »Veröffentlichung« haben wir im Anhang zusammengestellt. Unter *http://www.scrum-in-der-praxis.de/literaturempfehlungen/veroeffentlichung* aktualisieren wir diese ständig.

A Anhang

A.1 Literaturverzeichnis

Dieser Abschnitt enthält die im Buch erwähnten Literaturverweise in alphabetischer Reihenfolge (Stand: 14.07.2012).

[URL:5 Whys] Wikipedia: 5 Whys. *(http://en.wikipedia.org/wiki/5_Whys)*

[Adkins 2010] Adkins, Lyssa: Coaching Agile Teams: A Companion for Scrum Masters, Agile Coaches, and Project Managers in Transition. Addison-Wesley, 2010.

[URL:Ambler] Ambler, Scott: Generalizing Specialists: Improving Your IT Career Skills, 2011. *(http://www.agilemodeling.com/essays/generalizingSpecialists.htm)*

[Appelo 2010] Appelo, Jurgen: Management 3.0: Leading Agile Developers, Developing Agile Leaders. Addison-Wesley Longman, 2010.

[URL:Appelo b] Appelo, Jurgen: The Happiness Door, Another Great Feedback Method, November 2011. *(http://www.noop.nl/2011/11/the-happiness-door.html)*

[Beck 2004] Beck, Kent: Extreme Programming Explained: Embrace Change. Addison-Wesley Longman, 2004.

[URL:Cockburn] Cockburn, Alistair: Walking Skeleton, Juni 1996. (*http://alistair.cockburn.us/Walking+skeleton*)

[Cohn 2004] Cohn, Mike: User Stories Applied (For Agile Software Development). Addison-Wesley, 2004.

[Cohn 2005] Cohn, Mike: Agile Estimating and Planning. Prentice Hall International, 2005.

[Cohn 2009] Cohn, Mike: Succeeding with Agile: Software Development using Scrum. Addison-Wesley Longman, 2009.

[URL:Cohn h] Cohn, Mike: Alternative Scrum Release-Burndown-Chart. *(http://www.mountaingoatsoftware.com/scrum/alt-releaseburndown)*

[URL:Cohn i] Cohn, Mike: Gasping about the Product Backlog, März 2012. *(http://www.mountaingoatsoftware.com/blog/gasping-about-the-product-backlog)*

[Covey 2004] Covey, Stephen R.: The 7 Habits of Highly Effective People: Powerful Lessons in Personal Change. Free Press, 2004.

[Csikszentmihalyi 2008] Csikszentmihalyi, Mihaly: Flow: The Psychology of Optimal Experience. Harper Perennial Modern Classics, 2008.

[Denning 2010] Denning, Stephen: The Leader's Guide to Radical Management: Reinventing the Workplace for the 21st Century. John Wiley & Sons, 2010.

[DerbyLarsen 2006] Derby, Esther; Larsen, Diana: Agile Retrospectives: Making Good Teams Great. Pragmatic Programmers, 2006.

[URL:Deutschmann] Deutschmann, Alan: Inside the Mind of Jeff Bezos. August, 2004. *(http://www.fastcompany.com/magazine/85/bezos_ 2.html)*

[URL:Duan a] Duan, Shane: Team Estimation Game – By Steve Bockman, Januar 2008. (*http://agileworks.blogspot.de/2008/01/team-estimation-game-by-steve-bockman.html*)

[URL:Duan b] Duan, Shane: Burn-up and Burn-down Charts, Januar 2009. *(http://agileworks.blogspot.de/2009/01/burn-up-and-burn-down-charts.html)*

[Eckstein 2009] Eckstein, Jutta: Agile Softwareentwicklung mit verteilten Teams. dpunkt.verlag, 2009.

[Gansch 2006] Gansch, Christian: Vom Solo zur Sinfonie: Was Unternehmen von Orchestern lernen können. Eichborn, 2006.

[Gloger 2008] Gloger, Boris: Scrum: Produkte zuverlässig und schnell entwickeln. Hanser, 2008.

[URL:Goddard] Goddard, Paul: Quija Board Estimation, November 2010. *(http://www.scrumalliance.org/articles/195-ouija-board-estimation)*

[Greenleaf 2002] Greenleaf, Robert K.: Servant Leadership: A Journey Into the Nature of Legitimate Power and Greatness. Paul & Co, 2002.

[URL:HartmannPreuss] Hartmann Preuss, Deborah: Fearless Journey – the game that gets your team UnStuck. *(http://tastycupcakes.org/2012/03/fearless-journey-the-game-that-gets-your-team-unstuck/)*

[URL:Hennessey] Hennessey, Justin: An Agile Team »Reset«, Februar 2012. *(http://www.scrumalliance.org/articles/400-an-agile-team-reset)*

[Holman 2007] Holman, Peggy: The Change Handbook: The Definitive Resource on Today's Best Methods for Engaging Whole Systems. McGraw-Hill Professional, 2007.

[URL:James] James, Michael: An Example ScrumMaster's Checklist, November 2010. *(http://www.scrumalliance.org/articles/194-an-example-scrummasters-checklist)*

[URL:Jeffries] Jeffries, Ron: Essential XP: Card, Conversation, Confirmation, August 2011. *(http://xprogramming.com/articles/expcardconversationconfirmation/)*

[Kerth 2001] Kerth, Norman L.: Project retrospectives: A handbook for team reviews. Dorset House Publishing, 2001.

[URL:King] King, James: Estimation Toolkit, Dezember 2010. *(http://www.infoq.com/articles/estimation-toolkit)*

[URL:Koontz c] Koontz, David A.: Exercise: Definition of Done, Oktober 2011. *(http://agilecomplexificationinverter.blogspot.de/2011/09/exercise-definition-of-done.html)*

[URL:Larsen a] Larsen, Diana: Team Agility: Exploring Self-Organizing Software Development Teams. Februar 2004. *(http://www.futureworksconsulting.com/resources/TeamAgilityAgileTimesFeb04.pdf)*

[URL:Larsen b] Larsen, Diana: Impact and Energy, Mai 2008. *(http://www.futureworksconsulting.com/blog/2008/05/16/impact-and-energy)*

[LarsenNies 2012] Larsen, Diana; Nies, Ainsley: Liftoff: Launching Agile Teams & Projects. Onyx Neon Press, 2012.

[Leffingwell 2007] Leffingwell, Dean: Scaling software agility: best practices for large enterprises. Addison-Wesley Longman, 2007.

[URL:Mar] Mar, Kane: Scrum Trainers Gathering (4/4): Affinity Estimating, April 2008 (*http://kanemar.com/2008/04/21/scrum-trainers-gathering-44-affinity-estimating/*)

[URL:Miller] Miller, John: Values-Driven Retrospective, Dezember 2011. *(http://tastycupcakes.org/2011/12/values-driven-retrospective-game)*

[URL:Patton] Patton, Jeff: The new user story backlog is a map, August 2008. *(http://www.agileproductdesign.com/blog/the_new_backlog.html)*

[Pichler 2008] Pichler, Roman: Scrum – Agiles Projektmanagement erfolgreich einsetzen. dpunkt.verlag, 2008.

[Pichler 2010] Pichler, Roman: Agile Product Management with Scrum: creating products that customers love. Addison-Wesley, 2010.

[URL:Pichler f] Pichler, Roman: The Product Owner on one Page, November 2010. *(http://www.romanpichler.com/blog/roles/one-page-product-owner/)*

[URL:Pichler g] Pichler, Roman: The Product Vision Board, Mai 2011. *(http://www.romanpichler.com/blog/agile-product-innovation/the-product-vision-board/)*

[Pink 2011] Pink, Daniel: Drive: The Surprising Truth About What Motivates Us. Canongate Books, 2011.

[Poppendieck 2003] Poppendieck, Mary; Poppendieck, Tom: Lean Software Development: An Agile Toolkit for Software Development Managers. Addison-Wesley Longman, 2003.

[Rasmussen 2010] Rasmussen, Jonathan: The Agile Samurai – How Agile Masters deliver great Software. The Pragmatic Bookshelf, 2010.

[Scharmer 2011] Scharmer, Claus O.: Theorie U – Von der Zukunft her führen. Carl-Auer Verlag, 2011.

[URL:Schiffer c] Schiffer, Bernd: 42 Tasks for a Scrum Master's Job, November 2011, *(http://agiletrail.com/2011/11/14/42-tasks-for-a-scrum-masters-job/)*

[URL:Schwaber] Schwaber, Ken; Sutherland Jeff: Scrum Guide 2011, Juli 2011. *(http://www.scrum.org/scrumguides/)*

[Semler 1993] Semler, Ricardo: Das Semco System: Management ohne Manager. Das neue revolutionäre Führungsmodell. Heyne, 1993.

[Senge 2006] Senge, Peter M.: The fifth discipline: Crown Business, 2006.

[ShoreWarden 2007] Shore, Jim; Warden, Shane: The art of agile development. O'Reilly Media, 2007.

[URL:Sims] Sims, Chris: Daily Scrum – The Fourth Question, November 2009. *(http://blog.technicalmanagementinstitute.com/2009/11/daily-scrum-the-fourth-question.html)*

[URL:Smith] Smith, M. K.: Bruce W. Tuckman – forming, storming, norming and performing in groups, the encyclopaedia of informal education, 2005. *(www.infed.org/thinkers/tuckman.htm)*

[URL:Sonmez] Sonmez, John: Even Backlogs Need Grooming, September 2011. *(http://simpleprogrammer.com/2011/09/25/even-backlogs-need-grooming/)*

[URL:Sutherland] Sutherland, Jeff: Leading vs. Managing in a Scrum Environment, März 2012. *(http://scrum.jeffsutherland.com/2012/03/leading-versus-managing-in-scrum.html)*

[URL:VersionOne] State of Agile Development Survey Results. *(http://versionone.com/state_of_agile_development_survey/11)*

[URL:Vodde a] Vodde, Bas: Top Ten Organizational Impediments, April 2009. *(http://www.scrumalliance.org/articles/123-top-ten-organizational-impediments)*

[URL: Weisbart 2011] Weisbart, Adam: Retrospective Cookies, September 2011. *(http://weisbart.com/cookies)*

[Williams 2012] Williams, Laurie: What agile teams think of agile principles. Communications of the ACM Magazine, No. 4, 2012.

[Wirdemann 2011] Wirdemann, Ralf: Scrum mit User Stories. Hanser Verlag, 2011.

A.2 Literaturempfehlungen

Dieser Abschnitt enthält weiterführende Literatur, Blog-Artikel und Websites, aufgegliedert nach Kapiteln.

A.2.1 Kapitel 2: Die Werte

Literatur- und Blog-Artikel-Empfehlungen (Stand: 14.07.2012)

[URL:Dolman-Darrall] Doman-Darrall, Paul: The Top 20 Most Influential Agile People, April 2012. *(http://www.valueflowquality.com/the-top-20-most-influential-agile-people)*

[Dweck 2012] Dweck, Carol: Mindset: How you can fulfill your potential. Constable & Robinson, 2012.

[Evans 2011] Evans, Barry: Agile Exposed. Code Green Publishing, 2011.

[Gharajedaghi 2011] Gharajedaghi, Jamshid: Systems Thinking: Managing Chaos and Complexity: A Platform for Designing Business Architecture. Morgan Kaufmann, 2011.

[Gulati 2010] Gulati, Ranjay: Reorganize for Resilience: Putting Customers at the Center of Your Business. Harvard Business Press, 2010.

[Hamel 2012] Hamel, Gary: What Matters Now: How to Win in a World of Relentless Change, Ferocious Competition, and Unstoppable Innovation. John Wiley & Sons, 2012.

[Kaner 2007] Kaner, Sam: Facilitator's Guide to Participatory Decision-Making. John Wiley & Sons, 2007.

[Kotter 1996] Kotter, John: Leading Change. Harvard Business School Press, 1996.

[Larson 2012] Larson, Troy: Good leaders lead, Excellent ones lead through Teams, Juli 2012. *(http://blog.mindjet.com/2012/07/good-leaders-lead-excellent-ones-lead-through-teams)*

[Martin 2011] Martin, Robert C.: Clean Coder: Verhaltensregeln für professionelle Programmierer. Addison-Wesley, 2011.

[URL:Mayer] Mayer, Tobias: Scrum: A New Way of Thinking, März 2008. *(http://agileanarchy.wordpress.com/scrum-a-new-way-of-thinking)*

[Nayer 2010] Nayer, Vineet: Employees First, Customers Second: Turning Conventional Management Upside Down. McGraw-Hill Professional, 2010.

[Poppendieck 2009] Poppendieck, Mary; Poppendieck, Tom: Leading Lean Software Development: Results are Not the Point. Addison-Wesley Longman, 2003.

[Rother 2009] Rother, Mike: Die Kata des Weltmarktführers: Toyotas Erfolgsmethoden. Campus Verlag, 2009.

[URL:Sahota] Sahota, Michael: How to Make Your Culture Work with Agile, Kanban & Software Craftsmanship, Dezember 2011. *(http://www.methodsandtools.com/archive/agileculture.php)*

[URL:Stevens] Stevens, Peter: Scrum and 5 principles of radical management, April 2012. *(http://www.scrum-breakfast.com/2012/04/scrum-and-5-prinicples-of-radical.html)*

Website Empfehlungen (Stand: 14.07.2012)

- *www.agilealliance.com*
- *www.agileleadershipnetwork.org*
- *www.agilemanifesto.org*
- *www.alenetwork.eu*
- *www.openagile.com*
- *www.pmdoi.org*
- *www.scrumalliance.com*
- *www.stoosnetwork.org*

A.2.2 Kapitel 3: Scrum-Team

Literatur- und Blog-Artikel-Empfehlungen (Stand: 14.07.2012)

[URL:Adkins a] Adkins, Lyssa: Handling Conflict on Agile Teams: What to Do When a Team Member Complains, Januar 2009. *(http://www.agilejournal.com/articles/columns/column-articles/892-handling-conflict-on-agile-teams-what-to-do-when-a-team-member-complains)*

[Antons 2011] Antons, Klaus: Praxis der Gruppendynamik: Übungen und Techniken. Hogrefe-Verlag, 2011.

[Appelo 2010] Appelo, Jurgen: Management 3.0: Leading Agile Developers, Developing Agile Leaders. Addison-Wesley Longman, 2010.

[URL:Appelo a] Appelo, Jurgen: Top 100 Agile Books, August 2011. *(http://www.noop.nl/2011/08/top-100-agile-books-edition-2011.html)*

[Autry 2004] Autry, James A.: The Servant Leader: How to Build a Creative Team, Develop Great Morale, and Improve Bottom-Line Performance: Crown Business, 2004.

[URL:Cagan a] Cagan, Marty: Product Management in an Agile Environment, November 2007. *(http://www.svpg.com/product-management-in-an-agile-environment/)*

[URL:Cagan b] Cagan, Marty: Developing Strong Product Owners, März 2011. *(http://www.svpg.com/developing-strong-product-owners/)*

[URL:Cohn a] Cohn, Mike: Leader of the Band, Februar 2007. *(http://www.scrumalliance.org/articles/36-leader-of-the-band)*

[URL:Cohn b] Cohn, Mike: Four Attributes of the Ideal Pilot Project, November 2009. *(http://blog.mountaingoatsoftware.com/four-attributes-of-the-ideal-pilot-project)*

[Collings 2001] Collins, Jim: Good to Great: Why Some Companies Make the Leap... And Others Don't. HarperBusiness, 2001.

[Covey 1996] Covey, Stephen R.: First things first: Free Press, 1996.

[URL:CrossPhilip] Cross, Lori; Philip, Matthew R.: Are You a Whole Team? Juli 2011. *(http://www.scrumexpert.com/knowledge/are-you-a-whole-team)*

[Csikszentmihalyi 2008] Csikszentmihalyi, Mihaly: Flow: The Psychology of Optimal Experience. Harper Perennial Modern Classics, 2008.

[URL:De Baar] De Baar, Bas: 25 Sure-fire Ways To Motivate Your Team Members, Mai 2008. *(http://www.projectshrink.com/motivate-your-team-members-248.html)*

[DeMarco 1999] DeMarco, Tom: Peopleware: Productive Projects and Teams. Dorset House, 1999.

[URL:Derby a] Derby, Esther: The cost of a struggling team, März 2012. *(http://www.estherderby.com/2012/03/struggling-team.html)*

[URL:DeYoe] DeYoe, Peter: Can Agile be Combined with Offshore? 12 Lessons Learned, November 2009. *(http://it-insight-blog.com/2009/11/can-agile-be-combined-with-offshore-12-lessons-learned/)*

[URL:Eason] Eason, Lee: The Role of the Product Owner, April 2012. *(http://blog.asmallorange.com/the-role-of-the-product-owner)*

[Edding 2009] Edding, Cornelia: Handbuch – Alles über Gruppen: Theorie, Anwendung, Praxis. Beltz, 2009.

[URL:Fowler] Fowler, Martin: Using an Agile Software Process with Offshore Development, Juli 2006. *(http://www.martinfowler.com/articles/agileOffshore.html)*

[URL:Garg] Garg, Avichal: Focus on building 10x teams, not on hiring 10x developers, Dezember 2011. *(https://avichal.wordpress.com/2011/12/16/focus-on-building-10x-teams-not-on-hiring-10x-developers)*

[URL:Goldstein a] Goldstein, Ilan: Choosing your Scrum-Team – Rock Stars or Studio Musicians? April 2012. *(http://www.scrumshortcuts.com/blog/scrum-roles/choosing-your-scrum-team-rock-stars-or-studio-musicians)*

[Hackman 2002] Hackman, J. Richard: Leading Teams: Setting the Stage for Great Performances. McGraw-Hill Professional, 2002.

[Holman 2007] Holman, Peggy: The Change Handbook: The Definitive Resource on Today's Best Methods for Engaging Whole Systems. McGraw-Hill Professional, 2007.

[Kotter 1996] Kotter, John P.: Leading Change. Mcgraw-Hill Professional, 1996.

[Lencioni 2002] Lencioni, Patrick M.: The Five Dysfunctions of a Team: A Leadership Fable. John Wiley & Sons, 2002.

[McGourtyDominickDemel 2008] McGourty, Jack; Dominick, Peter G.; Demel, John T.: The Team Developer: An Assessment and Skill Building Program Student Guidebook. John Wiley & Sons, 2008.

[URL:Nabi Al-Mamun] Nabi Al-Mamun, Mahmudun: Distributed Scrum: Breaking the geographical and cultural barriers, März 2009,. *(http://evilword.wordpress.com/2009/03/06/distributed_ scrum/)*

[URL:Novack] Novack, Jason: Pitfalls in implementing Distributed Agile, Oktober 2010. *(http://www.bigvisible.com/2010/10/pitfalls-in-implementing-distributed-agile/)*

[URL:O'Connell] O'Connell, Feyza: Scrum Success in a Distributed Team Environment, März 2010. *(http://www.scrumalliance.org/articles/165-scrum-success-in-a-distributed-team-environment)*

[Pink 2011] Pink, Daniel: Drive: The Surprising Truth About What Motivates Us. Canongate Books, 2011.

[URL:Schiffer a] Schiffer, Bernd: 37 Tasks for a Product Owner's Job, November 2011. *(http://agiletrail.com/2011/11/29/37-tasks-for-a-product-owner)*

[URL:Tan] Tan, Adrienne: Stakeholder Management for Product Managers, April 2010. *(http://www.brainmates.com.au/brainrants/stakeholder-management-for-product-managers)*

[URL:Tatterson] Tatterson, Allison: How to be a Product Management Rock Star, Januar 2011. *(http://www.allisontatterson.com/?p=213)*

[URL: Vaishnav] Vaishnav, Utpal: Seven Things I Wish I'd Known When I Started out as a ScrumMaster, Mai 2012. *(http://www.scrumalliance.org/articles/422-seven-things-i-wish-id-known-when-i-started-out-as-a-scrummaster)*

[VigenschowSchneiderMeyrose 2011] Vigenschow, Uwe; Schneider, Björn; Meyrose, Ines: Soft Skills für IT-Führungskräfte und Projektleiter: Softwareentwickler führen und coachen, Hochleistungsteams aufbauen. dpunkt.verlag, 2011.

[URL:Vodde a] Vodde, Bas: Top Ten Organizational Impediments, April 2009. *(http://www.scrumalliance.org/articles/123-top-ten-organizational-impediments)*

[URL:Vodde b] Vodde, Bas: Specialization and Generalization in Teams, Januar 2011. *(http://www.scrumalliance.org/articles/324-specialization-and-generalization-in-teams)*

[WoodwardSurdekGanis 2010] Woodward, Elizabeth; Surdek, Steffan; Ganis, Matthew: A Practical Guide to Distributed Scrum. IBM Press, 2010.

[URL: Zakas 2012] Zakas, Nicholas C.: The care and feeding of software engineers (or, why engineers are grumpy), Juni 2012. *(http://www.nczonline.net/blog/2012/06/12/the-care-and-feeding-of-software-engineers-or-why-engineers-are-grumpy)*

[Zander 2002] Zander, Benjamin; Stone Zander, Rosamunde: The Art of Possibility: Transforming Professional and Personal Life: Practices in Leadership, Relationship and Passion. Penguin, 2002.

Website-Empfehlungen (Stand: 14.07.2012)

- *www.agilecoach.typepad.com*
- *www.agilecoach.typepad.com/agile-coaching*
- *www.agilepartnership.com*
- *www.agileproductowner.com*
- *www.coachingagileteams.com*
- *www.energizedwork.com/weblog*
- *www.estherderby.com*
- *www.futureworksconsulting.com/blog*
- *www.goodproductmanager.com*
- *www.hasschapman.blogspot.de*
- *www.projectshrink.com*
- *www.produkt-manager.net*
- *www.romanpichler.com*

- *www.scrummastermanifesto.org*
- *www.svpg.com/articles*

A.2.3 Kapitel 4: Die Vorbereitung

Literatur- und Blog-Artikel-Empfehlungen (Stand: 14.07.2012)

[URL:Adkins b] Adkins, Lyssa: Two Tips to Help Product Owners with Release Planning, Juni 2008. *(http://www.scrumalliance.org/articles/96-two-tips-to-help-product-owners-with-release-planning)*

[URL:Austin] Austin, Rick: It Get The Point, Story Points That Is, Juni 2011. *(http://blog.capabilitydevelopment.net/2011/06/it-get-point-story-points-that-is.html)*

[Cagan 2008] Cagan, Marty: Inspired: How To Create Products Customers Love. SVPG Press, 2008.

[URL:Cagan c] Cagan, Marty: Minimum Viable Product, August 2011. *(http://www.svpg.com/minimum-viable-product/)*

[URL:Cohn c] Cohn, Mike: The Ideal Agile Workspace, März 2009. *(http://blog.mountaingoatsoftware.com/the-ideal-agile-workspace)*

[URL:Cohn d] Cohn, Mike: A New Artifact – The Long-Term Product Backlog, Mai 2011. *(http://www.mountaingoatsoftware.com/blog/a-new-artifact-the-long-term-product-backlog)*

[URL:Cohn e] Cohn, Mike: Estimating non-functional requirements, Juni 2011. *(http://blog.mountaingoatsoftware.com/estimating-non-functional-requirements)*

[URL:Cottmeyer] Cottmeyer, Mike: The Real Reason We Estimate, September 2011. *(http://www.leadingagile.com/2011/09/the-real-reason-we-estimate/)*

[URL:Fields] Fields, Jay: User Story Estimation Techniques, Juni 2008. *(http://www.infoq.com/articles/agile-estimation-techniques)*

[URL:Goddard] Goddard, Paul: Ouija Board Estimation, März 2012. *(http://tastycupcakes.org/2012/03/ouija-board-estimation/)*

[URL:Greaves] Greaves, Karen: Release Planning with Scrum, Mai 2010. *(http://scrumcoaching.wordpress.com/2010/05/30/release-planning-with-scrum/)*

[URL:Greene] Greene, Wyatt: Stop Using Single Point Estimates, November 2011. *(http://techiferous.com/2011/11/stop-using-single-point-estimates/)*

[URL:Griffiths a] Griffiths, Mike: Agile Estimation – Upfront Estimates, November 2007. *(http://leadinganswers.typepad.com/leading_answers/2007/11/agile-estimatio.html)*

[URL:Griffiths b] Griffiths, Mike: Top 10 Estimation Best Practices, Januar 2008. *(http://leadinganswers.typepad.com/leading_answers/2008/01/top-10-agile-es.html)*

[URL:Griffiths c] Griffiths, Mike: Agile Interruptions, März 2012. *(http://leadinganswers.typepad.com/leading_answers/2012/03/agile-interruptions.html)*

[URL:Groeneveld] Groeneveld, Machiel: The Task Board Retrospective, September 2011. *(http://machielgroeneveld.nl/2011/09/23/the-task-board-retrospective/)*

[URL:Hartman] Hartman, Bob: An Introduction to Planning Poker, November 2009. *(http://agile.dzone.com/articles/introduction-planning-poker)*

[URL:Hartmann] Hartmann, Deborah: Designing Collaborative Spaces for Productivity, Juli 2007. *(http://www.infoq.com/articles/agile-team-room-wishlist)*

[URL:Hazrati a] Hazrati, Vikas: Sprint Planning: Story Points Versus Hours, September 2009. *(http://www.infoq.com/news/2009/09/story-points-versus-hours)*

[URL:Hazrati b] Hazrati, Vikas: Are There Better Estimation Techniques for Experienced Teams?, Oktober 2010. *(http://www.infoq.com/news/2010/10/estimation-techniques)*

[Highsmith 2009] Highsmith, Jim: Agile Project Management – Creating Innovative Products. Addison-Wesley Longman, 2009.

[URL:Kaczor] Kaczor, Krystian: 5 common mistakes we make writing User Stories, August 2011. *(http://www.scrumalliance.org/articles/366-common-mistakes-we-make-writing-user-stories)*

[URL:Koontz a] Koontz, David: Another Info-Cooler Bites The Dust, Oktober 2011. *(http://agilecomplexificationinverter.blogspot.com/2011/10/another-info-cooler-bits-dust.html)*

[URL:Lawrence] Lawrence, Richard: Building a Useful Task Board, November 2011. *(http://www.richardlawrence.info/2011/11/21/building-a-useful-task-board/)*

[URL:Little] Little, Joe: Scrum and Release Planning, März 2011. *(http://agileconsortium.blogspot.de/2011/03/scrum-and-release-planning.html)*

[URL:Löffler] Löffler, Marc: 5 Signs That Your User Stories Suck, September 2011. *(www.blog.scrumphony.com/2011/09/5-signs-that-your-user-stories-suck)*

[URL:Marschall] Marschall, Matthias: How to translate »business value« of things that are technically important, April 2011. *(http://www.agileweboperations.com/how-to-translate-business-value-of-things-that-are-technically-important)*

[Martin 2007] Martin, Robert C.: Working Effectively with Legacy Code. Prentice Hall International, 2007.

[URL:Maytom] Maytom, Brett: Using Cards For Communication On The Scrum Wall, November 2010. *(http://brett.maytom.net/2010/11/18/using-cards-for-communication-on-the-scrum-wall/)*

[URL:McHugh a] McHugh, Sean: Dependencies In The Product Backlog, Mai 2011. *(http://thescrumblog.blogspot.de/2011/05/dependencies-in-product-backlog.html)*

[URL:Meier] Meier, J.D.: Day 25 – Fix Time, Flex Scope, August 2010. *(http://sourcesofinsight.com/day-25-fix-time-flex-scope/)*

[Moore 2002] Moore, Geoffrey: Crossing the Chasm: Marketing and Selling Disruptive Products to Mainstream Customers. HarperBusiness, 2002.

[URL:North] North, Dan: What's In A Story?, *(http://dannorth.net/whats-in-a-story/)*

[URL:Panchal] Panchal, Dhaval: What is the Definition of Done (DoD) in Agile?, August 2011. *(http://www.solutionsiq.com/resources/agileiq-blog/bid/64395/ What-is-the-Definition-of-Done-DoD-in-Agile)*

[URL:Panozzo] Panozzo, Anthony: Signs You Aren't Really Building A Minimum Viable Product, Januar 2012. *(http://22ideastreet.com/blog/2012/01/11/signs-you-arent-really-building-a-minimum-viable-product/)*

[Patton 2012] Patton, Jeff: Agile User Experience Design (Agile Software Development). Addison-Wesley, 2012.

[URL:Pearce] Pearce, Mike: Definition of Ready, Oktober 2011. *(http://www.agilejournal.com/articles/columns/column-articles/6442-definition-of-ready)*

[URL:Pichler a] Pichler, Roman: The Definition of Ready, Dezember 2010. *(http://www.romanpichler.com/blog/product-backlog/the-definition-of-ready/)*

[URL:Pichler b] Pichler, Roman: The Release Planning Workshop, Juli 2011. *(http://www.romanpichler.com/blog/release-planning/release-planning-workshop/)*

[URL:Poole], Poole, Damon: Sticking to Estimates, September 2001. *(http://damonpoole.blogspot.com/2011/09/sticking-to-estimates.html)*

[URL:Power] Power, Ken: Definition of Ready, Mai 2011. *(http://systemagility.com/2011/05/17/definition-of-ready/)*

[Rachow 2009] Rachow, Axel: Sichtbar: Die besten Visualisierungs-Tipps für Präsentation und Training. managerSeminare Verlag, 2009.

[URL:Roock] Roock, Stefan: Single Piece Flow in Scrum-Teams, September 2011. *(http://stefanroock.wordpress.com/2011/09/19/single-piece-flow-in-scrum-teams/)*

[Schwaber 2007] Schwaber, Ken: Agile Projectmanagement with Scrum. Microsoft Press, 2007.

[URL:Simons] Simons, Kai: Story Points verständlich erklärt, Juni 2011. *(http://ksimons.de/2011/06/story-points-verstandlich-erklart)*

[Sinek 2011] Sinek, Simon: Start with Why: How Great Leaders Inspire Everyone to Take Action. Portfolio Trade, 2011.

Website-Empfehlungen (Stand: 14.07.2012)

- *www.agile101.net*
- *www.agile.dzone.com*
- *www.agilecoach.net*
- *www.agilejournal.com*
- *www.agileproductdesign.com*
- *www.agileproductowner.com*
- *www.jrothman.com/blog/mpd/*
- *www.leadingagile.com*
- *www.planningpoker.com*
- *www.xqa.com.ar/visualmanagement/tag/task-boards*

A.2.4 Kapitel 5: Die Durchführung

Literatur- und Blog-Artikel-Empfehlungen (Stand: 14.07.2012)

[URL:Baker] Baker, Simon: Daily Stand-up / Scrum Meeting. Mai 2006. *(http://www.energizedwork.com/weblog/2006/05/daily-stand-up-scrum-meeting.html)*

[URL:Barcomb] Barcomb, Matt: Team »Commitment«, Juni 2011. *(http://blog.risingtideharbor.com/2011/06/team-commitment.html)*

[URL:Bradley a] Bradley, Charles: Executive Summary: The Sprint Review, April 2011. *(http://scrumcrazy.wordpress.com/2011/04/14/executive-summary-the-sprint-review/)*

[URL:Bradley b] Bradley, Charles: Tips for a Good Sprint Review, April 2011. *(http://scrumcrazy.wordpress.com/2011/04/14/tips-for-a-good-sprint-review/)*

[URL:Brown] Brown, Craig: Burn Up Charts, März 2012. *(http://www.betterprojects.net/2012/03/burn-up-charts.html)*

[URL:Carr] Carr, James: Retrospective Patterns, September 2008. *(http://blog.james-carr.org/2008/09/04/retrospective-patterns/)*

[URL:Carroll] Carroll, Jared: Why Your Daily Standup Sucks (and how to fix it), Oktober 2011. *(http://blog.carbonfive.com/2011/10/24/why-your-daily-standup-sucks-and-how-to-fix-it/)*

[URL:Cohn f] Cohn, Mike: Gasping about the Product Backlog, März 2012. *(http://www.mountaingoatsoftware.com/blog/gasping-about-the-product-backlog)*

[URL:Derby b] Derby, Esther: Eight Reasons Retrospectives Fail, Mai 2008. *(http://www.stickyminds.com/s.asp?F=S13708_COL_2)*

[DirbachFlückigerLentz 2011] Dirbach, Jörg; Flückiger, Markus; Lentz, Steffen: Software entwickeln mit Verstand: Was Sie über Wissensarbeit wissen müssen, um Projekte produktiver zu machen. dpunkt.verlag, 2011.

[URL:Doomen] Doomen, Dennis: In Retrospect: About the Sprint Planning, August 2011. *(http://agile.dzone.com/news/retrospect-about-sprint)*

[URL:Druckman] Druckman, Angela: Ho To Hold An Effective Backlog Grooming Session, März 2011. *(http://www.scrumalliance.org/articles/339)*

[URL:Dubbel] Dubbel, Daniel: Backlog Grooming – sinnvoll oder Overhead?, Oktober 2011. *(http://www.inspectandadapt.de/agile-themen-allgemein/backlog-grooming-%E2%80%93-sinnvoll-oder-overhead)*

[URL:Goldstein b] Goldstein, Ilan: Outstanding stand-ups, Juli 2011. *(http://www.scrumshortcut.com/blog/planning-metrics/outstanding-stand-ups)*

[Gray, Brown, Macanufo 2010] Gray, Dave; Brown, Sunny; Macanufo, James: Gamestorming: A Playbook for Innovators, Rulebreakers, and Changemakers. O'Reilly Media, 2010.

[URL:Hazrati c] Hazrati, Vikas: Backlog Grooming: Who, When and How, Mai 2010. *(http://www.infoq.com/news/2010/05/backlog-grooming)*

[HecknerKeller 2010] Heckner, Kathrin; Keller, Evelyne: Teamtrainings erfolgreich leiten: Fahrplan für ein dreitägiges Seminar zur Teamentwicklung und Teamführung. managerSeminare Verlag, 2010.

[URL:Hennessey] Hennessey, Justin: An Agile Team »Reset«, Februar 2012. *(http://www.scrumalliance.org/articles/400-an-agile-team-reset)*

[Kaner 2007] Kaner, Sam: Facilitator's Guide to Participatory Decision-Making. John Wiley & Sons, 2007.

[URL:Koontz b] Koontz, David: A Burndown Chart That Radiates Progress, Juni 2011. *(www.agilecomplexificationinverter.blogspot.de/2011/06/burndown-chart-that-radiates-progress.html)*

[URL:Mai] Mai, Jochen: Denksport: Über 40 Brainteaser und Logikrätsel, August 2009. *(http://karrierebibel.de/denksport-uber-40-brainteaser-und-logikratsel/)*

[URL:Marchenko] Marchenko, Artem: 7 Tips for Improving the Daily Scrum, Februar 2008. *(http://agilesoftwaredevelopment.com/blog/artem/7-tips-daily-scrum)*

[URL:McHugh b] McHugh, Sean: Limiting Work in Progress in Scrum, Juli 2011. *(http://www.infoq.com/articles/limit-wip-scrum)*

[URL:Pichler c] Pichler, Roman: Grooming The Product Backlog, Februar 2010. *(http://www.agilejournal.com/articles/columns/column-articles/2647-grooming-the-product-backlog)*

[URL:Pichler d] Pichler, Roman: Grooming The Product Backlog, Februar 2012. *(http://www.romanpichler.com/blog/product-backlog/grooming-the-product-backlog/)*

[URL:Pichler e] Pichler, Roman: The Product Backlog Grooming Steps, April 2012. *http://www.romanpichler.com/blog/product-backlog/the-product-backlog-grooming-steps/*

[Rachow 2009] Rachow, Axel: Sichtbar: Die besten Visualisierungs-Tipps für Präsentation und Training. managerSeminare Verlag, 2009.

[URL:Raines] Raines, Brandon: Grooming the Product Backlog, Februar 2012. *(http://brandonraines.livejournal.com/14692.html)*

[URL:Richardson] Richardson, Lee: Forget Burndown Use Burnup Charts, Oktober 2008. *(http://www.nearinfinity.com/blogs/lee_richardson/forget_burndown_use_burnup_charts.html)*

[URL:Schiffer b] Schiffer, Bernd: (Slack to the rescue) What you want to do, Januar 2012. *(http://agiletrail.com/2012/01/09/slack-to-the-rescue-what-you-want-to-do)*

[Schwaber 2007] Schwaber, Ken: Agile Projectmanagement with Scrum. Microsoft Press, 2007.

[Sibbit 2011] Sibbit, David: Visual Teams: Graphic Tools for Commitment, Innovation, and High Performance. John Wiley & Sons, 2011.

[URL:Silver] Silver, Nik: Burn-up and burn-down charts, Januar 2008. *(http://niksilver.com/2008/01/19/burn-up-and-burn-down-charts/)*

[URL:Sims] Sims, Chris: Daily Scrum – The Fourth Question, November 2009. *(http://blog.technicalmanagementinstitute.com/2009/11/daily-scrum-the-fourth-question.html)*

[Stanfield 200] Stanfield, R. Brian: The Art of Focused Conversation: 100 Ways to Access Group Wisdom in the Workplace. New Soc Pr, 2000.

[URL:Stevens a] Stevens, Peter: ScrumMaster Murphy: Ten problems in the Daily Scrum, and what you can do about them!, März 2009. *(http://agilesoftwaredevelopment.com/blog/peterstev/scrummaster-murphy-ten-problems-daily-scrum)*

[URL:Stevens b] Stevens, Peter: A Simple Scrum Sprint Review, Januar 2009. *(http://agilesoftwaredevelopment.com/blog/peterstev/simple-scrum-sprint-review)*

[URL:Troughton] Troughton, Renee: Daily Retrospectives Best Practices, November 2011. *(http://www.pmhut.com/daily-retrospectives-best-practices)*

[URL:Wake] Wake, Bill: Patterns for Iteration Retrospectives, August 2003. *(http://xp123.com/articles/patterns-for-iteration-retrospectives)*

[URL:Yip] Yip, Jason: It's Not Just Standing Up: Patterns for Daily Standup Meetings, August 2011. *(http://martinfowler.com/articles/itsNotJustStandingUp.html)*

Website-Empfehlungen (Stand: 14.07.2012)

- *www.innovationgames.com*
- *www.retrospectives.com*
- *www.retrospectivewiki.org*
- *www.spielereader.org*
- *www.tastycupcakes.org*
- *www.thiagi.com/games.html*

A.2.5 Kapitel 6: Die Veröffentlichung

Literatur- und Blog-Artikel-Empfehlungen (Stand: 14.07.2012)

[URL:Cohn g] Cohn, Mike: Correct use of Release Sprint, Juni 2007. *(http://blog.mountaingoatsoftware.com/correct-use-of-a-release-sprint)*

[URL:Crawford] Crawford, Brian: The final sprint before release in Scrum, März 2010. *(http://entangled.com/the-final-sprint-before-release-in-scrum/)*

[Kaner 2007] Kaner, Sam: Facilitator's Guide to Participatory Decision-Making. John Wiley & Sons, 2007.

[Milton 2010] Milton, Nick: The Lessons Learned Handbook: Practical Approaches to Learning from Experience. Chandos Pub, 2010.

[Senge 2006] Senge, Peter M.: The fifth discipline. Crown Business, 2006.

B Glossar

Im Folgenden haben wir die in diesem Buch verwendeten Fachbegriffe zusammengestellt. Darüber hinaus erläutern wir weitere Begriffe und Abkürzungen und verweisen auf Synonyme.

Begriff	Erläuterung
Agile Coach	Ein Agile Coach ist über Scrum hinaus mit weiteren agilen Praktiken vertraut und kann auf ein umfangreiches Wissen aus verschiedenen Projekten zurückgreifen. Er hilft Unternehmen während der agilen Transformation, Hindernisse und Blockaden zu beseitigen und über alle hierarchischen Ebenen hinweg die Vorteile agiler Verfahren zu erläutern.
Agile Manifesto	Das im Jahr 2001 verabschiedete Manifest ist die Grundlage aller agilen Vorgehensweisen und besagt: *Wir suchen nach besseren Wegen, Produkte zu entwickeln, indem wir es selbst praktizieren und anderen dabei helfen, es ebenso zu tun.* • *Individuen und Interaktionen sind wertvoller als Prozesse und Werkzeuge.* • *Funktionsfähige Produkte sind wertvoller als umfangreiche Dokumentation.* • *Zusammenarbeit mit dem Kunden ist wertvoller als Vertragsverhandlungen.* • *Das Eingehen auf Änderungen ist wertvoller als strikte Planverfolgung.* *Wir erkennen dabei den Wert der Punkte auf der rechten Seite an, wertschätzen jedoch die Punkte auf der linken Seite mehr.* (*www.agilemanifesto.org*)
Agile Methode	Für die agile Softwareentwicklung kommen verschiedene agile Methoden zum Einsatz wie z.B. Pair Programming (→), User Stories (→) oder TDD (→).

Begriff	Erläuterung
Agile Prinzipien	Das Agile Manifesto (→) beruht auf 12 Prinzipien, zu deren Einhaltung sich jeder Anwender agiler Methoden (→) verpflichtet. (*www.agilemanifesto.org*)
Agile Prozesse	Unter agilen Prozessen versteht man hocheffiziente und produktivitätssteigernde Vorgehensweisen, die den Mensch in den Vordergrund stellen und unnütze Tätigkeiten minimieren möchten. Agile Prozesse sind z.B. Scrum oder Extreme Programming (XP).
Agile Werte	→ Agile Manifesto
Akzeptanzkriterien	Unter den Akzeptanzkriterien werden die Kriterien verstanden, die der Product Owner vor der Umsetzung einer User Story (→) festlegt und die bei der Entwicklung berücksichtigt werden müssen. Diese sind Bestandteil der Fertigstellungskriterien (→ Definition of Done) und werden durch den Product Owner bei Abnahme (→ Done) der jeweiligen Story überprüft.
Anforderungsliste	→ Product Backlog
Artefakt	Artefakte sind die Ergebnisse von Aktivitäten im Softwareentwicklungsprozess. In der agilen Softwareentwicklung gilt auslieferbarer Code (→ Potentially Shippable Code) als unverzichtbar. Die Artefakte sind: Product Backlog (→), Sprint Backlog (→), Definition of Done (→), Inkrement (→).
ATDD	Acceptance-Test-Driven Development (ATDD) ist eine Entwicklungspraxis, in der die funktionalen Anforderungen einer User Story (→) als konkrete und automatisierbare Beispiele (oder Tests) vor der eigentlichen Entwicklung erstellt werden (→ TDD).
(Product) Backlog Grooming	Als Backlog Grooming wird die laufende Pflege des Product Backlog (→) bezeichnet.
(Product) Backlog Item (BI)	Ein Backlog Item (→ User Story) ist eine Arbeitseinheit, die klein genug ist, um von einem Scrum-Team (→) in einem Sprint (→) abgeschlossen werden zu können. Backlog Items werden in einzelne Aufgaben (→Task) während des Sprint Planning (→) zerlegt.
Benutzer	→ User
Benutzergeschichte	→ User Story
Best Practice	Der Begriff »Best Practice« bezeichnet Methoden, die in einem Unternehmen als bewährt und optimal empfunden und angewendet werden.
Blocker	Als Blocker bezeichnet man eine Störung für das Scrum-Team, die nicht umgehend behoben werden kann (→ Impediment, → Lean Management).

Begriff	Erläuterung
Burndown-/Burnup-Chart	Ein Burndown- bzw. Burnup-Chart ist eine öffentlich sichtbare Darstellung des Fortschritts. Es kann auf der Projekt-, Release- und Sprint-Ebene eingesetzt werden.
Business Value	Der Geschäftswert ist der (meist finanzielle) Wert eines Backlog Items (→) für eine Firma. Scrum (→) hält den Product Owner (→) dazu an, das Product Backlog (→) immer wieder neu so zu sortieren, dass diejenigen Backlog Items als Erstes erledigt werden, die über den höchsten Geschäftswert verfügen.
Chicken	Als Chicken bezeichnet man die Gäste eines Scrum-Events (→), die als stille Zuhörer teilnehmen und keinen Rede- oder Frageanteil haben (→ Pig), da diese nicht involviert (→ Commitment) sind und nicht zur Realisierung beitragen.
Codereview	Codereviews stellen eine manuelle Prüfung der Arbeitsergebnisse durch eine Person dar.
Collective Code Ownership	Jeder im Entwicklungsteam (→) ist für den gesamten Code zuständig und kann am Code arbeiten.
Commitment	Am Ende des Sprint Planning (→) gibt das Scrum-Team (→) gegenüber dem Product Owner (→) ein Versprechen ab. Es bedeutet so viel wie *»Wir haben verstanden, welche Features* (→) *du von uns erwartest, und wir werden im Sprint (→) im Rahmen unserer Möglichkeiten alles tun, um dieses Ziel zu erreichen. Wir erwarten von dir aber tatkräftige Unterstützung bei der Erreichung dieses Ziels«.*
Continuous Integration (CI)	Continuous Integration ist ein Vorgehen in der Softwareentwicklung, bei dem Änderungen an Codeteilen sofort zusammen mit einer größeren Codebasis getestet werden, sobald sie in diese integriert werden (was regelmäßig geschehen sollte). Ziel von CI ist es, ein schnelles Feedback zu generieren, sodass potenzielle Fehler sofort erkannt und behoben werden können.
Crossfunktional	Unter einem crossfunktionalen Team versteht man Menschen mit verschiedenen funktionalen Fähigkeiten, die zusammen auf ein Ziel hinarbeiten.

Begriff	Erläuterung
Daily Scrum (Stand-up)	Ein tägliches, maximal 15-minütiges Zusammenkommen des Scrum-Teams (→), in dem sich das Team synchronisiert und die taktische Planung, mit Hinblick auf die Erreichung des Sprint-Ziels (→), für den Tag durchführt. Jedes Teammitglied beantwortet die folgenden drei Fragen: 1. Was habe ich seit dem letzten Daily Scrum erreicht? 2. Was will ich bis zum nächsten Daily Scrum erreichen? 3. Welche Impediments (→) behindern mich? Das Daily Scrum wird häufig auch als Daily Stand-up bezeichnet, da alle Teilnehmer vor dem Task-Board stehen.
DEEP	Ein Begriff, der von Roman Pichler geprägt wurde und die Pflege des Product Backlog (→) betrifft. Die Backlog Items (→) sollen angemessen detailliert beschrieben (Detailed appropriately), geschätzt (Estimated), lebendig (Emergent) und sortiert (Prioritized) sein (→ MuSCoW).
Definition of Done (DoD)	Die Definition of Done beschreibt das Qualitätsverständnis eines Scrum-Teams. Ein Backlog Item (→) gilt erst dann als fertig (→ Done), wenn die in der DoD beschriebenen Qualitätsmerkmale erfüllt sind. Die DoD ist eine Liste von Punkten, die diese Kriterien festlegt. Diese sollte von jedem Entwicklungsteam (→) individuell erarbeitet und verabschiedet werden.
Definition of Ready (DoR)	In der Definition of Ready wird zwischen Product Owner (→) und Entwicklungsteam (→) festgelegt, wann ein Backlog Item (→) bereit für die Umsetzung ist, also wann eine User Story (→) vom Team in einem Sprint bearbeitet werden kann. Im Gegensatz zur DoD ist der Product Owner für die Einhaltung der DoR verantwortlich.
Dokumentation	Dokumentation ist auch in agilen Projekten notwendig und hilfreich. Es gelten jedoch vorrangig die Grundsätze des Agilen Manifests (→).
Done	In Scrum unterscheiden wir zwischen »nicht fertig« und »fertig«. Ein Backlog Item (→) gilt als »Done«, wenn alle Tasks (→) erledigt sind und die Definition of Done (→) erfüllt ist.
Emergent Architecture	(Auch: »Emergent Design«) Dieser Begriff verweist auf die iterative Entwicklung der Architektur in Stücken und nicht im Vorfeld eines Softwareprojekts.

Begriff	Erläuterung
Entwicklungsteam	Das Entwicklungsteam ist Teil des Scrum-Teams (→) und für die Erstellung und Lieferung von Inkrementen (→) verantwortlich. Es besteht aus allen Fachleuten, die für die Lieferung des Potentially Shippable Code (→) am Ende eines Sprints erforderlich sind, ist also crossfunktional (→) zusammengesetzt. Entwicklungsteams sind selbstorganisierend, sie legen die Regeln für die Zusammenarbeit selbst fest. Idealerweise besteht es aus 7±2 Personen.
Epic	Ein Epic ist ein sehr grobes Backlog Item (→), das noch nicht in User Stories (→) heruntergebrochen wurde und einen Geschäftswert (→ Business Value) besitzt. Es ist in der Regel so umfangreich, dass es für das Scrum-Team (→) nicht schätzbar ist. Der Product Owner (→) nutzt oftmals Epics, um Ideen festzuhalten, die möglicherweise aber gar nicht umgesetzt oder zu Themen (→) werden.
Estimation	Im Estimation werden sämtliche Backlog Items (→) hinsichtlich ihrer Komplexität eingeschätzt und bspw. mit einem Wert aus der (Scrum-)Fibonacci-Sequenz (→) bewertet. Zu Beginn eines Projekts gibt es ein initiales Estimation, in dem alle zu dem Zeitpunkt bereits bekannten Backlog Items geschätzt werden. In jedem Sprint findet ein weiteres Estimation statt, in dem neu hinzugekommene oder veränderte Backlog Items geschätzt werden.
Event	Als Events werden die Arbeitstreffen (→ Estimation, → Review, → Retrospektive, → Daily Scrum, → Sprint Planning) bezeichnet.
Extreme Programming (XP)	Extreme Programming ist eine wenig formalisierte Methode zur Softwareentwicklung, bei der das Lösen einer Aufgabe im Fokus steht. Das Vorgehen basiert auf fortlaufenden Iterationen, dem Einsatz diverser bewährter Methoden zur Softwareentwicklung und folgt fünf zentralen agilen Werten: Kommunikation, Einfachheit, Respekt, Feedback und Mut.
Feature	Als Feature bezeichnet man die Fähigkeit eines Produkts oder einer Komponente, eine bestimmte Funktion oder Gruppe von Funktionen zu erfüllen.
Fibonacci-Sequenz	Die (Scrum-)Fibonacci-Sequenz wird im Estimation (→) verwendet, um Backlog Items (→) mit Story Points (→) zu bewerten. Die angepasste Reihe lautet: 0, 1, 2, 3, 5, 8, 13, 20, 40, 100. Mit zunehmendem Wert wird der Abstand zum Vorgänger und Nachfolger größer, da mit zunehmender Komplexität auch die Unsicherheit der Schätzung größer wird (→ Planning Poker, → Story Point, → Team Estimation Game).

Begriff	Erläuterung
Flow	Der Begriff »Flow« wird nicht nur in Bezug auf den Scrum-Prozess (→ Scrum) verwendet, sondern er beschreibt vor allem die individuelle Wahrnehmung beim fließenden Bearbeiten von Aufgaben (→ Sustainable Pace).
Funktionalität	→ Feature
Geschäftswert	→ Business Value
Größe	→ Size
Impediment	Ein Impediment ist ein Hindernis (Blocker), das das Scrum-Team (→) aktuell daran hindert, so effektiv und effizient wie möglich am Sprint-Ziel (→) zu arbeiten. Impediments werden vom Scrum Master (→) im Impediment Backlog (→) mit dem Ziel gesammelt, diese schnellstmöglich zu beseitigen.
Impediment Backlog	Das Impediment Backlog ist eine öffentlich sichtbare Arbeitsliste des Scrum Masters (→), in der alle Impediments (→) aufgeführt sind.
In Progress	Arbeitsschritt auf dem Scrum-Board (→), der die aktuell durch das Scrum-Team (→) bearbeiteten Tasks (→) visualisiert. Die Tasks wandern (von links nach rechts) über das Scrum-Board über die »Open«- (→), »In Progress«- und die »Done«- (→) Spalte.
Information Radiator	Information Radiators sind große, gut sichtbare, leicht verständliche und zu aktualisierende Informationen, die auf Post-its, Karten, Plakaten o.Ä. notiert sind und das Erinnern erleichtern bzw. Nachfragen vermeiden.
Inkrement	→ Produktinkrement
Inspect & Adapt	Ein Prinzip zur permanenten Verbesserung. Im Gegensatz zu einem traditionell durchgeführten Projekt, bei dem im besten Fall am Ende des Projekts eine Lessons-Learned-Sitzung (→) durchgeführt wird. Das Scrum-Team (→) prüft (Inspect) nach jedem Sprint (→), wo es steht und was erreicht wurde. Sollte es Dinge geben, die zu verbessern sind, werden Maßnahmen zur Umsetzung entsprechender Veränderungen vereinbart (Adapt).
INVEST	Gute User Stories (→ Backlog Item) entsprechen Qualitätskriterien, die durch das Anagramm INVEST beschrieben werden. Sie sollten eigenständig existieren können (Independent), ohne starke Abhängigkeiten zu anderen Backlog Items. Sie sollten verhandelbar (Negotiable) sein, Wert (Valuable) für den Nutzer (→ User) liefern, schätzbar sein (Estimatable), möglichst nur eine Anforderung enthalten (Small) und testbar (Testable) sein.

Begriff	Erläuterung
Komfortzone	Die Komfortzone wird häufig als der Bereich beschrieben, in dem sich Menschen wohlfühlen. Sie spiegelt die Gewohnheiten und Rituale, aber auch das Wissen wider, das ein Mensch sich angeeignet hat. Alles Neue und Unbekannte fordert uns demnach dazu auf, den komfortablen Bereich zu verlassen.
Komplexität	Backlog Items (→) werden nicht nach Aufwand, sondern nach ihrer Komplexität bewertet. Dabei werden sie in Beziehung zueinander gesetzt: »Story A ist (ist nicht) komplexer als Story B.« Backlog Items (→) gleicher Komplexität bekommen die gleiche Anzahl von Story Points (→).
Kunde	Der Kunde ist die Person, die das Projektergebnis beauftragt hat und dafür bezahlt. Der Kunde ist häufig nicht der (End-)Nutzer (→ User).
Lean Management	Der Begriff Lean Management ist eine Management-Philosophie, die Denkprinzipien, Methoden und Verfahrensweisen zur effizienten Gestaltung der gesamten Wertschöpfungskette von Produkten umfasst.
Lessons Learned	Neue Erkenntnisse aus einem Projekt werden dokumentiert und öffentlich zur Verfügung gestellt. Dies können positive oder negative Aspekte sein, die Verbesserungen oder Risiken beschreiben. Lessons Learned beziehen sich immer auf praktische Erfahrungen. Sie dienen dazu, zukünftig Fehler zu vermeiden und Erfolge wahrscheinlicher zu machen.
Minimal Marketable Feature (MMF)	Ein Minimal Marketable Feature ist die kleinstmögliche Menge an Funktionen, die für sich genommen vermarktbar ist. Software, die nur eines dieser Merkmale aufweist, hat einen Nutzen für den User (→), für den dieser bezahlen würde.
Minimal Viable Product (MVP)	Das Minimal Viable Product ist die minimale Menge von Features, die notwendig sind, um herauszufinden, was ein Kunde möchte. Es ist eine Strategie, um schnelles und breites Feedback vom Kunden zu erzielen, ohne das Produkt bis zu seiner Marktreife auszuarbeiten.
MuSCoW	Die MuSCoW-Methode ist eine Technik zur Priorisierung, um Backlog Items (→) grob in vier Kategorien einzuordnen: Must have, Should have, Could have, Won't have.
(End-)Nutzer	→ User

Begriff	Erläuterung
Open	»Open« ist ein Status eines Tasks (→) am Scrum-Board (→), bevor er bearbeitet wird. In agilen Projekten unterscheidet man grundsätzlich zwischen »fertig« (→ Done) und »nicht fertig«. »Open« sowie »In Progress« (→) zeigen an, dass die Backlog Items (→) noch in Bearbeitung sind.
Pair Programming	Dies ist eine Vorgehensweise aus dem Extreme Programming (→). Zwei Entwickler sitzen gemeinsam an einem Computer und programmieren zusammen. Dadurch wird implizit ein Codereview durchgeführt (→Peer Review).
PDCA-Zyklus	Hinter Plan (P), Do (D), Check (C) und Act (A) verbirgt sich ein vierteiliger Problemlösungsprozess, der zur ständigen Verbesserung bei der Softwareentwicklung verwendet wird.
Peer Review	Ist eine Praxis aus der Softwareentwicklung, bei dem der Autor einen oder mehrere Entwickler Inhalt und Qualität des Codes prüfen lässt (→ Pair Programming).
Pig	Als »Pigs« bezeichnet man die offiziellen und aktiven Teilnehmer eines Scrum-Events (→), die auch Beitragsrecht haben (→ Chicken) und involviert in die Lieferung des Produkts sind.
Pilot	Die Einführung von Scrum (→) gelingt häufig am besten durch die Erprobung in einem Pilotprojekt. Die Projektbeteiligen helfen später bei der Verbreitung von Scrum im Unternehmen.
Planning	→ Sprint Planning
Planning Poker	Planning Poker ist eine Technik für die Schätzung von Backlog Items im Estimation (→) oder Backlog Grooming (→).
Potentially Shippable Code	Potentially Shippable Code ist das Ergebnis eines Sprints (→), das der Definition of Done (→) entspricht, voll funktionstüchtig ist und produktiv eingesetzt werden kann.
Prime Directive	Die »Prime Directive« gilt als Grundsatz für den Umgang miteinander. Es soll den Fingerzeig auf Einzelne oder Personengruppen verhindern. Es wird immer davon ausgegangen, dass jeder die beste Arbeit unter den gegebenen Voraussetzungen, seinen aktuellen Fähigkeiten, den vorhandenen Ressourcen in der jeweiligen Situation geleistet hat.
Product Backlog	Das Product Backlog ist eine Liste von Anforderungen, die alles beinhaltet, was für die Weiterentwicklung des Produkts notwendig ist. Das Product Backlog wird vom Product Owner (→) sortiert, bereitgestellt, verantwortet und gemeinsam mit dem Entwicklungsteam (→) gepflegt.

Begriff	Erläuterung
Product Owner	Der Product Owner ist verantwortlich für den Produkterfolg. Er plant und steuert die Entwicklung in Scrum (→). Er ist Owner des Product Backlog (→), sortiert das Product Backlog und legt damit fest, welche Features (→) zuerst realisiert werden.
Produktinkrement	Funktionalität, die während eines Sprints vom Scrum-Team (→) entwickelt wurde (→ Potentially Shippable Code). Produktinkremente zeichnen sich dadurch aus, dass sie getestet, ausreichend dokumentiert und einsatzfähig sind.
Prognose	Im Scrum Guide 2011 wurde das Commitment (→) durch eine »Prognose« des Entwicklungsteams (→) ersetzt. Demnach gibt das Entwicklungsteam nach dem Sprint Planning I (→) eine Prognose ab, welche Elemente im Sprint (→) geliefert werden können.
Pull-Prinzip	Das Scrum-Team (→) bekommt keine Backlog Items (→) zugewiesen, sondern nimmt sie sich eigenständig aus dem sortierten Product Backlog (→). In traditionellen Projekten herrscht dagegen oft das Push-Prinzip, bei dem fremdbestimmt vorgegeben wird, woran ein Mitarbeiter arbeiten soll.
Quality Assurance (QA)	Qualitätssicherung ist ein integraler Bestandteil jedes Scrum-Projekts. Sie wird nicht wie im traditionellen Projektmanagement (→) üblich nachgelagert, sondern vom Entwicklungsteam im Sprint durchgeführt.
Refactoring	Als Refactoring bezeichnet man die Restrukturierung von Quellcode, um die Lesbarkeit, Wartbarkeit und Erweiterbarkeit einer Software mittel- und langfristig zu erhalten, ohne dabei Funktionalität (→) hinzuzufügen oder zu verändern.
Reference Item	Für einige Schätzmethoden wie z.B. Planning Poker wird zu Beginn ein Backlog Item (→) festgelegt, das in der Regel relativ klein ist und von allen Beteiligten komplett verstanden und gleich bewertet werden kann. Neu zu schätzende Backlog Items werden in Bezug zum Reference Item geschätzt.
Release	Auslieferung der fertiggestellten (→ Done) und vom Product Owner (→) abgenommenen Inkremente (→) an den User (→).
Release-Burndown-Chart	Dies ist ein Burndown-Chart (→), das für jeden Zeitpunkt eines Projekts anzeigt, wie viele Story Points bis zu einem Release noch umzusetzen sind.

Begriff	Erläuterung
Releaseplanung	Sobald eine hinreichend stabile Velocity (→) des Scrum-Teams vorliegt, kann man die Backlog Items (→) entsprechend der Velocity im Product Backlog (→) gruppieren und eine Aussage darüber treffen, in welchem Sprint welche Funktionalität umgesetzt werden kann. Das Resultat ist der Releaseplan. Dieser stellt allerdings nur eine Momentaufnahme dar, da er sich mit jeder Änderung am Product Backlog ändern kann.
Respekt	Der Wert jedes einzelnen Menschen steht im Vordergrund. In agilen Projekten ist Respekt einer der agilen Werte (→).
Retrospektive	Die Retrospektive dient der Identifikation von Verbesserungsmöglichkeiten und ist sehr wichtig für die Zusammenarbeit des Scrum-Teams (→). Sie wird in der Regel nach jedem Sprint (→) durchgeführt. Der Sprint und die Geschehnisse werden analysiert, und es werden Maßnahmen abgeleitet, um in folgenden Sprints besser zu werden (→ Inspect & Adapt).
Review	Das Review findet am Ende eines jeden Sprints statt. Eingeladen sind alle Stakeholder (→) des Projekts sowie alle Personen, die sich über den aktuellen Stand informieren wollen. Der Product Owner moderiert und das Scrum-Team (→) präsentiert den Anwesenden die umgesetzten Features.
Schätzen	→ Estimation
Scrum	Scrum ist ein agiles Rahmenwerk zur Entwicklung komplexer Produkte, das derzeit vor allem in der Softwareentwicklung angewendet wird und aus wenigen Rollen (→ Scrum-Rollen), Regeln (→ Scrum-Events) und Artefakten (→) besteht.
Scrum-Board	Das Scrum-Board ist ein Hilfsmittel des Teams während des Sprints (→). Es handelt sich in der Regel um eine Fläche im Teamraum, die in vier Spalten aufgeteilt ist. In der ersten Spalte hängen die Story Cards (→), die anderen drei Spalten stellen die Status dar, die ein Task (→) durchläuft: »Open« (→), »In Progress« (→) und »Done« (→). Jede User Story wird in Tasks (→) heruntergebrochen, die zu Beginn im Status »Open« stehen. Während des Sprints werden die Tasks von links nach rechts bis zum Status »Done« bewegt.
Scrum-Events	→ Daily Scrum, → Estimation, → Retrospektive, → Review, → Sprint Planning
Scrum Guide	Im Scrum Guide werden die Scrum-Regeln dokumentiert. Die aktuelle Version ist der Scrum Guide 2011.

Begriff	Erläuterung
Scrum Master	Die Scrum-Master-Rolle ist neben dem Product Owner (→) und dem Entwicklungsteam (→) eine der drei Scrum-Rollen. Er sorgt für die Einhaltung der Scrum-Vorgaben, er beschützt das Scrum-Team (→) während des Sprints (→) vor allen störenden Einflüssen und er beseitigt alle Impediments (→), die das Entwicklungsteam (→) oder einzelne Teammitglieder bei der effektiven und effizienten Verfolgung des Sprint-Ziels (→) behindern.
Scrum of Scrums	Ist eine Synchronisation von Mitgliedern verschiedener Scrum-Teams (→) im Rahmen eines skalierten Scrum-Projekts analog zu den Daily Scrums (→) des Teams. Die Teilnehmer des Meetings können variieren. Es sollte immer das Teammitglied teilnehmen, das am meisten zur aktuellen Lage beitragen kann. (Unter Scrum of Scrums versteht man nicht das Treffen der Scrum Master verschiedener Scrum-Teams.)
Scrum-Rollen	→ Product Owner, → Scrum Master, → Entwicklungsteam
Scrum-Team	Ein Scrum-Team besteht aus den drei Rollen: Product Owner (→), Scrum Master (→) und Entwicklungsteam (→).
Selbstorganisation	Ein wesentliches Merkmal von Scrum-Teams (→) ist ihre Selbstorganisation. Jedes einzelne Teammitglied übernimmt Verantwortung für den Gesamterfolg. Entscheidungen werden im Team getroffen, das Team einigt sich auf teaminterne Regeln und Arbeitsweisen. Einzig die Erreichung des Sprint-Ziels (→) ist ein Maßstab für das Team.
Selected Product Backlog	Nachdem das Scrum-Team (→) im Sprint Planning (→) diejenigen Backlog Items (→) aus dem Product Backlog (→) ausgewählt hat, die in den Sprint (→) übernommen werden, wird die Gesamtheit dieser Backlog Items als Selected Product Backlog bezeichnet.
Servant Leadership	Ist eine Philosophie und die Umsetzung der »dienenden Führung« und beschreibt die grenzenlose Selbstverpflichtung der Führungskraft gegenüber der Organisation.
Silver Bullet	Der Begriff wird häufig als Metapher dafür verwendet, dass etwas eine schnelle und effiziente Lösung auch für komplexe Problemstellungen herbeiführt, die extrem effektiv ist.
Single Wringable Neck	Ein Ausspruch, der deutlich machen soll, dass der Product Owner (→) alleine verantwortlich für den Projekterfolg ist.

Begriff	Erläuterung
Size	Die Size ist die Größe eines Backlog Items (→), dokumentiert in Story Points (→).
SMART-Kriterien	SMART-Kriterien werden zur eindeutigen Definition von Zielen verwendet. SMART bedeutet: Spezifisch, Messbar, Akzeptiert, Realistisch und Terminierbar.
Smart-Meeting	Standardmäßig geplantes Arbeitstreffen, bei dem kurzfristig entschieden wird, ob es stattfindet oder nicht.
Smell	»Smell« ist ein Synonym für etwas, das im Projekt nicht richtig läuft. Wenn bspw. jedes Teammitglied allein vor seinem Computer sitzt und nicht gesprochen wird, dann liegt förmlich in der Luft, dass ggf. zu wenig Pair Programming (→) oder Kommunikation stattfindet.
Software Craftsmanship	Ist ein Ansatz, der die Fähigkeiten von Softwareentwicklern hervorhebt und betont, das Programmier-Handwerk in bester Art und Weise auszuüben.
Softwarearchitekt	In Scrum gibt es keine Rolle »Architekt«. Stattdessen sind alle Teammitglieder gemeinsam für die Softwarearchitektur verantwortlich.
Sprint	Als Sprint wird in Scrum eine Iteration bezeichnet, die typischerweise 1–4 Wochen dauert. Innerhalb eines Sprints wird die im Sprint Planning (→) vereinbarte Funktionalität umgesetzt. Am Ende steht Potentially Shippable Code (→) zur Verfügung.
Sprint Backlog	Im Sprint Planning (→) werden aus dem Selected Product Backlog (→) die einzelnen Tasks (→) für die Backlog Items (→) abgeleitet. Das Ergebnis bezeichnet man als Sprint Backlog, dessen Visualisierung auf dem Scrum-Board (→) erfolgt.
Sprint-Burndown-Chart	In einem Sprint-Burndown-Chart markiert man auf der Y-Achse die Anzahl der im Sprint Planning (→) festgelegten Tasks (→) und auf der X-Achse die Arbeitstage des Sprints (→). Jeden Tag zählt das Scrum-Team am Ende des Daily Scrum (→) die offenen Taskkarten am Scrum-Board (→) und trägt die Anzahl im Chart ein. Dadurch kann man anhand der linearen Ideallinie den Fortschritt ablesen.

Begriff	Erläuterung
Sprint Planning	Das Sprint Planning findet zu Beginn eines Sprints statt und besteht in der Regel aus zwei Teilen. Im ersten Teil stellt der Product Owner (→) vor, was im Sprint umgesetzt werden soll. Es wird auf fachlicher Ebene zwischen Product Owner (→) und Entwicklungsteam (→) verhandelt. Im zweiten Teil klärt das Team, wie die Umsetzung der vereinbarten User Stories (→) erfolgen soll, in dem das Team die User Stories in technische Tasks (→) zerlegt und diese zum Sprint Backlog (→) hinzufügt. Am Ende des Sprint Planning steht das Commitment des Teams gegenüber dem Product Owner, dass die vereinbarten User Stories in diesem Sprint umgesetzt werden.
Sprint-Ziel	Oft stehen Sprints (→) unter einem fachlichen Motto. Der Product Owner sollte ein Sprint-Ziel formulieren, das kurz und präzise das Ziel des Sprints bezeichnet und damit allen Beteiligten beim Fokussieren hilft.
Sprint Zero	Sprint Zero wird der initiale Sprint genannt. Er dient der Vorbereitung des Product Backlog, dem Aufsetzen der Infrastruktur und der Klärung, wie das Scrum-Team (→) zusammenarbeiten möchte.
Stakeholder	Als Stakeholder werden all die Personen bezeichnet, die ein Interesse am Verlauf oder Ergebnis eines Projekts haben.
(Daily) Stand-up	→ Daily Scrum
Story	→ User Story
Story Card	Eine Story Card ist eine Visualisierung einer User Story (→). Sie enthält neben der eigentlichen Story auch die Akzeptanzkriterien (→).
Story Map	Eine Story Map ist eine zweidimensionale Visualisierung eines Produkts oder eines Releases (→). Die Epics (→) werden auf einem Zeitstrahl angeordnet und in User Stories (→) zerlegt. Auf diese Weise entsteht eine Karte (Map), die die Geschichte (→ Story Card) eines Produkts oder eines Releases erzählt. (→ Walking Skeleton)
Story Point	Story Points sind die abstrakte Einheit, mit der die Komplexität eines Backlog Items (→) bewertet wird. Sie stammen aus einer begrenzten Menge von Werten, wie bspw. der (Scrum-)Fibonacci-Sequenz (→), die ein Backlog Item im Estimation vom Entwicklungsteam (→) zugewiesen bekommt.

Begriff	Erläuterung
Sustainable Pace	Das Konzept »Sustainable Pace« stammt aus dem Extreme Programming (→) und sagt aus, dass Entwickler nicht mehr als 40 Stunden pro Woche arbeiten sollen. Wenn es in einer Woche doch dazu kommen sollte, dann sollte die nächste Woche nicht weitere Überstunden enthalten. Dieses Konzept soll nicht nur verhindern, dass in schwierigen Projektphasen wie einem Release (→) laufend Überstunden gemacht werden, sondern es soll auch die Performance und Kreativität der Entwickler durch eine ausgewogene Arbeitswoche sicherstellen.
Task	Im Sprint Planning (→) legt das Scrum-Team (→) die technischen Tasks fest, die zur Umsetzung der User Stories (→) notwendig sind. Diese Aufgaben (Tasks) werden am Scrum-Board (→) visualisiert.
Taskboard	→ Scrum-Board
TDD	Bei Test Driven Development (TDD) oder der testgetriebenen Softwareentwicklung werden die Tests vor der tatsächlichen Programmierung verfasst (→ATDD).
Team	→ Scrum-Team
Team Estimation Game	Das Team Estimation Game ist eine Technik zur Bewertung von User Stories (→) mit Story Points (→) im Estimation (→) und stellt eine Alternative zum weitverbreiteten Planning Poker (→) dar.
Teamentwicklung	Das bekannteste Modell zur Teambildung ist das von Bruce Tuckman, das sich in die aufeinanderfolgenden Phasen gliedert: • Orientierungsphase (Forming) • Konfrontationsphase (Storming) • Kooperationsphase (Norming) • Wachstumsphase (Performing) • Auflösungsphase (Adjourning)
Team Member	Ein Mitglied des Scrum-Teams (→).
Technical Debt	Technische Schulden sind die Konsequenz, die aus einer zu schnellen Entwicklung, unzureichender Qualität und Softwarearchitektur resultieren (→ Software Craftsmanship).
Themen	Themen sind eine Menge zusammengehöriger Backlog Items (→) zu einem bestimmten funktionalen Feature (→). »Themes« werden manchmal auch Cluster oder Feature Group genannt (→ Product Backlog, → User Story).

Begriff	Erläuterung
Timebox	Die Timebox ist eine festgelegte Zeit für eine bestimmte Aktivität, wie z.B. ein Scrum-Event (→). Eine Aktivität wird nach einer bestimmten Zeit beendet, auch wenn diese noch nicht inhaltlich abgeschlossen ist. Zur Timebox gehört neben dem festgelegten Ende auch der pünktliche Beginn (→ Respekt).
Traditionelles Projektmanagement	Auch »klassisches Projektmanagement« oder »Wasserfall« genannt.
T-Shaped	»T-Shaped« ist ein Ausdruck, der beschreibt, dass ein Wissensarbeiter über verschiedene Fähigkeiten neben seiner eigentlichen Professionalisierung verfügt. Der vertikale Strich eines »T« deutet auf die Tiefe des Wissens in einem Fachgebiet hin, während der horizontale Strich weitere Wissensgebiete kennzeichnet.
T-Shirt Size	Genau wie Story Points (→) die Komplexität eines Backlog Items (→) angeben, können auch T-Shirt-Größen für die Bestimmung der Komplexität genutzt werden.
User	Als (End-)Nutzer (→) oder User bezeichnet man den Personenkreis, der das Projektergebnis nutzt. Scrum (→) stellt das Liefern von Funktionalität (→) für einen User in den Vordergrund, nicht die Erfüllung von Aufgaben. Es ist eine bewährte Vorgehensweise, die Backlog Items (→) aus Sicht des Nutzers zu beschreiben (→ User Story).
User Story	Die in den Sprints (→) umzusetzenden Funktionalitäten (→) werden in Form sogenannter User Stories (→) geschrieben. Dazu wird die Sicht eines Users (→) eingenommen, der das System benutzen will. Ein Vorteil von User Stories ist, dass sie sowohl von den Fachbereichen als auch von den Technikern verstanden werden, da sie in Alltagssprache formuliert sind.
Velocity	Die Summe von Story Points (→), die ein Scrum-Team (→) in einem Sprint (→) umgesetzt hat, bezeichnet man als die Velocity (für diesen Sprint). Über die Zeit pendelt sich die Velocity auf einen relativ stabilen Wert ein, der als »Team-Velocity« bezeichnet wird. Damit kann man der Velocity entsprechend große Blöcke im Product Backlog (→) bilden und so mittels eines Releaseplans (→) die weiteren Schritte planen.
Verteilte Entwicklung	Unter verteilter Entwicklung versteht man die Zusammenarbeit von Menschen oder Teams über Standorte oder Ländergrenzen hinweg.

Begriff	Erläuterung
Vision	Zu Beginn eines agilen Projekts gibt der Product Owner (→) dem Team (→) seine Vision (→) des fertigen Produkts. Dabei geht es nicht um eine detaillierte Beschreibung, sondern eher um eine engagierte Darstellung des zukünftigen Produkts, die allen Beteiligten Motivation gibt, mit aller Kraft daran mitzuarbeiten.
Walking Skeleton	Bezeichnet eine minimale Implementierung eines Systems, das eine Funktion durch alle Systemschichten hindurch ausführen kann. Es muss nicht die finale Architektur beinhalten, aber sollte bereits die wichtigsten Architekturkomponenten verbinden. Architektur und Funktionalität (→) können sich später parallel weiterentwickeln (→ Story Map).
Wasserfall	→ Traditionelles Projektmanagement
Waste	Als Waste wird im Lean Management (→) alles bezeichnet, was keinen Wert für den Kunden liefert.
Wissensarbeiter	Der Begriff wurde von Peter F. Drucker geprägt und bezeichnet einen selbstständig arbeitenden Spezialisten eines Fachgebiets innerhalb einer Organisation.
XP	→ Extreme Programming

Index

A

Agile Prinzipien 13
Agile Prozesse 9, 14, 17
Agile Werte 5, 8, 21, 267
Agiles Manifest 5, 13, 175, 288
Agiles Team 24
Agile-Werte-Retrospektive 267
Akzeptanzkriterien 113, 117, 199
Akzeptanztestgetriebene Entwicklung (ATDD) 47
Änderungen 14
Anforderungsdokumentation 114
Anforderungsworkshop 114, 140
Artefakt 13

B

Backlog Grooming 67, 231, 234
Backlog Item 52, 66, 135, 138
Benutzerdokumentation 209
Best Practice 293
Big Picture 31
Big-Picture-Workshop 115
Blocker 188
Burndown-Chart 168, 173, 212

C

Change Agent 50
Checkliste 22, 43, 63, 72, 85, 110, 140, 158, 173, 190, 206, 218, 230, 237, 247, 278
Coaching 51, 58
Codereview 210
Co-Location 30
Commitment 9, 57, 268
Crossfunktional 33, 46
Crossfunktionale Zusammenarbeit 15

D

Daily Scrum 43, 80, 81, 193, 212, 218, 230
DEEP-Kriterien 111
Definition of Done (DoD) 100, 102
Definition of Ready (DoR) 100, 204
Dokumentation 288, 291, 293
»Done«-Kriterien 32, 109

E

Einfachheit 11, 18
Elevator Pitch 94
Energieimpuls-Retrospektive 257
Entwicklungsteam 13, 19, 25, 32, 36, 46
Epic 113, 114, 120, 125, 244
Estimation 132, 142, 149, 158

F

Feature 118, 172, 201
Feedback 12, 233, 237, 239
Fibonacci-Reihe 145
Flow 17
Fokus 10, 70, 196, 250
Fokussierung 10
Führung 35
Führungsqualitäten 69
Funktionalität 11, 107
Funktionierende Software 16, 39

G

Geschäftswert 15, 18, 47, 119, 131
Gesundheitstropfen-Retrospektive 262
Goldplating 200

H

Happiness-Index 222
Hardening Sprint 284
Häufige Auslieferung 14
Hinderniss 49, 61

I

Impediment 49, 55, 61
Impediment Backlog 55
Impediment Wall 56
In Progress 40, 183
Information Radiators 177
Inkrement 14, 35
Inspect & Adapt 18, 19, 286
INVEST-Prinzip 116

K

Kick-off 88, 89, 110
Kick-off-Workshop 89
Komfortzone 41
Kommunikation 12, 16, 52, 68, 220
Konfliktmanagement 59
Kreativität 35
Kulturkreis 77
Kunde 6, 13, 14

L

Laser Sword Estimation 157
Lernende Organisation 54
Lessons Learned 288

M

Magic Estimation 153
Mediator 59
Moderation 50, 250
Moderationsrolle 250
Motivation 38
MuSCoW-Prinzip 121
Mut 11, 19

N

Nachhaltigkeit 17

O

Offenheit 10, 35
Organisation 54
Ouija Board Estimation 157

P

Planning Poker 146, 148
Planung 141, 161, 217
Potentially Shippable Code 14, 246
Prime Directive 253, 279
Product Backlog 53, 67, 71, 110, 119, 137, 140
Product Owner 52, 64, 69, 71, 245
Produktgestaltungsworkshop 114
Produktinkrement 32
Produktplanung 53
Produktvision 52, 68, 89, 90
Prognose 10, 109, 161, 202, 203
Projektdurchführung 193
Projektsponsor 30
Pull-Prinzip 35

Q

Qualitätsbewusstsein 25

R

Refactoring 136
Reference Item 156, 157
Release 283
Release-Burndown-Chart 168
Releasemanagement 284
Releaseplan 53, 160, 161, 162, 172, 173, 235
Releaseplanung 68, 160
Release-Sprint 283, 284
Remote Teams 73
Respekt 11
Retrospektive 12, 107, 248, 255, 280
Review 237, 243, 247

S

Schätzeinheiten 143
Schätzskalen 145
Schätzungen 113, 141
Schätzvarianten 156
Schätzverfahren 147
Scrum Coach 63
Scrum Guide 2, 10, 33, 39, 44, 57, 102, 118, 135, 212, 240
Scrum Master 20, 26, 43, 44, 46, 52, 54, 55, 56, 72
Scrum-Board 181, 184, 189
Scrum-Event 50, 62
Scrum-Projekt 89
Scrum-Prozess 193
Scrum-Rollen 24
Scrum-Team 23, 26, 32, 53, 73, 96
Scrum-Tools 78
Selbstorganisation 35, 46
Selbstorganisiertes Team 18
Servant Leadership 57
Slack 201, 202
SMART-Kriterien 201
Smart-Meetings 67
Spezialwissen 33, 34
Sprint 31, 57, 63, 97, 102, 114, 118, 137, 193
Sprint Planning I 194, 206
Sprint Planning II 207, 218
Sprint Zero 174, 175, 190
Sprint-Burndown-Chart 216
Sprint-Daten 107
Sprint-Ziel 31, 49, 200
Stabilität 27, 29
Stakeholder 12, 21, 31, 66, 239, 240
Standort 77
Stand-up-Meeting 218
Stimmungsdokumentation 222
Story Map 118, 119, 141
Story Owner 211
Story Point 113, 143, 144, 198
Sustainable Pace 9

T

Task 187, 209, 216
Taskkarten 209
Team Estimation Game 149
Teambildungsmodell 37
Teambildungsphasen 29
Team-Charakteristika 33
Teamgröße 39
Teammotivation 38
Teamphasen 37
Teamplayer 36
Teamprofessionalisierung 106
Teamraum 175, 190
Teamsynchronisation 220
Teamverfügbarkeit 196
Technische Exzellenz 17
Teilzeitmitglieder 40
Things-that-matter-Matrix 132, 141
Timebox 131, 151, 218, 277
Transparenz 27
T-Shaped 33
T-Shirt-Größe 145

U

User Story 112, 116, 123, 138, 140

V

Velocity 141, 161, 163, 173
Verantwortung 24, 141
Verteilte Entwicklung 73, 85, 279
Verteilte Teams 73
Vertrauen 15, 24, 26
Vision 31, 68, 89, 115

W

Walking Skeleton 121
Wertschätzung 24
Wissensarbeiter 6, 24, 35

Z

Zeitzonen 80
Zusammenarbeit 30, 176, 248
Zwei- Pizza-Team 39